MICHAEL IWANOWSKI

REISEHANDBUCH

ZIMBABWE

AUSFÜHRLICHE, FUNDIERTE ROUTENBESCHREIBUNGEN
SEHENSWÜRDIGKEITEN · HOTELS · LODGES · CAMPS · RESTAURANTS
MUSEEN · HINTERGRUND-INFORMATIONEN
HISTORIE · NATUR · GEOGRAPHIE

Für Andrele

1. Auflage 1990/91
2. aktualisierte Auflage 1992/93
3. völlig veränderte Auflage 1996/97

© Vertrieb und Service, Reisebuchverlag, Reisevermittlung,
Im- und Export Iwanowski GmbH
Büchnerstraße 11 · D 41540 Dormagen · Tel. (0 21 33) 2 60 30 · Fax (0 21 33) 26 03 33

Alle Informationen und Hinweise
ohne jede Gewähr und Haftung

Umschlagbild: Michael Iwanowski

Alle Farb- und Schwarzweißbilder: Michael Iwanowski
Chefredaktionelle Betreuung der Buchreihe: Michael Iwanowski

Karten: Palsa Graphik

Gesamtherstellung: F. X. Stückle, 77955 Ettenheim

Printed in Germany

ISBN 3-923975-64-3

INHALTSVERZEICHNIS

1. EINLEITUNG **10**

Zimbabwe auf einen Blick 12

☞ **DIE ROTEN SEITEN:**
HIGHLIGHTS, SUPERTIPS UND WARNUNGEN

2. GESCHICHTLICHER ÜBERBLICK **13**
2.1   Vorkoloniale Zeit 13
Frühzeit 13 · Einwanderungswellen 14 · Die Zeit der Großreiche
(Great Zimbabwe 15 · Mutapa-Reich 19 · Torwa-Reich 19 · Rozwi-
Reich 20 · Eindringen der Ndebele 21)
2.2   Koloniale Zeit 21
2.3   Frühe Auflehnungstendenzen der Schwarzen gegen weiße Vorherrschaft .. 27
2.4   Gründung der zentralafrikanischen Föderation 28
2.5   Die einseitige Unabhängigkeitserklärung durch Ian Smith 29
2.6   Der Unabhängigkeitskampf 31
2.7   Aus Rhodesien wird Zimbabwe 33
2.8   Zeittafel 37

3. LANDESKUNDLICHER ÜBERBLICK **40**
3.1   Landschaften 40
3.2   Klima 41
Klimatabelle 43
3.3   Wasserversorgung 44
3.4   Wirtschafts-Mosaik 45
3.4.1   Überblick 45
3.4.2   Bergbau 46
3.4.3   Industrie 48
3.4.4   Landwirtschaft 49
Tabak 53 · Mais 54 · Baumwolle 55 · Anbau mit Hilfe von Bewässerung 56 · Viehwirtschaft 56
3.4.5   Forstwirtschaft 57
3.4.6   Tourismus 57
3.4.7   Energie 58
3.4.8   Verkehrswesen 60
Eisenbahn 60 · Straßen 60 · Luftverkehr 60

4. GESELLSCHAFTLICHER ÜBERBLICK **61**
4.1   Ethnische Gruppen 61
4.2   Gesellschaft und Kultur in Zimbabwe 62
4.2.1   Die Rolle der Shona 62
4.2.2   Die Rolle der Ndebele 66
4.2.3   Das Schwarz-Weiß-Verhältnis 66
4.3   Schulwesen 68
4.4   Gesundheitswesen 70

☞ **DIE GRÜNEN SEITEN:
DAS KOSTET SIE ZIMBABWE**

5. **ZIMBABWE ALS REISELAND** **71**

5.1 **Reisepraktische Hinweise von A-Z** 71
Routenvorschlag mit normalem Pkw oder Camper 102 · Routenvor-
schlag für Allrad-Fahrzeuge 104 · Entfernungstabelle 106

6. **REISEN IN ZIMBABWE** **107**

6.1 **HARARE** **108**
6.1.1. Überblick 108
6.1.2 Reisepraktische Hinweise 110
6.1.3 Stadtentwicklung 118
6.1.4 Sehenswertes in der Stadt (Rundgang) 120
Blumenmarkt 120 · Informationsbüro 121 · Anglican Church 121 ·
Parlamentsgebäude 121 · National Art Gallery of Zimbabwe 124 ·
Town House 124 · The Mall 125 · Robert Mugabe Road 125
6.1.5 Weitere Sehenswürdigkeiten 126
Charter Road 126 · Kopje 126 · Tobacco Sales Floor (TSF) 126 ·
National Museum 127 · National Archives 127 · Mbare-Markt 127 ·
National Botanical Gardens 127 · Chapungu Sculpture Park 128 ·
Mukuvisi Woodlands 131 · Heroe's Acre 132
6.1.6 Ausflugsziele in der Umgebung Harares 133
Epworth Balancing Rocks 133 · Ewanrigg Botanical Gardens 134 ·
Mermaid Pools 134 · Chishawasha Mission 135 · Domboshawa Caves
135 · Mazowe Citrus Estates 135 · Snake Park 136 · Larvon Bird
Gardens 136 · Lions and Cheetah Park 136 · Lake Chivero Recreatio-
nal Park 137 · Lake Manyame Recreational Park 138 · Pamuzinda
Safari Lodge 139

6.2 **HARARE – NYANGA NATIONAL PARK** **140**
6.2.1 Überblick 140
6.2.2 Reisepraktische Hinweise 142
6.2.3 Sehenswertes entlang der Strecke zum Nyanga National Park 143
Strecke Harare - Marondera 143 (Mukuyu Winery 144 · Markwe
Caves 146) · Abstecher Pink Elephants und Diana's Vow 151 · Pink
Elephants 151 · Diana's Vow 152 · Harleigh Ruins 152
6.2.4 Nyanga National Park 153
Parkbeschreibung 153 · Rundfahrt in den nördlichen Teil (Udu Dam
155 · Ziwa-Ruinen 156 · Nyahokwe-Ruinen 159 · World's View und
die Conemara Lakes 160 · Rhodes Inyanga Estates 160) · Rundfahrt
in das östliche und südliche Parkgebiet sowie zum angrenzenden
Mtarazi Falls National Park (Pit Structures 160 · Nyamziwa Falls 162
· Mount Inyangani 162 · Fort Nyangwe Ruins 163) · Ausflug zum
Mtarazi Falls National Park und Fahrt hinab in das Honde Valley
(Pungwe View 165 · Honde View 165 · Mtarazi National Park mit
den Mtarazi Falls 165 · Honde Valley 167)

6.3   **NYANGA NATIONAL PARK – MUTARE –**
        VUMBA MOUNTAINS **169**
6.3.1   Überblick 169
6.3.2   Reisepraktische Hinweise 169
6.3.3   Sehenswertes auf dem Weg nach Mutare 172
        Honde Valley 172 · La Rochelle Botanical Gardens 173 · Penhalonga
        173
6.3.4   Mutare 173
        Geschichte 173 · Historisches Umtali 174 · Sehenswertes in Mutare
        (Aloe Gardens 175 · Mutare Museum 175)
6.3.5   Vumba National Park 176
        Vumba Botanical Gardens 176
6.3.6   Essex und Burma Valley 179
        Essex Valley 179 (Landwirtschaft 182) · Burma Valley 183 · Tier-
        welt 183

6.4   **MUTARE – CHIMANIMANI** **184**
6.4.1   Überblick 184
6.4.2   Reisepraktische Hinweise 184
6.4.3   Chimanimani 186
        Die Chimanimani-Region 186 · Die Geschichte des Dorfes Chimani-
        mani 188 · Bridal Veil Falls ("Brautschleier-Fälle") 189 · Chimani-
        mani Eland Sanctuary 189
6.4.4   Chimanimani National Park 190
        Geologie 192 · Landschaft 192 · Sehenswürdigkeiten von Chimani-
        mani, die auf einer Tagestour zu erreichen sind (Chirinda Forest 192
        · Hot Springs Resort 192 · Cashel Valley Scenic Drive 193) · Wan-
        dern in Chimanimani 193 (Alpine Bergtouren 193 · Einfache Wan-
        dermöglichkeiten 196)

6.5   **CHIMANIMANI – MASVINGO (GREAT ZIMBABWE RUINS)** **199**
6.5.1   Überblick 199
6.5.2   Reisepraktische Hinweise 200
6.5.3   Sehenswertes auf der Strecke nach Masvingo 201
        Birchenough Bridge 201
6.5.4   Masvingo 202
6.5.5   Great Zimbabwe Ruins 203
        Überblick 203 · Lage 204 · Vorschläge für eine Zeiteinteilung 205 ·
        Historischer Hintergrund 205 · Archäologisch-historischer Überblick
        205 · Erste Berichte über Great Zimbabwe 208 · Entdeckung von
        Great Zimbabwe durch Carl Mauch 209 · Forschungsergebnisse zu
        Great Zimbabwe 215 · Zur Lage und Architektur Great Zimbabwes
        220 · Rundgang in den Ruinen von Great Zimbabwe 223
6.5.6   Lake Mutirikwi 228
        Lake Mutirikwi (Kyle) Recreational Park (Überblick 228 · Reise-
        praktische Hinweise 229 · Lake Mutirikwi 230)

6.6   **MASVINGO – BULAWAYO** **232**
6.6.1   Bulawayo 232
        Überblick 232
6.6.2   Reisepraktische Hinweise 233

6.6.3   Überblick und Geschichte 237

6.6.4   Sehenswertes in Bulawayo 238
City Hall (Civic Centre) and Gardens 238 · Natural History Museum of Zimbabwe 240 · The National Gallery Bulawayo (Douslin House) 240 · The Railway Museum 241 · Mzilikazi Art and Craft Centre 241 · Old Bulawayo 242

6.6.5   Sehenswertes in der Umgebung von Bulawayo mit Besuch des Matobo National Park 242
Khami Ruins (Überblick 242 · Geschichte 243 · Besichtigung 245) · Cyrene Mission 247 · Matobo National Park 248 (Überblick 248 · Bambata-Höhle 249 · Whovi Wild Area Game Park 253 · Nswatugi Cave 253 · Silozwane Cave 255 · View of the World 255 · White Rhino Shelter 256 · Chipingali Wildlife Orphanage and Research Centre 257)

6.6.6   Dhlo Dhlo Ruins und Nalatale Ruins 257
Dhlo Dhlo Ruins (Geschichte 257) · Nalatale Ruins 258 (Lage 259 · Konstruktion 259 · Historische Bedeutung 260)

6.7   BULAWAYO - HWANGE NATIONAL PARK 261
6.7.1   Hwange National Park 261
Überblick 261

6.7.2   Reisepraktische Hinweise 262

6.7.3   Beschreibung des Hwange National Parks 268
Geographische Lage 268 · Geschichte 270 · Geologie und Vegetation 270 · Pflanzenwelt 271 (Teak 271 · Falsche Mopane 271 · Kameldorn 273 · Mopane 273 · Wild Gardenia 273 · Red Fireball 273 · Aristida 273) · Tierwelt 274 · Tierlexikon für unterwegs 274 (Elefant 274 · Fleckenhyäne 275 · Flußpferd 276 · Gepard 277 · Giraffe 278 · Impala 279 · Kudu 280 · Leopard 280 · Löwe 281 · Nashorn 282 · Perlhuhn 283 · Steppenzebra 284 · Strauß 284 · Warzenschwein 285)

6.8   HWANGE NATIONAL PARK – VICTORIA FALLS 288
6.8.1   Victoria Falls 288
Überblick 288

6.8.2   Sehenswertes auf der Strecke nach Victoria Falls 290
Hwange 290

6.8.3   Reisepraktische Hinweise 291

6.8.4   Victoria Falls 298
Der Ort Victoria Falls 298

6.8.5   Die Victoria-Wasserfälle 300
Geologie 300 · Stadien der geologischen Entwicklung 301 · Rundgang 305 · Tip: White Water Rafting 306

6.9   VICTORIA FALLS – KARIBA 310
6.9.1   Überblick 310
6.9.2   Mit der Autofähre nach Kariba 311
Sehenswertes entlang der Strecke nach Mlibizi 311 (Hwange 311 · Mlibizi 313 · Kreuzfahrt mit der Luxus-Motoryacht "Manica" auf dem Kariba-See 314)

6.9.3   Lake Kariba 316
Überblick 316

6.9.4   Mit dem Allradfahrzeug nach Kariba 320
         Reisepraktische Hinweise 320 · Binga 320
6.9.5   Chizarira National Park 321
         Überblick 322 · Im Chizarira National Park 323 · Reisepraktische
         Hinweise 324
6.9.6   Matusadona National Park 325
         Überblick 325 · Reisepraktische Hinweise 327 · Weiterfahrt von Ma-
         tusadona nach Kariba 331 (Sehenswertes an der Strecke nach Kariba
         331) · Karoi 332
6.9.7   Der Ort Kariba 332
         Reisepraktische Hinweise 332 · Kariba 340 (Überblick 340 · Ge-
         schichte 340 · Sehenswertes in Kariba: Staumauer 342, Kariba Heights
         344)

6.10   **KARIBA – MANA POOLS NATIONAL PARK** 346
6.10.1   Mana Pools National Park 346
         Überblick 346
6.10.2   Reisepraktische Hinweise 347
6.10.3   Mana Pools National Park 350
         Im Mana Pools National Park 352

6.11   **MANA POOLS NATIONAL PARK – HARARE** 356
6.11.1   Sehenswertes auf der Strecke Mana Pools National Park – Harare 356
         Überblick 356 · Karoi 356 · Chinhoyi 356
6.11.2   Reisepraktische Hinweise 357
6.11.3   Chinhoyi Caves 358

6.12   **HARARE/CHIMANIMANI –**
         GONAREZHOU NATIONAL PARK 360
6.12.1   Gonarezhou National Park 360
         Überblick 360
6.12.2   Reisepraktische Hinweise 361
6.12.3   Streckenbeschreibung Harare – Gonarezhou National Park 362
6.12.4   Streckenbeschreibung Chimanimani – Gonarezhou National Park 363
6.12.5   Im Gonarezhou National Park 364
         Chilojo Cliffs 366
6.12.6   Streckenbeschreibung Gonarezhou National Park – Beitbridge
         für die Rückfahrt des Allradfahrzeugs nach Johannesburg 367

LITERATURVERZEICHNIS 370

STICHWORTVERZEICHNIS 372

KARTENVERZEICHNIS

Historische Städte und Marktstätten im
Vergleich zu den heutigen Städten 15
Groß-Reiche bis ins 19. Jhd. 18
Landschaftszonen 40
Provinzen 41
Fluß-Systeme 44
Bodenschätze 47
Landwirtschafts-Regionen 52
Landwirtschaftliche Anbaupalette 53
Tabakverbreitung 53
Maisverbreitung 54
Baumwollverbreitung 55
Bewässerungskulturen 56
Viehwirtschaft 56
Eisenbahnlinien 98
Routenvorschläge 101
Harare: wo im Gesamtreisegebiet? 108
Harare: Überblick 109
Harare: Innenstadt 122/123
Harare und Umgebung 133
Lake Chivero 137
Harare – Nyanga National Park:
wo im Gesamtreisegebiet? 140
Harare – Nyanga National Park:
Streckenübersicht 141
Das Gebiet der National Parks Nyanga
und Mtarazi Falls 154
Nyanga National Park – Mutare –
Vumba Mountains:
wo im Gesamtreisegebiet? 169
Nyanga National Park – Mutare –
Vumba Mountains 170
Mutare: Innenstadt 175
Vumba National Park 177
Mutare – Chimanimani:
wo im Gesamtreisegebiet? 184
Mutare – Chimanimani:
Streckenübersicht 185
Chimanimani National Park 191
Chimanimani – Masvingo:
wo im Gesamtreisegebiet? 199
Chimanimani – Masvingo 199
Great Zimbabwe: Wirtschaftsstruktur 217
Great Zimbabwe: Akropolis u. Talruinen . 221
Great Zimbabwe: Mauerwerk-Stile 222
Great Zimbabwe: Maund-Ruine/
Daga-Hütten 223
Great Zimbabwe: Akropolis/
Gesamtübersicht 224
Great Zimbabwe: Great Enclosure 226

Lake Mutirikwi Recreational Park 229
Masvingo – Bulawayo:
wo im Gesamtreisegebiet? 232
Masvingo – Bulawayo:
Streckenübersicht 232
Bulawayo: Überblick/
Durchgangsstraßen 237
Bulawayo: Innenstadt 239
Bulawayo und Umgebung 243
Khami: Hill-Komplex 245
Khami: Talruinen 246
Matobo National Park 250/251
Von Bulawayo zu den Dhlo Dhlo
Ruins und Nalatale Ruin 257
Bulawayo - Hwange National Park:
wo im Gesamtreisegebiet? 261
Bulawayo – Hwange National Park:
Streckenübersicht 262
Hwange National Park: Übersicht 264
Hwange National Park: Nordwestgebiet . 269
Hwange National Park – Victoria Falls:
wo im Gesamtreisegebiet? 288
Hwange National Park – Victoria Falls .. 289
Victoria Falls: Übersicht 299
Victoria-Fälle: geologische
Entstehung 302/303
Victoria Falls: Überblick 305
Victoria Falls – Kariba:
wo im Gesamtreisegebiet? 310
Victoria Falls – Kariba:
Streckenübersicht 312
Chizarira National Park 323
Matusadona National Park 328
Kariba: Stadtplan 343
Kariba – Mana Pools National Park:
wo im Gesamtreisegebiet? 346
Kariba – Mana Pools: Streckenübersicht 347
Mana Pools National Park 351
Mana Pools National Park – Harare:
wo im Gesamtreisegebiet? 356
Mana Pools National Park – Harare:
Streckenübersicht 357
Harare/Chimanimani – Gonarezhou
National Park:
wo im Gesamtreisegebiet? 360
Harare/Chimanimani – Gonarezhou
National Park 361
Gonarezhou National Park 365
Gonarezhou National Park –
Johannesburg 367

Iwanowski's

**Highlights
Supertips
Warnungen**

HIGHLIGHTS

- Fahrt mit einer Kreuzfahrt-Yacht über den Kariba-See (S. 314f)
- Kanusafaris auf dem Sambesi im Bereich des Mana Pools National Park (S. 349)
- "Flight on Angels": Rundflug über die Victoria-Wasserfälle (S. 297)
- Für besonders Wagemutige: Bungee Jumping von der Victoria Falls-Brükke (S. 298) oder White Water Rafting auf dem Sambesi (S. 306ff)
- Wanderungen im Chimanimani-Gebiet (S. 193ff)
- Sonnenuntergang genießen vom View of the World/Matobo National Park (S. 248)

SUPERTIPS

Flugverbindungen
Am besten mit Air Zimbabwe (nonstop ab Frankfurt) oder Lufthansa (Direktflug über Johannesburg)

Hotels
- **In Harare:** Meikles Hotel (S. 113), Cresta Lodge (S. 114) und Bronte Garden Hotel (S. 114)
- **Im Gebiet Eastern Highlands/Nyanga National Park:** Pine Tree Inn (S. 142), Troutbeck Inn (S. 142)
- **Im Gebiet Mutare:** Inn on the Vumba (S. 171), White Horse Inn (S. 171), Leopard Rock Hotel (S. 171f)
- **Im Gebiet Masvingo:** Great Zimbabwe Hotel (direkt an den Great Zimbabwe Ruins, S. 201)
- **In Bulawayo:** Cresta Churchill Hotel oder Bulawayo Sun (S. 235)
- **In Victoria Falls:** Victoria Falls Hotel (S. 292), A'Zambesi River Lodge (S. 292), Victoria Falls Safari Lodge (S. 293)

Lodges
- **Bei Harare:** Pamuzinda Safari Lodge und Landela Lodge (S. 115)
- **Bei Bulawayo:** N'tabazinduna Lodge
- **Angrenzend an den Matobo National Park:** Matobo Hills Safari Lodge (S. 248)

- **An den Hwange National Park angrenzend:** Sable Valley Lodge, Sikumi Tree Lodge, Detema Safari Lodge, Chokamella Lodge, Kanondo Lodge (S. 266 ff)
- **Westlich von Victoria Falls:** Imbabala Safari Camp (S. 294)
- **Im Kariba-Gebiet:** Bumi Hills Safari Lodge (S. 335f), Katate Safari Lodge (S. 336), Fothergill Island Lodge (S. 337f), Tiger Bay Lodge (S. 338), Gache Gache Lodge (S. 339f)
- **Mana Pools:** Chikwenya und Rikomechi Camp – beide mitten in der Wildnis gelegen (S. 349)
- **In Kariba:** Caribbea Bay Resort, Lake View Inn (S. 334)

- **Preiswert-Tips:**
In Harare Übernachtung im Cresta Oasis Hotel (S. 114 oder Bronte Garden Hotel (S. 114)

Restaurants
- **In Harare:** La Fontaine Restaurant (S. 115), La Chandelle Gourmet Restaurant (S. 115), Ramambo Lodge Safari Camp Restaurant (S. 115)
- **In Bulawayo:** Les Saisons und New Orleans Restaurant (S. 236)
- **In Victoria Falls:** Restaurant im Victoria Falls Hotel (S. 293)

Sehenswürdigkeiten
- **Steinbauten-Kunst:**
- Great Zimbabwe Ruins als Musterbeispiel afrikanischer Steinbaukunst (S. 203)
- Dhlo Dhlo Ruins (S. 257f) und Nalatale Ruins (S. 258) als weitere gute Beispiele der zimbabwischen Felsbaukunst
- **Prähistorische Felszeichnungen:**
- Im Matobo National Park (S. 249ff)
- Im Vorland der Eastern Highlands: Markwe Caves (S. 146ff) Pink Elephants und Diana's Vow (S. 151)
- **Museen/Galerien/Kunst**
- Chapungu Sculpture Park: erstklassiger Überblick über die Shona-Steinbildkunst. Sie beobachten hier Künstler bei der Gestaltung (S. 128ff).
- National Art Gallery of Zimbabwe: zeitgenössische afrikanische Maler sowie Shona-Skulpturen (S. 124)
- Natural History Museum of Zimbabwe (S. 240)
- **Botanische Gärten:**
- Ewanrigg Botanical Gardens bei Harare: Hier können Sie insbesondere herrliche Aloe-Anpflanzungen bewundern (S. 134)
- Vumba Botanical Gardens bei Mutare: Hier erhalten Sie einen phantastischen Überblick über die Pflanzenwelt Zimbabwes (S. 176ff)

Landschaften

- **Matobo National Park:** prähistorische Kunst inmitten einer grandiosen Gebirgsszenerie – besonders eindrucksvoll der View of the World (S. 248ff)
- **Hwange National Park**: weitläufiger Naturpark mit einer phaszinierenden Tierwelt (S. 261ff)
- **Victoria Falls**: Hier stürzt der Sambesi in eine beeindruckend tiefe Schlucht (S. 288ff)
- **Kariba-See**: afrikanisches "Binnenmeer" mit hervorragenden Safari-Möglichkeiten an den Ufern und auf den Inseln (S. 316ff)
- **Chizarira National Park:** "wilder" Nationalpark südlich des Kariba-Sees, nur erreichbar mit Allrad-Fahrzeugen (S. 321ff)
- **Matusadona National Park:** landschaftlich sehr abwechlungsreicher Nationalpark, direkt am Südufer des Kariba-Sees beginnend (S. 325ff)
- **Mana Pools National Park:** Wildnis und Tierparadies pur am Sambezi-River (S. 346ff)
- **Gonarezhou National Park:** landschaftlich reizvoller Park (besonders an den Chilojo Cliffs), allerdings nur mit Allrad-Fahrzeugen bereisbar (S. 30ff)

Wanderungen

- **In den Eastern Highlands:**
- **Im Chimanimani National Park** bieten sich alpine Wandermöglichkeiten an (S. 193ff)
- **An den Mana-Pools:** Walking Safaris im Mana-Pools-Gebiet unter Führung eines Wildhüters (S. 348f)

WARNUNGEN

Malaria

Bedenken Sie, daß Sie für bestimmte Gebiete Zimbabwes unbedingt eine Malaria-Prophylaxe unternehmen müssen. Besonders Malaria-gefährdete Gebiete sind: Victoria Falls, das gesamte Kariba-Gebiet, Mana Pools, Hwange National Park und Gonarezhou National Park. Ein guter Schutz ist das Tragen von langen Hosen und langärmligen Oberteilen (in hellen Farben!). Ebenso sollten Sie ein Mückenschutzspray auf die offenen Hautflächen sprühen. Vermeiden Sie Parfüm oder After Shave-Lotion: beide ziehen Mücken an!

Sonneneinstrahlung

Die Sonneneinstrahlung in Zimbabwe ist extrem hoch, sogar noch gesteigert durch Reflektionen des Wassers im Kariba-Gebiet. Nehmen Sie deshalb eine gute Sonnencreme mit hohem Lichtschutzfaktor mit.

Kriminalität

Besonders in Harare, aber auch in anderen Städten, hat sich die Kleinkriminalität stark ausgeweitet. Lassen Sie deshalb keine Wertgegenstände im Auto bzw. im Hotelzimmer.

Autofahrten

Legen Sie keine mitteleuropäischen Maßstäbe an. Sie sollten insbesondere auf nichtgeteerten Straßen äußerst vorsichtig (= langsam) fahren.

Vorausbuchungen

Es ist dringend anzuraten, die Unterkünfte längerfristig vorauszubuchen, da die Kapazitäten an den touristisch interessanten Stellen geringer sind als die Nachfrage. Das gilt insbesondere für die Eastern Highlands, Chimanimani, Great Zimbabwe, Hwange und Victoria Falls. Ebenso sollten alle Lodges vorher gebucht werden, da hier in aller Regel nur wenige Besucher aufgenommen werden können.

INFO

WEITERFÜHRENDE INFORMATIONEN
ZU FOLGENDEN THEMEN:

David Livingstone, der Missionar und Forscher 22
Cecil Rhodes – ein Imperialist ohne Grenzen 23
Informationen zu Ian Douglas Smith 30
Robert Mugabe – Zimbabwes Premierminister 34
Rosen aus Zimbabwe – ein Exportschlager 52
Was ist ein Totem? 64
Unterschiedliche Hotelpreise in Zimbabwe 84
Die Victoria Falls - Bulawayo-Verbindung 99
Die Neue Nationalhymne Zimbabwes 120
All African Games 125
Shona Sculpture – Zimbabwes eigenständige Bildhauerkunst 129
Mukuyu Wineries 145
Felskunst in Zimbabwe 148
Ziwa Terrassenkultur, Einfriedungen, Trockensteinmauern,
  Pit Structures 157
Pit Structures 161
Historisches Umtali 174
Crake Valley Cheese Farm – Home of Vumba Cheese 180
Kaffeeanbau 181
Elenantilopen 189
Bergwandern mit Howard Barnes 194
Forstwirtschaft in den Eastern Highlands 197
Save River 202
Carl Mauch – ein vergessener deutscher Afrika-Forscher 211
Daga 222
Douslin House 240
Das H.G. Robins Memorial Museum 265
Das Hwange Wild Dog Project 286
Restaurants in Victoria Falls oder die Kunst,
  zur richtigen Zeit am richtigen Ort zu sein! 294
Chewore, das Rhino-Baby 330
Nyaminyami – der Flußgott des Zambezi 345
Tierbestand im Mana Pools National Park 355
Frederick Selous – der legendäre Jäger 359
Informationen zur Zuckerrohrpflanze 368

1. EINLEITUNG

Zimbabwe, das Land zwischen Limpopo und Sambesi, ist das jüngste afrikanische Land, das seine Unabhängigkeit erreichte: Erst 1980 entstand aus dem kolonialen Rhodesien der junge Staat, welcher – allen Unkenrufen zum Trotz – seine Selbständigkeit behaupten konnte und beweist, daß ein friedliches Zusammenleben unterschiedlicher ethnischer Gruppen möglich ist.

Lange Jahre – vor allem während des Befreiungskrieges in den siebziger Jahren – lag der Tourismus im Lande brach. Nur wenige "wagten" es, in militärischer Begleitung Ziele, wie die Victoria-Fälle oder die Great Zimbabwe Ruins, zu besuchen. Überfälle und Flugzeugabschüsse verscheuchten bald den letzten Touristen. Auch in den ersten Jahren nach der Unabhängigkeit sorgte so manche Schlagzeile dafür, daß sich Afrika-Verliebte eine Reise nach Zimbabwe wegen Sicherheitsrisiken zweimal überlegten.

Doch die Zeiten der Unruhe und des unkalkulierbaren Reise-Risikos sind nun vorbei. Immer mehr gewinnt Zimbabwe – umgeben von landschaftlich so attraktiven Ländern wie Botswana, Namibia und Südafrika – sein eigenes touristisches Profil. Und dabei kommt dem jungen Zimbabwe die schon zu kolonialen Zeiten angelegte Infrastruktur zurecht: Es gibt gute Hotels, erstklassige Straßen, ein dichtes Inlandsflugnetz, ein beispielhaftes System von Nationalparks, zuverlässige Safariunternehmen. Zu Recht zielt Zimbabwe daher auf einen "gehobenen" Tourismus. Nicht Billig-Angebote sollen Fremde ins Land locken, sondern qualitativ hochwertige Gegenleistungen, die durch ihren Preis selektierend wirken und nicht unnütz die touristische Infrastruktur aufblähen. Hierbei geht man – und das ist nur zu begrüßen – einen anderen Weg als Kenia. Daß die Experten auf "Zimbabwe" setzen, zeigt allen voran die Deutsche Lufthansa: Zweimal pro Woche verbindet sie Frankfurt mit Harare.

Was darf der Reisende von Zimbabwe erwarten?
Zunächst einmal – und das ist für Afrika nicht selbstverständlich – **ein friedliches Land**. Die Bevölkerung, ob nun Shona, Ndebele oder Weiße, heißt den Besucher herzlich willkommen. Auch der Vielgereiste wird die Wärme und Offenheit des Empfangs zu schätzen wissen. Zimbabwe wird zu Recht als ein afrikanisches Kleinod bezeichnet. Immerhin so groß wie die Bundesrepublik, Österreich und die Schweiz zusammen, wartet das Land mit einmaligen Eindrücken und Sehenswürdigkeiten auf seine Gäste:
◆ Die **imposanten Landschaftsszenerien** der Eastern Highlands, des Karibasees, des Sambesitals und nicht zuletzt der Victoria-Fälle überraschen durch Vielseitigkeit und Gegensätze.
◆ **Große, unzerstörte Wildreservate** – frei von den Begleiterscheinungen des Massentourismus – lassen das Herz von Naturliebhabern höher schlagen. Luxuriöse Lodges sowie einfache, rustikale Camps und idyllische Campingplätze bieten für jeden Geschmack und Geldbeutel Unterkunft.

◆ **Einmalige archäologische Fundstätten** – wie z.B. die Great Zimbabwe Ruins – zeugen von der alten und teilweise rätselhaften Vergangenheit des Landes.

◆ **Abenteuer-orientierte Angebote** locken zum Erleben und zum Nerven-kitzel: White Water Rafting unterhalb der Victoria-Fälle oder mehrtägige Ka-nufahrten am Mittellauf des Sambesi dürften unvergeßlich bleiben.

Dieses Reise-Handbuch möchte Ihnen Zimbabwe näherbringen. In Etappen gegliedert, können Sie meinen Spuren folgen und sich selbst die Vielgestaltig-keit und Schönheit Zimbabwes erschließen. Ob nun als Individual-Reisender oder als Teilnehmer an einer Gruppenreise: Überall sollen Ihnen gezielt Reise-relevante Informationen sowie Hintergründe der Sehenswürdigkeiten und Land-schaften erläutert werden.

"Titambire" (auf Shona: Willkommen) in Zimbabwe! Wenn Sie genügend Zeit finden, alle beschriebenen Landesteile zu besuchen, dann werden Sie die Meinung teilen können, daß Zimbabwe ein erstklassiges Ziel ist, das Erlebnis und Erholung, Geschichte und Gegenwart harmonisch zu verbinden vermag. Und wenn Sie Ihre Urlaubstage richtig zwischen Bemühen und Genießen ansiedeln, wird Zimbabwe für Sie die ideale afrikanische Ferien-Destination sein, an die Sie gerne zurückdenken. Und vielleicht kehren Sie wieder...

Dormagen, im August 1996

ZIMBABWE AUF EINEN BLICK

Größe:	390.759 km²
Bevölkerung:	10,74 Millionen Einwohner
Ethnische Struktur:	77 % Shona, 17 % Ndebele, 1,4 % Weiße, Rest Asiaten und Mischlinge
Analphabetenrate:	26 %
Bevölkerungswachstum:	3,1 % pro Jahr
Staatssprachen:	Englisch, CiShona, IsiNdebele
Hauptstadt:	Harare (früher Salisbury), 1,2 Millionen Einwohner (Schätzung)
Bodenschätze:	Asbest, Nickel, Chromerz, Gold, Kupfer, Zinn, Wolfram
Landwirtschaft:	Anbau von Mais, Weizen, Baumwolle, Tabak, Tee, Kaffee, Zuckerrohr sowie nahezu allen Gemüsearten. Rinder und Schafzucht, neuerdings verstärkt Schweinemast
Energie:	Hauptstrom-Lieferant ist das Kraftwerk am Kariba-See; Kohlekraftwerke in Hwange
Handelspartner:	Südafrika, Großbritannien, Bundesrepublik Deutschland, Italien, USA, Japan, Botswana (der Rangfolge nach aufgeführt)
Inflation:	20,5 % (Jahresdurchschnitt 1985 - 93), 1994: 22 %
Verkehr:	Ausgezeichnetes Straßennetz, gutes Eisenbahnnetz, Nutzung der Seehäfen von Mocambique und Südafrika, Internationaler Flughafen in Harare, gutes binnenländisches Flugnetz (nationale Fluggesellschaft ist Air Zimbabwe)
National- und Unabhängigkeitstag:	18. April
Flagge:	Grün-gelb-rote Streifen sowie ein schwarzer Mittelstreifen. Grün symbolisiert den Reichtum der Landwirtschaft, gelb die Mineralvorkommen, rot das im Befreiungskrieg vergossene Blut, schwarz die Bevölkerung des Landes. An der linken Seite findet man ein weißes Dreieck, das den durch die Unabhängigkeit erreichten Frieden symbolisiert. In dem Dreieck erkennt man einen roten Stern, der die sozialistische Grundhaltung verkörpert. Der eingeblendete Zimbabwe-Vogel ist Nationalsymbol.
Staatspräsident:	Dr. Robert Gabriel Mugabe

2. GESCHICHTLICHER ÜBERBLICK

2.1 VORKOLONIALE ZEIT

Frühzeit

Überall in Zimbabwe begegnet man **prähistorischen Spuren**. Sicher ist, daß die Landschaften zwischen Sambesi und Limpopo schon im Paläolithikum – vor über 40.000 Jahren – Menschen als Lebensraum dienten. Sie durchstreiften als Jäger und Sammler die Savannen, folgten dem jahreszeitlichen Wechsel der Vegetation und des Wildes und werden als Vorfahren der heute noch in Botswana und Namibia sporadisch anzutreffenden Buschmänner angesehen.

In bewundernswerter Weise paßten sie sich den Gegebenheiten der Natur an. Unter Felsvorsprüngen, in Höhlen oder unter Grasdächern suchten sie Schutz vor den Unbilden der Witterung und trotzten so der winterlichen Kälte als auch den starken sommerlichen Regen und der Hitze.

Im Mesolithikum, dem bis 10.000 Jahre v.Chr. reichenden Abschnitt, so zeigen **erste Felszeichnungen**, war ihnen die

Diana's Vow – Felsmalereien im Osten Zimbabwes

Jagd mit Pfeil und Bogen bekannt. Ebenso scheint sicher zu sein, daß es noch keine Dörfer und dauerhafte Behausungen gab, auch waren Metallwerkzeuge sowie der Ackerbau noch unbekannt. Die Menschen dieser als **"Wilton-Kultur"** bezeichneten Entwicklungsstufe hinterließen als Zeugnisse ihrer Lebensweise dagegen Werkzeuge und Waffen, die aus Stein und Knochen gefertigt waren.

Einwanderungswellen

In der Eisenzeit (100 v. - 800 n.Chr.) wanderten **Völker einer höheren Entwicklungsstufe** in das Gebiet des heutigen Zimbabwe, wobei ihre Herkunft ungeklärt ist. Sie lebten von der Viehzucht und dem Ackerbau und besiedelten das Hochplateau des Landes. Ihnen war, wie Funde belegen, schon die **Eisenverarbeitung** bekannt. Hierbei scheint es sich um eine eigenständige Erfindung zu handeln, die der Notwendigkeit entsprang, für den immer mehr verbreiteten Akkerbau auch gutes Gerät zur Verfügung zu haben. Neben der Eisenverarbeitung war auch die **Kupferschmelze** bekannt. Der Zuzug dürfte vor etwa 2.000 Jahren begonnen haben, und um 1000 n.Chr. war das ganze Plateau besiedelt. Die Menschen lebten in **kleinen Dorfgemeinschaften**, hielten Ziegen und Schafe und bauten Hirse an. Ihre Wirtschaftsweise war auf Selbstversorgung ausgerichtet, wobei man immer mehr auch dazu überging, Überschüsse zu tauschen.

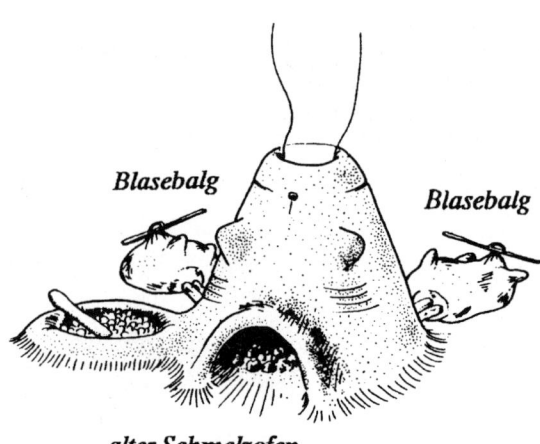

Blasebalg   *Blasebalg*

alter Schmelzofen

Im 11. Jahrhundert wanderte die heute stärkste ethnische Gruppe ein, die **Shona**. Sie kamen aus dem Norden, wahrscheinlich aus dem Bereich des heutigen Zaire. Und mit ihnen begann eine Zeit rascher Veränderungen. Funde deuten darauf hin, daß die Menschen dieser Zeit **überregionale Kontakte bis zum Kongo, nach Westafrika und dem Indischen Ozean pflegten**. Als Beleg für diese These wird der in Great Zimbabwe gefundene doppelte Eisengong sowie die Elfenbeinfigur von Khami angesehen. Im sozialen Leben findet ein Wechsel von der bis dahin erbmäßig verbreiteten Matrilinearität zur heutigen Patrilinearität (Vaterfolge) statt. Der bekannte zimbabwische Historiker Peter S. Garlake verlegt in diese Zeit die Entwicklung **neuer Wertevorstellungen**: *Die Anzahl der Rinder bestimmte fortan den Reichtum und das Ansehen eines Menschen.*

Gesichert ist, daß bereits um das 4. Jahrhundert n.Chr. **Gold exportiert** wurde. Als Ausfuhrhäfen dienten Kilwa und Sofala im heutigen Mocambique, Abnehmer waren arabische und indische Kaufleute. Dieser Handel blühte insbesondere nach der Jahrtausendwende auf. Und zu dieser Zeit entstanden – im Zuge der bereits erwähnten Einwanderung der bantusprechenden Shona – neue Siedlungs-, Wirtschafts- und Wertestrukturen. Es entwickelte sich die sogenannte

"Leopard's Kopje Culture", die sich im Südwesten von 1000 - 1500 n.Chr. verbreitete und erst durch die **Khami-Kultur** abgelöst wurde. Die Menschen bevorzugten die Nähe von Hügeln, auf denen Leoparden heimisch waren. In den Abfällen dieser Zivilisation fanden Archäologen unzählige Tierskelette.

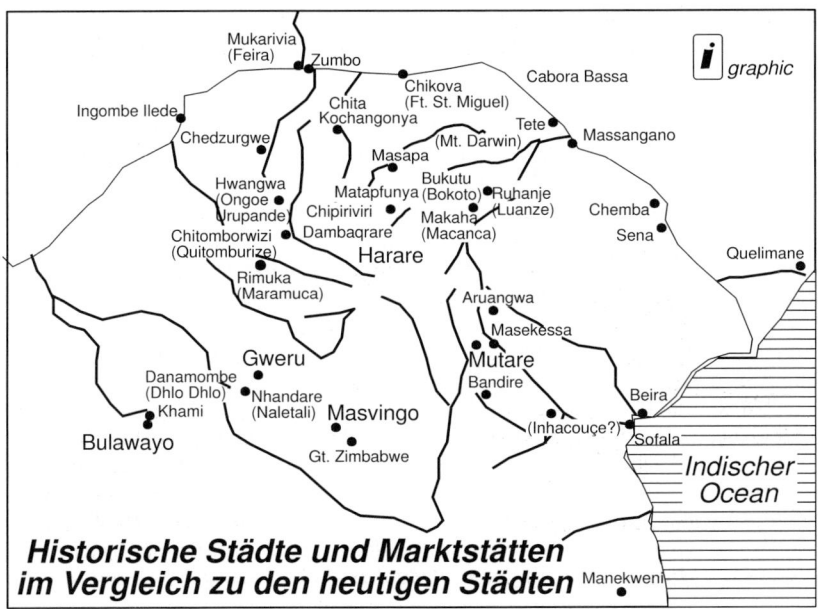

Historische Städte und Marktstätten im Vergleich zu den heutigen Städten

Man nimmt an, daß ein Teil der Tiere zeremoniell begraben wurde, so daß der Schluß erlaubt ist, daß Vieh eine immense Bedeutung besaß. Ebenso stieß man auf Reste von Töpferwaren, die oft mit Tierdarstellungen verziert waren. Daß man in den Abfallhaufen auch Glasperlen fand, unterstützt die Vermutung eines Handels mit außerafrikanischen Kaufleuten.

Die Zeit der Großreiche

Zwischen dem 13. und 15. Jahrhundert entwickelte sich im Gebiet zwischen dem heutigen Botswana und Mocambique das erste Großreich, auch als **"Great Zimbabwe"** bezeichnet. Die "Great Zimbabwe Ruins" in der Nähe von Masvingo sind vermutlich die Hauptstadt des Staates, der seinen wesentlichen Reichtum wohl aus dem Goldhandel mit den Arabern bezog.

▦ Great Zimbabwe

"Zimbabwe" stammt aus der Shona-Sprache. Es ist ein zusammengesetztes Wort aus **"dzimba dza mabwe"** (gleichbedeutend mit 'Steinhäuser'. Manche

15

Forscher – wie z.B. der federführende Archäologe Peter S. Garlake – neigen zu der Ableitung von "dzimba woye" (gleichbedeutend mit 'ehrwürdige Häuser').

Die Ruinenstätte, aus der das unabhängige Zimbabwe heute seine Identität ableitet, ist die **eindrucksvollste Ruinenstätte Afrikas südlich der Sahara.** Hier lebte der bedeutendste Herrscher, und in seiner unmittelbaren Nähe wohnten auch seine Beamten und Hilfskräfte mit ihren Familien. Die Akropolis, der obere Teil der in Great Zimbabwe aufzufindenden Ruinen, dürfte in ihrem ältesten Teil wohl zunächst dem Schutze gedient haben. Doch alle weiteren Tal-Bauten boten keinerlei Schutz mehr. Im Gegenteil: Sie waren von den Bergkuppen leicht einzusehen. Und die Bauten selbst sorgten durch ihre Monumentalität für Auffälligkeit: Die Westeinfriedung der Bergruine vermag man schon aus einer Entfernung von vielen Kilometern zu entdecken. So wird zurecht vermutet, daß das **alte Groß-Zimbabwe seine Macht nicht auf militärischem, sondern wirtschaftlichem Gebiet voll ausspielte.**

Schon vor der Gründung Groß-Zimbabwes waren Rinder ein Maß für Wohlstand. Sie boten die Möglichkeit, Reichtum zu vergrößern und gleichzeitig meßbar zu machen. Doch diese ökonomische Tatsache vermag die Gründung und Existenz von Groß Zimbabwe allein nicht zu erklären. Vielmehr – so der Archäologe Peter S. Garlake – war diese Stätte von Anfang an als religiöses Zentrum gedacht. Überlieferungen der Shona weisen stets auf eine bedeutende religiöse Rolle hin. Garlake führt aus: *"Viele der architektonischen Elemente, so die Steintürmchen und -türme, Monolithe, 'Altäre' und Plattformen, dazu zahlreiche Objekte, wie die Saponitvögel und die Figurinen, deuten auf die*

Blick auf Great Zimbabwe

JA, ich interessiere mich für eine Reise in das Südliche Afrika.

Schicken Sie mir bitte Angebote für

- ☐ Südafrika
- ☐ Namibia
- ☐ Botswana
- ☐ Zimbabwe

Neben unserem General-Katalog senden wir Ihnen unsere aktuellen Preislisten für Flüge, Mietwagen, Camper, Allradfahrzeuge.

Gerne arbeiten wir für Sie ein individuelles Angebot aus. Auf unsere Beratungskompetenz ist Verlaß!

Iwanowski's
Individuelles Reisen GmbH

41540 Dormagen
Büchnerstraße 11
☎ 0 21 33 / 2 60 30
FAX 0 21 33 / 26 03 33

Name: ______________________________

Vorname: ______________________________

Straße: ______________________________

PLZ: ________ Ort: ____________________

Tel.-Nr.: ______________________________

Reise-Angebote für das Südliche Afrika

Reisen mit Autoren-Beratung!

Bitte freimachen!

POSTKARTE

An

Iwanowski's

Individuelles Reisen GmbH

Büchnerstraße 11

41540 Dormagen

wichtige Rolle hin, die Ritual und Symbolik in der Kunst und Architektur Groß-Simbabwes spielten" (Peter S. Garlake, Zimbabwe, Bergisch Gladbach 1975, Seite 210).

Auch über die Lage Great Zimbabwes wurde lange spekuliert. Wenn diese Frage auch heute noch nicht endgültig geklärt ist, so verfügte es dennoch über wichtige **Standortvorteile:**

◆ Es lag am **Rande der großen Goldvorkommen des Matabelelandes.**

◆ Es lag **am Rande der noch fruchtbaren Savanne,** noch vor dem Mopane-Veld, das von der Tsetse-Fliege verseucht war.

◆ Der Save-Fluß verband das Innere Afrikas mit der Küste und stellte damit eine **Handelsroute** unter Umgehung der hohen Gebirge dar.

Und so schlußfolgert Garlake (a.a.O., S. 212): *"... denn nunmehr etablierte und konsolidierte sich eine kleine, doch stark zentralisierte Autorität, die sich auf religiöse und ökonomische Macht stützte, in einer strategischen Position zwischen Produktions- und Handelszentren: Eine Kombination, die, es war gar nicht anders denkbar, zwangsläufig ein rapides Wachstum begünstigen mußte".*

In der Great Enclosure von Great Zimbabwe

So entstand in Great Zimbabwe eine **äußerst vielgestaltige "Verarbeitungs-industrie":** Gold, Kupfer und Bronze wurden zu Schmuckstücken verarbeitet. Man hielt sich an bestimmte Gestaltungsrichtlinien und übte komplizierte Techniken aus, die an Kontakte und Austausch mit Handwerkern am Indischen Ozean denken lassen. Funde belegen die Einfuhr von Keramik und Glasgefäßen aus dem Nahen Osten. In dieser Zeit erreichte auch die Steinbaukunst in

17

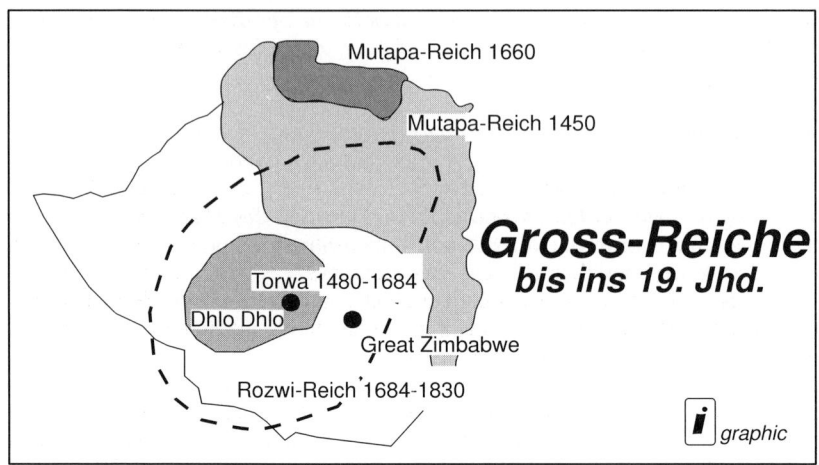

Form von regelmäßigen Steinlagen die höchste Blüte. Man konnte sich genug Leute leisten, die viele Steine anschleppten, um dann die am besten zusammenpassenden Blöcke auszuwählen. Das Ergebnis kann man heute noch an der großen Außenmauer und dem konischen Turm von Great Zimbabwe bewundern.

Im frühen 15. Jahrhundert erreichte Great Zimbabwe seine Blütezeit.
Das elliptische Bauwerk umschloß nun das religiöse Zentrum mit dem konischen Turm, und auch der Herrscher und sein engerer Kreis residierten hier. Die anderen Hofangehörigen – die Priester, Verwandte und Beamte des Herrschers – waren nun mittlerweile auch so wohlhabend, um sich in eigenen Einfriedungen im Tal niederzulassen. Um 1450 hing ein großer Teil der Bevölkerung vom Herrscherhof ab, doch die meisten verdingten sich mehr schlecht als recht als Bauern.

Great Zimbabwe hatte inzwischen ein **riesiges Gebiet unter Kontrolle**, das im Westen im Tati-Gebiet im heutigen Botswana begann und bis nach Nyembani (Inhambane) in Mocambique reichte. Im Süden begann es am Limpopo und dehnte sich bis ins nördliche Mashonaland und in den Westen Mocambiques aus. **Über mehrere Jahrhunderte dürften die wirtschaftlichen Verhältnisse stabil geblieben sein** und Frieden geherrscht haben. Im ganzen Land, wo immer Steine zur Verfügung standen, wurden ähnliche Einfriedungen wie in Great Zimbabwe errichtet. Die so entstandenen kleinen Provinzresidenzen beherbergten eine elitäre Schicht. Mit der Zeit dürfte es für die Herrscher von Great Zimbabwe immer schwieriger geworden sein, ein so riesiges Gebiet zu überschauen und Unabhängigkeitsbestrebungen und Machtgelüste der Provinzstatthalter unter Kontrolle zu halten.

Um 1450 jedenfalls war "alles vorbei": **Die unnatürlich große Bevölkerung, die sich um Great Zimbabwe angesiedelt hatte, erschöpfte bald die Le-**

bensgrundlagen: Bau- und Feuerholz gingen zur Neige, die Savannen waren rettungslos überweidet, der einstige Wildreichtum gewichen. Das "Image" war angeschlagen, und das hier etablierte Gemeinwesen löste sich allmählich auf.

Mutapa-Reich

Etwa um die gleiche Zeit brach in Mbire (der Gegend zwischen dem heutigen Chegutu und Marondera) **Salzknappheit a**us. Salz bildete einen wichtigen Bestandteil der Nahrung und war eine Ware, mit der man regen Handel trieb. Die ausgebrochene Salzknappheit mag – symbolisch – mit einer allgemeinen Knappheit an Nahrungsmitteln gleichgesetzt worden sein. Der Herrscher Mutota zog daher mit seinem Volk nach Norden und gründete das Mwene-Mutapa-Reich, auch als Monomotapa-Reich bezeichnet.

Monomotapa bedeutet **'Reich der Minenherren'**. Im Dande-Gebiet am mittleren Sambesi, das an das Reich der Ingombe Ilede grenzte, siedelte man damit auch in unmittelbarer Nähe zu ergiebigen Salzvorkommen. Bald waren **neue Handelswege** – u.a. der Lauf des Mazoe, eines Sambesi-Nebenflusses – erschlossen. Somit gelang der Anschluß an die Goldfelder und das alte Karanga-Land. Monomotapa blühte wirtschaftlich auf und wurde erst durch das Vordringen der Portugiesen zu Beginn des 17. Jahrhunderts ernstlich bedroht.

Torwa-Reich

Im 14. Jahrhundert bewohnten – wie bereits ausgeführt – Shona den Süden und Westen, Gebiete, die zum Herrschaftsbereich von Great Zimbabwe ge-

Khami Ruins

hörten. Diese Gegend wurde als Butwa bezeichnet, und die hier lebenden Menschen unterlagen einer Herrschaft, die als die Torwa-Dynastie bezeichnet wurde und von 1480 bis zur Verdrängung durch das **Rozwi-Reich** Macht ausübte. Ihre **Hauptstadt hieß Khami** in der Nähe des heutigen Bulawayo. Hier kann man noch heute die imposanten Steinruinen besuchen und einen Eindruck der einstigen Pracht gewinnen. Die Architektur sowie die Keramikfunde belegen die äußerst starke Anlehnung an Great Zimbabwe. Im Unterschied zu den Bauten dort besaßen die Häuser von Khami bereits Keller und Viehställe. Ein aus Stein gelegtes Malteserkreuz zeugt wahrscheinlich von einer frühen Präsenz der Portugiesen.

Nalatale Ruins

Zur Khami-Kultur gehören auch die weiter nordöstlich liegenden **Ruinen Dhlo Dhlo und Nalatale** mit ihren besonders reich verzierten Bauten. Das Torwa-Reich wurde um 1680 von einer anderen Shona-Gruppe, den Rozwi, verdrängt.

Rozwi-Reich

1684 wurde das Torwa-Reich durch eine andere Shona-Gruppe, den Rozwi unter der Führung der Changamire-Dynastie, erobert. Dabei wurde der Torwa-Staat nicht zerstört, sondern die eigenständige Kultur sogar z.T. übernommen. Die Rozwi waren wegen ihrer militärischen Stärke gefürchtet, und ihre Macht erhielten sie bis 1834. Geschwächt wurden sie durch interne Konflikte und ihre ständige Expansion, doch zum Schluß unterlagen sie den aus Süden vorgedrungenen Ndebele, einem Stamm der Zulus, der gegen den Zuluführer Shaka rebellierte.

▨ Eindringen der Ndebele

Die etablierten Großreiche zwischen Limpopo und Sambesi kannten bislang keine nennenswerten Gefahren, die von Außenmächten kamen. Die an der Ostküste Afrikas um 1500 ankommenden Portugiesen vermochten nicht, im Inneren des Kontinents Fuß zu fassen. Die Portugiesen zwangen zwar den Herrscher des Mutapa-Reiches, als Gegenleistung für in einigen Stammeskriegen geleistete militärische Hilfe ihnen 1607 Schürfrechte abzutreten und das Land 1627 unter ihre Schutzherrschaft zu stellen, doch dies war nur eine kurze, auf die Kultur des alten Zimbabwe sich kaum auswirkende Episode.

In der Zeit, als sich die zimbabwischen Großreiche entwickelten, etablierten sich im südlicher gelegenen Afrika einige Königreiche, deren mächtigster die **Zulus** waren. Ihre stärkste Macht, die sich auf militärische Stärke (Nahkampftechnik) und rücksichtslose Durchsetzung ihrer Interessen stützte, übten die Zulus unter der Regentschaft ihres berüchtigten Führers Shaka (auch als "schwarzer Napoleon" bezeichnet) in den Jahren 1818 bis 1828 aus. Sie wichen dem Druck der sich nach Nordosten ausdehnenden burischen und britischen Siedler aus, verwickelten sich untereinander aber auch in Rivalitäten.

Dabei zogen es die Ndebele, traditionell ein Viehzüchtervolk, vor, nach Norden zu fliehen. Auf ihrem Wege dorthin gingen sie nicht zimperlich vor und unterwarfen andere Stämme. Historiker sehen in diesem Eroberungsfeldzug einen markanten Einschnitt im kulturellen Leben der unterworfenen schwarzen Stämme (1819 - 1834). Um 1820 erreichte eine von Soshangane angeführte Gruppe den Südosten des heutigen Zimbabwe und unterwarf hier die Shonas. Um 1827 erreichten die Ndebele-Eindringlinge den Westen, und unter der Führerschaft von Moselekatse (Mzilikaze) eroberten sie auf ihrem Zuge ins heutige Sambia, Malawi und Tanzania das Rozwi-Reich. Ab 1837 waren die Ndebele die neuen Herren im Gebiet um Bulawayo und wußten die Shona gar tributpflichtig zu machen. Moselekatse regierte als unangefochtener Herrscher in seinem Reich und etablierte eine straffe Militärdiktatur über das Shona-Volk. Später stand der britische Missionar Robert Moffat dem Matabele-Herrscher zur Seite.

2.2 KOLONIALE ZEIT

Die neuere und schriftlich fixierte Geschichte beginnt mit den berühmt gewordenen Forschungsreisen **David Livingstones**, der ab 1851 die Gebiete des heutigen Zimbabwe durchreiste und dabei 1855 als erster Europäer die Victoria-Fälle sah. Etwa zur gleichen Zeit dürften die ersten britischen Elfenbeinjäger das Land durchstreift haben.

Schon 1853 wußten sich die Buren im Rahmen des Potgieter-Sikaats-Treaty, den die Südafrikanische Republik mit dem Ndebele-König Mzilikazi schloß, den Zugang zum Matabeleland zu sichern.

INFO

David Livingstone, der Missionar und Forscher

Livingstone wurde 1813 in Blantyre bei Glasgow geboren. Nach einer medizinischen Grundausbildung trat er in die Dienste der London Missionary Society im damaligen Betschuanaland ein und gründete eine eigene Missionsstation.

1849 unternahm er eine erste größere Forschungsreise ins Innere und gelangte zum Ngamisee im heutigen Botswana. 1851 erreichte er den oberen Sambesi, folgte ihm 1852 bis zum Quellgebiet und erreichte 1854 Luanda (Angola). Von hier aus brach er im gleichen Jahre zu

einer Ostdurchquerung des Kontinents auf. Entlang seiner Route erreichte er als erster Europäer im November 1855 die Victoria-Fälle. Im Folgejahr gelangte er an den Indischen Ozean und wurde später mit der Goldmedaille der Royal Geographic Society für die erfolgreiche Kontinentdurchquerung belohnt. Er setzte seine Forschungsreisen fort, indem er dem Sambesi und Schire aufwärts folgte. 1859 entdeckte er den Schirwand, den Njassasee. In den Jahren 1860 - 1864 hielt er sich erneut im Sambesigebiet auf, 1866 - 1871 erforschte er die Landschaften um den

Njassa- und Tanganjikasee. Am 28. Oktober 1871 traf er in Udjidji mit Stanley zusammen, der nach dem als verschollen geltenden Livingstone suchte. Auf seiner darauffolgenden Suche nach den Quellen des Nils starb Livingstone im Jahre 1873 in Tschitambo am Bangweolosee. Im Folgejahr wurde seine Leiche in die Westminsterabtei überführt.

1859 gründete **John Smith Moffat** die erste Missionsstation in Inyati in der Nähe von Bulawayo im Auftrage der London Missionary Society. **Thomas Baines**, der im südlichen Afrika bekannt gewordene Landschaftsmaler, fand kurze Zeit später im Mashonaland Gold. Und von Frederick Selous wird berichtet, daß er 1872 Tonnen von Elfenbein außer Landes schaffte.

Wohl den stärksten Einfluß auf das Bild des heutigen Zimbabwe dürfte allerdings **Cecil John Rhodes** gehabt haben. In seiner Person verkörpert sich die stärkste Gestaltungskraft von Südafrika in den achtziger und neunziger Jahren des vergangenen Jahrhunderts.

INFO

Cecil Rhodes – ein Imperialist ohne Grenzen

Cecil John Rhodes wurde am 5. Juli 1853 im ruhigen Pfarrhaus von Bishop's Stortford bei London geboren. Über seine Kindheit weiß man nichts Außergewöhnliches zu berichten. Er wuchs gemeinsam mit neun Geschwistern auf, der Vater erzog seine Kinder sehr streng. Als er 16 Jahre alt war, plagte ihn ein schweres Lungenleiden. Auf ärztlichen Rat hin schickten ihn seine Eltern zu seinem Bruder Herbert, der im südafri-

kanischen Natal sein Glück als Baumwollfarmer versuchte. Der Klimawechsel sollte Cecil gut bekommen. Er erwies sich als ein lernbegieriger, fleißiger Mitarbeiter seines Bruders. Bemerkenswert war sein Ideenreichtum, und im Umgang mit den Eingeborenen lernte er ihre Mentalität kennen und mit ihr umzugehen. Als sein Bruder wegen wirtschaftlichem Mißerfolg die Baumwollfarm aufgeben mußte, zog dieser nach Kimberley, wo gerade die Diamantenfelder entdeckt worden waren. Als Cecil völlig gesundet war, folgte er 1872 seinem Bruder und erwies hier zum ersten Mal sein kaufmännisches Talent: Spekulationen an der Börse brachten ihm soviel Geld ein, um 1873 ein Studium in Oxford finanzieren zu können. Er schloß diese Ausbildung als "Master of Arts" ab. Danach vertiefte er sich voll in die weitergelaufenen Geschäfte.

*Durch **Minenspekulationen** wurde er sehr reich. Er gründete die noch heute existierende "De Beers Consolidated Mining Company" und kontrollierte fortan zwei Drittel der Welterzeugung an Diamanten. Als am Witwatersrand 1886 Gold entdeckt wurde, wußte er auch hier, seinen Einfluß geltend zu machen und gründete 1887 die "Consolidated Goldfields of South Africa". Mit seinem wirtschaftlichen Erfolg stieg auch sein politischer Einfluß. 1884 avancierte er zum Finanzminister, und als 37jähriger wurde er Premierminister der Kapkolonie.*

*Sein inzwischen immenses Kapital verwandte er zur Verwirklichung imperialistischer Pläne. **Sein Ziel war es, Südafrika unter britischer Flagge zu vereinigen**. Geradezu besessen war er von seinem Plan, eine Eisenbahn- und Telegraphenverbindung vom Kap bis nach Kairo zu installieren. Sein Vorhaben allerdings stieß auf Skepsis, doch allen Unkenrufen zum Trotz machte sich Rhodes zielstrebig ans Werk. Erst brachte er Betschuanaland unter seine Kontrolle, das er als den "Suezkanal von Südafrika", als Tor zum Inneren des Kontinents, betrachtete.*

*Vom Gebiet des heutigen Zimbabwe vernahm er die Kunde reicher Erzvorkommen. Er schickte deshalb einen Gesandten zum Matabele-König Lobengula. Der Abgesandte war erfolgreich: Er konnte Lobengula einen Vertrag über das **Abbaurecht der Erzvorkommen** abringen, obwohl sich Deutsche, Buren und Portugiesen gleichzeitig darum bemühten. Das Abkommen kam deshalb zustande, weil dem schwarzen Herrscher u.a. eine gute Pension, Waffen und ein Dampfschiff auf dem Sambesi versprochen wurden.*

*Cecil Rhodes hatte bei der Annektierung des Betschuanalandes noch einige Schwierigkeiten mit der Londoner und Kapstädter Regierung gehabt. Auch in diesem Falle traute er weniger der Hilfe des Staates. Vielmehr dachte er an die Gründung einer Kolonialgesellschaft, so wie sie zum Beispiel die "East India Company" darstellte. Und nach ihrem Strickmuster veranlaßte Rhodes die Gründung der **"British South Africa Company" (BSAC)**. Bereits 1883 verlieh die Londoner Regierung Rhodes eine Charta, die ihm weitreichende Befugnisse und Privilegien verlieh. **Nicht immer setzte Rhodes seine Vorhaben friedlich durch**. 1893 ließ er Bulawayo angreifen, eroberte das Matabeleland und vertrieb Lobengula. Ab 1895 wurde das okkupierte Land als 'Rhodesien' bezeichnet, und weiße Siedler strömten in Scharen heran. 1896 kam es zum Matabeleaufstand, an den sich drei Monate später auch die Shona anschlossen. Auf ausdrücklichen Befehl von Rhodes wurde dieser Aufstand brutal zerschlagen. Viele der Rebellen zogen sich ins Matopos-Bergland zurück. Einen über Jahre hinweg andauernden Krieg konnte sich die auf Gewinnmaximierung ausgelegte BSAC aber nicht leisten. Rhodes erwies sich bei den Friedensverhandlungen als äußerst geschickt und mutig. Als Mittelsmann fungierte der Schwarze John Grootboom, der Englisch und Ndebele sprach. Rhodes folgte mit vier Begleitern der Aufforderung, unbewaffnet zu einem ersten Friedenstreffen ("indaba") zu kommen. Es kam zu einer Reihe weiterer Treffen, an deren Ende am 13.10.1896 Frieden geschlossen wurde. Es war das erste Mal im Leben Rhodes, daß er mit Schwarzen verhandelte. Bei diesen "indabas" entdeckte er übrigens in den Matopos-Bergen jene Stelle, die er "View of the World" nannte und die er zu seinem Begräbnisplatz wählte.*

Nach dem Friedensschluß bemühte sich Rhodes, die Versprechen gegenüber den Matabeles einzuhalten. Er stoppte den Landraub durch die Weißen und reorganisierte die Eingeborenenverwaltung, indem er für die einzelnen Stämme Reservate errichtete, in denen die Häuptlinge mehr Macht erhielten.

*Er wäre nicht Cecil Rhodes gewesen, hätte er nicht zwischenzeitlich seinen Besitz an Minenrechten und Farmland – mittlerweile 40.000 ha – beträchtlich vergrößert. Die **Eisenbahn**, sein großes Ziel, erreichte Bu-*

lawayo 1897, und 1898 war die Verbindung vom heutigen Mutare nach Beira an der mocambiquischen Küste fertig. Den Ausbau der Bahn zum damaligen Salisbury und zu den Victoria-Fällen sollte er nicht mehr erleben. Während des Burenkrieges – am 26. März 1902 – verstarb er in Muizenberg bei Kapstadt an einer Herzerkrankung.

Heute wird das Lebenswerk – nach seiner Heroisierung am Anfang unseres Jahrhunderts – sehr kritisch betrachtet. Nur aus dem Zeitkontext ist die starke Verkörperung des britischen Individualismus mit ausgeprägtem Expansionsdrang zu verstehen. Zurecht betrachtet man ihn als Rassisten, war er doch stets von der Überlegenheit der weißen, vor allem britischen, Rasse überzeugt. Der Name "Rhodesien" ist nun endgültig aus den Landkarten gelöscht. **Übriggeblieben sind aber genug Dinge, die unverrückbar mit dem Namen Cecil Rhodes verbunden sind: Eisenbahnbau, Städtegründung, Entwicklung des Bergbaus und der Landwirtschaft haben bis heute und den Tag hinaus Spuren hinterlassen.**

Lobengula mit seiner Lieblingsfrau

Die durch Cecil Rhodes ins Leben gerufene BSAC konnte ab 1891 aufgrund der Royal Charter, einer Art königlichem Freibrief, das Land zwischen Limpopo und Sambesi als **britisches Protektorat** nach eigenen Vorstellungen umgestalten.

Doch schon 1890 marschierten die ersten Angehörigen der BSAC sowie Polizeitrupps ins Mashonaland ein und gründeten Fort Victoria, Fort Charter und Fort Salisbury. Die BSAC konnte das von der Regierung in London zugestandene Recht für sich beanspruchen, Gesetze zu erlassen, Verträge zu schließen, Eisenbahnen und Straßen zu bauen. Sie wurde verpflichtet, für Religionsfreiheit und den Schutz der Eingeborenen Sorge zu tragen. Der Ndebele-Häuptling Lobengula, Sohn des ersten Ndebele-Herrschers Moselekatse (der 1868 verstarb), mußte nach Willen der britischen Regierung allen Vorhaben allerdings zustimmen. Doch Lobengula verhielt sich nicht immer berechenbar: *"Er (Lobengula) stand nicht immer zu seinen Versprechungen, sondern gab z.B. vor, ausgehandelte Abmachungen nicht richtig verstanden zu haben, wenn ihm dies zweckmäßig erschien. So bestritt er sogar Vereinbarungen, die er mit dem Abgesandten Rhode's im Jahre 1888 getroffen hatte. Dieser entsandte deshalb seinen Freund Jameson zu ihm. Jameson war nicht nur geschickt im Umgang mit den Eingeborenen, sondern hatte auch als Arzt die unbezahlbare Fähigkeit, das Gichtleiden Lobengulas behandeln zu können. So war er erfolgreich und konnte vom König die Erlaubnis erlangen, 'einen Schacht zu graben'. Jameson deklarierte dieses Zugeständnis sofort als Ratifikation der Charta durch Lobengula. Daraufhin ließ die britische Regierung diese in Kraft treten."* (Wolfgang Hellwig, Cecil Rhodes und die Entstehung Rhodesiens, in: Die Karawane, Vierteljahreszeitschrift der Gesellschaft für Länder- und Völkerkunde, S. 37).

Nun konnte die BSAC richtig loslegen: **Der Ausbeutung der Erzlagerstätten war ebenso Tür und Tor geöffnet wie der Besiedlung des Hochlandes durch Weiße.** 180 Pionierfarmer wurden von über 700 Polizisten ins Mashonaland eskortiert. Lobengula war der Ansicht, daß diese Siedler nichts anderes als Bergarbeiter waren, die auszogen, ein Grubenloch zu graben... Diese Gruppe erreichte am 12. September 1890 die Stelle, an der das heutige Harare liegt.

1893 gab es bei Fort Victoria (heute Masvingo) Streitigkeiten zwischen den Ndebele und Shonagruppen. Diese Zwistigkeiten nutzte die BSAC, um ins Matabeleland einzudringen. Die waffenmäßig überlegenen Weißen konnten in drei Schlachten die Ndebele vernichtend schlagen: 15.000 schwarzen Toten standen nur zwei auf der weißen Seite gegenüber. Der Kraal Lobengulas wurde total zerstört; der Ndebelekönig floh in den Busch und starb wenig später im Gebiet von Hwange an Pocken.

Nun gelangte auch das Matabeleland fest in die Hand der BSAC. An der Stelle des Kraals von Lobengula wurde **Bulawayo** gegründet. Dem massiven Zuzug in das Land, ab 1895 als Rhodesien bezeichnet, stand nun nichts mehr entgegen.

Es begann die wirtschaftliche Erschließung des Gebietes nach imperialistischen Gesichtspunkten. Die Verkehrswege (Eisenbahn, Straßen) wurden ausgebaut, die Afrikaner in eigens für sie geschaffene Reservate abgewiesen.

1896 kam es zum "**First Chimurenga**", dem ersten gemeinsamen Aufstand der Ndebele und Shona gegen die weiße Vorherrschaft. Beide nutzten dabei eine vorübergehende Schwäche der BSAC aus, die ihre Truppen nach Südafrika verlagert hatte, um dort gegen die Buren zu kämpfen. Auch dort in Transvaal wollten die Imperialisten die Vorherrschaft der Briten sichern.

Dieser Aufstand, als "First Chimurenga" bezeichnet, brach im März 1896 im Matabeleland aus und weitete sich aus. Cecil Rhodes schloß mit den Ndebele-Häuptlingen einen brüchigen Frieden, doch damit war es nicht getan. Die Shona aktivierten in der Person ihrer Häuptlinge Kaguvi und Nehanda ihre Geistmedien. In ihnen – so der Shona-Glaube – lebten die Weisheit und die

Erfahrung der "Mhondoro" (Ahnen) weiter. Sie vergewisserten sich stets ihres Rates in Zeiten großer Bedrängnis und Hilflosigkeit. Bis 1897 konnten Kaguvi und Nehanda das Shona-Volk zum weiteren Widerstand motivieren. Sie wurden aber Ende 1897 gefangengenommen und schließlich 1898 gehängt.

Im Jahre 1898 erwarb die BSAC das Barotseland, das sie mit weiteren Gebieten im Nordosten zu Nordrhodesien zusammenschloß. Währenddessen wurde die Unterdrückung der Schwarzen immer mehr durch Gesetze legitimiert und immer perfekter organisiert:

◆ Der "**Master and Servants Act**" verbot bei Strafe den Schwarzen, von sich aus ein Arbeitsverhältnis zu kündigen.

◆ Die Festsetzung einer sogenannten "**Hüttensteuer**" von 20 Shilling im Jahr

Die Geist-Medien Kaguvi und Nehanda

trieb immer mehr Afrikaner in abhängige Arbeitsverhältnisse mit Weißen.

◆ Die BSAC finanzierte insbesondere den Unterhalt von **Missionsschulen**. Und das nicht eigennützig: Hier wurden "weiße" Wertevorstellungen weitergereicht, und außerdem brauchte man auch in der Wirtschaft besser ausgebildete Afrikaner.

Ab 1914 verstärkten sich die Bestrebungen, die "Regierung" und Verwaltung des Landes der BSAC zu entziehen und mehr der britischen Krone zu überlassen. Es gab dabei auch die Vorstellung, Rhodesien an Südafrika anzuschließen. Doch bei einer 1922 abgehaltenen Abstimmung (19.500 Weiße, aber nur 30 ausgewählte Schwarze...) verweigerte man diesen Plan. 1923 fand dann folgende Neuordnung statt:

◆ **Nord-Rhodesien** (das heutige Sambia) wurde britische Kolonie;

◆ **Süd-Rhodesien** (das heutige Zimbabwe) erhielt als britische Kolonie das Selbstverwaltungsrecht in inneren Angelegenheiten.

2.3 FRÜHE AUFLEHNUNGSTENDENZEN DER SCHWARZEN GEGEN WEISSE VORHERRSCHAFT

Es war nur eine Frage der Zeit, wann sich ein organisierter Widerstand gegen die weiße Bevormundung etablierte. Je stärker die Restriktionen wurden, desto mehr entstand auf der afrikanischen Seite das Bestreben nach Zusammenschlüssen, die ab 1920 in Erscheinung traten:

◆ die **Rhodesian Bantu Voters Association** versuchte, mehr Rechte für die schwarze Mehrheit durchzusetzen;
◆ die **Matabele Home Movement Association** strebte eine gerechtere Landverteilung an;
◆ die **Reformed Industrial and Commercial Workers Union** verstand sich als erste schwarze Gewerkschaft, die für höhere Löhne und bessere Arbeitsbedingungen kämpfte.

Doch insgesamt betrachtet, konnten alle Zusammenschlüsse nichts Wesentliches bewirken. Die Gewerkschaft konnte lediglich in den Jahren 1945 - 1948, in denen es einen starken wirtschaftlichen Aufschwung gab, Lohnerhöhungen durch Streiks durchsetzen. Nach dem 2. Weltkrieg wurden die Entfaltungsmöglichkeiten der Afrikaner noch weiter eingeengt:
◆ Auf der zugewiesenen Fläche von 3,2 ha durften schwarze Familien **nur eine bestimmte Anzahl Vieh** halten (mit dem sicherlich nicht von der Hand zu weisenden Argument des Schutzes vor Überweidung).
◆ Schwarze Stadtbewohner hatten **keinen Anspruch auf landwirtschaftlich nutzbares Land** und konnten es auch nicht kaufen.
◆ 1936 wurden **Paßgesetze** erlassen: Jeder Schwarze mußte ständig in der Lage sein, sich auszuweisen.
◆ 1930 wurde zwar eine **allgemeine Schulpflicht eingeführt, jedoch nur für Weiße**. Erst seit 1946 wurde eine Schulpflicht auch für schwarze Kinder eingeführt und weiterführende Schulen für Schwarze errichtet. Später forcierte man diese Entwicklung, da Rhodesien als aufstrebender Industriestaat immer mehr qualifizierte Arbeitskräfte brauchte und sie nicht alleine aus der weißen Bevölkerung rekrutieren konnte.
◆ 1919 wurde die Eisenbahnergewerkschaft gegründet, weitere Gewerkschaftsgründungen folgten. Allerdings wurde **kein gewerkschaftlicher Zusammenschluß der Farmarbeiter und Hausbediensteten** zugelassen, die die Majorität darstellten.

2.4 GRÜNDUNG DER ZENTRAL-AFRIKANISCHEN FÖDERATION

1953 wurden Nord-Rhodesien, Süd-Rhodesien sowie das britische Protektorat Nyassaland zur Zentralafrikanischen Föderation (Federation of Rhodesia and Nyassaland) zusammengeschlossen. Besonders die Schwarzen knüpften an die Konföderation die Hoffnung auf Besserung ihrer Lage.

Doch die Strukturen blieben weiter starr, und die Oppositionsgruppen sammelten sich in dem seit den 30er Jahren bestehenden African National Council. 1957 wurde Joshua Nkomo Präsident des ANC. Dieser erstarkenden Organisation wollte die rhodesische Regierung nicht tatenlos zusehen und inhaftierte 1959 über 500 ANC-Mitglieder. Offiziell wurde die Organisation verboten. Präsident Nkomo entging der Verhaftung, da er gerade im Ausland weilte.

Im Gegenzug gründeten oppositionelle Schwarze, unter ihnen Ndabaningi Sithole, Joshua Nkomo und Robert Mugabe die National Democratic Party. Hauptanliegen der Partei war es, die Gleichberechtigung aller Rassen durchzusetzen (also Wahlberechtigung, gleiche Arbeitsbedingungen, regional nicht eingegrenztes Wohnrecht, Abschaffung der Paßgesetze). Kein Wunder, daß schon 1961 diese Partei verboten wurde, nur kurze Zeit später erfolgte die Gründung der ZAPU (Zimbabwe African People's Union). Mit Sabotageakten wollte die ZAPU ihren Anliegen Nachdruck verleihen. 1963 schließlich spaltete sich von der ZAPU der radikalere Teil, zu dem u.a. Sithole und Mugabe gehörten, ab und gründete die ZANU (= Zimbabwe African National Union). In ihr Programm schrieben sie Forderungen, die bei den weißen Siedlern auf heftigen Widerstand stießen:

◆ **Neuverteilung des Landes**;
◆ **gleiche Erziehung für alle Bevölkerungsschichten**, unabhängig von der Hautfarbe;
◆ **Verstaatlichung** der Industrie und des Bergbaus.

Gleichzeitig richtete die ZANU sich auf eine bewaffnete Auseinandersetzung ein und ließ im Ausland Kämpfer ausbilden. Die weiße Regierung ließ mit einem Verbot nicht lange warten und verbannte Sithole, Nkomo und Mugabe in Lager.

1963 schließlich zerbrach die Zentralafrikanische Föderation. Zu unterschiedlich waren die Zielsetzungen. Aus Nord-Rhodesien wurde 1964 Sambia, und Nyassaland erreichte als Malawi seine Unabhängigkeit. Süd-Rhodesien nannte sich fortan "Rhodesien", das sich fest in der Hand der von Weißen kontrollierten "Rhodesian Front" befand. Aus der Zeit der zentralafrikanischen Föderation stammt der Bau des Kariba-Stausees – wohl das einzige gemeinsame Projekt, das bleibendes Zeichen dieser Epoche setzte.

2.5 DIE EINSEITIGE UNABHÄNGIGKEITS-ERKLÄRUNG DURCH IAN SMITH

Nach dem Bruch der Zentralafrikanischen Föderation führte Ian Smith, ein Farmer aus Selukwe, als Premierminister ab 1964 die Regierungsgeschäfte. Schon lange paßten ihm und seinen weißen Siedler-Wählern die "Einmischungen" Großbritanniens nicht. 1965 erlangte die Rhodesian Front bei Wahlen unter Ausschluß der schwarzen Bevölkerungsmehrheit zwei Drittel der Stimmen. Am 11. November 1965 war es dann soweit: Ian Smith erklärte die einseitige Unabhängigkeit Rhodesiens vom alten Mutterland (Unilateral Declaration of Independence). Großbritannien wagte unter der Regierung Wilson keinen militärischen Eingriff. Statt dessen verhängte man – wie später die UNO – Wirtschaftssanktionen gegen das Land. Kein Staat der Welt – selbst nicht Südafrika – erkannte die neue Regierung an. Ian Smith und Harald Wilson führten zwar gemeinsame Gespräche, doch verliefen alle Verhandlun-

gen ergebnislos. Natürlich war die schwarze Opposition weiter ausgeschaltet und forderte daher, daß es keine Unabhängigkeit ohne Wahlbeteiligung aller Bevölkerungsteile für sie gäbe.

INFO

Informationen zu Ian Douglas Smith

Smith wurde 1919 in Selukwe (im damaligen Rhodesien) geboren. Zunächst besuchte er die Schule in Selukwe (dem heutigen Shurugwi, 37 km südöstlich von Gweru), lernte dann auf der Chaplin School in Gwelo (heute Gweru) und studierte später an der Rhodes-Universität in Südafrika. Während des 2. Weltkrieges wurde er als Pilot der Royal Air Force eingesetzt.

Im zivilen Leben als Farmer tätig, trat er 1948 in die Politik ein, zuerst als Parlamentsmitglied der Rhodesia Party, später der United Federal Party, aus der er 1961 austrat. Ab 1961 arbeitete Smith als führendes Gründungs-Mitglied der Rhodesian Front (RF). 1962 avancierte er zum Finanzminister, 1964 wurde er Premierminister und Vorsitzender seiner Partei. Er war federführend in dem Bestreben, daß Rhodesien am 11.11.1965 einseitig die Unabhängigkeit von Großbritannien deklarierte. Die internationale Völkergemeinschaft verweigerte jedoch die Anerkennung dieses Regimes, da Smith eine Politik der Rassentrennung und einseitigen Bevorzugung der Weißen vorantrieb. Im Verlaufe der Eskalierung des Unabhängigkeitskrieges arrangierte sich Smith 1978 mit den gemäßigten Führern Chirau, Muzorewa und Sithole und bildete einen gemeinsamen "Exekutivrat" einer multirassistischen Übergangsregierung nach den Wahlen vom April 1979. Im gleichen Jahre wurde die "Republik Simbabwe/Rhodesien" mit der ersten schwarzen Mehrheitsregierung unter Muzorewa ausgerufen. Smith war Regierungsmitglied ohne Geschäftsbereich. 1980 schließlich, als die ersten wirklich freien Wahlen auch unter Beteiligung der Exilorganisationen stattfanden, mußte er einsehen, daß die Zeit des von ihm so oft beschworenen "Tausendjährigen Reiches der Weißen" in Rhodesien endgültig vorbei war.

Nach der Unabhängigkeit änderte die Rhodesia Front ihren Namen und nannte sich fortan Republican Front, später Conservative Alliance. Smith verzichtete auf den Parteivorsitz, blieb aber Mitglied des Parlaments. 1987 wurde er allerdings vom Parlament für ein Jahr suspendiert, da er sich anläßlich eines Besuchs in Südafrika abfällig über die zimbabwische Regierung äußerte.

2.6 DER UNABHÄNGIGKEITSKAMPF

Ab 1971 wiederbelebten die verbotenen Schwarzenparteien ZANU und ZAPU den **"African National Council"**, um über ein gemeinsames Sprachrohr ihrer Interessen zu verfügen. Da die Parteiführung weiter inhaftiert blieb, nahm im Sinne einer Treuhänderschaft **Bischof Abel Muzorewa** die Rolle des Sprechers wahr. Immer mehr zeigte sich, daß die starren Positionen des Smith-Regimes auf dem Verhandlungswege nicht aufgelockert werden konnten. Etwa ab 1972 begann der **organisierte Guerillakampf**, der auf die Unterstützung der Frelimo in Mocambique bauen konnte.

Insbesondere die im Untergrund operierende ZANU forcierte diese Strategie und sicherte sich bei der Landbevölkerung systematisch jene Unterstützung, die für den Aufbau von Nachschubbasen notwendig war. Die Anwerbung junger Freiheitskämpfer gelang ebenso wie die Etablierung eines geheimen Nachrichtendienstes, der sich z.T. der Verstecke in uralten Baobabbäumen bediente, die stets klar erkennbare Landmarken in der Savanne sind. Bei der Motivierung zum bewaffneten Kampf lehnte sich die ZANU an das "First Chimurenga" an, dem 1897 gescheiterten ersten Befreiungskrieg. Das Geistmedium Nehanda motivierte dabei die jungen Kämpfer.

Die Guerilla-Angriffe schwächten zunehmend die Position der Smith-Regierung, und immer weitere Gebiete Rhodesiens wurden "unsicher". Verschiedene Initiativen, das politisch angeheizte Klima zu entspannen, scheiterten. Südafrika war über die Entwicklung in Rhodesien, aber auch in Angola und Mocambique (beide Länder standen kurz vor ihrer Unabhängigkeit) tief besorgt. Dazu kamen die zunehmend heftiger werdenden Kämpfe im Norden Namibias, wo sich die SWAPO für die Unabhängigkeit Südwestafrikas einsetzte.

31

Die ZANU forcierte den bewaffneten Kampf

Nkomo und Muzorewa stellten sich insgesamt als gesprächsbereiter dar, Mugabe vertrat die härtere Linie. Während das Minderheitsregime und mit ihm die weißen Siedler hofften, die schwarze Opposition aufspalten zu könnten, raffte sich diese jedoch wieder zusammen und bildete aus den verschiedenen Guerilla-Armeen die gemeinsame ZIPA (= Zimbabwe People's Army), die ihrerseits den Kampf intensivierte.

Nun traten verstärkt die USA auf den Plan. Sie befürchteten einen Flächenbrand im südlichen Afrika und damit eine Gefährdung ihrer wirtschaftlichen und geostrategischen Interessen. Außenminister Henry Kissinger erkannte richtig, daß der Guerilla-Krieg so lange andauern würde, solange die Rhodesian Front des Ian Smith die Regierung stellt. Konsequenterweise stoppten die USA fortan jede Unterstützung für Smith, und auch Südafrika unterband fortan jede militärische Hilfe, indem es ein **Waffen- und Ölembargo** verhängte. Dieser Druck führte dazu, daß sich Smith nun verhandlungsbereiter zeigte und 1976 das Prinzip einer Mehrheitsregierung anerkannte.

ZANU und ZAPU schlossen sich zur "Patriotischen Front" zusammen und saßen bei den Genfer Verhandlungen, die ab Oktober 1976 stattfanden, Ian Smith gegenüber. Smith wollte erreichen, daß die USA und Südafrika die wirtschaftlichen Sanktionen aufgaben. Ebenso forderte er mehr Hilfe beim Kampf gegen die Guerilla. Die Patriotische Front artikulierte erneut ihre Forderung nach freien Wahlen für alle. Da die Konferenz keine greifbaren Ergebnisse für beide Seiten brachte, eskalierte der Guerilla-Krieg noch mehr und erfaßte 1979 bis auf wenige Gebiete das gesamte Land. Die rhodesische Armee konnte bestimmte Regionen nur noch aus der Luft "kontrollieren".

Bald mußte die Regierung Smith einsehen, daß der Krieg mit militärischen Mitteln nicht mehr zu gewinnen war. Deshalb suchte man das Gespräch mit gemäßigten schwarzen Führern und fand in **Muzorewa und Sithole kompromißbereite Gesprächspartner.** 1978 wurde von den Beteiligten ein Vertrag unterzeichnet, der den Schwarzen eine Mehrheit von 72 Parlamentssitzen und den Weißen 28, allerdings mit einer Sperrminorität, vorsah. Auf gut deutsch: Ohne die Weißen lief weiter nichts. Die höchsten Führungspositionen in Justiz, Militär, Polizei und Verwaltung blieben weiter von den rhodesischen Siedlern besetzt. Im April 1979 wurden Wahlen abgehalten, an denen die ZAPU und ZANU nicht teilnahmen und bei denen die weiße Rhodesian Front die (weiße) Mehrheit errang. Bischof Muzorewa indes siegte bei den Afrikanern mit der UANC (= United African National Council). Die daraufhin gebildete Regierung des nun als Zimbabwe-Rhodesien bezeichneten Landes stellte nun den ersten schwarzen Premier in der Person Muzorewas, während Ian Smith Minister ohne Geschäftsbereich wurde. Als Staatsoberhaupt wurde **Josiah Gumede** eingesetzt.

Doch diese interne Lösung erwies sich in Wirklichkeit als Fehlschlag. Kein Staat der Welt erkannte die Regierung an, zumal bei den Wahlen Manipulationen entdeckt wurden. Ebenso war diese Regierung nicht in der Lage, den leidvollen Krieg zu diesem Zeitpunkt zu beenden.

2.7   AUS RHODESIEN WIRD ZIMBABWE

Die Wende erfolgte nun von außen. Im Mai 1979 kamen in Großbritannien die Konservativen an die Regierung. Die neuernannte Premierministerin **Margret Thatcher** kämpfte energisch gegen die "interne Lösung" und drohte mit Sanktionen der bedeutendsten Commonwealth-Ländern. Diesem Druck konnte die Regierung Muzorewa nicht standhalten.

Im **Lancaster-Abkommen** vom 21. Dezember 1979 einigten sich ZANU, ZAPU, die Regierung von Zimbabwe-Rhodesien sowie die britische Regierung unter der Leitung von Lord Carrington auf einen Waffenstillstand. Bis zu den Wahlen im Februar 1980 wurde Zimbabwe-Rhodesien vorübergehend wieder britische Kolonie. Die Wahlen selbst kontrollierten britische Polizisten und eine Heerschar internationaler Beobachter. Alle Parteien traten an:
◆ die ZAPU nannte sich dabei Patriotische Front;
◆ die ZANU stellte sich als ZANU/PF zur Wahl;
◆ die ZANU von Sithole;
◆ die UANC des Bischof Muzorewa;
◆ die Rhodesian Front des Ian Smith.

Als eindeutiger Sieger trat die ZANU/PF mit ihrem Führer Robert Mugabe mit 62 % hervor. Die Patriotische Front unter Joshua Nkomo errang nur 24 % der Stimmen, Bischof Muzorewa gar nur 8 %. Das Wahlergebnis überraschte vor allem die Weißen, die auf einen Sieg Muzorewas gesetzt hatten.

Am 18. April 1980 wurde aus dem alten Rhodesien das neue, nun unabhängige Zimbabwe. Als Premierminister trat Robert Mugabe sein Amt an, während Canaan S. Banana der erste Staatspräsident wurde. Nkomo erhielt den Posten als Innenminister. Die neue Regierung hatte auch zwei Weiße als Minister, und zwar für die Ressorts Landwirtschaft sowie Handel und Industrie. Damit war ein Schlußstrich unter den Unabhängigkeitskrieg gesetzt, der etwa 20.000 Menschenleben gefordert hatte (zumeist Schwarze).

INFO

Robert Mugabe – Zimbabwes Premierminister

Robert Gabriel Mugabe wurde 1924 als Sohn eines Tagelöhners aus dem Zezeru-Clan der Maschona in der Nähe der Kutama-Mission (80 km westlich von Harare) geboren. Hier besuchte er die Schule und wurde 1941 Grundschullehrer. Er unterrichtete von 1942 bis 1943, wechselte dann aber zu anderen Schulen über. 1945 begann er an der südafrikanischen Universität Hare zu studieren, an der er mit dem Grad eines Bachelor of Arts in Englisch und Geschichte abschloß. Er kehrte ins damalige Rhodesien zurück und unterrichtete in der Missionsstation Driefontein. Von hier aus wechselte er zur Mbizi Government School in Salisbury, danach zur Mambo School in Gweru. 1954 schloß er ein

Fernstudium in Pädagogik ab und zog 1955 nach Nord-Rhodesien, um am Chalimbana Training College zu arbeiten. 1958 reiste er ins spätere Ghana, wo er politisch stark von Kwame Nkrumah und Kenneth Kaunda beeinflußt wurde.

Als Mugabe 1960 nach Rhodesien zurückkehrte, schloß er sich der National Democratic Party an, die bald verboten war. 1961 trat er in die Nachfolge-Organisation der ZAPU ein, die 1962 verboten wurde. 1963 schließlich schloß er sich der ZANU (Zimbabwe African National Union) an. In den Jahren 1964 bis 1974 war er verhaftet und in Internierungslagern gefangen gehalten. In dieser Zeit studierte er in einem Fernstudien-Lehrgang Jura in London und schloß mit einer Promotion ab. Im anschließenden Exil in Mocambique reorganisierte er die ZANU und baute Guerilla-Verbände auf. Bei den Wahlen im Jahre 1980 errang er mit der ZANU die absolute Mehrheit und wurde Premierminister. Zunehmende Meinungsverschiedenheiten mit Nkomo führten zu dessen Entlassung aus dem Kabinett im Jahre 1982. Im Jahre 1985 wurde Mugabe für die Periode von 3 Jahren zum Vorsitzenden der Blockfreien-Bewegung gewählt. Im Dezember 1987 vereinbarte er mit Nkomo den Zusammenschluß ihrer Organisationen zu einer Einheitspartei. Nach der Einführung des Präsidialsystems durch die Verfassungsänderung 1987 wurde Mugabe neuer Präsident von Zimbabwe.

Zu den ersten Taten der Regierung gehörten die **Freilassung der politisch Inhaftierten** sowie starke steuerliche Erleichterungen für die unteren Sozialschichten. Mugabe setzte ein wichtiges Zeichen, indem er zur Versöhnung von Schwarzen und Weißen aufforderte. Die Rückführung der Guerilleros in das bürgerliche Leben und ihre teilweise Eingliederung in die zimbabwische

Jubel bei der Unabhängigkeit

Armee begann. **Mugabe nahm Abstand von radikalen sozialistischen Wirtschaftsexperimenten**, was ihm die Zusage von westlichen Wirtschaftsförder-Programmen einbrachte.

Doch noch war nicht Friede eingekehrt. Der Versuch der kooperativen Zusammenarbeit von Shona und Matabele wollte nicht gelingen. Nkomo und seine Anhänger waren vom Wahlausgang enttäuscht. Es kam zu Anschlägen enttäuschter Guerillas, so daß der Ausnahmezustand verlängert wurde. Auf der anderen Seite erwartete die Bevölkerung raschen Fortschritt. Doch zunächst galt es, die vom Krieg zerstörten Infrastrukturen wieder aufzubauen: Verkehrswege, Schulen, Krankenhäuser und die Schaffung neuer Arbeitsplätze erwiesen sich immer stärker als Erfolgsparameter für die Regierung. Aufstände führten zur Verlängerung des seit 1966 bestehenden Ausnahmezustandes. Im weiteren Verlauf des Jahres 1980 kam es zu heftigen Kämpfen zwischen Nkomo- und Mugabe-Anhängern. Doch trotzdem setzte seit der Unabhängigkeit ein begrenzter wirtschaftlicher Aufschwung ein. **Neue Mindestlöhne, freie Schulbildung und kostenlose Gesundheitsversorgung für die untersten Sozialschichten wurden eingeführt.**

Im Verlaufe des Jahres 1982 hörte der Wirtschaftsaufschwung auf, während die Querelen zwischen Shaona und Matabele zunahmen. Bei Anhängern von Joshua Nkomo wurden Waffenlager entdeckt, weswegen der gewichtige Matabele-Führer mit zwei weiteren ihm nahestehenden Ministern aus der Regierung entlassen wurde. **Immer mehr Menschen – vor allem Weiße – verließen enttäuscht Zimbabwe.** Währenddessen eskalierten die Stammesfehden zwischen Schona und Matabele und gipfelten Anfang 1983 in im Matabeleland verübten Massakern der nur aus Shona zusammengesetzten 5. Brigade. Über 500 Tote sollen auf ihr Konto gegangen sein. Nkomo fürchtete sich vor Racheakten, wurde aber an der Ausreise aus Zimbabwe gehindert und unter Hausarrest gestellt. Im März allerdings gelang ihm die Flucht über Botswana ins Londoner Exil, von wo aus er im August – nachdem er aus dem Parlament ausgeschlossen wurde – zurückkehrte.

1985 fanden die ersten Parlamentswahlen seit der Unabhängigkeit statt. Die "Konservative Allianz" des Ian Smith gewann 15 der 20 den Weißen zustehenden Mandate. Im gesonderten Wahlgang um die Sitze der Schwarzen errang Mugabes ZANU 63 Mandate (bislang 57), Nkomos ZAPU nur 15 (bisher 20). Nach diesem Sieg der ZANU verschärften sich deren Attacken gegen die oppositionelle ZAPU: So wurde das Haus von Nkomo durchsucht und ihm sogar der Reisepaß abgenommen. Trotz aller Zwistigkeiten nahm Mugabe mit Nkomo Gespräche über die Verschmelzung der ZANU und ZAPU auf.

Im Jahre 1987 wurde die Verfassungsgarantie für 20 weiße Abgeordnete aufgehoben. Dies war nur dadurch möglich, daß zwei weiße Abgeordnete der ZANU beitraten und so die notwendige Mehrheit zur Aufhebung dieser Garantie besorgten. Im Dezember 1987 schlossen Mugabe und Nkomo ein Abkommen zur Fusion ihrer Parteien. Erster Sekretär wurde Mugabe, sein Stellvertreter Nkomo. Am 30.12. wurde Mugabe als Nachfolger Canaan Bananas zum neuen Präsidenten gewählt. Im neuen Kabinett, das im Januar 1988 vorgestellt wurde, saß nun Nkomo.

Im März des gleichen Jahres weilte Bundespräsident Richard von Weizsäcker in Zimbabwe. Anläßlich seines Staatsbesuches verurteilte er die Apartheid-Politik Südafrikas und sagte die Gründung eines Goethe-Instituts in Harare zu.

Papstbesuch

Im selben Jahr – am 13.9.88 – besuchte auch Papst Johannes Paul II. das Land und rief zur gewaltlosen Aufhebung der Rassendiskriminierung in Südafrika auf.

Für große Aufregung – unter den Weißen – sorgte im Dezember 1990 eine grundsätzliche Verfassungsänderung. Ihr zufolge wurde es der zimbabwischen Regierung gestattet, die 4.500 weißen **Großgrundbesitzer gegen Entgelt zu enteignen.** Das dadurch zurückgewonnene Land sollte an schwarze Kleinfarmer vergeben werde. Bis dahin war der Besitzstand der weißen Farmer durch das Lancaster-Abkommen gesichert.

Die Vorstellungen der Regierung reichen so weit, daß etwa 50 % der 11 Millionen ha Großfarmland (praktisch ausschließlich im Besitz von Weißen) verstaatlicht werden soll. Dadurch soll eine Landvergabe an etwa 150.000 schwarze Bauern ermöglicht werden. In den Augen der Bevölkerungsmehrheit ist dies die Einlösung des Versprechens, eine gerechte Landverteilung zu realisieren – dies war ja eines der Hauptanliegen des Befreiungskrieges.

Die weißen Farmer dagegen argumentieren, daß sie etwa 70 % der gesamten landwirtschaftlichen Produktion erwirtschaften und 50 % des landwirtschaftlichen Exports sicherstellen. Auf vielen Protestkundgebungen verwiesen sie auf ihre Rolle als bedeutender Arbeitgeber und malten vor dem Hintergrund hoher Arbeitslosenzahlen (über 2 Millionen) einen weiteren Anstieg der Unbeschäftigten an die Wand.

Zum Thema der Entschädigungen äußerte sich Präsident Mugabe dahingehend, daß seine Regierung es nicht zulassen werde, daß Gerichte über die Entschädigung für Land zu entscheiden hätten. In den Augen Mugabes ist die Landfrage eine politische, die sehr stark emotional und moralisch geprägt sei. In einem Interview meinte er, daß seine Regierung schließlich ebenso Land beschlagnahmen könnte, wie es vor etwa 100 Jahren die weißen Siedler getan hätten. Wörtlich: "Wir sind in Wirklichkeit sehr fair gewesen, fairer als die Kolonialisten". In diesem Zusammenhang wies er darauf hin, daß bislang angemessene Entschädigungen für jedes zur Umsiedlung vorgesehene Landstück gezahlt wurden.

Im November 1994 stellte das Oberste Gericht fest, daß das Landerwerbsgesetz von 1992 verfassungsgemäß ist. Es gestattet der Regierung, Großfarmer gegen eine marktgerechte Entschädigung zu enteignen, um dieses Land Kleinbauern zur Verfügung zu stellen.

2.8 ZEITTAFEL

vor über 40.000 Jahren	Erste prähistorische Spuren von Jägern und Sammlern – Vorfahren der Buschmänner
ab 10.000 Jahre	erste Felszeichnungen, Funde von Werkzeugen aus Stein und Knochen
100 v.Chr.	Beginn der Einwanderung von Völkern, die Viehzucht und Ackerbau betreiben und denen die Eisenverarbeitung bekannt ist
bis 1000 n.Chr.	Besiedlung des gesamten Hochplateaus
ab 300 n.Chr.	Erste Dorfgemeinschaften
ab 400 n Chr.	Goldexporte über Häfen am Indischen Ozean
um 1000	Einwanderung der Shona, wahrscheinlich aus dem Raum des heutigen Zaire; Ausbau von Handelskontakten bis zum Kongo, nach Westafrika und zum Indischen Ozean
1000 - 1500	Leopard's Kopje Kultur; das Rind als Symboltier für Wohlstand gewinnt an Bedeutung
ab 1100	Erste Steinbauten in Great Zimbabwe
1200 - 1450	Blütezeit von Great Zimbabwe
1480 - 1680	Etablierung des Torwa-Reiches
1450 - 1650	Blütezeit des Monomatapa-Reiches (Karanga-Shona)
1629	Portugiesen setzen als Gegenleistung für militärische Hilfe bei Stammeskriegen vorübergehend Schürfrechte an Goldminen durch
1684 - 1834	Herrschaft des Rozwi-Reiches
ab 1827	Eindringen der Ndebele aus Südafrika
1855	David Livingstone sieht als erster Europäer die Victoria-Fälle
1859	John Smith Moffat gründet bei Bulawayo die erste Missionsstation

1888	Cecil Rhodes und die von ihm beherrschte British South Africa Company (BSAC) handelt dem Ndebele-König Lobengula Schürfrechte ab
1891	Das Matabeleland sowie das Mashonaland werden britisches Protektorat
1892/93	Aufstände der Ndebele gegen die Vorherrschaft der Siedler werden blutig niedergeschlagen
1896	"First Chimurenga": Shona und Ndebele lehnen sich gegen die Vorherrschaft der Weißen auf, als die Truppen der BSAC nach Südafrika verlegt werden, um dort gegen die Buren zu kämpfen.
1897	Niederschlagung des "First Chimurenga", Gefangennahme der Häuptlings-Priester Kaguvi und Nehanda, die 1898 gehängt werden.
1897	Die Gebiete, die heute als Sambia und Zimbabwe bezeichnet werden, nennen sich Northern und South Rhodesia
ab 1920	Organisierter Widerstand durch verschiedene Zusammenschlüsse Schwarzer
1923	Rhodesien wird britische Kolonie ohne Regierungsbeteiligung der Schwarzen
ab 1945	"Verfeinerung" der Rassentrennung (Paßgesetze, Landzuweisung, Siedlungskontrolle)
1953	Nordrhodesien, Südrhodesien sowie das britische Protektorat Nyassaland werden zur Zentralafrikanischen Föderation zusammengeschlossen
1959	Über 500 ANC-Mitglieder werden verhaftet
1961	Gründung der ZAPU (= Zimbabwe African People's Union), nachdem die Afrikaner bei der neuen Verfassung nur sehr wenige Rechte zugestanden bekommen
1963	Gründung der ZANU (= Zimbabwe African National Union), deren Mitglieder (u.a. Mugabe) eine härtere Gangart anschlagen
1963	Zusammenbruch der Zentralafrikanischen Konföderation
1964	Die Rhodesian Front unter Ian Smith übernimmt die Regierungsgeschäfte
11.11.1965	Ian Smith erklärt die einseitige Unabhängigkeit Rhodesiens vom britischen Mutterland; Großbritannien verhängt im Gegenzug wirtschaftliche Sanktionen
1966	Verhandlungen zwischen Ian Smith und Harald Wilson über Auswege aus der Isolierung; die UNO verhängt ihrerseits wirtschaftliche Sanktionen; die Guerilla-Bewegung der ZANU (die ZANLA) beginnt mit dem bewaffneten Widerstandskampf
1970	Rhodesien deklariert sich zur Republik
1972	Die ZANU operiert nun militärisch von Mocambique aus gegen das Regime; die Guerilla-Angriffe schwächen immer mehr die Stellung der Weißen
1976	Auf Druck von Südafrika (das einen politischen Flächenbrand auf dem Subkontinent befürchtet) und den USA erkennt die Regierung Smith das Prinzip einer Mehrheitsregierung an, deren Verwirklichung für die nächsten zwei Jahre in Aussicht gestellt wird
1976/79	Die ZANU und ZAPU, ab 1976 gemeinsam als "Patriotische Front" vereint, verstärken den Guerilla-Krieg

1979	Die 1978 beschlossene "Interne Lösung" sah Wahlen vor, die nun ohne Beteiligung der ZANU und ZAPU stattfinden. Muzorewa wird Ministerpräsident der Übergangsregierung des Landes, das sich nun Zimbabwe-Rhodesien nennt. Diese Regierung wird international aber nicht anerkannt, da die Weißen sich weiter eine Sperrminorität sicherten.
1980	Bei den ersten freien Wahlen geht die ZANU/PF mit Robert Mugabe als eindeutiger Sieger hervor (62 % der Stimmen)
18.04.1980	Aus Rhodesien wird das unabhängige Zimbabwe unter Premierminister Mugabe
1981	Zimbabwe erhält umfangreiche Zusagen über Entwicklungshilfe
1982	Aufgrund der weltweiten Wirtschaftsrezession schwächt sich der zimbabwische Wirtschaftsaufschwung ab; bei Nkomo werden Waffenlager entdeckt, die zu seinem Ausscheiden aus der Regierung führen
1983	Gewaltaktionen im Matabeleland zwischen Ndebele und Shona führen zu Massakern; Nkomo flüchtet ins Ausland
1985	Erste Parlamentswahlen nach der Unabhängigkeit; die ZANU geht als Siegerin hervor und muß sich den Attacken der ZAPU (Ndebele-Stamm) erwehren
1987	Nkomo und Mugabe begraben ihre Rivalitäten und schließen ein Abkommen zur Fusion beider Parteien
1988	Bundespräsident Richard von Weizsäcker besucht Zimbabwe und verurteilt die Apartheid-Politik Südafrikas. Im gleichen Jahre besucht Papst Johannes Paul II. das Land und fordert zur Überwindung der südafrikanischen Rassendiskriminierung ohne Gewaltanwendung auf.
1989	Anfang des Jahres überfallen RENAMO-Rebellen aus Mocambique ein zimbabwisches Grenzdorf und töten sieben Bauern. Im August schwenkt Mugabe stärker auf einen liberaleren Wirtschaftskurs ein und schwört sozialistischen Vorstellungen über die Ökonomie des Landes ab.
1990	Bei den Präsidentschaftswahlen siegt erneut Robert Mugabe. Der 25 Jahre lang andauernde Ausnahmezustand wird aufgehoben. Die im Lancaster-Abkommen enthaltene Klausel zugunsten des weißen Farmbesitzes wird aufgehoben.
1992	Das Gesetz zur Landreform wird verabschiedet, es kommt zu ersten Zwangsenteignungen weißen Farmbesitzes.
1995	Einfuhrbeschränkungen und Preiskontrollen werden gemäß einem von Weltbank und IWF (Internationaler Währungsfond) freigegeben. Ausländische Gesellschaften dürfen ab dem 1. 1. 1995 ihre Gewinne aus dem Land zurücktransferieren. Größtes Investitionsvorhaben von ausländischen Investoren ist der Ausbau einer Platinmine südwestlich von Harare. Ein australisches Unternehmen investierte hier 225 Millionen US $.
1995	Am 8. 4. 1995 gewinnt die seit 1980 regierende Zimbabwe African National-Union Patriotic Front/ZANU-PF bis auf 2 Parlamentssitze die absolute Mehrheit. Da alle den Sieg der ZANU-PF erwartet hatten, lag die Wahlbeteiligung nur bei 24 %!

3. LANDESKUNDLICHER ÜBERBLICK

3.1 LANDSCHAFTEN

Zimbabwe verfügt über sehr unterschiedliche Landschaften, die von weiten, ebenen Savannenflächen bis zu bizarren Gebirgsketten reichen.

Etwa 25 % des Landes nimmt das zentrale Hochplateau ein, das auch als **Highveld** bezeichnet wird. Mit Höhen von mindestens 1.200 m über dem Meer ist das Klima hier angenehm. Die Gesamtfläche mißt eine Länge von 650 km und eine Breite von 80 km. Das Highveld steigt von Südwesten nach Nordosten an. Hier verläuft auch die große Wasserscheide des Landes: Nach Norden entwässern die Flüsse zum Sambesi, nach Süden zum Save und Limpopo. Im Gebiet dieser Landschaftszone liegen auch die größten Städte des Landes, Bulawayo und Harare.

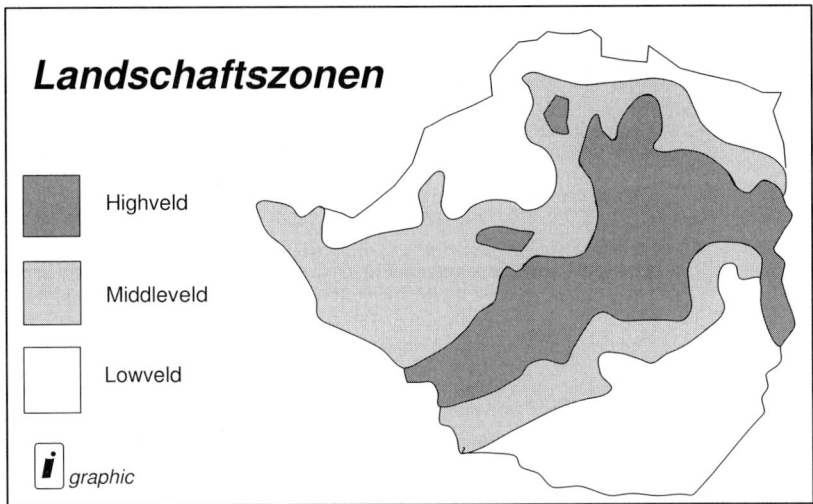

Im Osten – an der Grenze zu Mocambique – geht das Highveld in die **Eastern Highlands** über, eine Randgebirgskette, die zumeist aus Graniten besteht. Die Gebirgslandschaft hier ist abwechslungsreich, zum größten Teil bewaldet und beeindruckt u.a. auch durch die zahlreichen Wasserfälle. Die höchsten Berge sind der Nyangani (2.592 m) und der Nyangui (2.228 m). Nördlich und südlich des Highvelds schließt sich das **Middleveld** an, dessen Höhe durchschnittlich zwischen 800 - 1.200 m liegt und etwa 40 % der Landesfläche ausmacht. Das **Lowveld** (400 - 800 m) umfaßt Gebiete entlang der Täler des Limpopo, des Save, im Gebiet von Hwange sowie nordöstlich des Lake Kariba. 35 % Zimbabwes gehören zu diesen tief liegenden Regionen, die sehr heiß und in der Regel trocken sind.

Eine geologische Besonderheit ist der **Great Dyke**, der das Middleveld und Highveld von Südsüdwesten nach Nordnordosten durchzieht. Es handelt sich hierbei um einen 500 km langen und etwa 6 km breiten Intrusionsgang, der in einem Graben liegt, landschaftlich aber nicht stark auffällt. Hier liegen wichtige Bodenschätze, wie Asbest, Chromerze und Gold.

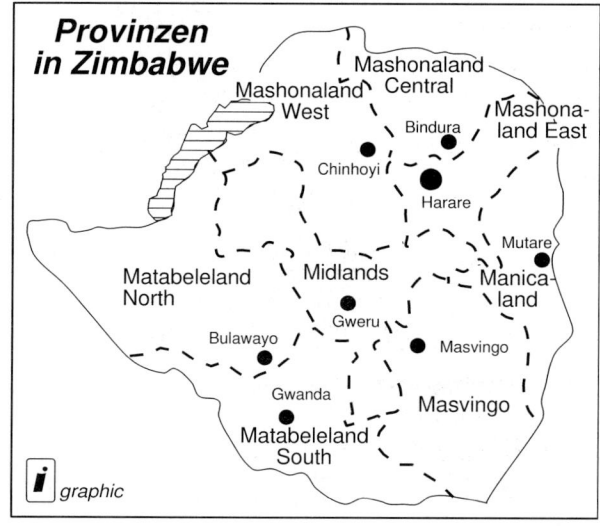

Provinzen in Zimbabwe

Mashonaland Central

Mashonaland West

Mashonaland East

Bindura

Chinhoyi

Harare

Mutare

Matabeleland North

Midlands

Manicaland

Gweru

Bulawayo

Masvingo

Gwanda

Matabeleland South

Masvingo

i graphic

Politisch ist Zimbabwe in acht Provinzen eingeteilt. Diese Einteilung hat ihre Wurzeln sowohl in der geographischen als auch der historischen Vergangenheit. Die Provinzen sind weiter in Distrikte untergliedert.

3.2 KLIMA

Zum randtropischen Klimabereich gehörend, ist Zimbabwes Klima vor allem durch folgende Faktoren beeinflußt:
- durch die relative **Meeresferne**,
- durch die **Höhenlage** weiter Landesteile, die über 1.000 m hoch liegen.

Deshalb ist es trockener und weniger heiß, als es die Breitenlage vermuten ließe.

Es gibt 4 unterscheidbare **Jahreszeiten**:
- Der "**Winter**" von Mai bis August ist die "kühle" Jahreszeit. Je nach Höhenlage können die Temperaturen unter den Gefrierpunkt sinken. Es ist trocken, sehr sonnig und tagsüber durchaus warm bis heiß (vor allem im Sambesi-Tal). Die Temperaturunterschiede im Lande sind enorm: Während es im Sambesi-Gebiet warm ist, friert man morgens und abends in den Eastern Highlands. Der Winter läßt sich treffender als Trockenzeit bezeichnen und ist der Jahresabschnitt, in dem Wildbeobachtungen aufgrund der weniger dichten Vegetation besonders lohnend sind. Ebenso sind die Tierherden mehr auf die noch verbliebenen Wasserstellen konzentriert. Insgesamt kann man diese Jahreszeit wohl am nächsten mit dem mitteleuropäischen Frühling vergleichen.

◆ Der **Frühling** dauert vom August bis November. Es wird nun wärmer, bleibt aber bis auf kürzere Niederschläge trocken.

◆ Die **Regenzeit** beginnt Mitte/Ende November und bestimmt bis zum April den Klimaverlauf. Die Niederschläge fallen meist spätnachmittags und abends. Dies ist auch die Zeit häufiger Gewitter (der Januar weist allein 14 Gewittertage auf!). Durch die Regenfälle sinken die Temperaturen und machen das Leben etwas erträglicher.

◆ Der **Herbst** – Übergangszeit vom warmen feuchten Klima zum trockenen kühleren "Winter" – liegt zwischen April und Mai. Die erträglichen Temperaturen machen das Reisen wieder zum Vergnügen.

Von der Höhenlage unterscheidet man in Zimbabwe drei **Landschaften**:

◆ Das **Lowveld** im Süden entlang des Limpopo sowie im Norden entlang dem Verlauf des Sambesi. Hier ist es ganzjährig warm bis heiß. Während es am Sambesi niederschlagsreicher ist, sind die Landschaften im Süden extrem trocken.

◆ Das **Middleveld** im mittleren Teil des Landes liegt im Durchschnitt zwischen 900 und 1 200 m. Die Temperaturen sind insgesamt relativ gemäßigter, die Niederschläge mit Werten von 400 - 600 mm/Jahr ausreichend.

◆ Das **Highveld** im Zentralteil des Landes sowie die im Osten liegenden Eastern Highlands mit Höhen bis weit über 2.000 m weisen angenehme Temperaturen auf, ebenso ist der Niederschlag mit Werten von 600 bis 800 mm/Jahr gut. In den Eastern Highlands sinkt die Jahresdurchschnittstemperatur noch weiter, während die Niederschläge auf über 1.000 mm/Jahr ansteigen.

Generell kann man sagen, daß die Temperaturen im Südosten und Norden am höchsten sind. Die Niederschläge nehmen im allgemeinen von Osten nach Westen zu und erreichen mit über 1.000 mm in den Eastern Highlands ihr Maximum. Dort, wo sie am geringsten sind (im Süden/Südosten) fallen sie zudem auch am unregelmäßigsten. Der Lake Kariba hat mittlerweile ein eigenes Klima gebildet: Die weite Wasserfläche läßt oft starke Winde aufkommen, und in der heißen Jahreszeit kann es außerdem sehr schwül und damit unerträglich werden.

Die nachfolgende Tabelle vermag eine kurze Klimaübersicht zu geben.

Reisetip
Die beste Reisezeit sind die Monate zwischen März und November, wobei insbesondere die Monate Mai bis Ende August aufgrund der Trockenheit, der relativ angenehmen Temperaturen sowie der ausgezeichneten Wildbeobachtungsmöglichkeiten zu empfehlen sind.

Klimatabelle

KLIMADATEN HARARE

Monat	Temperatur in °C		Niederschlag in mm		mittlere Luftfeuchtigkeit in %		mittlere tägliche Sonnenschein-dauer in h
	mittleres tägliches Maximum	mittleres tägliches Minimum	mittlere Monatsmenge	mittlere Anzahl der Tage mit Niederschlag	relative Feuchtigkeit morgens	relative Feuchtigkeit abends	
Januar	25,5	15,5	202	19	74	57	6,1
Februar	26,0	15,5	180	16	77	53	6,4
März	25,5	14,5	108	13	75	52	6,7
April	25,5	12,5	30	5	68	44	8,1
Mai	23,5	9,0	9	2	60	37	8,7
Juni	21,0	6,5	5	1	58	36	8,6
Juli	21,0	6,5	1	1	56	33	8,8
August	23,5	8,0	2	1	50	28	9,4
September	26,5	11,5	5	1	43	26	9,6
Oktober	28,5	14,5	29	5	43	26	9,0
November	27,0	15,5	95	12	56	43	7,0
Dezember	26,0	15,5	173	16	67	57	6,4
Januar - Dezember	25,0	12,0	839	92	61	41	7,9 / 2.884

3.3 WASSERVERSORGUNG

Zimbabwes Klima ist durch **saisonal und regional stark schwankende Niederschläge** gekennzeichnet. Gerade die Landwirtschaft, aber auch die immer größere Bevölkerung in den Städten zwingen zur systematischen Wasser-Bevorratung. Von Natur aus gibt es in Zimbabwe keine Seen. Deshalb ist man bestrebt, den Wasserabfluß zu stoppen, und legt Dämme an. Heute gibt es in Zimbabwe über 7.000 – wenn auch z.T. kleine – Stauseen und künstliche Wasserteiche auf Farmen. Natürlich schlägt der **Kariba-Stausee** alle Rekorde, denn er allein ist

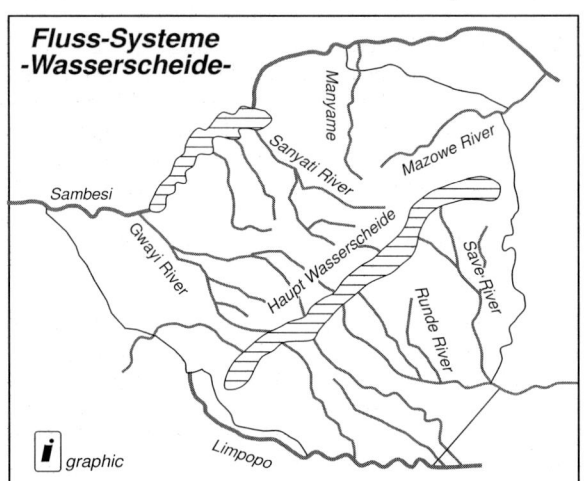

mehr als hundertmal so groß wie der zweitgrößte Stausee, der **Lake Kyle**. Während der Kariba ausschließlich der Erzeugung von Hydroenergie dient (in seinem Einzugsbereich liegen keine großen landwirtschaftlichen Nutzflächen, sondern geschützte Wildreservate), dienen die meisten anderen Stauseen entweder der lokalen Wasserversorgung der Städte oder der Bewässerung. Etwa 150.000 ha Land werden zur Zeit bewässert, vor allem im Südosten des Lowvelds, wo Zuckerrohr und Weizen angebaut werden. Zusätzliche Ackerflächen können nur noch gewonnen werden, wenn genügend Wasser zur Verfügung steht.

Das Zentralplateau verläuft von Südwesten nach Nordosten. Hier liegt auch die Haupt-Wasserscheide: Nach Norden entwässern die Flüsse zum Sambesi, nach Süden zum Save und Limpopo.

Staudämme in Zimbabwe				
Damm	**Fluß**	**Baujahr**	**Funktion**	**Inhalt in Mio m³**
Kariba	Sambesi	1959	Elektrizität	160.368
Kyle	Mutirikwi	1961	Bewässerung Lowveld	1.425
Darwendale	Manyame	1976	Wasserversorgung Harare	490
Manjirenji	Chiredzi	1966	Bewässerung Lowveld	285
McIlwaine	Manyame	1952	Wasserversorgung Harare	250
Mayfair	Insiza	1976	Wasserversorgung Bulawayo	182

3.4 WIRTSCHAFTS-MOSAIK

3.4.1 ÜBERBLICK

Gemessen an afrikanischen Verhältnissen, verfügt Zimbabwe über eine **sehr gut ausgebaute, vielseitige Wirtschaftsstruktur**, die sich auf eine effizient arbeitende Industrie, Bergbau und Landwirtschaft stützt. Die Landwirtschaft trägt mit 15 % zum Bruttoinlandprodukt bei, die Industrie 36 % und der Dienstleistungssektor 48 %.

Bis zum 2. Weltkrieg dämmerte die Wirtschaft des damaligen Südrhodesien vor sich hin. Erst im Verlauf des Krieges wurden die **Stahlindustrie und große Baumwollplantagen** aufgebaut. Nach der einseitigen Unabhängigkeitserklärung (Unilateral Declaration of Independence, 11. November 1965) wurden über das damalige Rhodesien scharfe **Sanktionen** verhängt. Sie führten zu einem verstärkten Ausbau der eigenen Industrie mit dem Ziel weitmöglicher Autarkie. Zum Ende des Unabhängigkeitskrieges hin litt die Wirtschaft zunehmend unter der drückenden Last der Kriegskosten und der steigenden Ölpreise.

Kurz nach der Unabhängigkeit erfreute sich Zimbabwe zunächst eines überraschenden Aufschwungs, der allerdings nur kurz andauerte: Dürreperioden sowie sinkende Erlöse aus den Mineralienexporten führten im Kontext der weltweiten Flaute zu einer Rezession. Die Deviseneinnahmen sanken stark, man mußte Importbeschränkungen ausrufen. Das Ergebnis war ein steigendes Handelsdefizit, das nur noch durch eine höhere Auslandsverschuldung ausgeglichen werden konnte. Der Investitionsbereitschaft ausländischer Unternehmen steht man eher zurückhaltend und mit besonderen Auflagen gegenüber.

Kurz nach der Unabhängigkeit wurden die Mindestlöhne mehrfach stark angehoben. Die **Inflationsrate** liegt heute bei über 20 %.

In den vergangenen Jahren ist das Wirtschaftswachstum, gemessen an der Ausgangsbasis, niedrig (zwischen 2,5 und 5 %). Die Arbeitslosenrate ist angestiegen, was die Regierung in den nächsten Jahren vor immer größere Probleme stellen wird (etwa 45 %!). Denn als Folge der forcierten Bildungspolitik werden in den nächsten Jahren sehr viele Schulabgänger und Hochschulabsolventen auf den Arbeitsmarkt drängen. Die Wirtschaftsplaner stehen deshalb vor dem großen Problem, auf der einen Seite die sozialen Unterschiede der Gesellschaft abzubauen, auf der anderen aber für ein starkes ökonomisches Wachstum zu sorgen, das mit den Folgen der gesellschaftlichen Umstrukturierung fertig wird und die Erwartungen der Bevölkerung befriedigt.

Die Grund-Richtlinien der Wirtschaftsplanung weisen folgende ökonomische Prämissen auf:
◆ **Umgestaltung, Kontrolle und Expansion der Wirtschaft** (durch Direktinvestitionen des Staates, von Kooperativen, Privatgesellschaften und Joint-

Ventures-Geschäfte). Angestrebt ist ein Abbau des direkten Einflusses ausländischer Investoren bei gleichzeitig stärkerer Kontrolle durch Zimbabwer.

◆ **Landreform** und intensivere Landnutzung. Die Anzahl der staatlichen Betriebe soll ebenso wie die Zahl der Kooperativen gesteigert werden.

◆ **Anhebung des Lebensstandards** der Menschen. Besondere Anstrengungen wurden für die ländlichen Gebiete angesagt, wo die Anbauproduktivität gesteigert werden sollte.

◆ **Schaffung neuer Arbeitsplätze** bei gleichzeitiger Höherqualifizierung der Arbeitnehmer.

◆ **Entwicklung von Wissenschaft und Technik**

◆ **Beachtung ökologischer Grundsätze**, indem ökonomische Expansion und Schutz der Natur in Einklang gebracht werden sollen.

Zunehmend spielt auch der **Tourismus** eine Rolle. Heute begrüßt Zimbabwe etwa 850.000 Auslandsgäste, die wichtige Devisenbringer sind.

Längst hat Zimbabwe seine ursprünglich sozialistischen Wirtschaftsvorstellungen aufgegeben. Diese Entwicklung wurde durch **das Strukturanpassungsprogramm (SAP)** (1991) gefördert, das von der Weltbank und dem Internationalen Währungsfond festgelegt wurde. Seitdem sind zunehmend der freie Wettbewerb und die freie Marktwirtschaft das Ziel. Für ausländische Investoren wurde das wirtschaftliche Engagement erleichtert: Seit 1995 dürfen sie **Gewinne ins Ausland transferieren.**

Die **allgemeinen Lebensbedingungen** für die Schwarzen haben sich dennoch in den letzten 10 Jahren stetig verschlechtert. Man hat ausgerechnet, daß sich die Menschen durchschnittlich nur etwa 2/3 vom dem leisten können, was sie sich vor 10 Jahren geleistet haben. Insbesondere der enorme Preisanstieg bei ehemals subventionierten Grundnahrungsmitteln macht den meisten Menschen zu schaffen: So stiegen in den vergangenen 4 Jahren die Brot- und Mehlpreise um über 60 % an.

3.4.2 BERGBAU

Zimbabwe ist ein äußerst mineralienreiches Land: Über 40 verschiedene Bodenschätze werden abgebaut und zum Teil in großen Mengen exportiert. Zimbabwe kann auf eine lange Bergbau-Tradition zurückblicken. In alten Zeiten wurde alluviales Gold, das Flüsse abgelagert hatten, gewonnen. Später – ab dem 12. Jahrhundert – begann auf dem Hochplateau der Abbau in regelrechten **Goldminen**. Das begehrte Edelmetall wurde gegen Güter eingetauscht und über den Indischen Ozean nach Asien und Europa gebracht.

Haupthafen war Sofala, der zunächst von Arabern, später von Portugiesen kontrolliert wurde. Der Goldhandel kam erst zum Erliegen, als die Vorkommen erschöpft waren bzw. mit den zur Verfügung stehenden technischen Methoden nicht weiter betrieben werden konnten.

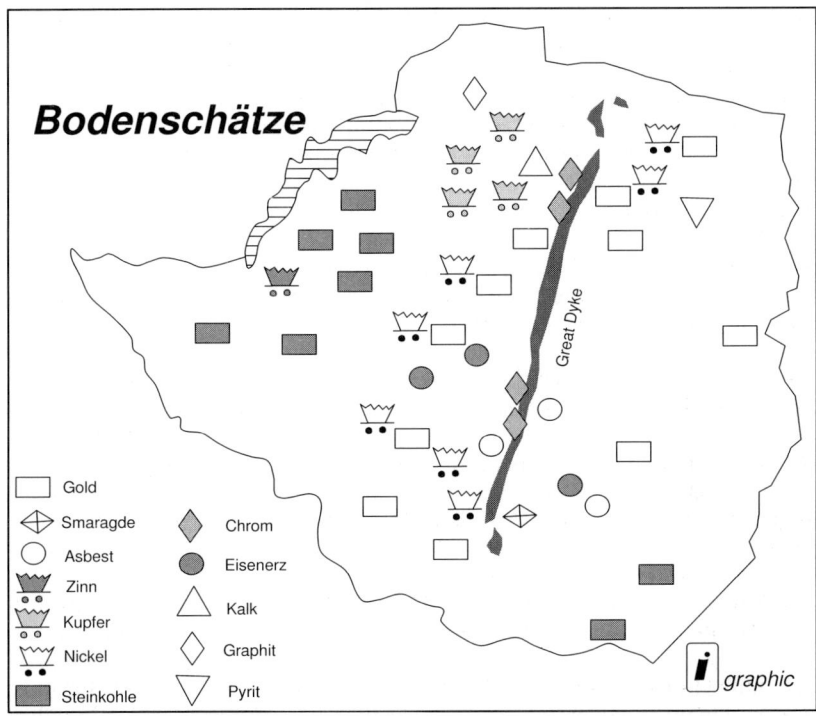

Bodenschätze

Great Dyke

Gold

Smaragde · Chrom

Asbest · Eisenerz

Zinn

Kupfer · Kalk

Nickel · Graphit

Steinkohle · Pyrit

i graphic

Auch **Eisenvorkommen** wurden genutzt. Die Eisenschmelze wurde in Zimbabwe durch aus Norden eingewanderte schwarze Stämme bekannt. Waffen und Werkzeuge konnten so hergestellt werden.

Die heute bekannten Mineralien liegen zumeist in Intrusionen des alten Granitplateaus: Gold, Eisenerze, Nichteisen-Metalle, wie Chrom und Nickel, sowie Asbest und Kupfer liegen entlang der süd-nordwärts verlaufenden geologischen Leitlinie des Great Dyke.

Die tiefer liegenden Becken im Nordwesten und Südosten sind mit Sedimenten bedeckt. Die Karoo-Formationen bei Hwange verfügen über die größten **Kohlevorkommen** des Landes.

Einige kurze Anmerkungen zu den einzelnen Bodenschätzen:
◆ **Gold** wird zumeist in kleinen Minen gewonnen, die Reserven werden als gering eingeschätzt. Die Goldlagerstätten sind über ganz Zimbabwe zerstreut. Die Vorräte dürften noch etwa 10 - 15 Jahre reichen. In der Weltrangliste nimmt Zimbabwe derzeit den 15. Rang ein.
◆ **Kohle** wird vor allem nach Sambia und Malawi exportiert. Die Vorkommen betragen etwa 300 Mio. t (bei einer Jahresförderung derzeit von ca. 3 Mio. t). Verwendet wird die Kohle u.a. für das Kraftwerk in Hwange. 90 %

werden für den eigenen Bedarf benötigt, etwa 10 % nach Malawi und Sambia exportiert.

◆ **Chrom** dürfte bei den derzeit bekannten Reserven (550 Mio. t) bei gleichbleibender Förderung etwa 100 Jahre gefördert werden können. Ein Teil des Chromerzes wird zunehmend im Lande selbst zu Ferrochrom verarbeitet.

◆ **Platinlagerstätten** wurden mit Hilfe ausländischer Gesellschaften erschlossen, so daß man mit der Gewinnung nun beginnen kann (bei Hartley und Mhondoro).

Die wirtschaftliche Bedeutung des Bergbaus ist äußerst stark: Er erwirtschaftet über 40 % des Exportes sowie 7 % des Bruttoinland-Produktes. Wertmäßig steht das Gold an erster Stelle.

Der Bergbau befindet sich nach wie vor fest in der Hand **multinationaler Gesellschaften:** Von 50 Firmen sind über 40 in britischer oder südafrikanischer Hand. Engagiert sind u.a. die Anglo American Corporation, Rio Tinto Zic Ltd., Asbestos Investments Ltd., Messina Transvaal Development Corporation Ltd. Die Regierung bemüht sich immer intensiver um eine stärkere Beteiligung zimbabwischer Privatleute und des Staates, um diese "Überfremdung" abzubauen.

Im Rahmen des Mineral Marketing Board werden seit 1983 die Mineralien zentral vermarktet. Die privat gemanagten Gesellschaften stehen den staatlichen Eingriffen zurückhaltend gegenüber. Nach der Unabhängigkeit Zimbabwes mußten einige Bergbaufirmen wegen Unrentabilität schließen: Sinkende Weltmarktpreise und die gleichzeitig staatlich höher gesetzten Mindestlöhne verursachten Verluste. Der Zimbabwe-Dollar, anfangs nach Meinung der Bergbaugesellschaften zu hoch bewertet, wurde auf deren Druck 1982 abgewertet.

Die Bedeutung des Bergbaus für die Volkswirtschaft hat die Regierung klar erkannt; auf vollen Touren laufen deshalb Prospektierungsvorhaben, um neue Lagerstätten aufzufinden.

3.4.3 INDUSTRIE

Zimbabwe mußte vor allem während der Zeit der Wirtschaftssanktionen eine sehr diversifizierte Produktion aufbauen. **Kein Land des Subkontinents** – außer Südafrika – **ist stärker industrialisiert.** Wichtigste Zweige sind Nahrungs- und Genußmittel, Elektro-, Metall-, Papier-, chemische-, Leder-, Textil- und Baustoffindustrie. Bei Mutare verarbeitet eine Raffinerie das aus der Hafenstadt Sofala (Mocambique) per Pipeline ankommende Öl.

Wichtigster Industriestandort ist Harare, gefolgt von Bulawayo. Während die Landwirtschaft nur 15 % Anteil beim Bruttoinlandprodukt hat, bringen es der industrielle Sektor auf 36 % und der Dienstleistungsbereich auf 47 %.

Trotzdem arbeiten in der Industrie nur 18 %, in der Landwirtschaft hingegen 67% aller Erwerbspersonen. Auch nach der Unabhängigkeit blieb die Abhängigkeit von ausländischen Firmen, die annähernd zu 70 % Einfluß auf zimbabwische Firmen haben, groß. Schwierigkeiten ergeben sich auf dem Sektor der Innovation: Viele Betriebe verfügen lediglich über eine veraltete maschinelle Ausstattung.

Arbeitsintensiv – doch angepaßt an die Beschäftigungssituation: Ziegelbrennerei auf dem Lande

Aufgrund des **Devisenmangels** fällt es Zimbabwe schwer, mit der Erneuerung Schritt zu halten. Sehr oft mangelt es an Ersatzteilen, so daß die Herstellung von Waren sich unnötig verzögert. Ebenfalls erschwerend kamen in den ersten Jahren die Restriktionen beim Gewinntransfer ausländischer Investoren zum Tragen, die nun seit 1995 aufgehoben sind. Man hofft dadurch auf Investitionen, um die notwendigen Arbeitsplätze zu schaffen.

3.4.4 LANDWIRTSCHAFT

Zimbabwe ist in weiten Teilen ein agrarisch bestimmtes Gebiet. Die Landwirtschaft produziert zwar nur ein Fünftel des Bruttoinlandproduktes, doch leben direkt oder indirekt von ihr 80 % Menschen. Auch nach der Unabhängigkeit herrscht noch ein riesiger Unterschied zwischen den größeren, kommerziell arbeitenden Farmen der im Lande verbliebenen Weißen und den Kleinbetrieben der Schwarzen, welche in der Regel nur den Eigenbedarf decken. Die großen "commercial farms", zu denen knapp 10 % der Farmen gehören, erwirtschaften fast 50 % der Gesamtproduktion.

Teeplantagen in den Eastern Highlands

Im Zuge der Unabhängigkeit versucht Zimbabwe, diesen krassen Unterschied abzubauen. Schon vor der Unabhängigkeit konnten Afrikaner in den soge-nannten "African Purchase Areas" eigenes Land erwerben und bebauen. So entstanden knapp 90.000 Kleinbetriebe auf insgesamt 1,4 Millionen Hektar. Die Weißen bewirtschaften noch heute knapp 5.000 Farmen mit einer Fläche von 16 Millionen Hektar... Daß die schwarzen Kleinbetriebe nicht mit der marktorientierten Landwirtschaft der Weißen, die zudem über einen erhebli-chen Know-how-Vorsprung verfügen, konkurrieren können, liegt auf der Hand. Nur langfristig werden sich die auf Hochtouren laufenden Ausbildungspro-gramme für schwarze Farmer auszahlen.

Insgesamt sind heute 67 % der Arbeitnehmer in der Landwirtschaft beschäf-tigt. Sie produzieren 40 % der für die industrielle Weiterverarbeitung benötig-ten Rohstoffe (z.B. Baumwolle, Zuckerrohr, Sojabohnen). In guten Erntejah-ren trägt die landwirtschaftliche Erzeugung zu 40 - 50 % zum Export bei.

40 % der Gesamtfläche Zimbabwes eignen sind grundsätzlich für Land-wirtschaft, doch sind z.Zt. nur 6 % genutzt. In Anbetracht des zu erwartenden Bevölkerungswachstums (Verdopplung in den nächsten 30 Jahren) verfügt das Land noch über erhebliche Reserven. In den trockeneren Gebieten des Middlevelds und des Lowvelds ist nur extensive Viehwirtschaft möglich, Feld-anbau nur aufgrund von Bewässerung.

Insgesamt gibt es sechs voneinander abgrenzbare Regionen, die eine unter-schiedliche Nutzung zulassen. Die folgende Tabelle erlaubt dazu eine Über-sicht:

Region	Klima	Anbau	Viehwirtschaft
1) östl. Hochland	sehr hoher Niederschlag mit mehr als 1.000 mm; niedrige Temperaturen (Jahresdurchschnitt 15°C), geringe Verdunstung	Forstwirtschaft, Obstanbau, Gerste, Kartoffel, Tee, Kaffee	Rinderzucht, Milchwirtschaft
2) Nordosten von Harare	hoher Niederschlag (700 - 1.000 mm), warme Sommer (18 - 20°C) sowie milde Winter (16 - 18° C)	intensiver Anbau von Mais, Tabak, Baumwolle, Winterweizen, Gemüse	Rinderzucht, intensive Milchwirtschaft
3) Zentralplateau	mäßige Niederschläge (550 - 700 mm), höhere Temperaturen (18 - 24° C), manchmal Trockenperioden	Baumwolle, Sojabohnen, Sorghum	Rinderzucht
4) Matabeleland	niedrige Niederschläge (450-600 mm), jahreszeitliche Dürreperioden, 20 - 25° C	Bewässerungsanbau	Rinderzucht
5) Lowveld	weniger als 500 mm Niederschlag	Bewässerungsanbau (Weizen, Zitrusfrüchte, Zuckerrohr)	extensive Viehwirtschaft, Bewässerung der Weideflächen
6) kleine Gebiete im Südosten und Norden	heiß und sehr trocken	landwirtschaftlich ohne Bewässerung nicht nutzbar	nur wenig Rinderzucht, Wildreichtum

Aus der folgenden Übersicht mag die Bedeutung der einzelnen Anbauprodukte ersichtlich werden:

Anbaufrüchte	Menge in 1.000 t 1994	Anbaufrüchte	Wert in Mio. Z$
Zuckerrohr	3.661	Tabak	327
Mais	1.828	Mais	327
Baumwolle	298	Baumwolle	193
Weizen	206	Zuckerrohr	118
Tabak	111	Weizen	58
Sojabohnen	86	Kaffee	44
Sorghum	82	Sojabohnen	27
Kaffee	11	Sorghum	14
Erdnüsse	8	Erdnüsse	4

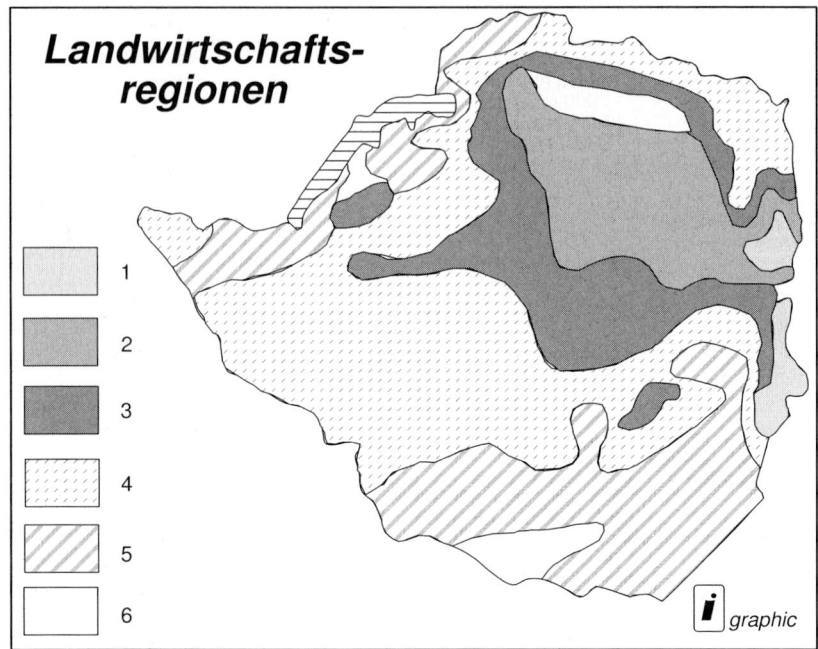

Landwirtschafts-regionen

1
2
3
4
5
6

graphic

INFO

Rosen aus Zimbabwe – ein Exportschlager

Rosen aus Zimbabwe – hätten Sie das je gedacht? Wußten Sie, daß Deutschland zur Zeit der größte Aufkäufer zimbabwischer Rosen ist? Die meisten zimbabwischen Rosen werden über Holland vermarktet, und der Anteil am holländischen Rosenhandel beträgt bereits 10 %.

Das größte Problem, Rosen aus Zimbabwe nach Europa zu bringen, ist verständlicherweise der Transport, denn leider welkt die Pracht schnell. Etwa 10 % des Exports im Wert von etwa 350 Mio. Zim $ verwelken daher, bevor sie den Verbraucher erreichen können. Zimbabwe hat natürlich gute Karten in der Hand: Gerade im sonnenarmen europäischen Winter sind die Lieferanten von der Südhalbkugel gerne gesehen.

Rosen stellen relativ einfache Wachstumsbedingungen: Sie brauchen lediglich Sonne, Wasser und Erde. Das Wichtigste ist das Beschneiden der Rosenstöcke. Heute werden in Zimbabwe auf 200 ha Rosen gezüchtet. Im eigenen Land kann Zimbabwe Rosen kaum absetzen, da hier die Kaufkraft einfach zu gering ist, auch nicht beim selber blumenreichen Nachbarn Südafrika.

Im folgenden soll die Bedeutung der wichtigsten landwirtschaftlichen Erzeugnisse kurz beleuchtet werden.

Tabak

Vom Wert her nimmt Tabak in der Produktion die **Spitzenstellung** ein und bringt auch am meisten Devisen ein (24 %). In Zimbab-

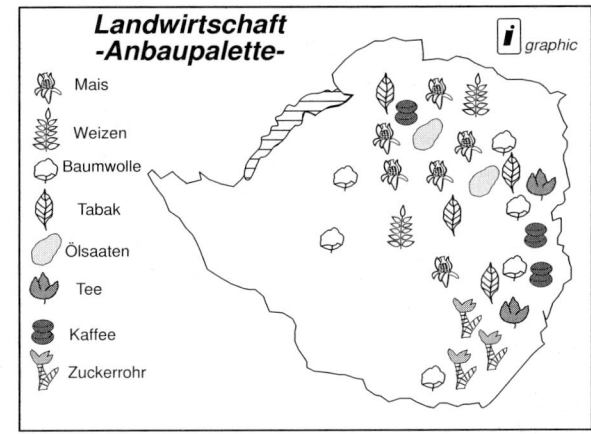

Landwirtschaft -Anbaupalette-

Mais
Weizen
Baumwolle
Tabak
Ölsaaten
Tee
Kaffee
Zuckerrohr

we werden vor allem zwei Sorten angebaut: Virginia und Burley. Virginia Tabak gedeiht am besten auf Sandböden, Burley dagegen besonders gut auf Roterde. Der Tabak wird in Güteklassen eingeteilt und in Ballen verpackt. Auf den Tabakauktionen in Harare (zwischen April und September) wird er an Großhändler verkauft. Über 95 % der Gesamterzeugung werden exportiert.

Vor der einseitigen Unabhängigkeitserklärung Rhodesiens im Jahre 1965 war Tabak das landwirtschaftliche Hauptexportprodukt. Während des Unabhängigkeitskrieges und der mit ihm verbundenen Sanktionen gingen die Exporte stark zurück. Seit der Unabhängigkeit hat die Tabakproduktion – vor allem der Virginia-Sorte – sehr stark wieder zugenommen.

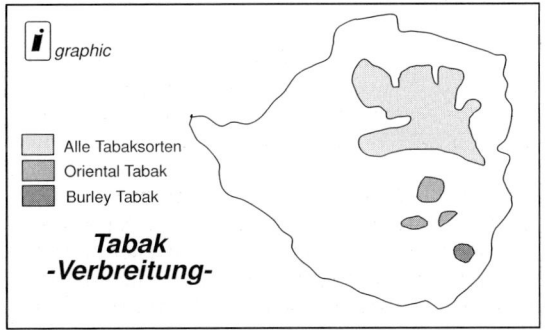

Alle Tabaksorten
Oriental Tabak
Burley Tabak

Tabak -Verbreitung-

Tabak wird allerdings fast ausschließlich auf großen Farmen angebaut, die über das nötige Kapital verfügen, die Blätter mittels kostspieliger Anlagen produktgerecht zu behandeln. Tausende von zusätzlichen Arbeitskräften werden während der Saison benötigt, um die Tabakernte einzubringen.

Die relativ geringe Anzahl von 1.200 Farmern produziert so viel Tabak, daß der erwirtschaftete Geldwert etwa 20 % des Gesamtexports ausmacht. Allerdings sind zum Leidwesen der Tabakfarmer die Weltmarktpreise aufgrund von Überproduktion zurückgegangen.

Tabak-Produktion und Verkaufswert					
Jahr	1.000 t	Wert in Mio. Z$	Jahr	1.000 t	Wert in Mio. Z$
1980	125	94	1984	125	178
1981	70	97	1985	109	285
1982	93	128	1986	117	358
1983	99	146	1994	182	290

Mais

Mais ist Zimbabwes **Grundnahrungsmittel** und wird sowohl für den Eigenbedarf als auch für den Markt produziert. Etwa 1,5 Millionen ha stehen für den Maisanbau z.Zt. zur Verfügung. Mais gedeiht besonders gut auf Roterde. Seine Wachstumsbedingungen von mindestens 600 mm Jahresniederschlag sowie warmes Klima sind besonders im Nordwesten gewährleistet. Wo zu wenig Regen fällt, werden die Anbauflächen künstlich bewässert. Die Erträge hängen des weiteren vor allem vom Saatgut und der Verwendung von Dünger ab. Arme Bauern können sich beides nicht leisten, und ihre Erträge fallen deshalb spärlich aus.

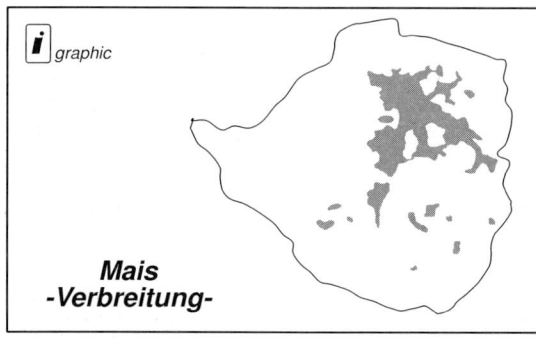

**Mais
-Verbreitung-**

Mais benötigt etwa **vier Monate bis zur Reife**, ein rechtzeitiger Anbau sichert gute Ernten. Zimbabwe kann sich heute selbst mit Mais versorgen und erwirtschaftet sogar in guten Jahren Überschüsse für den Export. Die Farmer verkaufen ihre Ernte an das Grain Marketing Board, das landesweit über mehr als 50 Sammelstellen verfügt. Diese zentrale Ankaufsstelle verkauft den Mais weiter an lokale Mühlen und bietet etwaige Überschüsse dem Ausland an (vor allem Malawi, Mocambique und Zambia). Zimbabwe alleine benötigt im Jahre etwa 1 Million Tonnen; in guten Jahren kann die doppelte Menge geerntet werden! Während Dürrezeiten – wie zu Beginn der 80er Jahre – muß allerdings Mais importiert werden.

1992 allerdings kam es in Zimbabwe zu einem **eklatanten Maismangel** und damit zu Hungersnöten. Zimbabwes Regierung hatte 2 Jahre zuvor die Preise für Grundnahrungsmittel mit Hilfe von Preisvorschriften künstlich niedrig halten wollen. Viele Farmer sahen sich von der Regierung getäuscht und schwenkten vom Mais- auf den lukrativeren Tabakanbau um. Insgesamt wurden 20 % der Maisflächen aufgegeben. Die seit 1989 aufgebauten Maisvorräte waren schnell bis Mitte 1992 aufgebraucht. Die Dürre in den Ländern des südlichen Afrika sorgte zusätzlich für einen Mangel. So mußte Zimbabwe gegen teure Devisen Mais auf dem Weltmarkt aufkaufen.

Zimbabwes Regierung lernte sehr schnell aus dieser Misere und **verdoppelte den Ankaufspreis für Mais.** Im Kontext eines Notprogramms wurden an etwa 90.000 (zumeist kleinere) Betriebe Samen und Düngemittel verschenkt.

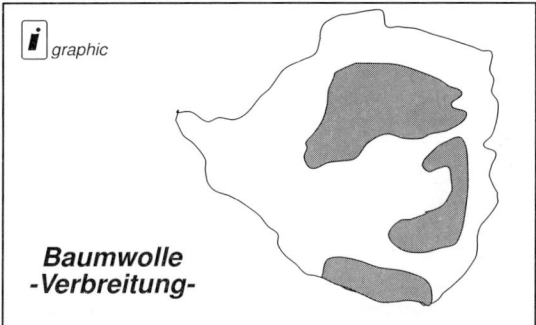

Ein gutes Regenjahr 1992/93 sorgte dann wieder für Maisüberschüsse.

Baumwolle

Baumwolle ist nach Tabak das wichtigste Anbauprodukt Zimbabwes geworden. Zumeist wird sie auf den großen kommerziellen Farmen angebaut, die vor allem im Lowveld, im Save Valley, um Chegutu, Kadoma und Gokwe liegen. Vermarktet wird die Baumwolle durch das Cotton Marketing Board, das die Ernte aufkauft. Die Weiterverarbeitung findet verstärkt im Lande selbst statt. Etwa 75 % der Ernte werden exportiert.

Baumwollfelder südwestlich von Harare

Anbau mit Hilfe von Bewässerung

Es gibt eine Reihe großflächiger Bewässerungsgebiete in Zimbabwe, die vor allem im Gebiet des Save Rivers und im Lowveld liegen. Viele Staudämme speichern landesweit Wasser für die Landwirtschaft. Insbesondere benötigt

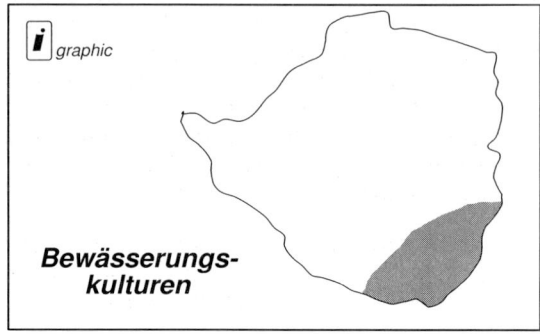

Bewässerungs-kulturen

Zuckerrohr ständige Bewässerung. Mittlerweile avancierte Zimbabwe zu einem Zuckerexportland mit jährlich zwischen 100.000 und 200.000 Tonnen Zukker.

Es gibt auch bewässerte Weizenflächen. Daneben sind Zitrusfrüchte (Orangen, Zitronen, Pampelmusen) oft Produkte, die auf Berieselung angewiesen sind. Auch die Weinanbaugebiete um Mazowe, Marondera, Bulawayo und Odzi wären ohne Bewässerung nicht denkbar.

Viehwirtschaft

Praktisch ist im ganzen Lande Viehzucht möglich. Die einzige Ausnahme bilden die Gebiete im Nordwesten entlang des Sambesi, wo die Tsetsefliege die Rinderzucht unmöglich macht. Mehr als die Hälfte der 6 Millionen Rinder gehören Kleinbauern, welche

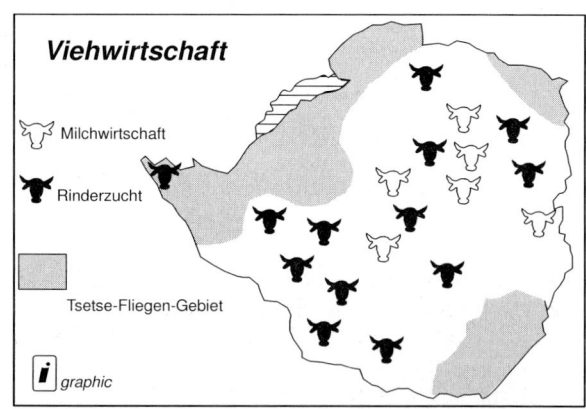

Viehwirtschaft

Milchwirtschaft

Rinderzucht

Tsetse-Fliegen-Gebiet

die Tiere nicht nur als Grundlage zum Leben benötigen, sondern auch als "Prestigeobjekt", denn die Zahl der Rinder bestimmt ihr Ansehen in der Gesellschaft mit. Ein besonderes Problem stellt daher die Überweidung dar. Zimbabwe kann seinen eigenen Rindfleischbedarf selbst decken und produziert sogar einen kleinen Überschuß für die Europäische Wirtschaftsgemeinschaft.

Die **Milchwirtschaft** ist im Ausbau begriffen (es gibt über 100.000 Milchkühe). Über ½ Million Schafe sowie 200.000 Schweine decken den Fleischbedarf mit ab.

3.4.5 FORSTWIRTSCHAFT

Die Forstwirtschaft spielt in Zimbabwe eine große Rolle. Etwa 60 % der Landesfläche sind – allerdings zumeist mit sehr lichten Savannengehölzen – bewaldet. Eine geplante Forstwirtschaft existiert bereits seit etwa 55 Jahren. Neben den von Natur aus wachsenden Harthölzern sind in den Eastern Highlands riesige "Holzplantagen" entstanden. Das feuchte, gemäßigte Klima gestattet hier den Wuchs ausgedehnter Kiefern-, Eukalyptus- und Akazienwälder, die auch mithelfen, den Wasserhaushalt zu stabilisieren. Diese zu den **Weichhölzern** zählenden Holzarten dienen unterschiedlichen Verwendungszwecken, so zum Hausbau, der Papier- und Möbelherstellung. Vor allem Akazien liefern den Rohstoff für Papier. Der größte Teil des Waldes (1 Million Hektar) gehört der staatlichen Forstbehörde (Forestry Commission).

Im Matabeleland werden einheimische **Harthölzer** geschlagen, so Teak und Mukwa (auch als Blutholz bezeichnet). Diese Hölzer werden für den Bergbau, für Eisenbahnschwellen, aber auch für hochwertige Parkettböden sowie Möbel verwendet.

3.4.6 TOURISMUS

"Touch the Wild" lautet der Slogan eines bekannten Safari-Unternehmens. In der Tat bietet Zimbabwe ausgezeichnete Möglichkeiten zur Wildtierbeobachtung: Ob der Hwange National Park, ob die Mana Pools am Sambesi oder die Ufer des Kariba-Stausees: Der Safarigast kommt voll auf seine Kosten. Daß neben dem Tierreichtum und der intakten Naturschutzgebiete auch die malerischen Eastern Highlands sowie die berühmten Felsmalereien und geheimnisumwobenen steinernen Ruinen (Khami, Great Zimbabwe) Touristen in andere Landesteile locken, prädestiniert Zimbabwe zu einem erstklassigen Reiseland.

Neben dem Reichtum und der Unterschiedlichkeit an Sehens- und Erlebniswertem bietet Zimbabwe eine ausgezeichnete touristische Infrastruktur:
◆ Es gibt **gute Hotels**, die den Ansprüchen des internationalen Publikums gerecht werden.
◆ In den **Nationalparks** stehen sehr preiswerte, gute und saubere Unterkünfte zur Verfügung.
◆ Fantastisch gelegene **private Safaricamps** mit professionellen Wildhütern bieten komfortable Unterkünfte und gute Verpflegung.
◆ Die **Verkehrsverbindungen sind gut**. Zimbabwe ist z.B. auf Direktflügen der Lufthansa und Air Zimbabwe von Frankfurt erreichbar. Das Inlandflugnetz der Air Zimbabwe gilt als zuverlässig. Die **Straßenqualität** ist ausgezeichnet: Die Hauptstrecken sind asphaltiert, aber auch die nicht-geteerten Nebenwege befinden sich im guten Zustand.
◆ Es gibt keine nennenswerten Gesundheitsrisiken. Nur für die tieferliegenden Landesteile ist eine Malariaprophylaxe notwendig. Das Baden in stehen-

den Gewässern sollte wegen der Bilharziose-Gefahr unterlassen werden. Wasserqualität und Nahrungsmittel entsprechen internationalen Hygienestandards.

◆ **Abenteuer-orientierte Unternehmungen**, wie White Water Rafting und Kanusafaris am Sambesi, Wanderungen in der Bergwildnis der Eastern Highlands oder Wildsafaris zu Fuß, sind möglich.

◆ **Luxus-Safaris**, wie eine 5-Tagekreuzfahrt mit der 1989 in Dienst gestellten "Manica" auf dem Kariba-Stausee, beinhalten erstklassige Beobachtungsmöglichkeiten der Tierwelt.

Die Regierung hat den Tourismus folgerichtig als eine wichtige Einnahme-Quelle erkannt. Sie setzt dabei aber mehr auf einen qualitätsbewußten Tourismus und ist **nicht daran interessiert, mit Billigangeboten möglichst viele Reisende anzulocken**. Der hohe Qualitätsstandard kostet sein Geld und begrenzt daher die Anzahl der Touristen. Bewußt wird in der Werbung auch das "gehobene" Kundenpotential angesprochen. Daß man durch solch eine Politik auch das Naturpotential schont, ist ein wichtiger Nebeneffekt. Heute besuchen etwa 400.000 Ausländer das Land. Es gibt direkte Flugverbindungen nach Europa. Im Oktober 1989 eröffnete die Lufthansa ihre Direktverbindung Frankfurt - Harare (z.Zt. über Johannesburg) zu sehr ansprechenden Tarifen, so daß die Entscheidung für Zimbabwe als Reisedestination erleichtert werden dürfte. Dem Nachteil, daß Zimbabwe über keine Meeresstrände verfügt, wird in naher Zukunft durch günstige Tarifkombinationen mit Mauritius abgeholfen werden.

Der binnenländische Tourismus wird stark gefördert. Die Zimbabwer werden ermuntert, ihr eigenes Land kennenzulernen. Auch die Besserverdienenden haben quasi keine Chance, ihre Ferien im Ausland zu verbringen, da jedem Bewohner jährlich nur ein Äquivalent von 400 Z$ als Auslandswährung zugestanden werden.

Die touristische Infrastruktur muß aber noch weiter ausgebaut werden, um den schon jetzt sich abzeichnenden Bedarf besser decken zu können. Vor allem in den Hochsaisonzeiten gibt es Über-Belegungen in den Hotels und Nationalparks. Ebenso gibt es einen Engpaß auf dem Gebiet der Mietfahrzeuge. Da die Wagen nur gegen knappe Devisen gekauft werden können, sind die Verleihfirmen gezwungen, z.T. relativ alte Fahrzeuge (2 - 3 Jahre) zu vergleichbar hohen Preisen zu vermieten. Mieten zwischen Südafrika (wo die Fahrzeuge um die Hälfte billiger angemietet werden können) und Zimbabwe sind nicht zugelassen.

3.4.7 ENERGIE

Zimbabwe verfügt über drei große Energieträger:
◆ reiche Kohlevorkommen;
◆ ein großes Potential an Wasserenergie,
◆ aufgrund des sonnenreichen Klimas über phantastische Möglichkeiten der Solarenergie-Nutzung.

In Hwange sind mittlerweile zwei **Kohlekraftwerke** in Betrieb: Hwange 1 mit einer Kapazität von vier Generatoren und 480 MW; Hwange 2 (seit 1987) mit zwei Generatoren und 400 MW. Aufgrund der reichen Vorkommen an Kohle wird es hier auch in Zukunft keine Versorgungsprobleme geben.

Den größten Teil an **hydroelektrischer Energie** liefert das Kraftwerk am Kariba-Stausee (700 MW), das am Südufer des Sambesi liegt. Von der sambischen Seite importiert man zusätzlich ein Drittel der dort gewonnenen Energie.

Das Potential an **Solarenergie** ist praktisch noch nicht erschlossen. Aufgrund der Höhenlage und über 300 Sonnentagen/Jahr steht hier eine ausgezeichnete

Kariba-Damm

Energiequelle zur Verfügung, die insbesondere für die lokale Klein-Versorgung von Bedeutung sein dürfte.

Erdöl, das etwa 13 % Anteil am Gesamtenergiebedarf hat, muß gänzlich eingeführt werden. Die meisten Ölprodukte werden ebenfalls importiert und belasten somit auch die Zahlungsbilanz. Mittlerweile ist die Pipeline von Beira bis nach Mutare wiedereröffnet und versorgt Zimbabwe. Diese Pipeline ist jedoch häufig durch Sabotage-Akte auf mocambiquischer Seite unterbrochen. Trotzdem genügen 10 Tage pro Monat, um den Bedarf von Zimbabwe zu decken.

Der größte Abnehmer von Elektrizität ist die verarbeitende Industrie. Die Haushalte haben lediglich einen Anteil von 15 %. In den Städten haben die meisten Afrikaner Stromanschluß, auf dem Lande aber nur 5 % der schwarzen Haushalte! Hier verbrauchen die Menschen wie eh und je das Savannenholz als ihre einzige Energiequelle. Deshalb stellen Abholzung und Erosion zunehmend große Probleme dar.

3.4.8 VERKEHRSWESEN

Zimbabwe ist für afrikanische Verhältnisse verkehrsmäßig ausgezeichnet aufgeschlossen.

Eisenbahn

Das Land verfügt über etwa 3.400 km Schienenwege (Spurbreite 1.067 mm).
Die großen landwirtschaftlichen und industriellen Zentren sind per Eisenbahn
verbunden. Der Abschnitt Harare - Gweru ist mittlerweile elektrifiziert, ein
Ausbau bis Bulawayo soll erfolgen. Etwa 60 % des Gesamtverkehrs werden
mit der Bahn abgewickelt. Engpässe bestehen hinsichtlich der zur Verfügung
stehenden Waggons und Lokomotiven. International ist das Schienennetz mit
Mocambique (Harare - Mutare - Beira) und mit Botswana und Südafrika (bis
Kapstadt) verbunden.

Straßen

Das Straßennetz Zimbabwes ist dicht und von guter Qualität. Es gibt
◆ etwa 5.000 km zweispurige Asphaltstraßen;
◆ etwa 1.500 km schmale Asphaltwege;
◆ etwa 75 km Straßen mit geteertem Mittelstreifen;
◆ etwa 10.500 km gepflegte Kies-, Erd- und Sandpisten.

Einzige "Lücke": Es gibt noch keine gute Straße südlich des Kariba-Sees, die
den Nordosten (Kariba) mit dem Südwesten (Hwange) verbindet.

Luftverkehr

Den innerzimbabwischen Luftverkehr wickelt die Air Zimbabwe ab. Das Flug-
netz hat als Drehscheibe Harare. Kariba, Hwange, Victoria Falls, Bulawayo,
Gweru, Masvingo und Buffalo Range sind mit Linienflügen erreichbar.

4. GESELLSCHAFTLICHER ÜBERBLICK

4.1 ETHNISCHE GRUPPEN

Seit der Unabhängigkeit Zimbabwes gibt es amtlicherseits keine Angaben mehr über den Anteil der verschiedenen Bevölkerungsgruppen an der Gesamteinwohnerzahl. Schätzungen (1993) zufolge leben in Zimbabwe nun 10,7 Mio. Menschen. Statistisch betrachtet, kommen auf 1 qkm 27 Einwohner.

Aufgrund des außerordentlich hohen Bevölkerungswachstums wird sich die Zahl der Zimbabwer in den nächsten 25 Jahren verdoppeln. Einige Fakten mögen die Bevölkerungssituation kennzeichnen:

◆ **31 % der Gesamtbevölkerung leben in städtischen Einzugsgebieten.** Eindeutig ist der Trend zur Landflucht.

◆ **69 % der Afrikaner wohnen noch immer auf dem Land**, wobei ihr Zuzug in die Städte überproportional hoch ist.

◆ **80 % der städtischen Bevölkerung sind Afrikaner.**

◆ **80 % der Weißen leben in der Stadt.**

◆ In den ländlichen Gebieten herrscht ein **krasses Mißverhältnis zwischen dem Männer- und Frauenanteil (70 : 100)**, denn viele Männer leben als Wanderarbeiter in den Städten.

◆ Zwischen 1969 und 1982 haben die 19 größten Städte Zimbabwes ihre **Einwohnerzahl verdoppelt**. Tendenz bis in das Jahr 2000: Eine weitere Verdoppelung!

Im Vergleich zu anderen afrikanischen Staaten, wie z.B. Namibia oder Südafrika, ist die schwarze Bevölkerung relativ wenig ethnisch gegliedert. Die Hauptstämme sind die **Shona** und die **Ndebele**. Zum Kulturkreis der Shona gehören etwa 77 % der Gesamtbevölkerung. Die Shona unterteilen sich in unterschiedliche Untergruppen, die verschiedene Shona-Dialekte sprechen (Korekore, Zezuru, Manyika, Ndau, Karanga und Kalanga). 18 % der Bevölkerung gehören zu den Ndebele, die ihre eigene Sprache haben. Daneben wohnen Tonga im Norden (südlich des Kariba-Sees) sowie Sotho, Venda und Hlengwe im Süden.

Der **weiße Bevölkerungsanteil** ist in den vergangenen 10 Jahren stetig gesunken. Nach der Unabhängigkeit sind viele weiße Rhodesier ins Ausland, vor allem nach Südafrika, ausgewandert. Einige versuchten in den letzten Jahren, wieder nach Zimbabwe zurückzukehren, wobei die Regierung einer solchen Wiedereingliederung in die Gesellschaft sehr skeptisch gegenübersteht.

In den Jahren 1980 - 1990 sind durchschnittlich 11.500 Weiße ausgewandert. 1978 betrug ihre Anzahl noch 264.000, 1994 sank sie auf knapp 150.000.

Einen geringen Anteil an der Gesamtbevölkerung haben die **Mischlinge** (etwa 20.000) sowie die **Asiaten** (30.000). Die Mischlinge – im Englischen als

"Coloureds" bezeichnet – entstammen zumeist aus Mischehen in der Frühzeit der Kolonialisierung. Bei den Asiaten handelt es sich zumeist um Nachkommen indischer Einwanderer, die zu Beginn der Kolonialzeit als Händler ins damalige Rhodesien kamen. Sie leben meist "unter sich", heiraten untereinander und folgen ihren religiösen Glaubensvorstellungen.

Bevölkerungsdaten	
Lebenserwartung	60 Jahre
Säuglingssterblichkeit	8,3 %
Bevölkerungswachstum	3,1 %
Religionen	die Mehrheit gehört Naturreligionen an. Etwa 26 % Christen (Anglikaner, Katholiken), muslimische Minderheit, 6.000 Juden, Animisten
Anteil der städtischen Bevölkerung	27 %
Analphabetenanteil	33 %
Städte (Zählung 1993)	Harare 1.184200, Bulawayo 620.900, Chitungwiza 274.000, Mutare 131.800, Hwange 56.000, Masvingo 45.000, Kariba 25.400

4.2 GESELLSCHAFT UND KULTUR IN ZIMBABWE

4.2.1 DIE ROLLE DER SHONA

Die Shona, die bei weitem stärkste ethnische Gruppe, besiedeln das Gebiet Zimbabwes seit etwa dem 11. Jahrhundert. Sie gehören zu den ersten Bantu-sprechenden Völkern, die das Land erreichten. Das erste politische System, das sie gründeten, war im 14. Jahrhundert das Reich der Karanga, südöstlich von Great Zimbabwe liegend. Fortan – bis ins 19. Jahrhundert hinein – bestimmten die Shona die Machtszene.

Ihre Gesellschaft war streng hierarchisch gegliedert und auf den Mwari-Kult ausgerichtet. Angebetet wurde der Gott Mwari. Dieser Gott sprach durch ein Orakel. Kontakt nahmen die Gläubigen über ein Medium (Svikiro) auf, als Mittler fungierten bedeutende Ahnen. Anstelle der Ahnen als Mittler trat später der Mambo (König) ein. Die Priesterschaft spielte eine Mittlerrolle zwischen dem Gott und der Bevölkerung und mußte die "Gottesstimme" auslegen.

Der Mambo beriet sich nicht nur mit Gehilfen, sondern auch mit Stammesvertretern, die in der Regel besonders erfahrene Männer waren. Zum Stamm, der als eine Einheit mit der Erde betrachtet wurde, zählten die Shona nicht nur die Lebenden, sondern auch die Toten. Das bebaubare Land stellte dem Glauben nach Gott Mwari zur Verfügung. Die Erde wurde als Reich und Besitz der Verstorbenen angesehen, und die Lebenden mußten sich stets auf's neue ihrer Verfügbarkeit versichern. Die Shona kannten daher nicht den Privatbesitz von Boden. Vielmehr wurde das Land dem einzelnen je nach Bedarf durch den Häuptling zugeteilt.

In alten Zeiten gingen die Shona mit dem ihnen nur zur vorläufigen Nutzung übertragenem Acker sehr schonend um. Sie bauten vornehmlich Mais und Hirse an und benutzen zunächst kurze Hacken, später primitive, von Menschen gezogene Pflüge. Im Sinne des Wanderhackbaus bauten sie ein bestimmtes Stück Land nur ein- bis zweimal an und ließen es dann brach liegen, um weiterzuziehen. Erst nach einer "Bodenerholung" nutzten sie das Stück erneut. Als Vorratsstellen für die Ernte dienten Felsen oder Pfahlhütten.

Sowohl in der Gesellschaft der Ndebele als auch der Shona wird das Wild als ein Teil der allen Menschen gehörenden Lebensgrundlagen angesehen
(Holzschnitzerei der Cyrene-Kunstschule)

Dem Vieh kam stets eine mehrfache Bedeutung zu:
- Eine große Stückzahl Vieh erhöhte das Ansehen seines Besitzers.
- Der Brautpreis wurde mit Vieh bezahlt.
- Vieh spielte bei religiösen Zeremonien und bei Festen eine Rolle.

Auch heute noch spielt die Anzahl der Rinder eine große Rolle: Je mehr Rinder man besitzt, desto größer ist das Ansehen.

Zwischen den Geschlechtern herrschte eine klare Arbeitsteilung:

◆ **Frauen** besorgten den Haushalt, kümmerten sich um die Felder, töpferten und webten.

◆ **Männer** kümmerten sich um die Jagd, um Viehzucht und Fischfang und zogen gegebenenfalls in Kriege aus.

Daneben waren insbesondere jene Männer angesehen, die in der Eisenverarbeitung tätig waren und die als "Kaufleute" Handelsbeziehungen pflegten. Man weiß, daß die Handelsbeziehungen über die Häfen am Indischen Ozean damals schon bis nach Europa und Asien reichten.

Die Gesellschaft der Shona besaß eine klare Gliederung. Als Kern wurde die **Familie** betrachtet, der dann die **Nachbarschaft** mit einem Sprecher vorstand. Die nächstgrößere Struktur stellte das **Dorf** mit seinem Häuptling, weiter die aus mehreren Dörfern bestehende **Gemeinde**. Dieser Gemeinde stand wiederum ein Vorsteher vor. Mehrere Gemeinden bildeten den **Stamm** mit einem Häuptling. Die Häuptlinge pflegten unmittelbaren Kontakt zum Mambo, dem **König**. Die Produktivität dieser Gesellschaftsform war außerordentlich hoch. Bis ins 19. Jahrhundert berichteten Reisende vom Wohlstand der Shona, der sich in einem reichen Viehbestand und in guten Vorratslagern ausdrückte. Jede Familie für sich lebte autark, bediente sich jedoch bei manchen Vorhaben (z.B. Hüttenbau) der nachbarschaftlichen Hilfe. Größere Gemeinschaftsaufgaben wurden dadurch gelöst, indem der Arbeitsanfall auf die Dorfgemeinschaft gerecht verteilt wurde.

Eine besondere Rolle spielt in der Shona-Kultur das **Totem**. Es wird meist mit einem Tier, einer Pflanze oder einer Naturerscheinung gleichgesetzt. Ein Totem fungiert als ein Mittel des Zusammenführens und zeigt gleichzeitig Zusammengehörigkeit an. Es verhindert auch Inzest, denn Angehörige mit gleichem Totem dürfen nicht untereinander heiraten. Nach der Heirat nehmen die Frauen das Totem des Mannes an, nach dessen Tod gehören sie ihrem ursprünglichen Totem an.

INFO

Was ist ein Totem?

Das Totem spielt bei Naturvölkern eine Rolle und bezeichnet ein Tier, eine Pflanze oder eine Naturerscheinung, wie Sonne oder Mond. Menschen gleichen Totems gehören einer verwandtschaftlichen Linie an und glauben daran, voneinander abzustammen. Das Totem dient als Helfer, Gefährte und Schützer. Die Mitglieder eines Totems gehen mit ihm in religiöser Ehrfurcht um. Wenn z.B ein bestimmtes Tier oder eine Pflanze das Totem darstellen, so dürfen beide nicht gegessen werden. Bestimmte Riten, wie z.B. Regenbeschwörung oder Fruchtbarkeitserbittung, dürfen nur von Angehörigen eines Totems abgehalten werden.

Die **Hochzeit** bildet in der Shona-Kultur ein zentrales Ereignis, an dem die gesamte Verwandtschaft regen Anteil nimmt. Während in unserer Gesellschaft in der Vermählung die Verbindung zweier Menschen gesehen wird, steht im Zentrum des afrikanischen Denkens eher die Zusammenführung zweier Familien.

Vor der Heirat muß sich der künftige Ehegatte zunächst den Verwandten (Onkel oder Großeltern) vorstellen. Danach entscheiden die Verwandten über die Person des Bräutigams. Wird er als Bewerber akzeptiert, dann überbringt er den Brauteltern Geschenke. Als Zeuge begleitet ihn ein naher Verwandter, denn im Falle der Nicht-Heirat können diese Gaben zurückverlangt werden... Es folgt die Festsetzung des Brautpreises.

Ab dem Tage der Hochzeit ist die Frau ihrem Mann "untertan" und verpflichtet, sich nicht nur um die eigenen Kinder zu sorgen, sondern auch um die des Bruders und der Schwester auf der Seite ihres Ehegatten. Stirbt ihr Mann, so kann der Bruder des Verstorbenen die Frau "übernehmen".

Zumindest in den dörflichen Gemeinschaften ist Polygamie noch verbreitet. Das Ansehen eines Mannes hängt hier noch immer auch von der Anzahl der geheirateten Frauen ab.

Insgesamt betrachtet, wurden diese "ur-afrikanischen" Lebensweisen und Vorstellungen immer mehr durch das Vordringen der Weißen zerstört: Missionare und die entstehende Industriegesellschaft ließen neue, eher westlich orientierte Wertvorstellungen entstehen. Die Shona und natürlich auch die Ndebele gelangten und gelangen verstärkt in Abhängigkeitsverhält-

Frauen in Zimbabwe: Kinder- und Familienversorgung stehen im Mittelpunkt

65

nisse, die ihren inneren Zusammenhalt gefährdeten und gefährden. Die zunehmende Verstädterung und Arbeitsteilung beschleunigen diesen Entfremdungsprozeß.

4.2.2 DIE ROLLE DER NDEBELE

Die Ndebele werden auch als Matabele bezeichnet und stellen etwa 17 % der Gesamtbevölkerung dar. Sie sind – mit den Weißen – die "jüngeren" Zuwanderer. Sie gehören zur Stammesgruppe der südafrikanischen Zulus und spalteten sich vom machtbesessenen Zulu-Häuptling Shaka ab. Die Zulus galten als sehr kriegerisch und vor allem aufgrund ihrer Nahkampftechnik überlegen.

Als die Ndebele, die ein Nebenstamm der Zulus waren und die traditionell ein Viehzüchtervolk sind, sich auf den Weg nach Norden machten, unterwarfen sie andere Stämme. Etwa gegen 1821 erreichten sie das Gebiet des heutigen Zimbabwe und wurden zunächst im Südosten, später (um 1840) im heutigen Matabele-Land seßhaft.

Die Ndebele sprechen ihre eigene Sprache, die zur Nguni-Gruppe gehört und viele "Klick-Laute" aufweist. Das Vieh nimmt eine zentrale Bedeutung im Leben der Ndebele ein. Auch die Gesellschaft der Ndebele war hierarchisch klar gegliedert:
◆ Der **Zansi-Stamm** zählte sich zu den Gründern und beanspruchte die Machtpositionen.
◆ Der **Enhla-Stamm** stellte die Krieger und Handwerker. In ihm sind Sotho- und Tswana-Angehörige, die sich während des Zugs nach Zimbabwe anschlossen.
◆ Die **Lozwi** gelten als die sozial niedrigste Klasse, die als Bauern Ackerbau und Viehzucht betrieben.

Trotz dieser klaren gesellschaftlichen Teilung kämpften die Ndebele gemeinsam gegen die kolonialen Eroberer. Die Ndebele gelten als eher traditionsbewußt und konservativ.

4.2.3 DAS SCHWARZ-WEISS-VERHÄLTNIS

Man mag vermuten, daß das Schwarz-Weiß-Verhältnis sehr gespannt ist. Denkt man an die koloniale Vergangenheit, so wurden hier Muster angelegt, die z.T. auch nach 15 Jahren Unabhängigkeit nicht ganz ausgelöscht sind. Der "Rhodesier" fühlte sich als der Überlegene – und war es auch, wenn man als Kriterien Besitz, Einkommen, Rechte oder Ausbildung heranzieht. Die Weißen betrachteten sich als Pioniere, die einem "kulturlosen" Volk die Errungenschaften der Alten Welt nahebrachten. In Wirklichkeit aber unterjochten sie jahrzehntelang die afrikanischen Autonomiebestrebungen, unterdrückten alle

Ansätze einer "schwarzen" Identität und trennten die "Rassen" überall dort, wo Berührungen natürlich gewesen wären: Wohnsiedlungen waren säuberlich nach Schwarz und Weiß getrennt, die Ausbildung wurde separiert, die Einkommensverhältnisse differierten in extremer Form.

Straßenszene in Harare: Weiße werden immer seltener

Die langen Jahre des Unabhängigkeitskrieges wurden von manchem Beobachter ebenfalls rassistisch gedeutet, und zwar im Sinne einer Auseinandersetzung zwischen Schwarz und Weiß. Von rhodesischer Seite her betrachtet, mag es wohl so gewesen sein. Vom afrikanischen Standpunkt aber aus ging es nicht um Menschenfarben, sondern um systemimmanente Strukturen: Der Unabhängigkeitskampf wendete sich nicht gegen die Weißen als Menschen, sondern gegen die Art des Herrschaftssystems, das als Leitmotiv nur Unterdrückung kannte.

Die im Lande verbliebenen Weißen teilen zunehmend diese Ansicht. Der zimbabwische Alltag ist heute von einem immer stärkeren Miteinander geprägt. Man geht miteinander sicherlich noch öfter distanziert, aber entspannt und freundlich um. Die Europäer, die nun dabei sind, mit den Afrikanern das neue Zimbabwe aufzubauen, verstehen sich zunehmend als Helfer, die ihr Können in den Dienst der gemeinsamen Aufgaben stellen.

Natürlich gibt es heute noch viele Strukturen, welche die Rassentrennungspolitik Rhodesiens hinterlassen hat: Die **Wohnsiedlungen** sind sozialgeographisch klar voneinander getrennt, obwohl immer mehr Afrikaner auch in ehemals den Weißen vorbehaltenen Villenvierteln wohnen (sofern sie sich das leisten können!). Auch die **Ausbildungsunterschiede** sind noch gravierend, damit verbunden auch heute noch die unterschiedlichen ökonomischen Möglichkeiten des einzelnen.

Obwohl das Rassen-Denken heute aus den Gesetzesbüchern verschwunden ist, obwohl Hautfarben in der statistischen Erfassung keine Rolle mehr spielen, lebt die zimbabwische Gesellschaft im privaten Kontext doch noch weiter eher "nebeneinander": Weiße bleiben in der Freizeit unter sich, Shona verbleiben unter ihresgleichen, Ndebele verkehren mit Ndebele.

Als Besucher von Zimbabwe sollte man die Chance wahrnehmen, mit möglichst unterschiedlichen Menschen in Kontakt zu treten. Man sollte sich hüten, seine Meinung auf den Markt zu tragen, Zuhörenkönnen ist sicherlich die bessere Haltung. Der schwarze Zimbabwer ist stolz auf sein Land. Er tritt uns freundlich und offen, ehrlich und (im positiven Verständnis) neugierig gegenüber. Es ist schon eine herausragende Leistung, sich trotz der vielen Toten, die eine Familie im Unabhängigkeitskampf verloren hat, so zu verhalten.

Ein kleiner Kultur-Knigge

Es gibt einige **Verhaltensregeln**, die im Umgang mit Zimbabwern bedeutsam sind:
◆ Auf dem Lande grüßen zunächst diejenigen Menschen, die dort wohnen.
◆ Vor Betreten eines Kraals sollte man sich z.B. durch Händeklatschen bemerkbar machen. Danach ist Warten angebracht, bis sich jemand nähert.
◆ Man sollte ebenfalls nicht mit ausgestreckter Hand auf jemanden zugehen. Angebrachter ist das Abwarten, bis man – zumeist – mit beiden Händen begrüßt wird.
◆ Bei der Begrüßung bleiben Frauen und die älteren Männer sitzen – ein Zeichen dafür, daß sie sich vor dem Fremden nicht fürchten.
◆ Einleitenden Gesprächsstoff bilden das Wetter, die Ernte, das persönliche oder familiäre Befinden.

4.3 SCHULWESEN

Eines der vordringlichsten Probleme Zimbabwes ist der Ausbau des Bildungswesens auf allen Ebenen. Immer mehr Kinder drängen aufgrund des außerordentlich starken Bevölkerungswachstums (pro Jahr 3,1 %) in die Schulen. Erst 1946 wurde formal die Schulpflicht (es mußte Schulgeld gezahlt werden!) auch für schwarze Kinder eingeführt, ebenfalls entsprechende Einrichtungen der Weiterbildung. Das geschah nicht ganz selbstlos: Die Wirtschaft sah immer mehr ein, daß sie vermehrt ausgebildete Afrikaner benötigt. **Die Regierung gibt derzeit 25 % des Staatshaushalts für Ausbildungszwecke aus!**

In der Zeit vor der Unabhängigkeit klafften die Bildungsausgaben für die Bevölkerungsgruppen kraß auseinander: Nur 1/10 des für Weiße zugedachten Etats wurde für die Ausbildung afrikanischer Kinder ausgegeben.

Einen großen Rückschlag erlitt das Schulwesen während des Unabhängigkeitskrieges: Viele Schulen mußten geschlossen werden. Junge Kämpfer unterbrachen ihre Ausbildung und kehrten nach Beendigung des Krieges mit großen Bildungslücken zurück. In speziellen Einrichtungen bemühte man sich, ihre Fähigkeiten vor allem in den Bereichen der Landwirtschaft und des Handwerks zu fördern.

Heute besteht eine **Schulpflicht** für alle Kinder zwischen 5 und 14 Jahren. Einer 2-jährigen Vorschulzeit folgt eine 7-jährige Grundschulzeit an. Danach besteht die Möglichkeit zum Besuch einer 6-jährigen Sekundarschule. Anschließend wird die Ausbildung in Colleges angeboten, die sich auf die Bereiche der Landwirtschaft, Technik und Lehrerausbildung konzentrieren.

Die Bildungsbemühungen – auch schon während der kolonialen Zeit forciert – blieben nicht ohne die gewünschten Erfolge: In Zimbabwe beträgt heute die Analphabeten-Quote "nur" 33 % (in Mocambique über 67 %, Botswana 26 %, Sambia 24 %, Südafrika 39 %). Wie schnell Fortschritte gemacht wurden, zeigt ein Zeit-Vergleich: 1962 waren noch 60 % der Bevölkerung des Lesens und Schreibens unkundig! Wie stark die Bildungsbemühungen forciert wurden, vermögen folgende Vergleiche zu veranschaulichen:
- Vor der Unabhängigkeit besuchten nur 40 % der schwarzen Kinder im schulpflichtigen Alter die Grundschule – nach der Unabhängigkeit stieg ihr Anteil auf fast 98 %.
- Vor der Unabhängigkeit gingen nur 12 ½ % der Schüler auf die weiterführende Secondary School – nach der Unabhängigkeit nahezu 100 %.

Gerade der letzte Vergleich mag deutlich machen, mit welchen Problemen das Bildungswesen zu kämpfen hat. Allerorten herrscht(e) **Lehrermangel**, den man nur dadurch beheben konnte, indem in Schnellkursen Lehrer herangebildet wurden (im Rahmen des Zimbabwe National Teacher Education Course = eine eher praktisch denn theoretisch ausgerichtete Lehrerausbildung). Bis 1988 konnte man so 3.000 zusätzliche Lehrer gewinnen. Durch den starken Zustrom der Schüler besonders auf Einrichtungen der weiterführenden Schulen ist – so die Meinung der Kritiker – das "Niveau" stark gesunken.

In den **Grundschulen** geht man heute den Weg der sehr **praxisorientierten Bildung und Erziehung**. Die Schüler werden in ihrer Muttersprache (Shona oder Ndebele), später auch in Englisch unterrichtet. Von früh an stehen handwerkliche und landwirtschaftliche Themen auf dem Lehrplan. So lernen die Schüler, wie man z.B. Gemüse anbaut, mit Vieh umgeht, Bananenstauden pflegt, Wasserdämme anlegt, Bewässerungsleitungen verlegt usw. Dadurch erreicht man eine Bildung, die im ländlichen Umfeld der Schüler verwurzelt ist und direkte Umsetzungsmöglichkeiten bietet. Und diejenigen Schüler, die später "Karriere" machen und ihre Ausbildung mit einem Studium abschließen, haben die Mühsal körperlicher Arbeit selbst am eigenen Leib erlebt und können deshalb ihre Mitmenschen, die im Handwerk und in der Landwirtschaft arbeiten, leichter wertschätzen.

In Zimbabwe gibt es eine einzige Universität mit Sitz in Harare, die **University of Zimbabwe**. An ihr studierten 1995 etwa 55.000 Studenten. Von ihrer Gründung 1957 an war sie eine Einrichtung, die aufgrund der Royal Charter – zumindest theoretisch – allen "Rassen" zur Verfügung stand. U.a. gibt es hier Fakultäten für Landwirtschaft, Kunst, Pädagogik, Wirtschaft, Rechtswissenschaften, Human- und Veterinärmedizin, Soziologie und Ingenieurwesen.

4.4 GESUNDHEITSWESEN

Die staatliche Gesundheitspolitik bemüht sich, alle medizinischen Errungenschaften möglichst allen Zimbabwern zur Verfügung zu stellen. Vor der Unabhängigkeit war eine gute medizinische Versorgung das Privileg der weißen Rhodesier. Großen Wert legt man auf **medizinische Prophylaxe:** Hygiene, Familienplanung, Impfaktionen (Masern, Kinderlähmung, Tuberkulose, Wundstarrkrampf) sowie Aufklärung über AIDS. Bei AIDS führt Zimbabwe bereits seit 1985 eine routinemäßige Untersuchung auf HIV-Erreger durch.

Gering-Verdiener (bis 150 Zim $) können alle medizinischen Leistungen kostenlos in Anspruch nehmen. Aufgrund der besonderen Bemühungen auf dem Gesundheitssektor stieg die Lebenserwartung 1992 auf 60 Jahre an.

Großer medizinischer Erfolg: ein drastischer Rückgang der Säuglingssterblichkeit

Persönliche Notizen

AFRO VENTURES SAFARIS

SPECIALISTS IN ADVENTURE TRAVEL TO BOTSWANA SWA/NAMIBIA SWAZILAND LESOTHO SOÙTH AFRICA

Seit 1972 Spezialisten
für Abenteuerreisen in das südliche Afrika

WIR BIETEN IHNEN:

★ Ganzjährig garantierte Abfahrten für Gruppen und Einzelreisende nach Botswana, Okavango, Namibia, Zimbabwe, Swaziland und Südafrika.

★ Maßgeschneiderte Safaris für Studien-, Familien- und „Incentive"-Reisen.

★ Wildwasser-, Kanu- und Kajak-Fahrten auf dem Zambezi-Fluß in Zimbabwe.

★ Alle Reisen werden unter der Führung erfahrener „Ranger" in unseren eigenen speziell ausgerüsteten Fahrzeugen durchgeführt.

***Ob wir zelten oder in Lodges übernachten ...
wir sind in Afrika
und es wird ein unvergeßliches Erlebnis!***

AFRO VENTURES (PTY) LTD

P.O. BOX 1200
PAULSHOF 2056
REPUBLIK OF SOUTH AFRICA
Tel. 27 + 11 + 8 07 37 20
Fax. 27 + 11 + 8 07 34 80

Iwanowski's
Individuelles Reisen
Büchnerstraße 11
41540 Dormagen
Tel. 0 21 33 / 2 60 30
Fax 0 21 33 / 26 03 33

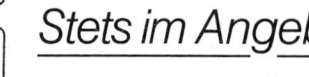

Auf der Traumstraße Afrikas
Von Namibia über Botswana nach Zimbabwe!

Erstklassige **Allradfahrzeuge** mit **Camping-Ausrüstung** – so recht für Ihr (kalkuliertes!) Abenteuer.

Alle Fahrzeuge sind für Botswana und Zimbabwe zugelassen und entsprechend gewartet.

UNSER TIP für eine unvergeßliche Route: Flug nach **Windhoek** *– Fahrzeugübernahme in Windhoek –* *Fahrt zum* **Okavango-Delta** *und* **Botswana** *–*

Weiterfahrt zu den **Victoria-Fällen,** *zum* **Hwange Park, Matopos Hills** *und* **Great Zimbabwe Ruins** *in* **Zimbabwe** *– Rückfahrt über den* **Caprivi-Streifen** *und* **Etosha-Pfanne** *nach* **Namibia** *– Abgabe des Wagens in Windhoek und Heimflug. Diese Tour (4 – 5 Wochen) ist „Afrika total" – für Individualisten wie Sie!*

Buchung und Beratung in Deutschland:

Iwanowski's
Individuelles Reisen GmbH

Büchnerstraße 11
41540 Dormagen
Tel. 0 21 33 / 2 60 30
Fax 0 21 33 / 2 60 33

Hochentwickelt: Zimbabwes Felsmalkunst

Stille Erhabenheit: Savannenlandschaft

Stets lebendig: Zimbabwes Bushaltestellen

So lebte man früher: Pit Structures bei Nyanga

Atemberaubend schön: Eastern Highlands

Zimbabwes höchster Gipfel: Nyangani (2595 m)

Stoische Baumriesen: Baobas

Aufgeschlossen: Zimbabwes Jugend

Afrika aus dem Bilderbuch: Landschaft östlich von Harare

Stets fröhlich: Kinder tragen Mehl nach Hause

Größtes archäologisches Rätsel: Great Zimbabwe

Kunstvoll geschichtet: Mauern in Naletale

Bilderbücher der Prähistorie: Markwe Caves

Typisch: Akazien im Hwange National Park

Blütenpracht im Ewanrigg Botanical Gardens/Harare

Kämpfend: Junge Elefanten (Pamuzinda)

Friedlich: Elefantenfamilie am Sambesi

Ein kühles Bad: Kariba-See

Frisches Futter für Büffel: Mana Pool

Mittagsruhe: Löwe im Hwange National Park

Abendstimmung: Auf Fothergill Island

Afrika pur: Schirmakazien und Siedlung in den Highlands

Meisterwerk der Ingenieure: Kariba-Damm

Ein Binnenmeer in Afrika: Kariba-See

Luxussafari per Motoryacht: die „Manica"

Abendstille: bei Bumi Hills

Imposant: Bridal Falls bei Chimanimani

Kariba-See: Ein „Meer" in Afrika

Versunkene Welt: alte Wälder im Kariba-See

Tiger Bay: Uriges Camp am Kariba-Ufer

Ideales Lebensumfeld: Elefantane am Kariba-Ufer

Stets freundlich: Schuljunge aus Bulawayo

Auch bei der Arbeit lächelnd: Zimbabwes Frauen

Blick auf den Ume River

In gutem Zustand: Landstraße in Zimbabwe

Menschen und Lasten: Busverkehr in Zimbabwe

Hochentwickelt: Zimbabwes Holzschnitzer-Kunst

Einsam: Landschaft im Gonarezhou National Park

Wanderparadies: Gebirgswelt um Chimanimani

Victoria Falls: Naturwunder Zimbabwes

Grandios: Chilojo Cliffs im Gonarezhou National Park

Das kostet Sie Zimbabwe

– Stand: Juli 1996 –

Auf den grünen Seiten geben wir Ihnen Preisbeispiele für Ihren Zimbabwe-Urlaub, damit Sie sich ein realistisches Bild über die Kosten Ihrer Urlaubsreise machen können. Natürlich sind die Preise nur als Richtschnur aufzufassen. Die abgedruckten Speisekarten sind selbstaussagend und können auf das ganze Land übertragen werden.

BEFÖRDERUNG

Flüge

Ein Lufthansa-Flug kostet von allen deutschen Flughäfen (Zubringerflug nach Frankfurt) nach Harare und zurück ab 1.599 bis 1.899 DM (je nach Saisonzeit). Die Air Zimbabwe bietet Flüge ab 1.595 DM bis 1.699 DM an, wobei die Inlandstrecken zum Sonderpreis von 110 DM verkauft werden. Mit British Airways kann man ab bestimmten Flughäfen in Deutschland (Berlin, Bremen, Köln, Düsseldorf, Frankfurt, Hannover, Hamburg, Leipzig, München, Stuttgart) über London nach Harare fliegen (3 mal wöchentlich). Kosten ja nach Saison zwischen 1.585 und 1.826 DM.

Mietwagen

Ein AVIS-Mietwagen inclusive unbegrenzten Kilometern, Teilkaskoversicherung (Selbstbeteiligung 375 US $) kostet bei einer Mietzeit von 7 - 13 Tagen 90 DM, bei mehr als 14 Tagen 86 DM (Typ: Mazda 323).

Taxifahrten

Eine Fahrt vom Harare Airport in die Innenstadt kostet 40 Z$.

Öffentliche Verkehrsmittel

Eine Zugfahrt in der 1. Klasse von Harare nach Victoria Falls kostet ca. 180 Z$, von Bulawayo nach Victoria Falls ca. 90 Z$.

ÜBERNACHTUNGSKOSTEN

● Für ein Mittelklasse-Hotel sollte man p.P. etwa 80 DM veranschlagen. Bei Luxus-Hotels, wie dem Victoria Falls Hotel, muß man mit 180 - 200 DM pro Person rechnen. Ein Großstadt-Luxushotel, wie das Meikles Hotel in Harare, kostet p.P. ca. 130 DM.

- Die Preise für Lodges sind ebenfalls relativ hoch. Hier einige Preisbeispiele:
- Landela Lodge bei Harare 220 DM p.P./Nacht
- Gache Gache Lodge ab 340 DM p.P./Tag incl. Safaris und Bootsfahrten
- Die Unterkünfte in den Nationalparks sind – wenn verfügbar – bei wesentlich geringerem Qualitätsstandard preiswerter, ca. 40 DM p.P./Nacht.

SAFARIS

- Manica-Yacht-Kreuzfahrt am Kariba: 5 Tage incl. Übernachtungen auf dem Schiff, Vollverpflegung sowie Ausflügen kosten ca. 2.300 DM.
- Eine 16-tägige Zeltsafari (ab/bis Johannesburg) zu den Höhepunkten Zimbabwes kostet ca. 1.700 DM.
- Eine 14-tägige Safari ab/bis Harare zu allen Hauptsehenswürdigkeiten des Landes kostet ca. 5.900 DM.
- Eine 22-tägige Selbstfahrerreise kostet incl. internationalem Flug, Leihwagen und Übernachtungen in der einfacheren Version ca. 6.400 DM, in der Komfortversion ca. 8.400 DM.

ALLGEMEINE REISEKOSTEN

Telefonieren

Ein Telefonat nach Deutschland kostet 21 Z$/Minute. Bitte beachten Sie die Zuschläge in Hotels und Lodges.

Benzin

Benzin kostet z.Zt. noch 3,78 Z$/Liter, doch es wird noch in diesem Jahr ein starker Anstieg der Preise erwartet.

Lebensmittel

Milch:	3,40 Z$	1 Fl. Bier (Supermarkt):	4,60 Z$
Brot:	4,65 Z$	1 Fl. Bier (Hotel):	15,00 Z$
1 Pfund Kaffee:	12,00 Z$	1 Fl. lokaler Wein (Supermarkt):	15-40,00 Z$
1 Pfund Butter:	12,00 Z$	1 Fl. lokaler Wein (Hotel):	60-80,00 Z$
4 Äpfel:	12,00 Z$	1 Fl. Sekt (Supermarkt):	20,00 Z$
Filet Steak:	68,00 Z$	1 Fl. Sekt (Hotel):	80,00 Z$
Rumpsteak:	52,00 Z$	Milch:	3,40 Z$

Beispiel für ein preiswertes Restaurant in Zimbabwe

Main Courses

Wiener Schnitzel
$62

Spaghetti Bolognese
$48

Burgers
cheese, chili, pepper, garlic
$35

Moussaka
$48

Lamb Chops
$66

Filet steak
$72

Rumpsteak
$72

Starters

Skordalia
Mashed Potato and Garlic
(Kartoffelpüree mit Knob-
lauch)
$16

Chicken Livers
(Geflügelleber)
$18

Affelia
Pork fillet marinated in wine
and coriander
$18,50

Tuna Salad
$22

Soup of the day
$16,50

Greek Salad
$16

French Salad
$13

Fishermans Catch

Prawns
$80

Calamari
$75

Kingklip
$80

Sweets

Strawberry and Cream
$15

Assorted Ice Cream
$14

Ice Cream and Chocolate
Sauce
$14

5. ZIMBABWE ALS REISELAND ▬▬▬▬

5.1 REISEPRAKTISCHE HINWEISE ▬▬▬▬ VON A-Z

Inhalt

Adressen	72	Krankenversicherung	86
Allradfahrzeuge	73	Kreditkarten	86
Alkohol	73	Kriminalität	86
Apotheken	73	Lodges/Safaricamps	87
Ausreise	73	Maße/Gewichte	87
Autofahren	74	Mietwagen	87
Automobilclub	74	Mountain Bikes	89
Autoverleih	75	Nationalparks	89
Banken	75	Post	90
Behinderte	75	Rafting	91
Benzin	75	Reiseveranstalter	91
Bootsverleih	75	Reisezeit	91
Botschaften/Konsulate	75	Rundfunk	91
Bungee Jumping	76	Safaricamps	91
Busreisen/Busverbindungen	76	Schlangen	91
Camperverleih	77	Schulferien	92
Camping	77	Schwimmen	92
Einreise	77	Souvenirs	92
Eisenbahnen	78	Sport	92
Essen	78	Sprache	93
Fahrradfahren	79	Straßenkarten	93
Fährverbindungen	79	Strom	93
Feiertage	79	Tankstellen	94
Fernsehen	80	Taxi	94
Flüge	80	Telefax	94
Fotografieren	81	Telefonieren	94
Fremdenverkehrsamt	81	Telex	94
Geld	81	Trampen	95
Geschäfte	81	Trinkgelder	95
Geschenke	82	Unterkünfte	95
Gesundheit	82	Visa	95
Golf	83	Veranstaltungen	95
Grenzübergänge	83	Wandermöglichkeiten	95
Hotels	83	Währung /Devisen	96
Impfungen	85	Zahlungsmittel	96
Jugendherbergen	85	Zeit	96
Kanufahren	85	Zeitungen	97
Kleidung und Reiseutensilien	85	Zoll	97
Klima	86	Zugverbindungen	97

A Adressen

■ Touristische Informationsstellen

◆ **Zimbabwe**: Beim Fremdenverkehrsbüro von Zimbabwe in Frankfurt/Main erhalten Sie ausführliche Informationen. In Österreich und der Schweiz gibt es kein eigenes Fremdenverkehrsbüro von Zimbabwe.
Zimbabwe Tourist Office, An der Hauptwache 7, 60313 Frankfurt/Main, Tel.: 069-9207730, Fax: 069-92077315
◆ **Namibia**: Verkehrsbüro Namibia, Im Atzelnest 3, 61352 Bad Homburg, Tel. 06172/406650, Fax 06172/406690
◆ **Zambia** hat kein eigenes Verkehrsbüro, Informationen nur über die Botschaft
◆ **Südafrika**: SATOUR, An der Hauptwache 11, Postfach 101940, D 60313 Frankfurt/Main, Tel. 069/929129. In Österreich: SATOUR, Opernring 1/R/813, A 1010 Wien, Tel. 01/5871487. In der Schweiz: SATOUR, Seestr. 40 - 42, CH 8802 Kilchberg/Zürich, Tel. 01/7151815

■ Diplomatische Vertretungen

◆ **Für Zimbabwe:**
- In **Deutschland**: Botschaft der Republik Zimbabwe, Villich Gasse 7, 53177 Bonn, Tel.: 0228-356071, Fax 0228/356309. Auch für Österreich zuständig.
- In der **Schweiz**: 5 Chemin du Rivage, 1292 Chambesy, Tel. 022/7320434, Fax 3384954
◆ **Für Botswana:**
Es gibt nur die Botschaft in Belgien: Embassy of Botswana and Mission of the European Union, 169 Avenue de Tervueren, Bruxelles, Tel. 7356110
◆ **Für Namibia:**
- In **Deutschland** (auch für die Schweiz zuständig): Botschaft der Republik Namibia, Konstantinstr. 25 A, 53179 Bonn, Tel. 0228/359091, Fax 0228/359071
- In **Österreich**: Außenamt für Namibia, Ballhausplatz 2, 1014 Wien, Tel. 01/53115 - 3842
◆ **Für Zambia:**
- In **Deutschland** (auch für Österreich zuständig): Botschaft der Republik Zambia, Mittelstraße 39, 53175 Bonn, Tel. 0228/376811 - 13, Fax 379536.
- Für die **Schweiz**: die Botschaft in Italien: Botschaft der Republik Zambia, 8 Via Ennio Quirino Visconti, I - 00193 Rom, Tel. 00396/3 21 3805, Fax 3612675
◆ **Für Südafrika:**
- In **Deutschland**: Botschaft der Republik Südafrika, Auf der Hostert 3, 53173 Bonn, Tel. 0228/82010, Fax 0228/8201148.
- In **Österreich**: Sandgasse 33, A 1190 Wien, Tel. 01/326493, Fax 327584
- In der **Schweiz**: Jungfraustr. 1, CH 3004 Bern, Tel. 031/442011, Fax 442064.

■ Deutsche Botschaft

Botschaft der BRD, 14 Samora Machel Avenue, P.O. Box 2168, Harare, Tel.: (14)- 731955

➤➤ Allradfahrzeuge

Allradfahrzeuge für Rundreisen im Landesinneren sind in Zimbabwe nur schwer zu mieten. Für die "normale" Rundreise benötigen Sie kein Allradfahrzeug. Für bestimmte Gegenden aber ist ein 4 x 4 unerläßlich. Beispielsweise ist der Gonarezhou National Park nur mit einem Allradfahrzeug zugänglich. Die Strecke Victoria Falls-Kariba am südlichen Ufer des Kariba Sees, die nur für Allradfahrzeuge befahrbar ist, sollte man auf keinen Fall alleine fahren, sondern immer nur in einem Konvoi! Sie können beispielweise Ihre Rundreise in Johannesburg anfangen. Dort gibt es Allradfahrzeuge mit Dachaufbau. In einem solchen Fahrzeug (z.B. Sabonazi) können 4 Personen mitfahren und im Dachzelt übernachten. Ebenso gibt es hervorragend ausgestattete Allradfahrzeuge mit Dachzelt ab Windhoek zu mieten. Auskünfte bei den Spezialveranstaltern oder bei: Iwanowski's Individuelles Reisen GmbH; 41540 Dormagen, Büchnerstr. 11, Tel. 02133/26030, Fax 02133/260333.

Preisbeispiele:
◆ ab **Johannesburg**: Toyota double cabin mit Dachzelt und Vollausrüstung, incl. km und Versicherung (Teilkasko 5.000 Rand): DM 4.956 für 3 Wochen. Abgabe in Harare: Zuschlag DM 1.100.
◆ ab **Windoek**: Mazda/Nissan double cabin mit Dachzelt und Vollausrüstung, incl. km und Versicherung (Teilkasko 1.500 N$), DM 297,00/Tag

➤➤ Alkohol

Für den Alkoholausschank in den Restaurants und Pubs gibt es keine Beschränkungen. Manche Restaurants haben jedoch nur eine Lizenz für den Alkoholausschank am Abend. Alkoholische Getränke kann man außer in den Bottle Stores auch in Supermärkten kaufen.

➤➤ Apotheken

In Zimbabwe sind Apotheken gleichzeitg Drogerien. Sie heißen Pharmacy oder Chemist (Englisch). In den größeren Städten gibt es auch einen Notdienst.

➤➤ Ausreise

Zimbabwe erhebt eine Ausreisesteuer ("Departure Tax") in Höhe von 20 US$. Die Tax wird am Flughafen mit möglichst parater 20 US $-Note bezahlt. Die Departure Tax Stamp kann man auch auf Banken kaufen. Kinder unter 12 Jahren brauchen nichts zu zahlen.

➼ Autofahren

(s.a. Stichwort Mietwagen)

In Zimbabwe herrscht **Linksverkehr**. Folgende **Geschwindigkeitsbeschränkungen** gelten:
- ◆ innerhalb geschlossener Ortschaften 60 km/h
- ◆ auf Landstraßen 100 km/h, auf besonders schmalen Landstraßen 80 km/h.

Vorsicht: Die zimbabwische Polizei ist mit besten Radarfahrzeugen ausgestattet, die besonders an den Hauptrouten auf die "schnelle" Kundschaft warten. Die Bußgelder sind hoch!

Vorsicht: Elefanten!

Alle Entfernungen sind in Kilometern angegeben. An unmarkierten Kreuzungen haben die von rechts kommenden Fahrzeuge Vorfahrt. Für das Fahren in Zimbabwe ist der Internationale Führerschein erforderlich. Der nationale Führerschein gilt nur im Zusammenhang mit einer beglaubigten Übersetzung. Das zimbabwische Tankstellen-Netz ist dicht, doch in den kleineren Orten sind die Tankstellen manchmal früh bzw. ab Samstagmittag geschlossen. Das Benzin kostet (Dezember 1995) ca. 3.55 Z$/l.

Die Straßenqualität ist gut. Alle wichtigen Hauptverbindungsstraßen sind asphaltiert. Auch die unbefestigten Straßen sind einfach zu befahren, wobei diese allerdings in der Regenzeit teilweise problematisch sein können. Auf den unbefestigten Straßen in den Eastern Highlands kann man nur langsam fahren, da sie oft sehr kurvenreich sind. Achtung: Oft kreuzen den Weg freilaufende Tiere, unachtsame Fußgänger und manchmal Radfahrer, die zwischen den Dörfern unterwegs sind. Die Hauptverbindungswege südlich des Kariba-Sees sind ganzjährig nur für Allradfahrzeuge befahrbar. In abgelegenen Gegenden ist oft nur die mittlere Fahrbahn asphaltiert; besonders in Kurven ist dann erhöhte Vorsicht geboten.

➼ Automobilclub

AA of Zimbabwe, Fanum House, Samora Machel Ave 57, P.O. Box 700, Harare, Tel.: 707021, geöffnet Montag bis Freitag 08.00 h - 12.00 h und 13.15 h - 16.30 h. Samstag 08.00 h - 11.00 h.

Für ADAC-Mitglieder kostenlos, man verhält sich aber auch ausländischen Nicht-Mitgliedern sehr kulant, die dann in der Regel kostenlos die gewünschten Unterlagen erhalten.

➤➤ Autoverleih

s. Stichwort Mietwagen

B Banken

Öffnungszeiten: Montag - Freitag 08.30 - 14.00 h (Mittwoch bis 12.00 h), Samstag 08.30 - 11.00 h

Am Flughafen von Harare gibt es eine Wechselstube. Am Meikles Hotel in Harare gibt es eine Wechselstube, die täglich bis am Abend geöffnet ist. **Schwarzgeldtausch ist strafbar.**

➤➤ Behinderte

Ein behindertenadäquates Leben und Reisen ist in Zimbabwe nur mit Einschränkungen möglich. Die Fluggesellschaften stellen allen Passagieren Hilfsgeräte an den Flughäfen zur Verfügung. Ansonsten kann man mit der Unterstützung der recht freundlichen und hilfsbereiten Bevölkerung rechnen.

➤➤ Benzin

s. Stichwort Tankstellen

➤➤ Bootsverleih

Boote werden in Kariba verliehen. Besonders beliebt ist übrigens der Hausbootverleih. Man kann auf diese Art und Weise ein paar Tage auf dem Kariba See zubringen.

➤➤ Botschaften/Konsulate

◆ **Botschaft der BRD**:
   14 Samora Machel Avenue, Harare, Tel.: 731955/8
◆ **Schweizerische Botschaft**:
   9 Lanark Road, Belgravia, P.O. Box 3440, Harare, Tel.: 703997/8.
◆ **Österreichische Botschaft**:
   30 Samora Machel Avenue, Harare, Tel.: 702921 oder 702922.

➤➤ Bungee Jumping

Besonders für junge Leute ist das Bungee Jumping von der Victoria Falls Brücke in Victoria Falls zu einer beliebten Sportart geworden. Anmeldung über:
Shearwater, Sopers Centre, Box 125, Victoria Falls, Tel.: 4471.

➤➤ Busreisen/Busverbindungen

Busse sind das beliebteste Beförderungsmittel der Einheimischen. Das überregionale Liniennetz ist gut ausgebaut. Auf den meisten Linien verkehren jedoch relativ alte, z.T. übersetzte Busse. Diese Busse und auch die häufig zu sehenden Minibusse sind oft nicht in verkehrssicherem Zustand. Auf keinen Fall sollte man nachts oder im Dunkeln mit diesen Bussen reisen.

Die Hauptorte werden allerdings auch mit Luxusbussen verbunden, die wesentlich teurer, dafür aber auch sicher sind.

Beladen bis über das Dach: Zimbabwes Überlandbusse

■ Überregionale Busverbindungen

Express Motorways am Rezende Bus Station (in der Nähe des Main Post Office), Express Motorways, Central Booking Office, Rezende Street, Tel.: 720392 und 737438. Express Motorways unterhält regelmäßige Verbindungen von Harare nach Mutare (täglich), Bulawayo (täglich) und Johannesburg (täglich). Außerdem gibt es Verbindungen nach Kariba und Masvingo bzw. Great Zimbabwe (jeweils Freitag) und nach Gaborone (Donnerstag und Sonntag).

■ Luxusbusse

Luxusbusse der Silverbird Coach Lines verkehren auf der Strecke Harare - Johannesburg. Montag und Freitag ab Harare (Sheraton Hotel) nach Johannesburg (Ankunft am folgenden Tag) und umgekehrt ab Johannesburg Mittwoch und Sonntag. Die Busfahrt dauert ca. 17 Stunden und kostet 1090 Zim $ für die Strecke JHB-HRE-JHB. Informationen bei Silverbird Coach Lines, P.O. Box 3820, Harare, das Büro ist im Sheraton Hotel zu finden, Tel: 729771 oder 794777.

Gute **Fahrplanauskünfte** können folgende lokale Reisebüros erteilen:
◆ In **Harare**: Manica Travel Service, Stanley Ave., Corner 3rd Street, Travel Centre, 2nd Floor, Tel. 703421 oder 708441.
◆ In **Bulawayo**: Manica Travel Service, 10th Ave., Tel 62521
◆ In **Gweru**: 6th Street, Electricity House, Tel. 3316

C Camperverleih

Vorweg: Zimbabwe eignet sich sehr gut für einen Camper-Urlaub, denn die meisten Campingplätze sind gut ausgestattet. In Zimbabwe können Camper geliehen werden. Allerdings gibt es z.Zt. nur einen einzigen Vermieter in Zimbabwe, alle anderen Camper werden von südafrikanischen Vermietern gegen Gebühr nach Zimbabwe gebracht. Sie können jedoch auch Ihre Zimbabwe-Rundreise in Johannesburg beginnen und beenden. Dann sparen Sie sich eine one-way-Gebühr.

➡ Camping

Von Natur aus ist Zimbabwe ein ideales Land zum Campen. Es gibt sowohl öffentliche als auch private Campinganlagen, vor allem in den touristisch interessanten Regionen. Wildes Campieren ist generell nicht gestattet, es sei denn, man fragt den Grundstücksbesitzer.

Die Nationalpark-Behörde gibt alljährlich Informationsblätter über Camping in den Nationalparks sowie die Kosten heraus. Informations- und Buchungsstelle: **National Parks Central Booking Office (CBO)**, National Botanical Gardens, Borrowdale Rd., Sandringham Drive, Harare, P.O. Box CY 826, Causeway, Tel.: 706077 oder 706078. Öffnungszeiten: Montag bis Freitag 8:30 - 15:00 h. Man kann bis zu 6 Monaten im voraus reservieren.

E Einreise

Staatsbürger der Bundesrepublik Deutschland, Österreichs und der Schweiz benötigen außer einem gültigen Paß kein Einreisevisum, für einen Aufenthalt bis zu 6 Monaten. Bei der Einreise darf man ausländische Währung in jeder Höhe einführen, allerdings nur 500 Zim $.

➤➤ Eisenbahnen

s. Stichwort Züge

➤➤ Essen

Die **Küche Zimbabwes** ist stark an der englischen orientiert. In der Regel gibt es Fleischgerichte, seltener Fisch. Frische Salate sind nicht so häufig, dagegen begleiten die Hauptspeisen zumeist verschiedene Gemüse (vor allem Möhren, Blumenkohl, Schnittbohnen, Rosenkohl und Zucchini).

Das Rindfleisch in Zimbabwe ist hervorragend, und die Steaks sind entsprechend schmackhaft. Schweinefleisch gibt es gerade in letzter Zeit immer häufiger, während Lamm eher selten auf den Speisekarten erscheint. Als Fischgerichte werden vor allem Forelle (trout) oder Brasse (bream) angeboten. Am Kariba-See wird gerne Kapenta, eine Süßwasser-Sardine, gegessen. Kapenta wird gegrillt oder gebraten und "im ganzen" (also mit Gräten) verspeist.

Beliebt ist – analog zu den Essenssitten in Südafrika – das "**Braai**": Dabei handelt es sich um gegrillte Fleischstücke und der "Boereworst".

Das **Frühstück** ist sehr reichhaltig (Eier, warme Würste, Speck, Schinken, Toast, Brötchen, Marmelade, verschiedene Arten von Cornflakes). Man kann natürlich auch ein "continental breakfast" wählen (Toastbrot, Brötchen, Marmelade). Zum Mittagessen (Lunch) begnügen sich die meisten mit einem Sandwich. Das Abendessen (Dinner) fällt dagegen wieder opulent aus und besteht aus mehreren Gängen.

Überall werden sehr gute **Früchte** angeboten: Bananen, Guaven, Orangen, Passionsfrüchte sowie Papayas werden oft als "Nachtisch" gegessen.

Die **Essenspreise** sind vergleichsweise niedrig. In einem guten Hotel-Restaurant zahlt man für ein Frühstück zwischen 50 und 70 Z$. Ein Sandwich kostet ca. 20 Z$, und für ein mehrgängiges Dinner zahlt man zwischen 75 - 100 Z$. In den Städten findet man auch einige Restaurants, die italienische, griechische oder chinesische Küche anbieten.

Als **Getränke** beliebt sind Tee, der aus den Hochlandgebieten der Eastern Highlands kommt und hervorragend ist, sowie Kaffee, der ebenfalls in den Eastern Highlands wächst, allerdings in der Zubereitung nicht immer unserem Geschmack entspricht.

Neben (guten) Bieren gibt es in immer größerer Anzahl wirklich gute einheimische Weine. Obwohl Zimbabwes Weinbautradition noch sehr jung ist (zwei Jahrzehnte), können sich die trockenen Weiß- und Rotweine durchaus sehen lassen. Gute Weißweine sind der Mukuyu Select Sauvignan Blanc oder Mukuyu Select Merlot, ein guter Rotwein ist der Pinot Noir. Eine Flasche Wein kostet im Restaurant ca. 70 Z$. Weinliebhaber brauchen auch in vielen Restaurants auf die guten südafrikanischen Weine nicht zu verzichten. Gute Biere sind das Castle, Zambesi oder Bohlinger's.

F Fahrradfahren

Man kann Fahrräder in Harare, Bulawayo und Victoria Falls leihen. Wer einen ausgesprochenen Urlaub mit seinem Fahrrad unternehmen möchte, sollte doch eventuell daran denken, sein eigenes Gefährt per Flugzeug mitzunehmen. Vor Ort gibt es Fahrräder der sehr guten Qualität nicht so leicht zu kaufen. Ob Zimbabwe ein ideales Fahrrad-Land ist, vermag ich nicht zu beurteilen. Zu bedenken sind die relativ großen Entfernungen, ebenso z.T. die unbefestigten Straßen. Daß man aber auf diese Weise – wenn man genügend Zeit und Kondition hat – ein Land sehr intensiv erfährt, ist keine Frage. (siehe auch Mountain Bikes)

➤➤ Fährverbindungen

Es gibt auf dem Kariba See die Fährverbindung Kariba-Mlibizi-Kariba. Die Fähre verläßt Mlibizi oder Kariba jeweils um 09.00 h, man muß aber spätestens 1 Stunde vor Abfahrt da sein. Die gesamte Fahrt dauert 22 Stunden. Man schläft in Schlafsesseln. Die Verpflegung (Buffet) ist gut und reichlich und ist wie die (nicht-alkoholischen) Getränke im Reisepreis eingeschlossen.
Es ist nötig, diese Autofähren sehr lange im voraus zu buchen.

Fahrplan 1996
◆ ab **Mlibizi** Dienstag, Mittwoch, Freitag, Samstag
◆ ab **Kariba** Montag, Dienstag, Donnerstag, Freitag

Die Abfahrt ist jeweils 9:00 h, Ankunft gegen 7:00 h am folgenden Tag.

➤➤ Feiertage

Offizielle unbewegliche Feiertage		
01. Januar	New Year's Day	Neujahrstag
18. April	Independence Day	Unabhängigkeitstag
01. Mai	Worker's Day	Tag der Arbeit
25. Mai	Africa Day	Afrika-Tag
02. August	Defence Forces Day	Tag der Verteidigungskräfte
11. August	Heroe's Day	Heldentag
25. Dezember	Christmas Day	Weihnachtsfeiertag
Bewegliche Feiertage: Karfreitag, Ostersonntag und Ostermontag		

➤➤ Fernsehen

Das englischsprachige Programm wird von der Zimbabwe Television Corporation ausgestrahlt. Viele der Programmteile sind importiert. Ein kleiner Teil wird auch in der Shona- und Ndebele-Sprache ausgestrahlt. Farbfernsehen wurde bereits 1983 eingeführt. Die besseren Hotels sind mit Satellitenfernsehen ausgerüstet, so daß man südafrikanische Programme empfangen kann.

➤➤ Flüge

In Zimbabwe finden Sie Büros der folgenden Fluggesellschaften:

Lufthansa German Airlines	99 Jason Moyo Avenue, Harare, Tel.: 393861
Air Zimbabwe	City Air Terminal, P.O. Box 1319, Harare, 3rd Street/ Speke Ave., Tel.: 794481, Central Reservations Office, Tel.: 575021
TAP Air Portugal	Takura House, 2nd Floor, Union Avenue, Harare, Tel.: 575297 und Reservierungsbüro Tel.: 706231
British Airways	Mallen Zimbabwe Pvt., Old Mutual Building, 8th Ave., Bulawayo, Tel. 66596 und in Harare: British Airways, Batanai Mall, Batanai Gardens, Jason Moyo Avenue, Harare, Tel.: 75173, oder British Airways im Harare Sheraton Hotel, Tel.: 729771
Air Botswana	Cresta Jameson Hotel, Samora Machel Avenue, Harare, Tel.: 703131
South African Airways	2nd, Floor, Takura House, 67-69 Union Ave., Harare, Tel.: 738922
UAC United Air	Regional-Fluglinie, Victoria Falls Tel.: (113)-4530, Kariba Tel.: (161)-2305, Harare Tel.: (14) 731713

Lufthansa-Flugplan nach Harare, 5.11.95 bis 03.12.95:
◆ **ab Frankfurt**: Freitag und Sonntag um 21.50 h, an Harare um 11.40 h am nächsten Tag, mit Zwischenlandung in Johannesburg
◆ **ab Harare**: Montag und Samstag um 18.20 h, an Frankfurt um 06:45 h am nächsten Tag, mit Zwischenlandung in Johannesburg

Preise (jeweils ab Frankfurt für Hin- und Rückflug):
First Class	**Business Class**	**Economy Class**
9.929,- DM	6.521,- DM	2.132,- DM - 5.928,-DM

Außerdem bietet Lufthansa den ermäßigten Businesstarif an. (1 Woche Mindestaufenthalt, 4.642,- DM).

Weitere Sondertarife sind:
	10.12.-.26.12.95	**27.12.-16.04.96**
ab Frankfurt	2.336,- DM	2.132,- DM

Für Abflüge ab anderen deutschen Flughäfen wird unter Umständen ein Aufpreis erhoben.

Innerhalb von Zimbabwe verbindet **Air Zimbabwe** alle touristischen Gebiete. Die eingesetzten Flugzeuge sind zumeist neue Boeings 737 sowie die neue British Airspace 146. Täglich gibt es Flüge von Harare nach Kariba, Hwange und Victoria Falls und zurück. Die Flugpreise für Inlandflüge mit der Air Zimbabwe sind günstig. Air Zimbabwe fliegt von Harare auch Mauritius an, dort kann man nach einem Zimbabwe-Aufenthalt noch eine Badeverlängerung einlegen.

➡ Fotografieren

Filme sollten auf jeden Fall mitgebracht werden, da man sie in Zimbabwe schwer und dann auch nur wesentlich teurer erstehen kann. Achten Sie während Ihrer Reise auf eine kühle Filmlagerung (in parkenden Autos können leicht Temperaturen von 70 °C entstehen!). Mitnehmen sollte man auf jeden Fall auch Ersatzbatterien für die Kamera. Aufgrund der z.T. extrem hellen Lichtverhältnisse empfiehlt sich die Verwendung eines nicht sehr empfindlichen Films (DIN 15 - 19). Für Tieraufnahmen benötigt man bei Benutzung von Teleobjektiven lichtempfindlichere Filme (DIN 24 aufwärts). Unbedingt erforderlich ist hierzu ein Teleobjektiv von mindestens 200 mm (und aufwärts bis 500 mm).

Altes Traveller-Übel: die Flughafenkontrollen. Im Zweifelsfalle lassen Sie Ihre Filmutensilien per Hand kontrollieren.

Berücksichtigen Sie bitte Stolz und Menschenwürde der Menschen beim Fotografieren. Fragen Sie bitte denjenigen, von dem Sie ein Foto haben möchten, um Erlaubnis. In der Regel lassen sich die Zimbabwer gerne fotografieren (verlangen aber mittlerweile immer öfter dafür schon eine Kleinigkeit).

➡ Fremdenverkehrsamt

Zimbabwe Tourist Office, An der Hauptwache 7, 60313 Frankfurt/Main, Tel.: 069-9207730, Fax: 069-92077315. Hier erhalten Sie neben Regionalbroschüren das aktuelle Hotelverzeichnis sowie eine Übersichtskarte. Gegen eine Gebühr kann man hier auch schöne Poster von Zimbabwe bestellen.

G Geld

s. Stichwort Währung

➡ Geschäfte

Geschäfte haben im allgemeinen Montag bis Freitag von 08.00 h bis 17.00 h geöffnet, Samstag von morgens bis mittags. Kleinere Läden können darüber hinaus auch abends und sonntags geöffnet sein.

➤➤ Geschenke

Bei einer Rundfahrt durch das Land wird man oft von Kindern nach Kugelschreibern gefragt (engl. pen). Wenn Sie also den Kindern in den entfernten Gegenden eine Freude machen wollen, stecken Sie ein paar Kugelschreiber ins Reisegepäck!

➤➤ Gesundheit

Allergien	Für Reisende mit Stauballergien ist Zimbabwe zumindest in der Trockenzeit nicht das richtige Reiseland, da das Fahren auf unbefestigten Straßen stets mit Staubaufwirbeln verbunden ist.
Cholera/Gelbfieber	Cholera- und Gelbfieberimpfungen sind nur nötig, wenn man aus Infektionsgebieten kommt.
Malaria	In allen tiefer gelegenen Gebieten Zimbabwes, wie Victoria Falls, Hwange, Kariba und dem Sambesital, sowie im Gonarezhou National Park ist eine Malariaprophylaxe ganzjährig dringend erforderlich.
Bilharziose	Das Baden in Seen und Flüssen ist aufgrund der Bilharziose-Gefahr zu unterlassen.
Medikamente	Reisende, die ständig spezielle Medikamente benötigen, sollten diese von zu Hause mitbringen, da es nur in den großen Orten Apotheken gibt und die Präparate nicht unbedingt mit den benötigten identisch sind.
Sonneneinstrahlung	Man muß bedenken, daß große Teile Zimbabwes durchschnittlich über 1.000 m über dem Meer liegen. Hinzu kommt die Nähe zum Äquator (17 Grad südlicher Breite). Zu empfehlen sind deshalb starke Sonnenschutzmittel sowie eine Kopfbedeckung.
Trinkwasser	Die Trinkwasserqualität in den Städten, Hotels und Camps ist einwandfrei. Im Zweifelsfalle – vor allem bei Wasserentnahme aus Flüssen – sollte das Wasser auf jeden Fall abgekocht bzw. chemisch behandelt werden (Micropur). Eine "Katadyn-Pumpe" hilft, das Wasser zu entkeimen.
Tsetsefliegen	Die Tsetse-Fliege ist noch in Teilen des südlichen Kariba-Gebietes sowie in den Niederungen des Sambesi-Tals anzutreffen. Die große braune Fliege kann durch einen Stich die Schlafkrankheit übertragen.
Aids	Leider ist Aids auch in Zimbabwe im Vormarsch. Die in den Krankenhäusern verwendeten Blutkonserven werden allerdings überprüft.

Die medizinische Versorgung ist für den Touristen in Zimbabwe keineswegs flächendeckend. In den größeren Städten findet man Krankenhäuser. In den Städten gibt es ansonsten Apotheken und den ärztlichen Notdienst.

Im äußersten Notfall kann man den Medical Rescue Service, einen Flugrettungsdienst, in Anspruch nehmen (Achtung: hohe Kosten!). **Medical Air Rescue**, 3 Elcombe Avenue, Belgravia, Harare, 734513/734514/734515.

In eine *persönliche Reiseapotheke* sollte gehören:
- alle Medikamente, die Sie regelmäßig einnehmen
- Mittel zur Malaria-Prophylaxe
- Medikamente gegen Durchfallerkrankungen und Magenverstimmungen
- gute Sonnencreme
- Desinfektionsmittel und Verbandszeug
- sterile Spritzen und Kanülen
- Kopfschmerzmittel

➤➤ Golf

Golf ist in Zimbabwe eine Art Nationalsport (unter den Weißen). Es gibt wunderschöne Golfanlagen, die auch Nicht-Mitgliedern zur Verfügung stehen. Prinzipiell gibt es an den Golfanlagen die Möglichkeit, Golfschläger zu leihen. Schöne Golfanlagen gibt es beispielsweise in Victoria Falls (Elephant Hills Hotel), in Nyanga (Troutbeck Inn) und in den Vumba-Bergen (Leopard Rock Hotel).

➤➤ Grenzübergänge

Die meisten Flugreisenden dürften am Internationalen Flughafen in Harare, Bulawayo oder Victoria Falls ankommen.

Alle nachfolgenden Grenzübergänge sind an Feiertagen zur selben Zeit geöffnet wie an Werktagen.

zwischen Zimbabwe und Südafrika	Beitbridge täglich 05.30 - 22.30 h
zwischen Zimbabwe und Botswana	Plumtree 06.00 - 20.00 h
	Kazungula täglich 06.00 - 20.00 h
zwischen Zimbabwe und Sambia	Victoria Falls täglich 06.00 - 20.00 h
	Kariba und Chirundu täglich 06.00 - 20.00 h
zwischen Zimbabwe und Mocambique	Nyamapanda tägl. 06.00 - 20.00 h
	Mutare täglich 06.00 - 20.00 h
(Diese Zeitenangaben sind ohne Gewähr und können sich unvorangekündigt ändern!)	

H Hotels

(s.a. Stichwort Lodges)
Das Hotelangebot in Zimbabwe ist insgesamt als gut zu bezeichnen, wobei man allerdings vor vornherein wissen sollte, daß die Hotelpreise im Vergleich zu anderen Ländern der Dritten Welt hoch sind. Das liegt u.a. daran, daß die

Nachfrage z.T. größer als das Angebot ist, aber sicherlich auch daran, daß der Hotelstandard gut ist. In den Hotels mit internationalen Gästen wird meistens in Devisen gezahlt, d.h. auf der Basis des US $. Die Verpflegungsleistungen im Hotel können allerdings in Zim$ beglichen werden.

Je nach Geldbeutel läßt sich überall eine gute Unterkunft finden. Alle Hotels werden durch das Zimbabwe Tourist Board nach Sternen (1 - 5) jährlich klassifiziert. Einige Preis-Beispiele aus der Hauptstadt Harare vermögen das Preisniveau zu veranschaulichen:

Terreskane Hotel*	etwa 240,00 Z$ pro Person im Doppelzimmer
Feathers Hotel**	etwa 150,00 Z$ pro Person im Doppelzimmer
Cresta Oasis***	etwa 360,00 Z$ pro Person im Doppelzimmer
The Cresta Jameson****	etwa 510,00 Z$ pro Person im Doppelzimmer
Meikles Hotel*****	etwa 565,00 Z$ im Doppelzimmer

Es gibt in Zimbabwe neben den "Standard-Hotels" auch einige Hotels oder "Inns", die viel Atmosphäre haben (aber nicht alle haben Sterne!). Im Text dieses Reisehandbuchs werden Sie auf diese Häuser aufmerksam gemacht. Hinsichtlich der Buchung ist zu beachten, daß in den touristischen Saisonzeiten auf jeden Fall vorausgebucht werden sollte, da die Nachfrage meist stärker als das Angebot ist.

In den letzten Jahren sind sehr schöne Safari-Lodges in Zimbabwe entstanden. Die Unterbringung hat ihren Preis, jedoch kommt man voll auf seine Kosten. Hochpreistourismus ist für das Land schließlich ein potentieller Wirtschaftsfaktor!

INFO

Unterschiedliche Hotelpreise in Zimbabwe

Ausländer aus Übersee müssen ihre Zimmer in US $ bezahlen. Diese Preise sind etwa 2 -3 mal höher als für Einheimische, die in der Nationalwährung bezahlen können. Seit 1993 gibt es eine Dreistaffelung in den Preisen:
◆ *Hotelpreise für "residents", also für Einheimische. Diese Preise sind am günstigsten.*
◆ *Hotelpreise für "regional residents", also für Reisegäste aus den Nachbarländern (Südafrika, Botswana, Namibia, Sambia und Mocambique). Diese Gäste müssen zwar auch in ausländischen Devisen zahlen, jedoch weniger als die Gäste aus Übersee.*
◆ *Hotelpreise für überseeische Ausländer, die etwa das 2- bis 3fache der Preise für residents betragen und in US $ beglichen werden.*

> *Zu dieser Preispolitik sind alle Hotels mit gehobenem Standard ver-*
> *pflichtet. Kleinere Pensionen und Landhotels halten sich an diese Kate-*
> *gorisierung von Gästen nicht, haben aber auch nur kleine Kapazitäten,*
> *die in der Hochsaison schon lange vorher ausgelastet sind.*

Reservierungsstelle in Deutschland für Hotels in Zimbabwe:
Iwanowski's Individuelles Reisen, Büchnerstr. 11, 41504 Dormagen, Tel.:
02133-26030.

I Impfungen

Gelbfieber: Alle Personen, die in Zimbabwe aus einer Gelbfieberzone (von
der Weltgesundheitsorganisation festgelegt) in Afrika oder Südamerika ein-
treffen, müssen im Besitz einer internationalen Bescheinigung über eine Imp-
fung gegen Gelbfieber sein. Eine Bescheinigung über Gelbfieberimpfungen
ist 10 Jahre gültig.

J Jugendherbergen

Sehr einfache Jugendherbergen gibt es nur in Harare und in Bulawayo.
◆ Youth Hostel, 6 Montahu Ave., Harare, Tel.: 226990
◆ Youth Hostel, Townsend Road/Third Street, Bulawayo, Tel.: 76488

K Kanufahren

Kanufahrten auf dem oberen Zambesi werden angeboten von: Kandahar Safaris, P.O. Box 233, Victoria Falls, Tel.: 4502.
Kanutrips auf dem unteren Zambesi im Mana Pools National Park veranstaltet: Shearwater, Edward Building, First Street/Baker Avenue, P.O. Box 3961,
Harare, Tel.: 757831.

➠ Kleidung und Reiseutensilien

Bevorzugt sollten Sie Kleidung mitnehmen, die Sie im warmen Klima tragen.
In den Urlaubsgebieten ist die Kleidung freizeitbetont, in Hotels und Restaurants (abends) formell. In vielen Hotels herrscht noch die alte britische Klei-
dungsregel: Krawatte und Jackett sind zum Abendessen erwünscht (das gilt
vor allem für Traditionshäuser).

In der winterlichen Trockenzeit (Mai - September) ist es je nach Höhenlage
morgens und abends kühl bis sehr kalt (Eastern Highlands!), tagsüber aber
stets sommerlich warm. Man braucht auf jeden Fall warme Kleidung (lang-

ärmlige Hemden und Pullover). Bei Safari-Fahrten sollte man stets farblich gedeckte Safarikleidung tragen, damit man "unauffällig" ist.

In der übrigen Zeit ist leichte Kleidung zu empfehlen, möglichst aus Baumwolle. Man sollte zum Schutz vor der intensiven Sonneneinstrahlung einen Hut tragen. Während der regenreicheren Zeit von November bis März kann es manchmal abends etwas stärker abkühlen, ein Pullover sollte dann im Reisegepäck nicht fehlen. Ins Reisegepäck gehört außerdem ein Fernglas.

➡ Klima

Zimbabwe gehört zu den Rand-Tropen und hat aufgrund seiner Höhenlage (die meisten Gebiete liegen durchschnittlich 1.000 m ü.M.) ein angenehmes Klima. Beste Reisezeit ist die "winterliche" Trockenzeit von Mai bis Oktober mit angenehmen Tagestemperaturen (um 20 - 25° C) und einer starken Nachtabkühlung. Dies ist auch die beste Zeit für Tierbeobachtungen: Mit fortschreitender Trockenheit wird die Vegetation lichter, und die Tiere werden immer mehr gezwungen, die wenigen verbleibenden Wasserlöcher aufzusuchen. Die Regenzeit, gleichzeitig die Periode mit den höchsten Temperaturen bis zu 35/40° C, dauert von November bis März. Viele Nationalparks sind dann geschlossen. Die optimale Reisezeit für Zimbabwe liegt also zwischen März und Oktober.

➡ Krankenversicherung

Prüfen Sie bitte nach, ob Ihre Krankenversicherung im Krankheitsfalle für die Kosten im außereuropäischen Raum aufkommt. Die medizinische Versorgung ist in den Städten gut, auf dem Lande unzureichend. Es besteht kein Sozialabkommen zwischen Deutschland und Zimbabwe. In der Regel wird daher eine Reisekrankenversicherung für das Ausland unvermeidlich.

➡ Kreditkarten

s. Stichwort Währung/Devisen

➡ Kriminalität

Die Kriminalität ist leider auch in Zimbabwe in den letzten Jahren gestiegen. Die meisten Überfälle gibt es in Harare. Bitte seien Sie tagsüber umsichtig, wenn Sie auf der Fußgängerzone in der City von Harare spazierengehen. In letzter Zeit konnte man beobachten, wie unter Rauschmittel stehende Kinder Touristen belästigten. Bitte meiden Sie nachts einsame Straßen, tragen Sie nicht viel Bargeld oder Schmuckstücke mit sich. Alle Wertsachen sollten Sie grundsätzlich im Hotelsafe aufbewahren. Außerhalb von Harare fühlt man sich übrigens sicherer als in mancher deutschen Kleinstadt!

L Lodges/Safaricamps

Lodges sind in der Regel Unterkünfte in besonders interessanten, unberührten Naturgegenden (Nationalparks bzw. an ihrem Rande). Die Betreuung ist stets sehr individuell, die Übernachtung findet in besonders naturangepaßten Rondavels oder sogar Baumhäusern statt. Man unternimmt Fahrten im offenen Landrover, um Tierbeobachtungen zu genießen, wobei professionelle Wildhüter den Gast hervorragend anleiten. Ebenso werden Fußsafaris angeboten. Die Verpflegung in diesen Lodges ist stets sehr gut, das gesamte Erlebnis aufgrund der geringen Übernachtungskapazitäten stets sehr intensiv. Diese Lodges und Safaricamps (manchmal auch aus voll ausgestatteten Luxuszelten bestehend) kosten in der Regel zwischen 250 - 500 DM/pro Person pro Tag (Übernachtung, Vollverpflegung und Safariaktivitäten).

Typische Lodge in Zimbabwe

M Maße/Gewichte

In Zimbabwe gelten die metrischen Maße und Gewichte. Man hat in den vergangenen Jahren die Umstellung von Gallonen auf Liter, von Meilen auf Kilometer, von Fahrenheit auf Celsius vollzogen.

➤➤ Mietwagen

■ **Höchstmaß an Individualität**. Die Kombination Mietwagen/Hotel + Inlandsflüge, um weite Strecken zu überbrücken, erweist sich gerade für Zimbabwe als optimal. Auf diese Weise kann man einen wirklich individuellen

Urlaub gestalten. Am entsprechenden Zielflughafen steht der Mietwagen ab-fahrbereit.

■ **Straßennetz.** Rundreisen zu den wichtigsten Sehenswürdigkeiten des Landes sind auf Asphaltstraßen möglich. Manchmal sind diese nur einspurig asphaltiert. Abseits der Hauptverbindungsstraßen fährt man auf der Piste.

■ **Mietwagenfirmen.** In Zimbabwe sind Avis, Europcar und Hertz vertreten. Die Fahrzeugflotten z.T. dieser und lokaler Vermieter sind vergleichsweise klein und relativ alt (Durchschnittsalter: 2 ½ Jahre). Da für Neuwagen teure Devisen ausgegeben werden müssen, sind die Mietpreise hoch. Europcar bietet auch neuere Wagen an. Besonders gute Erfahrungen machen Reisende mit AVIS.

■ **Preisbeipiele.** Europcar bietet folgende Fahrzeuge in der unteren Preiskategorie an:
◆ Mazda 323: 486,00 Z$ pro Tag, bei einer Mietzeit von 7 Tagen, ohne Kilometerbegrenzung
◆ Hyundai oder Uno Diesel: 542,00 Z$ pro Tag, bei einer Mietzeit von 7 Tagen, ohne Kilometerbegrenzung. Dazu kommt noch die CDW (Collision Damage Waiver, eine Art Vollkaskoversicherung). Je nach Länge der Mietdauer und Wagengruppe muß man täglich noch ca. 60,- bis 70,- Z$ zahlen.

Bei Direktbuchung in Deutschland kostet ein Wagen incl. km/Versicherung bei einer Mietzeit von mehr als 14 Tagen DM 123,00/Tag. Bei AVIS kostet ein Mazda 323 incl. km und Teilkaskoversicherung bei einer Mietzeit von mehr als 14 Tagen und Buchung in Deutschland DM 86,00/Tag – inclusive Mitgliedschaft im Automobilklub!

Die zimbabwischen Fahrzeuge dürfen bei Avis nicht ins benachbarte Ausland (z.B. nach Südafrika, Botswana oder Sambia) gefahren werden. Bei Europcar ist dies nach Anmeldung möglich, jedoch müssen die Fahrzeuge wieder in Zimbabwe abgegeben werden. Mindestalter zum Anmieten von Mietwagen ist bei Hertz 25 Jahre, bei Avis 21 Jahre und bei Europcar 21 Jahre. Altersbegrenzung: 70 Jahre.

Bei bestimmten Vermietern ist es möglich, Fahrzeuge aus Südafrika nach Zimbabwe und Botswana zu fahren (alledings nicht als one-way).

Sie sollten Ihr Fahrzeug möglichst bei einem Veranstalter in Deutschland vorausbuchen. Die hier gewährten Preise sind oft niedriger als in Zimbabwe selbst und sichern Ihnen "Ihr Fahrzeug zu Ihrer Zeit "- vor Ort sind Sie frei von Organisationsstreß.

Buchungen von Fahrzeugen in Deutschland u.a. bei:
Iwanowski's Individuelles Reisen GmbH, Büchnerstr. 11, 41540 Dormagen, Tel.: 02133-26030, Fax: 02133-260333.

Mietwagenfirmen

◆ **Avis**
- Harare: 5 Samora Machel Ave., Tel.: 720351/720352/751542
- Bulawayo: 99 Robert Mugabe Way, Tel.: 68571/68572/61306
- Victoria Falls, Livingstone Way/Mallet Drive, Tel.: 4532

◆ **Europcar**
- Harare: 19 Samora Machel Avenue, Tel.: 752559/752560/752561
- Bulawayo: 9 a Africa House, Fife Avenue, Tel.: 67925/ 74157
- Mutare: Grants Service Station, 1 Crawford Road, Tel.: 62304
- Gweru: Fairmile Motel, Bulawayo Road, Tel.: (54)-4144
- Kariba: Cutty Sark Hotel, Tel.: 2321/2322
- Victoria Falls: Sprayview Hotel, Tel.: 4344/4345/4346

◆ **Hertz**
- Harare: 4 Park Street, Tel 727209/793701
- Bulawayo: George Silundika St./14th Ave., Tel.: 74701/61402
- Kariba: Carribea Bay Hotel, Tel.: 2453
                          Lake View Hotel, Tel.: 2411/2662
                          Cutty Sark Hotel, Tel.: 2321
- Victoria Falls: Bata Building Tel.: 4267/4268
                          Parkway Drive, Tel.: 4297
- Masvingo: 43 Hughes Street, Tel.: 62131
- Hwange: Hwange Safari Lodge, Tel.: Dete 393

➡➡ **Mountain Bikes**

Die Eastern Highlands sind hervorragendes Gebiet für Mountain Bike Fahrten. Seit diesem Jahr ist es auch möglich, dort Mountain Bikes zu mieten. Ansonsten besteht z.B. in Victoria Falls die Gelegenheit, Mountain Bikes und Fahrräder zu mieten. Die Möglichkeiten zu radeln sind dort wegen der Grenze auf der einen Seite und dem Zambesi National Park auf der anderen Seite jedoch begrenzt. Hier gilt, wie für andere Teile des Landes das Motto: Für Löwen sind Moutain Bike-Fahrer ein fahrender Mittagstisch!

N Nationalparks

Die Nationalparks Zimbabwes bedecken insgesamt eine Fläche von knapp 45.000 qkm (Überblick über die Naturschutzgebiete in Zimbabwe s. nachfolgende Tabelle). An die Nationalparks grenzen ca. 18.000 qkm Jagdgebiete, sog. Safari Areas, wo man nur organisiert jagen darf. Buchungen für Übernachtungen werden ein halbes Jahr im voraus entgegengenommen. Buchungsadresse: **National Parks Central Booking Office (CBO)**, National Botanical Gardens, Borrowdale Rd., Sandringham Drive, Harare, P.O. Box 8151, Causeway, Tel.: 706077 oder 706078, Öffnungszeiten: Montag bis Freitag 8:30 - 15:00 h, oder **Bulawayo Booking Agency**, Ecke Herbert Chipeto St./ 10 th Ave., Tel.: 63646, Öffnungszeiten: Montag bis Freitag 8:30 - 15:00 h.

Hier können die Übernachtungen für folgende Gebiete reserviert werden: Nyanga, Lake Chivero, Lake Manyame, Lake Mutirikwi, Gonarezhou, Matobo, Hwange, Zambesi, Matusadona, Chizerira, Chimanimani, Mana Pools. Die Übernachtungen sind preiswert und betragen z.B. für ein Cottage mit 2 Betten 200,- Z$. Campingplätze kosten pro Nacht je nach Ausstattung 20 Z$ pro Person. Zu allen Übernachtungen kommt noch die Eintrittsgebühr für die Nationalparks (40 Z$ pro Tag für einen Erwachsenen oder 20 Z$ für Kinder bei einem Aufenthalt von 7 Tagen). Erklärung zu den Übernachtungsvarianten:

Chalets haben eine Kochgelegenheit vor dem Haus, es gibt einen gemeinschaftlichen Sanitärtrakt. Geschirr und Besteck werden nicht gestellt

Cottages verfügen über Küche und Bad/Toilette im Haus, Besteck wird aber nicht gestellt

Lodges haben Küche und Bad/Toilette und sind komplett ausgestattet

Einrichtungen in den Nationalparks und Erholungsgebieten Zimbabwes					
Bezeichnung		Unterkunft	Geschäft	Tankstelle	Restaurant
Chimanimani		Z, H			
Chinhoyi Caves		Z, H			ja
Chizerira		Z			
Gonarezhou	Chipinda	Z			
	Mabalauta	Z, Ch			
Hwange	Main Camp	Z, Ch, Co, Lo	ja	ja	ja
	Sinamatella	Z, Ch, Lo	ja	ja	ja
	Robins	Z, Ch, Co		ja	ja
Lake Chivero		Z, Ch, Co			
Mana Pools		Z, Lo			
Matopos		Z, Ch, Lo			
Matusadona		Z			
Ngezi		Z, Lo			
Nyanga		Z, Lo			
Legende: Z = Zelten, Ch = Chalet, Co = Cottage, Lo = Lodge, H = Hotel					

O Öffnungszeiten

siehe "Geschäfte" und "Banken"

P Post

Öffnungszeiten wie bei den Geschäften. Briefmarken erhalten Sie in der Regel auch an den Hotelrezeptionen.

R Rafting

Schlauchbootabenteuer (Rafting) auf dem Zambesi direkt unterhalb der Victoria-Fälle bieten verschiedene Veranstalter an:

- **Shearwater**, Sopers Centre, Box. 125, Victoria Falls, Tel.: (13)- 4471
- **Sobek Adventures,** 309 Parkway , Victoria Falls , Tel.: 2069
- **Safari Par Excellence,** Shop No 4 Pumula Centre, Victoria Falls, Tel.: 4424/4510
- **Frontiers,** Parkway, Victoria Falls

➤➤ Reiseveranstalter

Ein Verzeichnis ist über das Zimbabwe Tourist Board zu erhalten.
Einen besonderen, seit vielen Jahren bewährten Reise-Service bietet Iwanowski's Individuelles Reisen an. Nach dem Prinzip "Buch und Buchen" werden Sie vom Autor persönlich oder von qualifizierten Landeskennern optimal beraten. Iwanowski's Individuelles Reisen GmbH, Büchnerstr. 11, 41540 Dormagen, Tel.: 02133-26030, Fax: 02133-260333.

➤➤ Reisezeit

Details entnehmen Sie bitte dem Kapitel Klima.

➤➤ Rundfunk

Das nationale Rundfunkprogramm wird vorwiegend in Englisch gesendet. Die Deutsche Welle kann über Kurzwelle gut empfangen werden.

S Safaricamps

s. Stichwort Lodges

➤➤ Schlangen

Es gibt zwar viele und z.T. giftige Schlangen, doch lauern diese nicht gerade auf Touristen. Übermäßige Angst ist deshalb nicht angebracht; trotzdem sollten Sie auf Ihren Weg achten und hohes Gras meiden. In der Regel flüchten die Tiere schon lange, bevor Sie sie sehen könnten.

Sollte es dennoch passieren, und die Schlange hat Sie gebissen – keine Panik! Merken Sie sich vor allem Farbe und Kopfform der Schlange, damit ein behandelnder Arzt oder ein anderer sachkundiger Helfer weiß, welches Gegenserum angebracht ist.

➤➤ Schulferien

Die Schulferien in Zimbabwe dauern von Mitte Dezember bis Mitte Januar, vom April bis Anfang Mai sowie von August bis zum Septemberbeginn. In dieser Zeit sind Hotels und Camps der Nationalparks oft ausgebucht. Es empfiehlt sich daher eine Vorausbuchung mindestens drei Monate vorher.

Einige der in Zimbabwe üblichen Feiertage können ein verlängertes Wochenende ergeben, so daß auch zu diesen Terminen die Campingplätze stark frequentiert sind.

Ebenfalls machen sich nun die Schulferien in Namibia (besonders für den Norden Zimbabwes) und in Südafrika durch ein höheres Touristenaufkommen bemerkbar.

➤➤ Schwimmen

Grundsätzlich sollten Sie in den freien Gewässern auf das Schwimmen verzichten. Im Kariba See, aber auch an den vielen Staudämmen und Flüssen (Zambezi) gibt es Krokodile. Ebenso besteht Bilharziose-Gefahr. Ungefährlich ist dagegen der Badespaß in den Eastern Highlands.

➤➤ Souvenirs

Überall werden Andenken aus Holz, Stein, Leder oder Kupfer angeboten. Besonders häufig sieht man aus Speckstein oder Serpentin gearbeitete Figuren (Köpfe, Tierdarstellungen). Beliebt sind ebenfalls Batiken, handgewebte Teppiche sowie Flechtwaren.

Flechtwaren-Verkäufer an der Straße

Berühmt sind die original **Shona-Skulpturen,** die in der künstlerisch wertvollen Qualität auch viel kosten (ab 100 bis mehrere tausend Z$).

➤➤ Sport

In Zimbabwe wird Sport groß geschrieben. Verbreitet sind Tennis, Golf, Angeln, Basketball, Fußball, Volleyball, Reiten, Segeln, Cricket, Drachenfliegen, Fallschirmspringen und Polo. Die großen Hotels verfügen oft über Tennisplätze und Swimmingpools.

➤➤ Sprache

In Zimbabwe wird Englisch, Shona und Ndebele gesprochen. Englisch wird in den städtischen Gebieten und touristischen Zentren von den meisten verstanden. Auf dem Lande wird es etwas schwieriger, man wird aber auf jeden Fall jemanden treffen, der Englisch hinreichend versteht.

Einige vielleicht nützliche Ausdrücke in Shona und Ndebele		
Deutsch	**Shona**	**Ndebele**
Guten Morgen	Mangwanani	Livuke njani
Guten Tag	Masikati	Litshonile
Guten Abend	Manheru	Litshone njani
Auf Wiedersehen	Chisarai zvakanaka	Lisala sesihamba
Dankeschön	Tatenda	Ngiyabonga
Entschuldigung	Pamusoroi	Uxolo/Ngixolela

Buchtip
Seit einigen Jahren gibt es das Shona-Sprachlehrbuch von Harald Vieth "Pamberi nechi Shona", Berlin 1986.

➤➤ Straßenkarten

◆ **in Deutschland:**
Zur Vorbereitung auf die Zimbabwe-Reise sind gute Karten in allen Maßstäben zu erhalten bei: Internationales Landkartenhaus/GeoCenter GmbH, Postfach 800830, D 70508 Stuttgart, Telefon 0711/78893-40.
◆ **in Harare:**
Department of the Surveyor-General, Elektra House, Samora Machel Ave., Montag - Freitag von 08.00 - 13.00 h und 14.00 - 16.00 h. Hier können Sie topographische Karten in unterschiedlichen Maßstäben erwerben.

In Harare sollten Sie sich die ausgezeichneten Detailkarten des Automobilclubs holen:
AA of Zimbabwe, Fanum House, Samora Machel Ave 57, geöffnet Montag bis Freitag 08.00 h - 12.00 h und 13.15 h - 16.30 h. Samstag 08.00 h - 11.00 h.

➤➤ Strom

Die Stromspannung beträgt 220/230 V Wechselstrom. Die Steckdosen entsprechen den britischen mit drei rechteckigen Buchsen (Adapter bitte mitbringen!). Adapter können Sie z.B. auch in Frankfurt am Flughafen kaufen.

T Tankstellen

Das Tankstellennetz in den Städten ist gut. Bei Fahrten in abgelegene Landesteile müssen Sie ausreichend Benzin mitführen. Folgt man den asphaltierten Straßen, so gibt es auch entlang dieser Strecken ausreichend Tankstellen. Der Benzinpreis (engl. blend) liegt zur Zeit bei ca. 3,55 Z$ pro Liter. Vorsicht: An Tankstellen kann man **nicht** mit Kreditkarten bezahlen.

►► Taxi

Taxis findet man an den Taxiständen der Städte oder man ruft vom Hotel aus die Taxizentrale an. Bevorzugte Standorte sind Airports, Bahnhöfe, Hotels oder Busterminals. Auf die Taxameter ist nicht Verlaß. Die staatlichen Taxis ("Rixi-Taxis" in den Großstädten) verfügen angeblich über "ehrliche" Taxometer. Im Zweifelsfalle sollten Sie versuchen, den Fahrpreis vorher auszuhandeln.

►► Telefax

Zimbabwe ist an das internationale Telefax-Netz angeschlossen. Die Telefax-Vorwahlziffern sind identisch mit den Telefonvorwahlen (s.a. "Telefonieren"). Die meisten großen Hotels verfügen über Telefax-Geräte.

►► Telefonieren

Ein Gespräch von Zimbabwe nach Deutschland kostet vom Hotel aus ca. 25 Z$ (3 Min.). Vom Hoteltelefon muß man sich mit dem "Operator" verbinden lassen, der die Verbindung herstellt (die Hotels verfügen noch nicht über Selbstwahlmöglichkeiten nach Übersee). Während die Verbindungen nach Übersee relativ schnell und problemlos zustandekommen, ist das Telefonieren innerhalb Zimbabwes ein Geduldsspiel. Eine Zeitung in Harare berichtete kürzlich, daß eine Frau ihren Metzger telefonisch erreichen wollte. Nach vergeblichen Versuchen rief sie ihre Mutter in England an und bat sie, den Metzger von dort aus anzurufen, was auch umgehend klappte...

Von Deutschland aus kann man Zimbabwe direkt anwählen. Die Vorwahl ist nach Harare 00263-4, Bulawayo 00263-9, Victoria Falls 00263-13. Ein 3-Minuten-Gespräch von Deutschland nach Zimbabwe kostet 11,00 DM. Die Vorwahl ist von Zimbabwe nach Deutschland 110-49, nach Österreich 110-43, in die Schweiz 110-41.

►► Telex

Zimbabwe ist ebenso an das internationale Telex-System angeschlossen. Ländervorwahl von Deutschland aus: 0907.

➡➡ Trampen

Trampen ist in Zimbabwe durchaus populär. Ortsausgänge sind sicherlich der beste Standort. Schwarze Fahrer erwarten zumeist eine Kostenbeteiligung – bitte vorher vereinbaren.

➡➡ Trinkgelder

◆ **Restaurant**: Wenn keine "Service Charge" (Bedienungszuschlag) eingeschlossen ist, gibt man etwa 10 %.
◆ **Taxi**: Die Fahrer erwarten etwa 10 %.
◆ **Gepäckträger**: etwa 2 Z$ c/pro Gepäckstück.

U Unterkünfte

s. Stichwörter Hotels, Lodges

V Visa

Alle Besucher müssen im Besitz eines gültigen Reisepasses sein. Bürger der BRD, der Schweiz und Österreichs benötigen kein Visum. Visaantragsformulare sind in Harare erhältlich bei:
Departement of Immigration Control, Private Bag 7717, Causeway, Harare.

➡➡ Veranstaltungen

Einmal jährlich finden in Zimbabwe folgende Veranstaltungen statt:
◆ **Harare**:
- Harare Travel Expo, Ausstellung mit Schwerpunkt Tourismus, meist im Februar
- Harare Show, Ausstellung mit Schwerpunkt Landwirtschaft und Business, meistens im August.
◆ **Bulawayo**:
- Bulawayo Trade Fair, die größte Handelsmesse des Landes findet ebenfalls einmal pro Jahr statt, Termin für 1996: 23.-28 April 1996.

W Wandermöglichkeiten

In den Eastern Highlands ist Wandern möglich im Gebiet von Nyanga oder Chimanimani. Alpine Bergtouren in Chimanimani sollte man nicht auf eigene Faust unternehmen. Informationen über Wandermöglichkeiten in Zimbabwe erhalten Sie bei Wanderlust, Otavistraße 15, 13351 Berlin,Tel: 030-4 597 8 591, Fax: 030-4 597 8 592.

➤➤ Währung /Devisen

Die Währungseinheit in Zimbabwe ist der Zimbabwe-Dollar mit einem Wert von 100 Cent. Es gibt Münzen in den Größenordnungen 1, 5, 10, 20 und 50 c sowie einem Dollar. Scheine existieren in folgenden Stückelungen: 2 Zim$ (blau), 5 Zim$ (grün), 10 Zim $ (rot), 20 Zim $ (ultramarin) sowie seit jüngstem selbst 50 - 100 Zim$-Scheine. Bei der Einreise nach Zimbabwe muß man alle Devisen genau angeben (auch in Form von Travellers-Schecks). Pro Person ist die Einfuhr von 500 Z$ erlaubt. Auf einem "Visitors Currency Certificate" werden die Angaben vermerkt und bei der Ausreise kontrolliert. An den Umtauschstellen (Banken, Wechselstube oder Hotels) erhält man stets eine Quittung, die man unbedingt bis zur Ausreise aufbewahren muß!

Es empfiehlt sich, DM- oder US $-Reiseschecks mitzunehmen. Euroschecks werden nicht getauscht. Der Umtausch von Travellers-Schecks ist auf dem Fluzghafen Harare ohne Probleme möglich. In Banken kann es u.U. etwas länger dauern.

Tauschen Sie auf keinen Fall Geld auf dem Schwarzmarkt. Dies ist kaum lohnend und wird mit hohen Strafen geahndet.

Im September 1995 erhielt man beim Geldumtausch in den Banken Zimbabwes 5.4 ZIM $ für 1 DM. Die Umtauschraten in den Hotels liegen ca. 10 - 15 % höher.

In den großen Hotels sowie Geschäften mit internationalem Publikum werden VISA, American Express, Diners Club und EuroCard (MasterCard) akzeptiert. Man kann z.B. mit VISA-Karten an vielen Geldautomaten der Barclays Bank Geld abheben, aber die Gebühren können "saftig" sein, entsprechend ungünstig sind manchmal dabei auch die Umtauschkurse.

Wenn Sie Zimbabwe wieder verlassen, müssen Sie alle Bargeldbeträge über 500 Zim$ wieder rücktauschen – dies ist sehr umständlich und kostet Geduld und Nerven. Planen Sie deshalb ein, wieviel Geld Sie tatsächlich ausgeben wollen bzw. müssen.

Z Zahlungsmittel

s. Stichwort Währung

➤➤ Zeit

Die Zeit ist identisch mit der mitteleuropäischen Sommerzeit. Im europäischen Winter muß die Uhr um eine Stunde vorgestellt werden (wenn es in Frankfurt 12.00 Uhr ist, ist es in Harare 13.00 Uhr).

➡ Zeitungen

◆ **Tageszeitungen:** The Herald (Harare); The Chronicle (Bulawayo),
◆ **Sonntagsausgaben:** The Sunday Mail (Harare) und The Sunday News (Bulawayo); daneben gibt es noch in Mutare, Masvingo und Gweru erscheinende Lokalzeitungen.
◆ **Wochenzeitschriften**: Financial Gazette (Wirtschaftsblatt); Weekend Gazette, The People´s Voice (Parteiblatt der ZANU (PF),
◆ **Monatsmagazine**: The Farmer, Moto, Parade, Horizon, Zimbabwe Wildlife

Die Regierung hat direkt nach der Unabhängigkeit die Anteilsmehrheit bei der Zimbabwe Newspaper Ltd. sowie den Zimbabwe Mass Media Trust erworben. Auch die Nachrichtenagentur ZIANA (Zimbabwe International News Agency) wird über den Zimbabwe Mass Media Trust kontrolliert. Es gibt nur wenige importierte ausländische Zeitungen und Zeitschriften.

➡ Zoll

Gegenstände des persönlichen Bedarfs, die nicht zum Verbleib oder Verbrauch in Zimbabwe vorgesehen sind, sind zollfrei. Verbrauchsgüter dürfen bis zu einem Gesamtwert von 1.000 Z$ eingeführt werden. Bei Artikeln des persönlichen Bedarfs gibt es keine Einschränkungen: Also Ihre Kamera, Kassettenabspielgerät u.ä. sind deklarationsfrei. An alkoholischen Getränken darf man 5 l mitbringen, wobei höchstens 2 l Spirituosen sein dürfen. Pflanzen dürfen nicht eingeführt werden. Haustiere können eingeführt werden, man muß aber einen Antrag auf Erlaubnis zum interterritorialen Import und Export stellen und dem Antrag eine Gesundheitsbescheinigung des Veterinäramtes beifügen. Die Zulassung kann beantragt werden bei: The Director of Veterinary Services, P.O. Box 8012, Causeway, Harare. Dort erhalten Sie ein Zertifikat, das bei der Einreise an der Grenze vorgelegt werden muß. Haustiere sind in den Nationalparks des Landes nicht zugelassen.

Die Einfuhr von Waffen ist prinzipiell möglich: Sie müssen bei der Einfuhr unter Vorlage des heimischen Waffenscheins deklariert werden.

Falls Sie mit einem ausländischen Mietwagen (z.B. aus Südafrika) anreisen, müssen Sie eine Erlaubnis von der Autoverleihagentur bei sich führen, welche bestätigt, daß Sie mit dem Fahrzeug ins Ausland fahren dürfen. An der Grenze bekommen Sie entsprechende Papiere, die Sie bei der Ausreise wieder vorlegen müssen.

➡ Zugverbindungen

Zimbabwe hat ein dichtes Eisenbahnnetz, das alle großen Orte verbindet. Folgende Eisenbahn-Hauptstrecken gibt es: Bulawayo - Harare; Bulawayo -

Beitbridge - Johannesburg; Bulawayo - Victoria Falls; Bulawayo - Chiredzi. Bei Touristen beliebt ist die Strecke Bulawayo - Hwange - Victoria Falls. Der Nachtzug führt komfortable Schlafwagen.

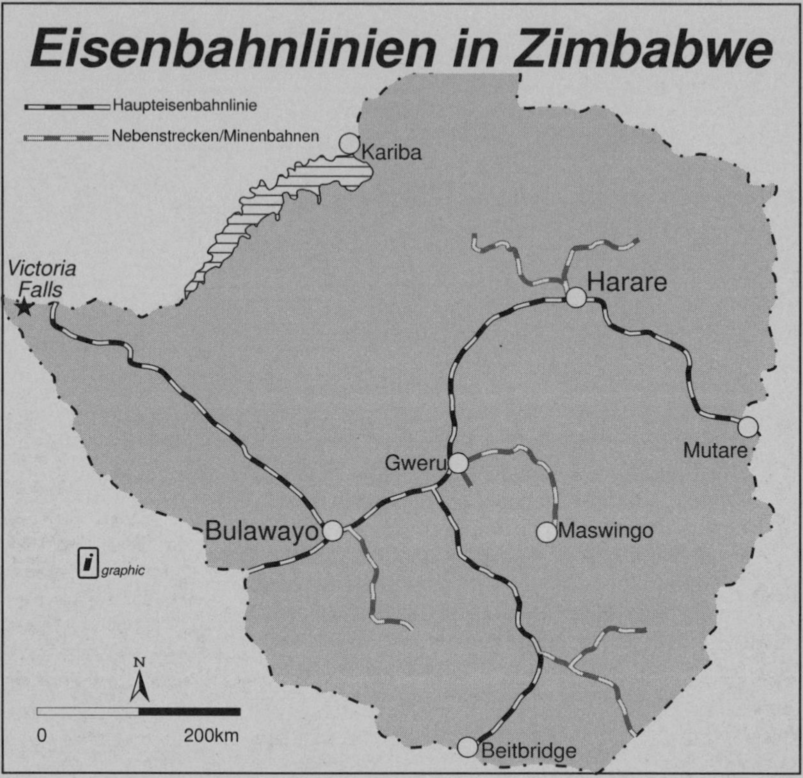

Eisenbahnlinien in Zimbabwe

━━━ Haupteisenbahnlinie

━━━ Nebenstrecken/Minenbahnen

Kariba

Victoria Falls

Harare

Gweru

Mutare

Bulawayo

Maswingo

i graphic

N

0   200km

Beitbridge

1. Hauptverbindungen in Zimbabwe

◆ Von **Harare** aus gibt es tägliche Verbindungen nach Bulawayo (Abfahrt 21 h) und Mutare (Abfahrt 21:30 h) und einmal wöchentlich (Sonntag) nach Johannesburg (Trans Limpopo Express). Zugauskünfte: Tel.: Harare, 73393306/ 73393659

Ticket Office in Harare:
Economy Class: Tel. 733901, Durchwahl 3464
Upper Class: Tel. 733901, Durchwahl 3519 oder 3444

 Hinweis
Das Reservation Office und das Upper Class Ticket Office verkaufen täglich zwischen 19:00 und 21:30 h nur Tickets für denselben Tag.

◆ Von **Bulawayo** fahren Züge nach Victoria Falls (täglich), Harare (täglich) und südlich über Beitbridge nach Johannesburg, und von Bulawayo nach Chiredzi (täglich). Täglich gibt es außerdem eine Zugverbindung nach Gaborone (über Francistown) in Botswana. Zugauskünfte: Tel.: 322284.

Preisbeispiele:
Harare - Victoria Falls, 1. Klasse 146,40 Z $, Coupé 292,80 Z $
Harare - Johannesburg, 1. Klasse 601,35 Z $
Bulawayo - Johannesburg, 1. Klasse 443,35 Z $
Bulawayo - Victoria Falls, 1. Klasse 73,20 Z $.

Abfahrtage und Abfahrtszeiten können sich ändern, daher sollten Sie sich vor Ort erst einmal informieren.

Ausführliche Eisenbahnpläne und aktuelle Preisinformationen durch: National Railways of Zimbabwe (NRZ), P.O. Box 596, Bulawayo, Tel.: 363111.

2. Besondere Züge

Neben der täglichen regulären Eisenbahnverbindung zwischen Bulawayo - Victoria Falls gibt es besondere Zugsafaris von Bulawayo aus. Diese Touren dauern 5 - 6 Tage und schließen neben dem Besuch der Victoria-Fälle auch manchmal den Hwange National Park ein.

INFO

Die Victoria Falls - Bulawayo-Verbindung

Die Strecke zwischen Bulawayo und Victoria Falls beträgt ca. 400 km. Die Fahrt führt direkt durch den Hwange National Park. Es ist schon ein Erlebnis, durch die unberührte Wildnis zu reisen und dabei noch die Chance zu haben, eventuell Wild zu sehen. Der Zug besteht aus "musealen" Schlafwagen, die allerdings sehr komfortabel eingerichtet sind. Manchmal entdeckt man noch ein eingraviertes "RR": Erinnerung an die alte Zeit der Rhodesia Railways.

Der Zug fährt in Bulawyo um 19.30h ab und erreicht Victoria Falls um 07.30h, die Rückreise erfolgt um 17.30h. Für die Reise (12 Stunden) zahlt man im Schlafwagen nur ca. 50 DM! Wer Zeit hat, sollte die Fahrt in Hwange unterbrechen, um eventuell im nostalgischen Baobab Hotel zu nächtigen (mit Swimmingpool). Seit neuestem fährt dieser Zug über die 120 m lange Brücke über den Sambesi nach Livingstone/Sambia. Eine Rail-Safari – als "Zambezi Special" bezeichnet – dauert 5 Tage. Man übernachtet im Schlafwagen und steigt unterwegs aus, um sich z.B. im Hwange Park oder an den Victoria-Fällen umzusehen.

Buchungsadresse: **Rail Safaris**, P.O. Box 4070, Harare, Tel.: 736056.

Außerdem bietet **Rovos Rail** eine Zugsafari nach Pretoria an. Mittwochs-abends Abfahrt ab Victoria Falls, Freitagmorgen Ankunft in Pretoria, Kosten 2.995,- ZAR pro Person, Rovos Rail, P.O. Box 2837, Pretoria, Südafrika, Tel.: 012-323-6052.

ROUTENVORSCHLÄGE

Zambia

Zimbabwe mit
dem Geländewagen

⑤ Kariba

④ Lake Kariba

Harare

⑥

③

Victoria Falls

Zimbabwe

② Mutare

Gweru

Masvingo

Bulawayo

⑧ Chimanimani

①

Botswana

⑦

1 Matobo Nat.Park
2 Hwange Nat.Park
3 Chizarira Nat.Park
4 Matusadona Nat.Park
5 Mana Pools Nat. Park
6 Nyanga Nat.Park
7 Gonarezhou Nat.Park
8 Gt.Zimbabwe Ruins

Beitbridge

Mozambik

Louis Trichardt

Gaborone

N

Südafrika

i graphic

0   300km

Pretoria

Maputo

Johannesburg

Mbabane

Swaziland

ROUTENVORSCHLAG ZIMBABWE

– Route mit normalem Pkw oder Camper –

Ort/Strecke	ca. km	Interessensschwerpunkt	Tage Min./Opt.	Hotelvorschlag	Kapitel
Harare	-	Chipungu Sculpture Park / Mbare Markt / Tabakauktion	1/2	Meikles Hotel / Monomatapa / Cresta Lodge / Bronte	6.1
Harare - Inyanga N.P.	300	Landschaft / Wandern / Archäologie (Ruinen)	1/3	Troutbeck Inn / Pine Tree Inn	6.2
Inyanga N.P. - Mutare	120	Landschaft / Botanik	1/2	White Horse Inn / Leopard Rock	6.3
Mutare - Chimanimani N.P.	150	Landschaft / Wandern	1/2	Chimanimani Hotel	6.4
Chimanimani N.P. - Masvingo	300	Archäologie (Great Zimbabwe Ruins)	1/2	Great Zimbabwe Hotel	6.5
Masvingo - Bulawayo	300	Museum / Archäologie (Khami) / Landschaft (Matobo) / prähistorische Felsmalereien (Matobo)	1/2	Bulawayo Sun / Cresta Churchill Hotel / Matobo Hills Lodge	6.6
Bulawayo - Hwange N.P.	300	Tierwelt	1/3	Sable Valley Lodge, Buschcamp / Sukumi Tree Lodge	6.7
Hwange N.P. - Victoria Falls	200	Landschaft / Tierwelt / White Water Rafting	1/2	Detema Lodge / Victoria Falls Hotel	6.8
Victoria Falls - Kariba (Alternativen)					
* Mlibizi - Kariba (Fährschiff)	22 h	Landschaft / Tierwelt	1/1	am Fährschiff	6.9
* Mlibizi - Kariba (Motoryacht Manica)		Landschaft / Tierwelt / Fuß- und Bootsafaris	5	auf der Yacht	
* Victoria Falls - Kariba (Flug)	1 1/4 h	Staumauer / Abstecher z.B. nach Bumi Hills / Fothergill Island	2/3	Caribbea Bay Hotel / Bumi Hills / Fothergill Island	

Ort/Strecke	ca. km	Interessensschwerpunkt	Tage Min./Opt.	Hotelvorschlag	Kapitel
Kariba - Mana Pools (Alternativen)					
* Kariba - Mana P. (mit dem Auto)	220	Landschaft / Tierwelt	3/5	Nyamepi Camp	
* Kariba - Mana P. (mit dem Flugzeug)			2/3	Chekwenya	
* Kariba - Mana P. (m. Landrover / Boot)			3/4	Ruckomechi Camp	
Mana Pools - Harare (Alternativen)					
* Flug über Kariba nach Harare			1		
* Autofahrt über Kariba nach Harare	490˚	Tropfsteinhöhlen	1	Hotels in Harare (s.o.)	

Diese Route ist für alle besonders geeignet, die Zimbabwe umfassend und doch mit Komfort kennenlernen möchten. Für die Strecken ist ein Pkw ausreichend.

ROUTENVORSCHLAG ZIMBABWE OFF-ROAD
– Route für Allradfahrzeuge –

Ort/Strecke	ca. km	Interessensschwerpunkt	Tage Min./Opt.	Hotelvorschlag	Kapitel
Johannesburg - Louis Trichardt	445		1-2	Mountain View Hotel	6.1
Louis Trichard - Bulawayo	420	Matobo N.P.	2	Cresta Churchill / Matobo Hills Lodge	6.6
Bulawayo - Hwange N.P. Main Camp	300	Tierbeobachtungen	2	Main Camp / Hwange Safari Lodge / Sable Valley Lodge	6.7
Hwange N.P.	s.u.	Tierbeobachtungen	1	Rhodes Camp / Sinamatella	6.7
Hwange N.P. - Victoria Falls	200	Victoria-Fälle, Rafting	2-3	Ilala Lodge / Makasa Sun	6.8
Victoria Falls - Mlibizi	290	Landschaft	1	Zambesi Resort	6.9
Mlibizi - Chizarira	150	Nationalpark	2	Mabola Camp	6.9
Chizarira - Matusadona N.P.	230	Nationalpark	2	Tashinga Camp	6.9
Matusadona - Kariba	260	Staumauer	1	Caribbea Bay	6.9
Kariba - Mana Pools N.P.	175	Tierbeobachtungen	2	Nyamepi Camp	6.10
Mana Pools N.P. - Harare	480	Chapungu, Mbare Markt, Kopje	3	Cresta Lodge	6.11
Harare - Nyanga	300	Landschaft, Archäologie	2	Pine Tree Inn	6.2
Nyanga - Vumba	200	Vumba Berge, Essex u. Burma Valley	3	National Park Camp	6.3
Vumba - Chimanimani	150	Landschaft, Wandern	2/3	Frog and Fern	6.4
Chimanimani - Gonarezhou	280	Tierbeobachtungen, Chilojo Cliffs	2	Chipinda Pools	6.12

Ort/Strecke	ca. km	Interessensschwerpunkt	Tage Min./Opt.	Hotelvorschlag	Kapitel
Gonarezhou - Masvingo	250	Archäologie	2	Great Zimbabwe Hotel	6.5
Masvingo - Johannesburg	850		2	Louis Trichardt oder Campingplatz	
Anmerkung: Entfernung: Masvingo - Beitbridge ca. 300 km, Beitbridge - Johannesburg ca. 550 km					

Diese Route ist für alle geeignet, die Zimbabwe auch abseits der üblichen Routen kennenlernen möchten. Entsprechende Tage lassen sich einsparen, wenn man von/bis Harare ein Allradfahrzeug – möglichst mit Dachzelt – anmietet. Ersparnis: 4 Tage Anfahrt von/nach Johannesburg. Des weiteren lassen sich die Aufenthalte in Victoria Falls, in Mana Pools und in Chimanimani um etwa 4 Tage verkürzen.

Entfernungstabelle

Entfernungen (Asphaltstraßen) in km

	Beira	Beitbridge	Blantyre	Bulawayo	Chimanimani	Chiredzi	Francistown	Gweru	Harare	Hwange (Main)	Kadoma	Kariba	Kwe Kwe	Lusaka	Masvingo	Mutare	Nyanga	Pretoria	Rusape	Victoria Falls	Zvishavane
Victoria Falls	1316	761	1495	439	999	919	635	603	880	198	738	1249	666	484	719	1018	1143	1254	1049	-	622
Rusape	391	678	784	610	243	592	806	446	169	898	311	538	383	656	392	93	100	1171	-	1049	489
Pretoria	1159	493	1688	815	959	789	1011	962	1073	1103	1097	1442	1025	1560	779	1078	1185	-	1171	1254	866
Nyanga	405	692	888	704	257	606	900	546	269	992	411	638	483	761	406	107	-	1185	100	1143	589
Mutare	298	585	877	579	150	499	775	482	262	867	404	631	476	750	299	-	107	1078	93	1018	396
Masvingo	380	286	922	280	280	200	476	183	294	568	183	663	246	795	-	299	406	779	392	719	97
Lusaka	1047	1081	1102	928	900	1249	1124	771	487	682	635	166	701	-	795	750	761	1560	656	484	878
Kwe Kwe	774	532	829	227	526	446	423	63	214	515	72	583	-	701	246	476	483	1025	383	666	182
Kariba	929	949	984	810	781	863	1006	646	369	1098	511	-	583	166	663	631	638	1442	538	1249	1249
Kadoma	708	604	763	299	598	518	495	135	142	587	-	511	72	635	318	404	411	1097	311	738	254
Hwange (Main Camp)	1165	610	1344	288	848	768	484	452	729	-	587	1098	515	682	568	867	992	1103	898	198	471
Harare	560	580	615	441	412	494	637	277	-	729	142	369	214	487	294	262	269	1073	169	880	391
Gweru	795	469	898	164	463	383	360	-	277	452	135	646	63	771	183	482	546	962	446	603	119
Francistown	1095	518	1258	196	756	676	-	360	637	484	495	1006	423	1124	476	775	900	1011	806	635	379
Chiredzi	797	296	1376	480	480	-	676	383	494	768	518	863	446	1249	200	499	606	789	592	919	297
Chimanimani	448	566	1027	560	-	480	756	463	412	848	598	781	526	900	280	150	257	959	243	999	377
Bulawayo	899	322	1062	-	560	480	196	164	441	288	299	810	227	928	280	579	704	815	610	439	183
Blantyre	764	1208	-	1062	1027	1376	1258	898	615	1344	763	984	829	1102	922	877	888	1688	784	1495	1006
Beitbridge	898	-	1208	322	566	296	518	469	580	610	604	949	532	1081	286	585	692	493	678	761	373
Beira	-	898	764	899	448	797	1095	795	560	1165	708	929	774	1047	380	298	405	1159	391	1316	487

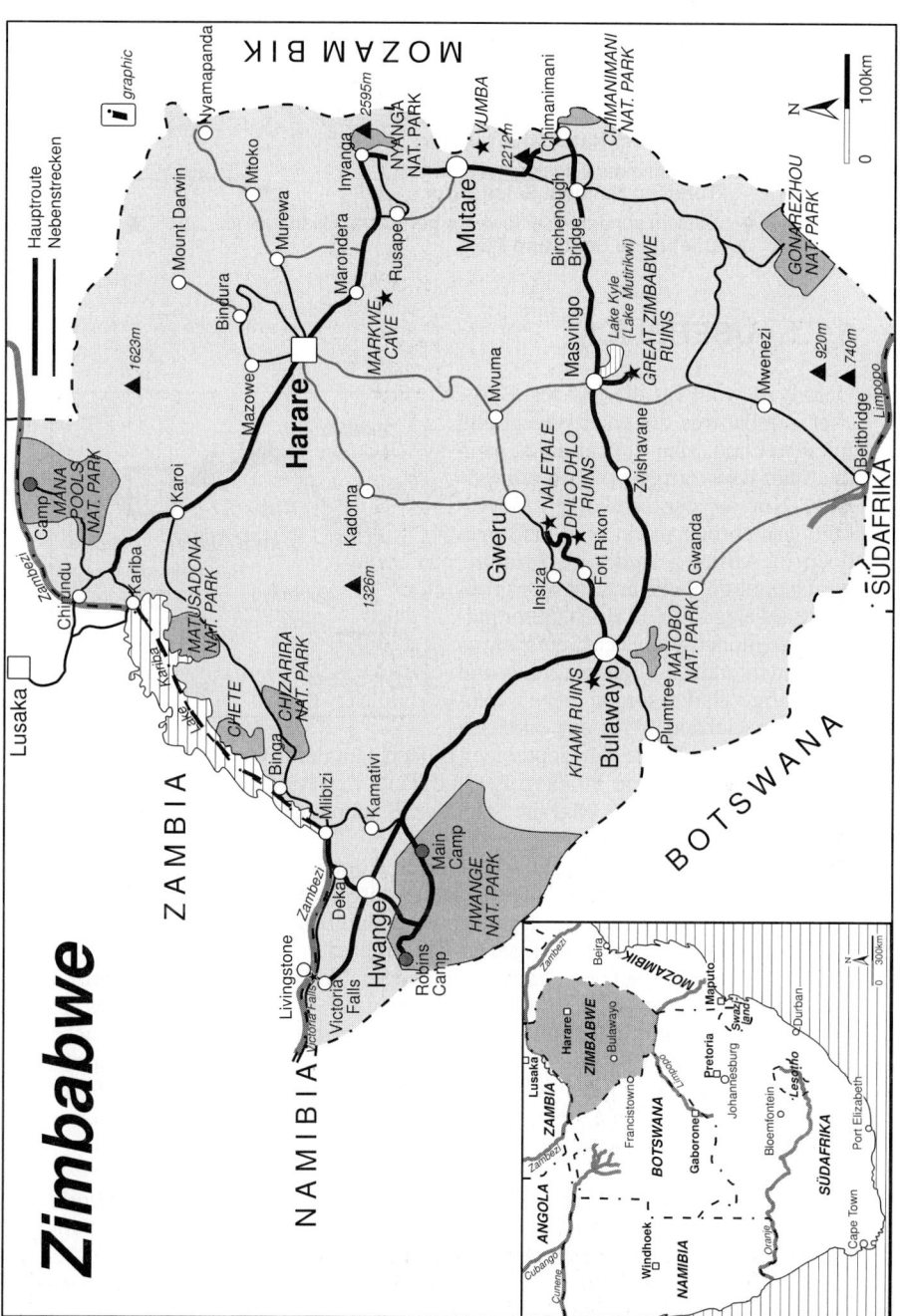

6.1 HARARE

- Besuch der **National Art Gallery**
- Besuch einer Tabakauktion im **Tobacco National Sales Floor**
- Besichtigung der Kunstwerke berühmter Bildhauer im **Chapungu Sculpture Park**

6.1.1. ÜBERBLICK

Harare ist wohl für die meisten Besucher Zimbabwes die erste Begegnung mit dem Land. Man ist überrascht, denn die Stadt wirkt ausgesprochen *europäisch*. Nur an der schwarzen Bevölkerungsmehrheit merkt man, daß man doch in Afrika gelandet ist... Harare, das ehemalige Salisbury, ist sehr großzügig angelegt. Einige Hochhäuser prägen das moderne Gesicht, eine etwas steril wirkende Fußgängerzone und weitläufige Parks sorgen neben einigen alten Gebäuden für ein durchaus

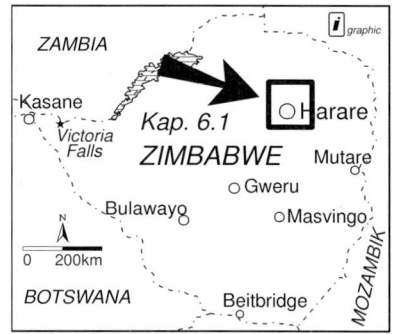

angenehmes Stadtbild. Im September blühen Hunderte von *Jacaranda-Bäumen* und tauchen viele Straßenzüge und Teile der Parks in ein blau-lila Farbenmeer. Nicht umsonst trägt die Stadt den Beinamen "Garden City"!

Harare liegt 1.470 m über dem Meer. Diese Höhenlage ermöglicht **angenehme Temperaturen** während des ganzen Jahres. Zwischen September und Mai liegt die Regenzeit; doch tagsüber ist es durchaus schön und sonnig, nur am Nachmittag kommt es häufiger zu Regenfällen und Gewittern (der Januar ist mit 14 Tagen besonders "gewitterträchtig"). Während in der Trockenzeit die Temperaturen tagsüber etwa 21° C (nachts 6° C) erreichen, wird es im Sommer durchschnittlich bis etwa 30° C heiß (nachts 16° C). Der jährliche Niederschlag beträgt 839 mm. Die Hauptstadt Zimbabwes leitet ihren Namen von einem hier ursprünglich lebenden Shona-Stamm ab, die vor Ankunft der ersten Weißen am Kopje, dem Stadthügel, lebten. 'Neharawa' war der Name des Häuptlingssitzes. Heute leben in Harare knapp 2 Millionen Menschen.

Harare ist heute neben Bulawayo der wichtigste *wirtschaftliche Mittelpunkt* des Landes. Die Hauptstadt beherbergt sehr unterschiedliche Industrien: Nahrungsmittel- und Getränkefirmen sind ebenso ansässig wie Textilfirmen, Maschinenbaufabriken, Chemiewerke, Druckereien, Verlage, Pharmazieunternehmen und holzverarbeitende Fabriken. Traditionell ist Harare der Hauptver-

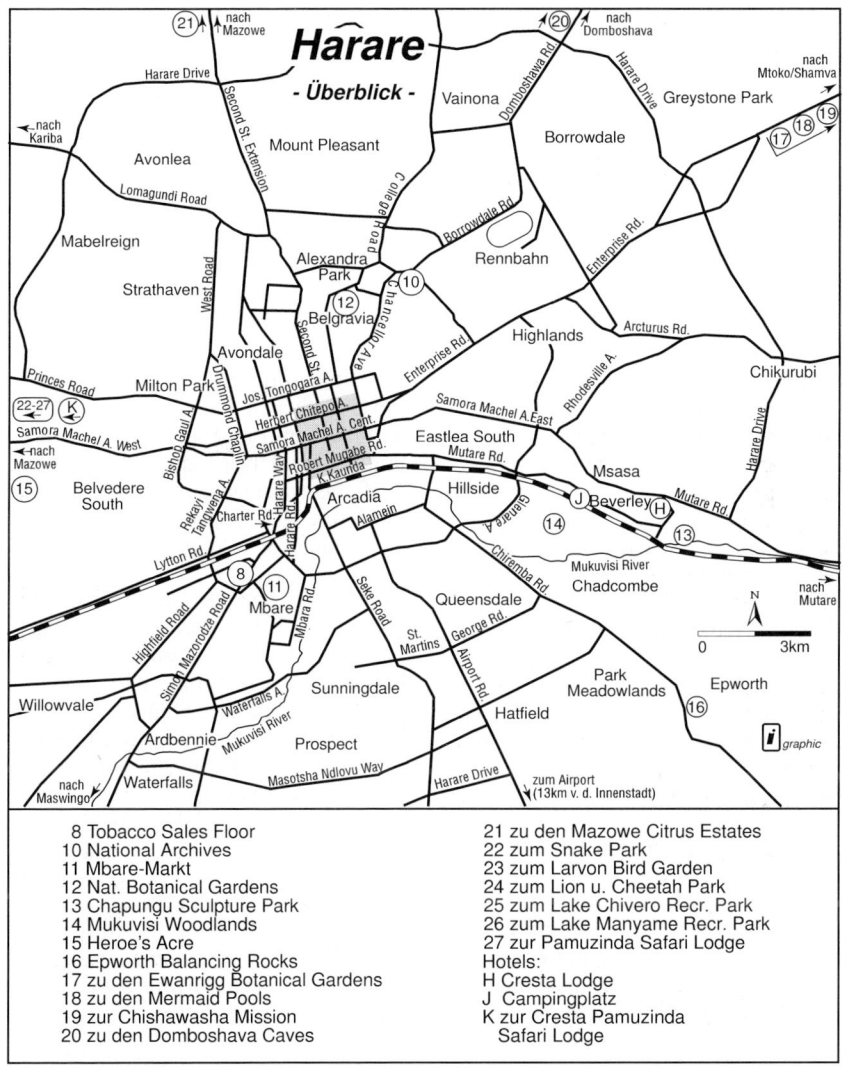

8 Tobacco Sales Floor
10 National Archives
11 Mbare-Markt
12 Nat. Botanical Gardens
13 Chapungu Sculpture Park
14 Mukuvisi Woodlands
15 Heroe's Acre
16 Epworth Balancing Rocks
17 zu den Ewanrigg Botanical Gardens
18 zu den Mermaid Pools
19 zur Chishawasha Mission
20 zu den Domboshava Caves

21 zu den Mazowe Citrus Estates
22 zum Snake Park
23 zum Larvon Bird Garden
24 zum Lion u. Cheetah Park
25 zum Lake Chivero Recr. Park
26 zum Lake Manyame Recr. Park
27 zur Pamuzinda Safari Lodge
Hotels:
H Cresta Lodge
J Campingplatz
K zur Cresta Pamuzinda
Safari Lodge

marktungsplatz für Tabak, der im Umland beste Wachstumsbedingungen antrifft. Die *größte Tabakauktion der Welt* (Tobacco Sales Floor) liegt am Stadtrand Harares. Ebenso ist die Hauptstadt Sitz der bedeutendsten Banken, der Börse und Hauptstandort der multinational operierenden Unternehmen. In den nördlichen Stadtteilen leben die Besserverdienenenden, in den Gebieten südlich der Bahnlinie die weniger gut Betuchten. Mbare, wo auch der größte Markt und Busbahnhof liegen, gilt als reines schwarzes Gebiet, wo viele Menschen zusammengedrängt leben.

■ **Übernachten:** Luxuriös und zentral im **Meikles Hotel**, gepflegt in mittlerer Preisklasse im **Bronte The Garden Hotel** und ruhig am Innenstadtrand in der **Cresta Lodge.** Außerhalb: Pamuzida Lodge (82 km) und Landela Lodge (25 km): Hier Übernachtungen in Ruhe kombiniert mit Tierbeobachtungsmöglichkeiten.

■ **Essen gehen:** Die französische Küche im **L'Escargot** ist exquisit, die Fischgerichte im **Arnaldos** empfehlenswert und die Wildgerichte im **Ramambo Lodge Safari Camp** bieten einen ersten Eindruck afrikanischer Spezialitäten. Formelles und exquisites Dining ist im La Fontaine Restaurant (Meikles Hotel) angesagt.

■ **Bedeutendste Sehenswürdigkeiten:** National Art Gallery, Ausblick von der Kopje, Besuch einer Auktion im Tobacco Sales Floor, National Museum, Einkaufsbummel durch die Mall, Besuch des Mbare Marktes und für Naturliebhaber: Mukuvisi Woodlands, Ewanrigg Botanical Gardens und Lake Chivero Recr. Area

■ **Zwei Dinge dürfen Sie in Harare nicht versäumen:** Besorgen Sie sich vernünftiges **Kartenmaterial** im Department of Survey-General und buchen Sie im National Parks CBO (= Central Booking Office) **Ihre Unterkünfte in den State- bzw. Nationalparks** vor.

Die *Verkehrsverbindungen* in alle Landesteile sowie ins benachbarte Ausland und Europa sind ausgezeichnet. So ist Harare ein binnenländischer Straßenverkehrsknotenpunkt, bietet darüber hinaus aber auch über Beitbridge direkte Eisenbahnverbindungen nach Südafrika. Auch die 560 km entfernt liegende mozambikische Hafenstadt Beira ist per Eisenbahn zu erreichen. Der Internationale Flughafen verfügt über eine 4.730 m lange Startbahn, die längste Afrikas. Auch der Binnenflugverkehr wird von hier aus abgewickelt und bietet in alle Landesteile hervorragende, häufige Verbindungen. Übrigens: Seit Oktober 1989 fliegt die Deutsche Lufthansa von Frankfurt nach Harare, allerdings stets als "Shuttle" von Johannesburg aus.

Elektrizität bezieht Harare vorwiegend vom Karibadamm, aber auch aus dem eigenen Wärmekraftwerk. Die Wasserversorgung wird hauptsächlich durch die Staudämme des Lake Manyame und des Lake Chivero (früher Lake McIlwaine) sichergestellt. (Das Wasser fließt unterirdisch durch den Darwendale Tunnel vom Lake Manyame zu den Wasserwerken des Lake Chivero).

Für den Besucher, der in Harare zumeist das erste Mal zimbabwischen Boden betritt, eignet sich die Hauptstadt aufgrund ihrer zentralen Lage als Ausgangspunkt für Reisen ins Land hervorragend. *Eine erstklassige Hotel-Infrastruktur, gute Restaurants, aber auch lohnende Ziele innerhalb und außerhalb der Stadt sind die rechte Einstimmung auf einen Aufenthalt in Zimbabwe.* Schauen wir uns näher um – willkommen in Harare!

6.1.2 REISEPRAKTISCHE HINWEISE

Flughafen

Vom südlich der Stadt gelegenen Internationalen Flughafen verkehrt der Air Zimbabwe-Bus stündlich zur Innenstadt (06.00h - 21.00h). Er fährt bis zum Air Zimbabwe-Stadtbüro gegenüber dem Meikles-Hotel ca. 20 Minuten. Von hier aus kann man ebenso zwischen 06.00h und 21.00h mit dem Bus zum Flughafen fahren. Natürlich kann man auch mit dem Taxis in die Innenstadt bzw. zum Flughafen fahren. Kosten: ca. 40 Zim $.

Entfernungen
- Harare - Bulawayo 440 km
- Harare - Kariba 370 km
- Harare -Victoria Falls 875 km
- Harare - Beitbridge 580 km
- Harare - Johannesburg 1.500 km

Botschaften
- Deutsche Botschaft: 14 Samora Machel Ave., Tel. 731955/6/7/8, Fax 790680, Mo - Fr 09.00 - 12.00h.
- Österreichische Botschaft: 30 Samora Machel Ave., New Shell House, Room 216, Tel. 702921/2, Fax 70396.
- Schweizerische Botschaft: 9 Lanark Rd./Belgravia, Tel. 703997, Fax 794925.

Ärzte (deutschsprachig)
- **Dr. G. Zwonnikoff** (Facharzt für Allgemeinmedizin): Medical Chambers, 4. Stock, 60 Baines Ave., Tel. 752520
- **Frau Dr. Göthje-Watermeyer** (Fachärztin für Allgemeinmedizin): Medical Centre, Suite 203, 52 Baines Ave., Tel. 790240.

Informationen
- **Harare Publicity Bureau**, 2nd St/Jason Moyo Ave., nähe Meikles Hotel am Africa Unity Square, Tel.: 705085, Öffnungszeiten: Montag bis Freitag 08.00 - 12.00 und 13.00 - 16.00 h, Samstag 08.30 - 12.00 h
- **Zimbabwe Tourist Development Corporation**, Tourism House, Jason Moyo Ave./Ecke 4th Street, P.O. Box 8052, Causeway, Harare Tel.: 793666
- **National Parks Central Booking Office (CBO)**, National Botanical Gardens, Borrowdale Rd., Sandringham Drive, Harare, P.O. Box CY 826, Causeway, Mo- Fr 8.30 - 15.00 h, Tel.: 706077 oder 706078

Blick auf die moderne Innenstadt

111

Wichtige (Notfall-)Adressen und Telefon-Nummern
- **Apotheke**: Drug-Tech Pharmacy, Corner Speke Ave./Angwa St., Tel.: 790123
- QV Pharmacy, Union Ave./Angwa St., Tel. 758000, täglich offen von 08.00 - 20h
- **Erste Hilfe**, Tel.: 722649
- **Harare Central Hospital**, Tel.: 64695/64671
- **Harare Flughafen**, Tel.: 575242, 52601
- **Medical Air Rescue Service** (Medizinischer Flugrettungsdienst), Tel.: 791074
- **Polizei**, Tel.: 733033
- **Railways Reservations**,Tel.: 700011
- **Telefonauskunft**, Tel.: national 92, international 96.

Flugverbindungen
- Die **Deutsche Lufthansa** fliegt zweimal wöchentlich von Frankfurt nach Harare (freitags und sonntags) und zurück (montags und samstags), allerdings stets über Johannesburg. Lufthansa German Airlines., 99 Jason Moyo Ave., Harare, Tel.: 793861, Fax 708696. Flughafenbüro: 575 111
- **Air Zimbabwe**, City Air Terminal, P.O.Box 1319, Harare, Third Street/Speke Ave., Tel.: 794481; Fax.: 796039 und für Reservierungen: Central Reservations Office, Tel.: 575021. Flugtage: ab Frankfurt nach Harare Dienstag und Samstag, ab Harare nach Frankfurt Freitag und Montag.
- **South African Airways**, 2nd Floor, Takura House, 67-69 Union Ave., Tel.: 738922/9.
- **American Airlines**, 95 Jason Moyo Ave., Harare, Tel.: 794910 und 733071. Zentrales Reservierungsbüro für Zimbabwe, Zambia und Mozambique, American Airlines unterhält regelmäßige Verbindungen zwischen Johannesburg und New York.
- Außerdem gibt es tägliche Flugverbindungen nach Johannesburg, nach Kariba, Victoria Falls, Hwange und nach Bulawayo.

Kariba-Fähre
Informationen und Buchungen sind möglich über Tel. 614130 oder Fax 614161. bedenken Sie aber, daß während der Ferienzeiten die Fähren schon lange vorher (1/2 Jahr) ausgebucht sind.

Deutsche Kultureinrichtungen
- Deutsches Kulturinstitut (Goethe-Institut): 2nd Floor West, Tsungayi-Building, 162 Harare St., Tel 730141. Hier könnenn Sie u.a. auch deutsche Zeitungen und Magazine lesen (Leseraum).
- Zimbabwe German Society: c/o Renate E. Ahrens, 1 Allan Wilson Ave., Harare-Belgravia, Tel. 729216, Fax 730292

Zugverbindungen
Es gibt tägliche Verbindungen nach Bulawayo (Abfahrt 21 h). Von Bulawayo aus kann man weiter nach Victoria Falls, Botswana (Francistown, Gaborone) und Südafrika (Johannesburg) reisen. Zugauskünfte: Tel. Harare, 73393306/73393659
- **Ticket Office:**
Economy Class: Tel.: 733901, Durchwahl 3464
Upper Class, Tel.: 733901 Durchwahl 3519 oder 3444
Hinweis: Das Reservation Office und das Upper Class Ticket Office verkaufen täglich zwischen 19.00 und 21.30 Uhr nur Tickets für denselben Tag.
- **Preisbeispiele:**
Harare - Victoria Falls, 1. Klasse 146,40 Zim $, Coupe 292,80 Zim $
Harare - Johannesburg, 1. Klasse 601,35 Zim $

Bulawayo - Johannesburg, 1. Klasse 443,35 Zim $
Bulawayo - Victoria Falls, 1. Klasse, 73,20 Zim $.
Abfahrtage und Abfahrtszeiten können sich ändern, daher sollten Sie sich vor Ort erst einmal informieren.

Busverbindungen
● **Innerstädtischer Busverkehr:**
Harare United Omnibus Company fährt in alle größeren Stadtteile von Harare. Der Busbahnhof befindet sich in der Rezende Street, wo auch das Büro zu finden ist. Tel.: 726570.

● **Überregionale Busverbindungen:**
Im Stadtteil Mbare befindet sich der große Busbahnhof, von wo aus fast alle Busse starten. Hier liegt auch der größte Markt der Stadt.
Die einheimische Bevölkerung benutzt hauptsächlich die überregionalen Busverbindungen. Wer dieses Abenteuer wagen möchte, findet Express Motorways am Rezende Bus Station (in der Nähe des Main Post Office), Express Motorways, Central Booking Office, Rezende Street, Tel.: 720392 und 737438. Express Motorways unterhält regelmäßige Verbindungen von Harare nach Mutare (täglich), Bulawayo (täglich) und Johannesburg (täglich). Außerdem gibt es Verbindungen nach Kariba und Great Zimbabwe (jeweils Freitag) und nach Gaborone (Donnerstag und Sonntag).
"Den Luxus eines Fluges zu einem Drittel des Preises" (Eigenwerbung) bietet Silverbird Coach Lines auf der Strecke Harare - Johannesburg. Montag und Freitag ab Harare (Sheraton Hotel) nach Johannesburg (Ankunft am folgenden Tag) und umgekehrt ab Johannesburg Mittwoch und Sonntag. Die Busfahrt dauert ca. 17 Stunden und kostet 1.090 Zim $ für die Strecke JHB-HRE-JHB. Informationen bei Silverbird Coach Lines, P.O. Box 3820, Harare, das Büro ist im Sheraton Hotel zu finden, Tel: 729771 oder 794777.
Neuerdings unterhält auch die südafrikanische Gesellschaft Greyhound und die zimbabwische Gesellschaft Blue Arrow eine Verbindung von Harare nach Johannesburg. Zu buchen über United, Speke Ave zwischen 3rd and 4th St., Tel. 729514.

Taxis
Unter folgenden Telefonnummern erreichen Sie Taxis in Harare: 662008, 664004, 662411 oder Rixi Taxi, Tel.: 753080, 753081, 753082 und 720460. Die Taxis verfügen zwar über Zähler, die allerdings unterschiedlich zählen... Daher der Rat: Bitte Preis vorher erfragen bzw. vereinbaren

Übernachtungsmöglich-keiten
IN HARARE
● **Hotels**
- **Meikles Hotel***** (A),** 3rd Street/ Jason Moyo Ave., P.O. Box 594, Harare, Tel.: 795655. Sehr zentral gelegenes Traditionshaus mit erstklassigem Service und guten Restaurants. Swimmingpool auf dem Dach.
- **Monomatapa***** (B),** P.O. Box 2445, 54 Park Lane, Harare, Tel.: 704501. Modernes Hotel am Rande des Zentrums in der Nähe der National Gallery. Sonntag Brunch.

Meikles Hotel

Monomatapa

- **Sheraton Harare Hotel***** (C)**, Pennefather Ave., P.O.Box 3033, Harare, Tel.: 729771. Etwas außerhalb der City am International Conference Centre gelegen.
- **Best Western Jameson Hotel**** (D)**, Cnr. Samora Machel Ave./Park Street, P.O. Box 2833, Harare, Tel.: 794641. Dieses 1958 errichtete Haus wurde bis Anfang 1995 renoviert und bietet in der neu angelegten Lobby das z.Z. modernste Café Harares. Zentrale Lage im Stadtzentrum.

- **Holiday Inn Harare**** (E)**, Samora Machel Ave./Fifth Street, P.O. Box 7, Harare, Tel.: 708655.

Bronte The Garden Hotel (F), 132 Baines Ave., Tel.: 796631 und 796632, Fax 721429. Nettes Hotel mit Grünanlage, ca. 15 Gehminuten von der City, Restaurant, Swimming Pool und Fahrradverleih. Vorausbuchung wird empfohlen.

Das Sheraton Harare Hotel

- **Cresta Oasis Hotel***(G)**, 124 Baker Ave. P.O. Box 1541 Harare, Tel.: 704217, einfaches Hotel in der Stadt.
- **Cresta Lodge*** (H)**, Cnr. Samora Machel East/Robert Mugabe Road, Harare, Tel.: 487006/ 7/8, neues, komfortables Hotel am Stadtrand gelegen, ideal für Ruhesuchende.

● **Jugendherberge (I)**
Die günstig zur Stadt gelegene Jugendherberge bietet einfache Unterbringung; 6 Montahu Ave., Tel.: 226990

● **Camping (J)**
Einziger Stadt-Campingplatz ist der Municipal Camping Site, 6 km vom Stadtzentrum an der Mutare Road, laut, weil an der Straße und in der Nähe der Eisenbahn gelegen; sanitäre Einrichtungen sind vorhanden.

- **Campingausrüster:** Gute Campingartikel erhält man bei: Fereday & Sons, 72 Robert Mugabe Rd, zwischen Angwa und First Street gelegen, Tel. 751687
- **Campingartikel-Verleih: Rooneys Hire Service**: 142 Seke Rd, Graniteside, Tel. 792724/751247: gutes, breitgefächertes Angebot. **Travelquip Kufamba Zimbabwe**: Century House West, Ecke Julius Nyerere Way/Baker Ave., Tel. 721567/720414.

Best Western Jameson Hotel

IN DER UMGEBUNG VON HARARE
- **Cresta Pamuzinda Safari Lodge (K)**, 82 km südwestlich von Harare bei Selous. Übernachtungs- und Aufenthaltsalternative zur Stadt. Sehr gutes Essen und komfortable Unterkünfte mitten im Busch mit Tierbeobachtungsmöglichkeiten. Zu buchen über:
Cresta Hotels and Safaris, Central Reservations Office, Harare, Tel.: 703131
- **Landela Lodge**, etwa 25 km außerhalb von Harare gelegen. Diese Lodge bietet

Cresta Oasis

Ruhe und im angrenzenden privaten Game Park Tierbeobachtungsmöglichkeiten.
Buchung durch: Landela Safaris, 1 Union Avenue, P.O. Box 66293, Kopje, Harare, Tel.: 734043.

Cresta Lodge

Restaurants
- **La Fontaine Restaurant (französische Küche)** und **The Bagatelle Restaurant** im Meikles Hotel (3rd Street/Jason Moyo Ave.) sind für sehr gute Küche und aufmerksamen Service bekannt. Krawatte empfohlen.
- **La Chandelle Gourmet Restaurant** im Sheraton, Samora Machel Ave., Tel.:

Landela Lodge

729771, Harare, offeriert ebenfalls erstklassige Gerichte
- **L'Escargot** im Courtney Hotel, 8th Street/Selous Avenue, Tel.: 706411, Harare; bietet französische und italienische Gerichte an.
- **Ramambo Lodge Safari Camp Restaurant**, 1st floor, BB House, Cnr. Samora Machel Ave./Leopold Takawira St., Harare, Tel.: 792029, sonntags geschlossen, bekannt für afrikanische Wildspezialitäten (Zebra, Warzenschwein), aber auch vegetarische Menüs, dazu täglich Marimba Band und Tanzvorführung.
- **Sandawana Restaurant** im Cresta Jameson Hotel, Designerrestaurant mit Coffee Lounge, Frühstück von 6.30 - 10.00 Uhr, Lunch 12.00 - 14.00 Uhr, Dinner 18.00 - 22.00 Uhr, Coffee Lounge ganztägig geöffnet.

- **The Carvery Restaurant,** Fife Ave. Shopping Centre, Tel.: 702484, à la carte Restaurant mit großer Auswahl.
- **Gordons Restaurant,** Chisipite Shopping Centre, Tel.: 490924, gutes à la carte Restaurant ebenfalls mit großer Auswahl.
- **The Manchurian Restaurant,** Mongolische Küche, 2nd Street Extension Shopping Centre, Tel.: 336166.
- **Arnaldos Restaurant,** Portugiesische Küche, ausgezeichnetes Restaurant mit Landhausatmosphäre, Tel: 752674.
- **The Cellar,** Marimba Shopping Centre, Samora Machel Ave. West, Tel.: 23949. Gutes Speiserestaurant mit breitem Angebot, leider in einem nicht sehr schönen Stadtviertel gelegen.
- **Bamboo Inn,** 81-83 Robert Mugabe Road, Tel.: 759092; Chinesische Küche, Sonntags geschlossen.
- **Chlovagalix Restaurant & Luigi's Pasta Bar,** Fife Avenue Shopping Centre, Harare, Tel.: 721850. Sea Food und Pasta (Fife ist absolut richtig geschrieben – es ist ein Familienname)
- **Sherrol´s in the Park,** 137 Herbert Chipeto Ave. (Harare Gardens), Harare, Tel.: 725535 und 705323. Gutes Restaurant. **Palm Dining Room** geöffnet für Lunch dienstags - freitags ab 12.00, für Dinner: Dienstag-Samstag ab 18.45; **Patio** täglich geöffnet nur Lunch.

Automobilclub
AA of Zimbabwe, Fanum House, 57 Samora Machel Ave., P.O. Box 700, Harare, Öffnungszeiten: Mo - Fr 8 - 12.00 und 13.15 - 16.30 h; Sa 8 - 11 h, Tel.: 707021.

Mietwagen
- **Avis,** 5 Samora Machel Ave., Tel.: 720351 und 720352, und am Flughafen Tel.: 575144
- **Europcar Interrent,** 19 Samora Machel Ave., Tel.: 752559 und 752560, nach Geschäftsschluß 752559, außerdem zu finden im Harare Sheraton Hotel, Tel.: 729771
- **Hertz,** 4 Park Street, Tel.: 727209 und 793701 (Vermietung-Büros auch im Meikles und Monomatapa Hotel), nach Geschäftsschluß 575206.
- **Efficient Car Hire (Pvt.) Ltd.,** 103 Harare Street, Tel.: 752444, vermieten auch Allradfahrzeuge.

Banken
- **Barclays Bank of Zimbabwe Ltd.,** First Street/Jason Moyo.
- **Standard Chartered Bank Zimbabwe Ltd.,** Second Street/Baker Ave.
- **Stanbic Bank,** Baker Avenue (zwischen 1st und 2nd Street)
- **Zimbabwe Banking Cooperation Ltd.,** Head Office, Zimbank House Ecke Speke Ave./First Street
- **Reserve Bank of Zimbabwe,** Samora Machel Avenue (gegenüber 1st Street)
Denken Sie an die allgemeinverbindlichen **Öffnungszeiten** der Banken: Montag, Dienstag, Donnerstag, Freitag: 08.30 - 14.00 h, Mittwoch 08.30 - 12.00 h, Samstag 08.30 - 11.00 h
In der Einkaufspassage neben dem Meikles Hotel gibt es eine Wechselstube, die bis abends geöffnet ist.
Warnung: Geldwechsel ist in Zimbabwe nur Banken und Wechselstuben erlaubt. Schwarzmarkt-Umtausch ist illegal und gefährlich!

Besichtigungstouren
Stadtrundfahrten (täglich, Dauer 3 Stunden), sowie z.T. mehrtägige Touren in die nähere und weitere Umgebung bietet UTC (United Touring Company) an. Zu buchen über Hotels, Reisebüros oder direkt bei: UTC, 4 Park St./Jason Moyo Ave., Harare, Tel.: 793701.
Eine Liste mit weiteren Safari Unternehmen ist in der Touristeninformation erhältlich.

Buchhandlungen
● **Grassroots,** Jason Moyo Ave. zwischen 3rd und 4th St., wohl die am besten sortierte Buchhandlung Harares
● **Mambo Press Bookshop**, Speke Ave., zwischen First und Second Ave., gut sortiert
● **Book Centre,** George Silundika Ave./Ecke 1st Street: sehr gutes Angebot insbesondere afrikanischer Autoren sowie von Fachliteratur

Einkaufstips
● **Shona-Art**
- **Chapungu Sculpture Park,** No. 1 Harrow Road, Msasa, Harare. Tel.: 486648 und 486656. Geöffnet täglich 08.30 - 16.30 h. Erstklassige Ausstellung von Shona-Skulpturen. Man beobachtet hier Bildhauer bei der Arbeit.
- **Matombo Gallery,** 6 Zimre Centre, 114 Leopold Takawira (zwischen Union und Baker Ave.), Tel.: 792472 und 727784., Shona-Skulpturen.
- **Vhukutiwa Gallery,** 9 Harvey Brown Ave., Corner Blakiston Street, Milton Park, Tel.: 720767; geöffnet täglich von 09.00h - 17.00 h. Sehr schöne Shona-Skulpturen.
● **Souvenirs**
- **The National Handicraft Centre,** P.O. Box 66210, Kopje, Harare (Ecke Grant Street und Chinhoyi Street), geöffnet täglich 09.30 - 17.00, landestypische Souvenirs, wie z.B. Korbwaren und Keramik.
- **Afrik Batik,** Southampton Life Centre, Shop 22, Jason Moyo Ave./2nd Street, direkt am Meikles Hotel.
- **Ramambo Galleries,** 1st floor, BB House Cnr. Samora Machel Ave./Leopold Takawira St., Harare, Tel.: 792029. Einkaufsgalerie und Restaurant (siehe auch Restaurants).
● **Juweliere und Edelsteine**
- **Gemdesigns,** Sam Levy´s Village, Borrowdale, Tel.: 885642
- **Galaxy Gems,** Tel.: 885158.
- **Carlton Juwellers,** 1st Street, Tel.: 726505.

Veranstaltungen
Die monatlich erscheinende Informationsbroschüre Sunshine City **Harare** enthält die wichtigsten Veranstaltungstips.
Erhältlich ist die Broschüre im Harare Publicity Bureau, African Unity Square, Ecke Jason Moyo Ave./2nd Street.

Nightlife
● **Archipelago Night Club,** Linquenda Arcade, Baker Ave., Harare, Harares beliebtester Club, besonders am Wochenende zu empfehlen.
● **Sandros Night Club,** 50 Union Avenue, Tel.: 792460, mittwochs, freitags und samstags gut besucht.
● **Harpers Night Club**, Baker Avenue, neben dem Cresta Oasis Hotel.
● **The Keg & Sable,** Borrowdale Shopping Centre, netter Pub, 15 Minuten Autofahrt vom Stadtzentrum gelegen.

Kartenmaterial
Department of the Surveyor-General, Elektra House, Kreuzung Samora Machel Ave./J. Nyerere Way, 50 m auf der Samora Machel Ave. links; Öffnungszeiten: Mo - Fr 8 - 13 h und 14 - 16 h, Tel: 794545. Hier gibt es hervorragende topographische Karten, wenn auch viele vergriffen sind. Man kann in diesen Fällen darum bitten, Fotokopien anzufertigen.

Schwimmen
Ein **öffentliches Schwimmbad** befindet sich direkt hinter dem Monomatapa-Hotel.
Öffnungszeit: täglich 10.00 - 18.00 h

Sicherheit – auch in Harare ein leidiges Thema
Auf keinen Fall sollten Sie nach Geschäftsschluß sowie in Dunkelheit alleine auf
den Straßen Harares schlendern. Es wird immer wieder von Überfällen berichtet.
Fahren Sie deshalb lieber mit dem Taxi.
Auch tagsüber sollten Sie sich nicht kamara- und schmuckbehangen durch die
Stadt bewegen: Für Trickdiebe oder Überfallkommandos sind Sie dann die erste
Adresse. Als gefährdet gelten vor allem folgende Stadtteile: Harare Gardens.
Ebenso sind die Gebiete nördlich der Samora Machel Ave. bis Josiah Tongogara
Road zu meiden, auch der Bereich zwischen 1st und 2nd Street.

6.1.3 STADTENTWICKLUNG

Vor der Niederlassung der ersten Weißen lebte am Kopje, dem Stadthügel
Harares, der **Shonastamm der Harava**, nach denen die Stadt heute benannt
ist. Auch die Mbare – es gibt heute noch einen gleichnamigen Ortsteil –
wohnten hier. Am 11. September 1890 erreichte die Vorhut einer **britischen
Siedlergruppe** auf der Suche nach geeignetem Land diese Stelle. Auch sie
wählte die Gegend um den Kopje als Siedlungsstelle. Schon am nächsten Tag
hißte sie als Zeichen der Inbesitznahme die britische Flagge, den Union Jack.

Auf den ersten Blick vermochten die "Pioniere" nicht einen wesentlichen
Lagenachteil erkennen: Das unter ihnen liegende Tal wurde jedes Jahr von
einem Fluß überflutet, der das Land in einen Sumpf verwandelte. Ihr erstes
Camp errichteten die Weißen dort, wo heute die anglikanische Kirche steht.
Später entstand zur Abwehr von Eingeborenenübergriffen, die sich gegen die
neuen Siedler auflehnten, an der Stelle des heutigen African Unity Square ein
Fort.

Die neue Siedlung wurde zu Ehren des damaligen britischen Premierministers
"Salisbury" genannt. Zunächst bauten die Siedler einfache Hütten am Ab-
hang des Kopje. Am African Unity Square ließ sich die BSAC nieder. Beide
Siedlungteile wurden durch sumpfiges Land getrennt. Immer neue Siedler
kamen an, doch erst nach 15 Monaten, als sich die Lebensbedingungen ver-
besserten – vor allem die Versorgung mit Nahrungsmitteln – kamen auch die
Frauen nach.

Doch schon 1893 erlitt die Entwicklung des jungen Ortes **durch die Gründung Bulawayos** einen schweren Rückschlag, obwohl Cecil Rhodes Salisbury als Hauptstadt nicht in Frage stellte. Viele verließen die Stadt, doch die
Zurückgebliebenen bauten beharrlich den Ort allmählich aus: Es entstanden

Im African Unity Square

die ersten 2-stöckigen Häuser, Schulen und Parks, Industriebetriebe siedelten sich an. Zwischen den Siedlungskernen am Kopje und der heutigen Innenstadt wurde der Bahnhof gebaut. Im Verlauf des ersten Weltkriegs aber verließen viele weiße Bewohner die Stadt, da sie beim britischen Militär dienen mußten. Nach Kriegsende ging es jedoch wieder aufwärts, vor allem durch den **Aufbau der Tabakverarbeitung**. Immer weiter dehnte sich das alte Salisbury nach Norden aus, denn viele neue Einwanderer aus Großbritannien ließen sich hier nieder.

Auch während des 2. Weltkrieges entwickelte sich Salisbury weiter: Neue Industrien wurden angesiedelt, um vom kriegsgeschüttelten Mutterland unabhängiger zu werden. Und Salisbury wurde darüber hinaus auch wichtiges Ausbildungszentrum der Royal Air Force: Hier konnten britische Piloten besser als im umkämpften Europa ausgebildet werden. Nach dem Ende des 2. Weltkrieges hielt der Zuzug aus Großbritannien an, denn viele sahen hier in Afrika größere persönliche Chancen für einen Neubeginn als im kriegsgebeutelten Europa.

Auch für die Afrikaner wurde die Hauptstadt aufgrund der besseren Verdienstmöglichkeiten zunehmend attraktiv. Doch aufgrund der Rassentrennungs-Politik durften sie nur in den ihnen zugewiesenen "Townships" leben. Diese Townships waren aus Sicherheitsgründen untereinander, aber auch gleichzeitig von den Siedlungen der Weißen durch teilweise 1.000 m breite unbebaute Gebiete getrennt. Südlich der Bahnlinie entstand ein Township für die Industriearbeiter. Im Westen wurden Dzivaresekwa und im Osten Mabvuku und Tafara für Hausbedienstete angelegt.

Diese stadtgeographischen Trennungen sind auch heute nach 15 Jahren Unabhängigkeit im Stadtbild wiederzuerkennen. Nur allmählich können es sich besser verdienende Afrikaner leisten, Eigentum in den "weißen" Residential Areas zu erwerben.

Nach der Unabhängigkeit wurde zur Erinnerung an die ersten afrikanischen Siedler Salisbury in **"Harare"** umbenannt.

Im Gefolge der großen Dürre 1981/83 zogen viele mittellose Afrikaner – vor allem aus dem Matabeleland – in die Hauptstadt und hofften, hier Arbeit zu finden. Diese sogenannten "Squatters" bauten sich am Stadtrand erbärmliche Hütten und wohnen hier in slumähnlichen Bedingungen. Kurz nach der Unabhängigkeit verließen viele Weiße Harare, da sie der neuen schwarzen Regierung nicht trauten. Die Grundstückspreise sind danach gefallen, stiegen aber in den letzten Jahren wieder an.

In den vergangenen Jahren erlebte Harare einen Aufschwung, welcher sich in moderner Architektur manifestiert. Zahlreiche Gebäude in einem postmodernen Baustil sind nun in der Stadt zu finden, was das europäische Flair der Stadt unterstreicht.

INFO

Die Neue Nationalhymne Zimbabwes

Die Folgen der Unabhängigkeit und der Öffnung des Staates sieht man nicht nur im Stadtbild Harares. Das Land entwickelt zusehends ein eigenes Selbstbewußtsein. Seit April 1994 verzichtet man auch auf die Shona-Version des 'Nkosi Sikele Africa' (Gott segne Africa) – der Hymne des afrikanischen Nationalismus – und singt nun 'Ngaikomborerwe Nyika Yezimbabwe' (Gott segne Zimbabwe)!

6.1.4 SEHENSWERTES IN DER STADT (RUNDGANG)

Bei einem Stadtrundgang können Sie folgende Ziele gut miteinander verbinden: Beginnen sollten Sie am

■ Blumenmarkt (1)

Er liegt am African Unity Square an der Jason Moyo Avenue. Hier werden täglich Blumen angeboten, und der anschließende Park ist aufgrund seiner schönen Brunnenanlage sowie der im September/Oktober blau-lila blühenden Jacaranda-Bäume eine Oase inmitten der Stadt. In der Mittagszeit wird der Park von vielen Angestellten zur Pause im Grünen genutzt. Hier auf dem

Gebiet des African Unity Square erbauten die ersten Siedler Häuser und hißten den Union Jack.

▓ Informationsbüro (2)

Das Informationsbüro liegt direkt am Blumenmark/African Unity Square an der Ecke der Jason Moyo Ave./Second Street. Hier erhalten Sie Prospekte von Harare und Umgebung, u.a. das monatlich erscheinende Heftchen "Harare".

▓ Anglican Church (3)

Wenn Sie den African Unity Square nordwärts durchqueren bzw. der Second Street folgen, erreichen Sie rechterhand die Anglican Church. Sie liegt genau an jener Stelle, an der die ersten Siedler ein Camp errichteten. Die Anglikanische Kirche – die größte der Stadt – ist der "St. Mary und All Saints" geweiht. An der gleichen Stelle stand auch die erste Kirche von Salisbury. Ein aus Zigarettenschachteln gefertigtes Kreuz ist das einzige, was vom ersten Bau erhalten blieb. 1913 begann man mit dem heutigen Kirchenbau, erweiterte ihn nach dem 2. Weltkrieg um den Kreuzgang und fügte 1961 den Glockenturm hinzu. Architekt des jetzigen Kirchenbaus war Sir Henry Baker.

▓ Parlamentsgebäude (4)

Gegenüber dem African Unity Square (zwischen Baker und Union Avenue und entlang der Third Street), liegt das Parlamentsgebäude Zimbabwes. Es

Blick über den African Unity Square auf Parlament und Anglican Church

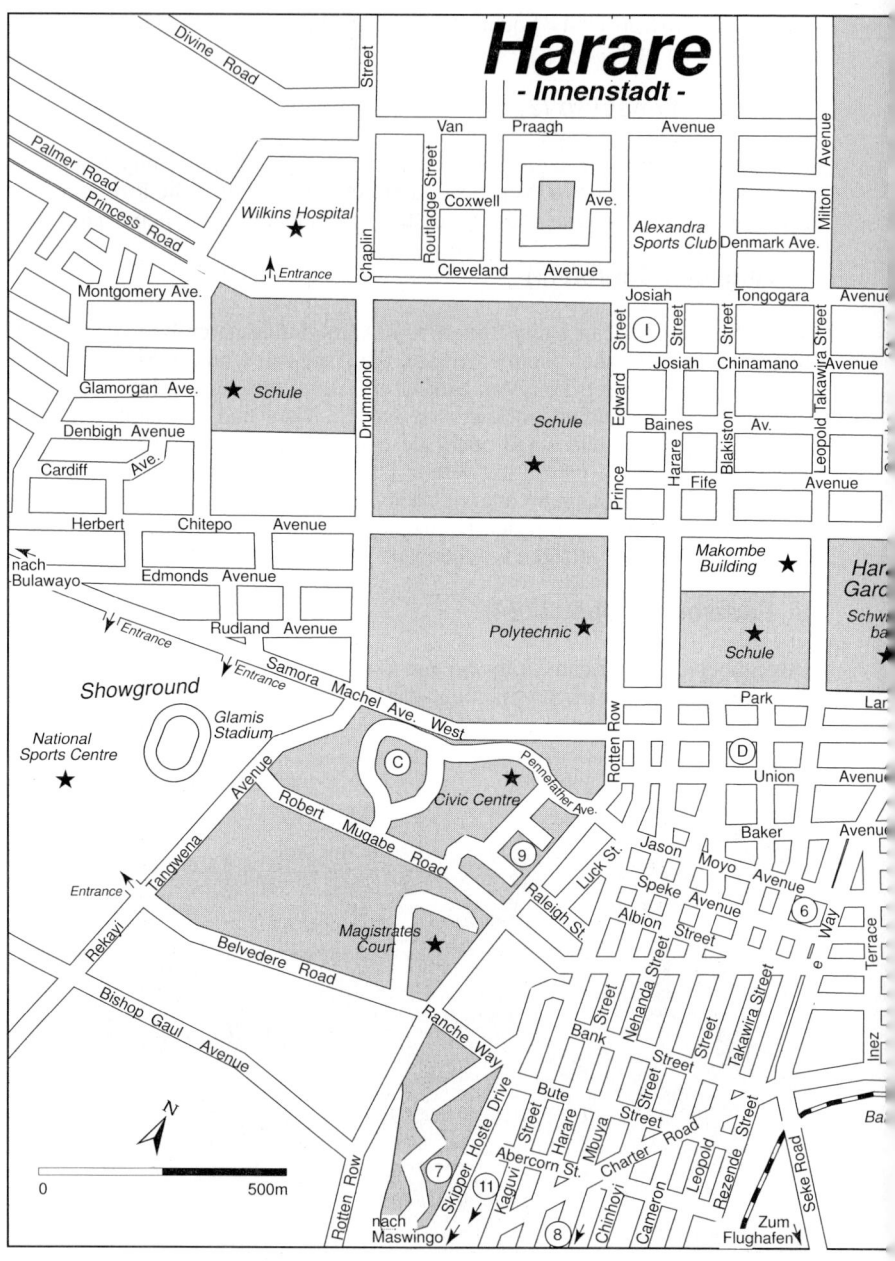

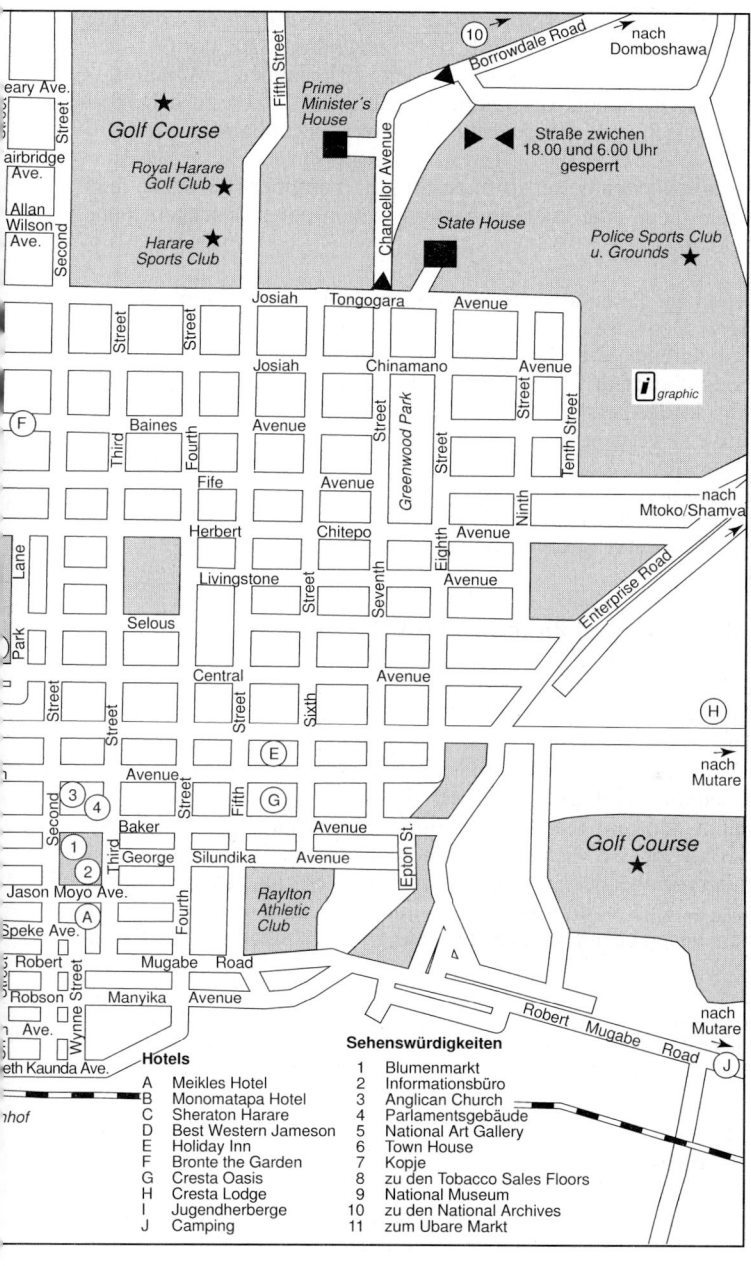

eary Ave.

★
Golf Course

airbridge
Ave.

*Royal Harare
Golf Club* ★

Allan
Wilson
Ave.

Harare ★
Sports Club

Fifth Street

Prime
Minister's
House

Chancellor Avenue

State House

(10)

Borrowdale Road

nach
Domboshawa

Straße zwichen
18.00 und 6.00 Uhr
gesperrt

*Police Sports Club
u. Grounds* ★

Josiah   Tongogara   Avenue

Josiah   Chinamano   Avenue

Baines   Avenue

Fife   Avenue

Herbert   Chitepo   Avenue

Livingstone   Avenue

Selous

Central   Avenue

Greenwood Park

Tenth Street

Ninth

ℹ *graphic*

nach
Mtoko/Shamva

Enterprise Road

(F)

(H)

Avenue

(E)

Avenue   (G)

Baker   Avenue

George   Silundika   Avenue

Jason Moyo Ave.

(A)

Speke Ave.

Robert   Mugabe   Road

Robson   Manyika   Avenue

Ave.

eth Kaunda Ave.

hof

(3)
(4)

(1)
(2)

Epton St.

Raylton
Athletic
Club

nach
Mutare

Golf Course
★

Robert Mugabe Road

nach
Mutare

(J)

Hotels

A   Meikles Hotel
B   Monomatapa Hotel
C   Sheraton Harare
D   Best Western Jameson
E   Holiday Inn
F   Bronte the Garden
G   Cresta Oasis
H   Cresta Lodge
I   Jugendherberge
J   Camping

Sehenswürdigkeiten

1   Blumenmarkt
2   Informationsbüro
3   Anglican Church
4   Parlamentsgebäude
5   National Art Gallery
6   Town House
7   Kopje
8   zu den Tobacco Sales Floors
9   National Museum
10 zu den National Archives
11 zum Ubare Markt

123

wurde 1895 als Hotel geplant, dann von der British South Africa Company gekauft und als Cecil Hotel betrieben. Ab 1899 nutzte die BSAC das Gebäude als Gerichtssitz. 1938 wurde die Fassade erneuert. 1953 fanden Erweiterungsbauten statt, um das Parlament der Zentralafrikanischen Union zu beherbergen. Heute befindet sich im Gebäude das Parlament von Zimbabwe.

Besichtigungsmöglichkeiten bestehen zu bestimmen Terminen, bei denen man an einer geführten Tour oder auch an Sitzungen von einer Besuchertribüne aus teilnehmen kann.

Man darf während der Parlamentszeit von einem Beobachtungsraum das Geschehen verfolgen. Der Besucherraum (Strangers' Gallery) ist durch Glas vom Sitzungsraum abgetrennt, die Reden werden aber hierhin übertragen. Den Eingang zum Besucherraum finden Sie von der Third Street aus. Es herrscht Krawattenpflicht. Im Bedarfsfalle werden Krawatten von den Aufsichtsbeamten freundlicherweise verliehen.

Informationen
über beide Besichtigungsmöglichkeiten erhalten Sie bei: The Chief Information Officer, Parliament of Zimbabwe, Harare, Tel.: 700181/729722/708921.

▧ National Art Gallery of Zimbabwe (5)

Wenn Sie dann über die Second Street bis zur Central Avenue gehen und dann hier nach links abbiegen, erreichen Sie in der Verlängerung der Central Avenue auf dem Julius Nyerere Way die National Art Gallery of Zimbabwe. Hier werden Werke zeitgenössischer Maler aus verschiedenen Ländern Afrikas gezeigt. Ebenfalls wird die Sammlung durch Werke alter Meister, wie Dürer, Rembrandt, Holbein und Gainsborough, abgerundet. Die klassischen Modernen sind mit Picasso, Rodin und Moore vertreten. Im Innenhof kann der Besucher hervorragende Exemplare der Shona-Skulpturen bewundern. Daneben finden laufend wechselnde Ausstellungen statt. Eine Verkaufsausstellung offeriert ansprechende Skulpturen und Bilder zimbabwischer Künstler.

Öffnungszeiten
täglich 09.00 - 17.00 außer montags

▧ Town House (6)

Das Town House erreichen Sie, indem Sie von der National Art Gallery dem Julius Nyerere Way folgen. Hinter der Einmündung der Jason Moyo Ave. liegt das 1932 erbaute Gebäude im "Renaissance"-Stil. Im dazugehörigen kleinen Park kann man eine Blumenuhr bewundern.

■ The Mall

"The Mall" ist die Fußgängerzone Harares, die Sie erreichen, indem Sie die Jason Moyo Ave. bis zur Kreuzung mit der First Street folgen. Hier liegt die Fußgängerzone mit ihren modernen Geschäften und Bänken zum Ausruhen.

■ Robert Mugabe Road

Hier mag man noch einen kleinen Hauch aus der Gründerzeit wahrnehmen: Einige der alten zweistök-kigen Häuser verfügen über schattige Arkaden oder z.B. schön geschmiedete Bal-kongitter. Interessant ist das

Fußgängerzone im Zentrum

alte Waffengeschäft in der Robert Mugabe Road 72. Es wurde von Faraday und Söhne 1923 gegründet. Leidenschaftliche Jäger können hier vom Busch-messer bis zur Munition die nötigen Utensilien erwerben.

Folgt man der Robert Mugabe Road ostwärts, so gelangt man wieder zum Blumenmarkt am African Unity Square.

INFO

All African Games

Für die All African Games, die im September 1995 in Zimbabwe stattge-funden haben, wurde in Harare ein neues Hockey-Stadion errichtet. In Chitungwiza baute man aus diesem Anlaß ein großes Schwimmstadion, und Bulawayo bekam ebenfalls ein Hockeystadion.

*Die All African Games sind der **größte afrikanische Sportwettbewerb**. Sie galten als Qualifikationsmöglichkeit für die nächsten Olympischen Spiele in Atlanta. Erstmals nahm auch Südafrika an diesem Sportereig-nis teil. Südafrika wird die Spiele 1999 austragen. Im Vorfeld der Spiele hatte es einige Kritik an der Fehlorganisation der Spiele gegeben.*

Obwohl Zimbabwe bereits 1990 die Spiele zuerkannt worden waren, wurde erst 1993 mit der Organisation begonnen. Umbauten in den drei Veranstaltungsorten Harare, Bulawayo und Chitungwiza wurden spät begonnen, weil die Regierung Gelder nur zögerlich und nicht ausrei-chend gewährte.

6.1.5 WEITERE SEHENSWÜRDIGKEITEN

Charter Road

Bei einem Spaziergang über die Robert Mugabe Road bis zur Charter Road kann man wahrhaftig afrikanische Atmosphäre in der sonst so europäisch anmutenden Hauptstadt Zimbabwes schnuppern. Von hier aus ist es auch nicht mehr weit bis zum Stadthügel, dem Kopje.

Kopje (7)

Als Kopje bezeichnet man den Stadthügel von Harare, von dem aus man einen sehr guten Überblick über die Stadt gewinnt. Am Toposcope, dem Mittelpunkt, befinden sich Bronzeschildchen mit den wichtigsten Straßen und Gebäuden sowie Vororten Harares. Hier am Kopje faßten die ersten britischen Pioniere im Jahre 1890 den Entschluß, dieses Gebiet zu besiedeln. Sie bauten ein kleines Fort, dessen Mauern heute in die Gestaltung des Parks einbezogen sind. Auf dem Kopje befindet sich ebenfalls ein "Ewiges Feuer", das am Tage der Unabhängigkeit (18. April 1980) angezündet wurde.

Tobacco Sales Floor (TSF) (8)

Die größte Tabakauktion der Welt erreichen Sie, wenn Sie Harare über die Highfield Road verlassen, um später rechts in die Gleneagles Road einzubie-

Auktion im Tobacco Sales Floor

gen. Später sehen Sie links das gelb-gezackte Gebäude, Sitz des TSF. Hier können Sie dem hektischen Treiben der Versteigerer zuschauen und entlang der Tausenden von Tabakballen entlanggehen.

 Besichtigungstermine
für die Auktionssaison (April bis Oktober) erfährt man bei der Zimbabwe Tobacco Association, Tel.: 68921 oder 68939.

▪ National Museum (9)

Das National Museum liegt im Civic Center, 107 Rotten Row, und ist täglich von 09.00 bis 17.00 h geöffnet. Ausgestellt werden hier Exponate zur Historie und Naturgeschichte des Mashonalandes sowie des gesamten Highvelds. Archäologische und paläontologische Themen werden ebenso dokumentiert wie die Zeit der ersten Siedler.

▪ National Archives (10)

Die National Archives liegen in der Borrowdale Road. Sie wurden auf einen Parlamentsbeschluß hin 1935 gegründet. Dokumente, Photos und Gemälde veranschaulichen die Geschichte des Landes. Daneben gibt es noch eine große Bibliothek. In der "Library" sind zum Beispiel Handelsbücher der British South Africa Company zu sehen. Ebenso besitzen die Archive auch Tagebücher von David Livingstone.

 Öffnungszeiten von Lesesaal und Galerie
Montag bis Freitag: 07.45 - 16.30 h
Samstag: 08.00 - 12.00 h
Sonntags und an Feiertagen geschlossen.

▪ Mbare-Markt (11)

Äußerst sehenswert ist der lebendige Markt im Ortsteil Mbare. Das bunte Treiben, der Verkauf aller möglichen Artikel – von Gemüse über Kofferradios bis zu lebendigen Hühnern – sowie der naheliegende stets hektische Busbahnhof, von wo aus Busse in alle Teile Zimbabwes abfahren – lassen den Besucher sich eher in Afrika fühlen als in der so europäisch geprägten Innenstadt. Hier wird auch deutlich, daß die meisten Afrikaner auf dem Lande leben. Die ankommenden Busse transportieren auf den Dächern Obst- und Gemüsekisten. Heimwärts in die Dörfer werden dann auf's Dach ganze Sofas, Fahrräder und Wannen angeschnallt.

▪ National Botanical Gardens (12)

Die National Botanical Gardens liegen etwa 4 km nördlich der Stadt. Sie verlassen am besten die Stadt über die Fifth Avenue.

Lebendiges Afrika: das andere Harare am Mbare-Busbahnhof

Das Gebiet ist 58 ha groß und vermittelt einen ersten Eindruck von der Vielfalt der Pflanzenwelt Zimbabwes. Einige Teile des Gartens sind noch richtiges Savannenland, während in den anderen u.a. alle in Zimbabwe anzutreffenden Bäume angepflanzt wurden. So sieht man auch Regenwald-Vegetation, hier im relativ niederschlagsarmen Hochland nur durch die künstliche Anlage von Bächen möglich. Ebenso kann man hier ein Herbarium besuchen. Das parkähnliche Gelände wird insbesondere am Wochenende gerne von Joggern, Spaziergängern und Familien mit Picknickkorb genutzt.

Öffnungszeiten
täglich von Sonnenaufgang bis 30 Minuten nach Sonnenuntergang. Auf Wunsch hin stehen Besuchern Botanik-Experten für Erläuterungen zur Verfügung (Tel.: 303211).

■ Chapungu Sculpture Park (13)

Einen Besuch wert ist unbedingt der Chapungu Sculpture Park. Sie erreichen ihn, wenn Sie der Straße Richtung Mutare folgen. Rechts sehen Sie dann ein Schild, das Sie direkt zum Parkplatz hinführt. Hier können Sie in einem Skulpturengarten sowie in einer Innenausstellung phantastische

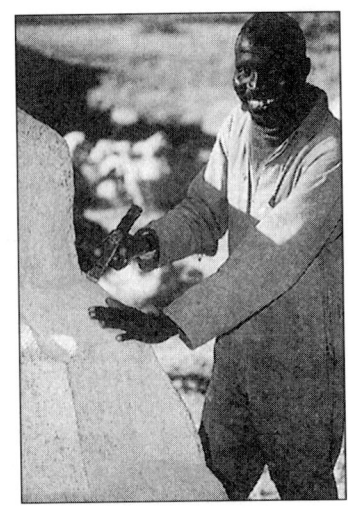

Bildhauer bei der Arbeit

Zeugnisse der Shona-Steinbildkunst bewundern und auch kaufen. Da man hier nur den bekannten Bildhauern die Möglichkeit der Ausstellung bietet, sind auch die Kunstwerke entsprechend teuer – und schön. Im Freien können Sie Bildhauern bei ihrer Arbeit zuschauen. Außerdem gibt es eine Rekonstruktion eines Shona-Dorfes und mit einem bißchen Glück trifft man den N'anga (Heiler) an und kann sich seine Zukunft lesen lassen.

Veranstaltungen im Park
Chapungu Sculpture Park, 1 Harrow Road, Msasa, Harare, Tel.: 786648.
Tanz- und Musikshow Samstag 15.00 und Sonntag 11.00 und 15.00 h. Mittwochs 18.00 Chapungu Night, Tanzvorführung und Barbecue.

INFO

Shona Sculpture – Zimbabwes eigenständige Bildhauerkunst

Traditionell gehören Töpfer, Weber und Bildhauer zu den besonders angesehenen Mitgliedern der Gesellschaft, wenn sie Kultgegenstände fertigten. "Kunst der Kunst wegen" ist eine eher westliche Anschauung, die erst in den vergangenen Jahrzehnten in Afrika Fuß faßte. So konnte sich die Bildhauer-Kunst der Shona, traditionell eher mystischen Zielen folgend, auf den heutigen Stand entwickeln. Diese Entwicklung begann um 1950, als Tom Blomefield, ehemals Tabakfarmer, sich der Bildhauerei verschrieb. Als er erkannte, daß seine Arbeiter weit mehr als er talentiert waren, förderte er sie auf seinem Wohnsitz Tengenenge bei Harare.

Die zimbabwischen Bildhauer bearbeiten heimische Steine, zumeist Serpentinstein oder den weicheren Speckstein. Wie schon erwähnt, ist in der afrikanischen Vorstellung die Natur von Geistern belebt. Entsprechend zwiespältig fallen die Kunstprodukte aus, indem sie "zwei Welten" gerecht zu werden versuchen: Es gibt Darstellungen, die halb Tier, halb Mensch sind. Wesenszüge und Eigenarten sind stets sehr stark abstrahiert. Dadurch entsteht der Eindruck einer "modernen" Kunst. Die weichen Formen wirken anmutig und sorgen gemeinsam mit den formgebenden Ausdruckselementen – die sehr oft stark verkürzt sind – für ein sehr eigenwilliges und damit einprägsames Kunst-

erlebnis. Kunstexperten behaupten, daß unter den 10 weltbesten Bildhauern heute alleine fünf aus Zimbabwe stammen. Während des Unabhängigkeits-Krieges gelangten keine Werke ins Ausland. Erst 1983 wurden in London im Rahmen einer Ausstellung Werke zimbabwischer Künstler vorgestellt.

Die bekanntesten zimbabwischen Bildhauer sind heute John Takawira, Nicholas Mukomberanwa, Taylor Nkomo, Henry Munyaradzi, Bernard Matemera und Joseph Ndandarika. Die zwei bedeutsamsten Bildhauer-Schulen liegen in Tengenenge und Vukutu. Sehenswerte Ausstellungen der Shona Sculpture gibt es in der National Gallery von Harare sowie der Bulawayo Art Gallery.

Shona-Bildhauerei entwickelte sich Ende der 50er Jahre. Wie kam es dazu, daß diese Kunst sich aus dem Nichts erhob? **Tom Blomefield** *gilt als einer der Väter der Shona-Bildhauerei. Der weisse Farmer im ehemaligen Rhodesien betrieb in seiner Freizeit die Bildhauerei und ermöglichte es schwarzen Farmarbeitern, Steinmaterial aus dem farmeigenen Steinbruch zu bearbeiten. Das Rhodesien dieser Zeit litt unter internationalen Sanktionen, die zu hoher Ar-*

beitslosigkeit unter dem Farmarbeitern führte. Tabak, der bis dahin als ein Hauptexportprodukt galt, konnte nun nicht mehr abgesetzt werden, und die Plantagenarbeiter waren ohne Arbeit.

Ihre neue Beschäftigung wurde die Bildhauerei. *Somit entstand in Tengenenge das erste Zentrum der Shona-Bildhauerei. Blomefield bekam später Kontakt zu dem damaligen Direktor der National Gallery in Harare, Frank Mc Ewen, und 1968 wurde durch seine Hilfe im Museum of Modern Art in New York eine Ausstellung veranstaltet. Damit wurde der* **Grundstein für eine neue Kunstrichtung** *gelegt. Es folgten weitere Ausstellungen, 1971 im Musee Rodin Paris und 1972 im Institute of Contemporary Art in London. Schließlich gab es im Jahr 1990 eine Ausstellung im Yorkshire Sculpture Park in England, in der Großskulpturen gezeigt wurden. Shona-Skulpturen werden hauptsächlich aus* **Speckstein, Serpentin und Marmor** *hergestellt. Die Motive kommen aus dem Material heraus. Shona-Künstler arbeiten* **ohne festgelegtes Konzept** *für die Entstehung ihrer*

> *Kunstwerke. Inspiriert werden die Künstler jedoch von der Shona-My-*
> *thologie mit ihrem Ahnen- und Geisterglauben. So kommt es vor, daß*
> **seltsame Wesen zwischen Mensch und Tier** *zu Stein werden. Shona-*
> *Skupulturen sind als junge afrikanische Kunst beachtlich. Steinbildhaue-*
> *rei in Zimbabwe hat jedoch Geschichte. Schon im Reich von Great*
> *Zimbabwe fand man Steinskulpturen. Die Steinskulptur des Zimbabwe*
> *Vogel diente schließlich als Vorbild für das Motiv auf der Flagge Zim-*
> *babwes.*

Mukuvisi Woodlands (14)

Am Mukuvisi-Fluß erstreckt sich das 270 ha große Gebiet des Mukuvisi Woodlands Park. Der Park wurde hauptsächlich angelegt, **um den Stadtkindern
Harare´s die Flora und Fauna des Landes näherzubringen.** Ein spezielles
Erziehungskomitee organisiert Unterricht für Lehrer, die dann mit ihren Schü-
lern "Feldstudien" betreiben können. Studenten haben beispielsweise die Möglichkeit, an diversen Projekten zu arbeiten, wie Boden- und Wasseranalysen,
Funktion der Ökosysteme, Fütterungsverhalten von Tieren, Tiersterblichkeit
etc. Mit Unterstützung ausländischer Sponsoren wird im Mukuvisi Woodlands Park das Mukuvisi Environment Centre ausgebaut.

Öffnungszeiten
täglich 6.00 - 18.00 h.
Führungen, Dauer ca. 2 Stunden, Mittwoch, Samstag und Sonntag 14:30 h.
Safaris bei vorheriger Anmeldung ebenfalls möglich. (Kosten ZIM $ 50,-)

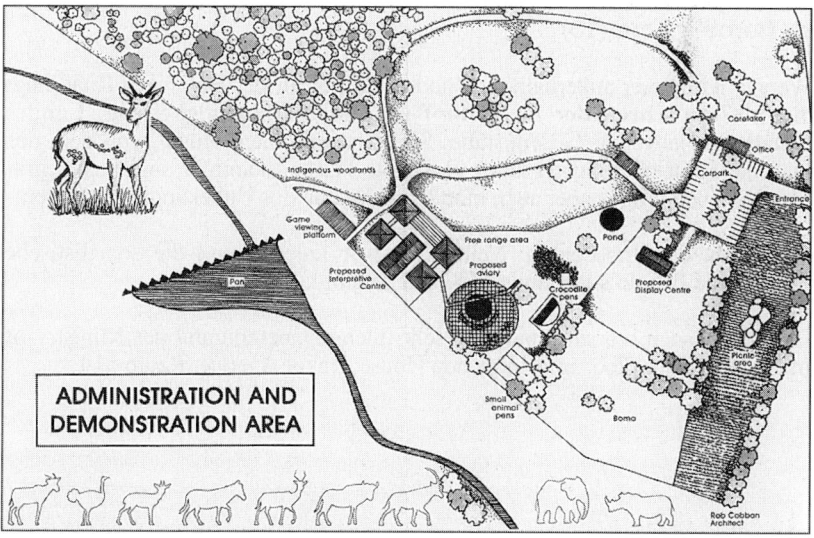

Adresse: Mukuvisi Woodlands, Glenara Avenue South/Hillside Road (gegenüber Cresta Lodge), Tel.: 731596. Zu erreichen über die Robert Mugabe Ave., dann Glenara Avenue, Zufahrt über die Hillside Road. Etwa 3 km entfernt vom Stadtzentrum.

 Mukuvisi Environment Centre
Preisliste:
Eintritt: Zim$ 8.00, Kinderermäßigung
Führung: ZIM$ 25.00
Safari: ZIM$ 50.00

In Mukuvisi Woodlands haben zahlreiche Institutionen, die sich mit Naturschutz beschäftigen, ihre Büros. Wer sich besonders für die Tierwelt Zimbabwes interessiert, kann dort Informationsmaterial bekommen. Hier sind u.a. zu finden:

◆ **The Wildlife Society of Zimbabwe,** National Council, Mukuvisi Woodlands, Glenara Avenue South, Hillside, P.O. Box HG 996, Harare, Tel.: 731596, geöffnet: montags - freitags 8:30-16:30 h. Die Gesellschaft unterstützt u.a. die IPZ Projekte (zum Schutz von Nashörnern und anderen vom Aussterben bedrohte Tiere), die nicht in der Nähe des Zambezi liegen, und fungiert für die Parks & Wildlife Voluntary Service Unit als Vermittlungsstelle für Volontäre für das staatliche Departement of National Parks and Wildlife.

◆ **The Zambezi Society,** Mukuvisi Woodlands, Glenara Avenue, P.O. Box. HG 996, Harare, Tel.: 731596. Alle Belange zum Naturschutz des Zambezi Flusses werden betreut. Die Zambezi-Society startete die Rhino Survival Campain, welche heute vom Zimbabwe National Conservation Trust verwaltet wird.

▧ Heroe's Acre (15)

Wenige Kilometer außerhalb des Stadtzentrums auf der Bulawayo Road liegt die 1987 **zu Ehren der im Kampf um die Unabhängigkeit des Landes Gefallenen** geweihte Gedenkstätte. Sie liegt auf einem Hügel, von dem aus man die Stadt überblicken kann. Bekannte Freiheitskämpfer sind hier begraben. Daneben gibt es aber auch eine Bronzestatue des Unbekannten Soldaten.

Beim Bau der imposanten Weihestätte war federführend die sozialistische Democratic People's Republic of Korea beteiligt.

Für den Besuch braucht man eine schriftliche Genehmigung des Ministry of Information, 5th Floor im Linquenda House, Baker Avenue, Raum 514.

6.1.6 AUSFLUGSZIELE IN DER UMGEBUNG HARARES

◼ Epworth Balancing Rocks (16)

Epworth Balancing Rocks

12 km südlich von Harare – über die Chiremba Road zu erreichen – liegen die interessant aussehenden **"balancierenden Felsen".** Hier sind riesige granitische Steinblöcke zu gewaltigen Gebilden geschichtet. Sie sind durch Wind- und Wassererosion entstanden. Als "Härtlinge" trotzten sie der Abtragung, während das umliegende weichere Material längst weggespült wurde. Solche Felsformationen sind typisch für das Highveld Zimbabwes. Man findet sie nicht nur hier, sondern auch in den Matobo-Hills bei Bulawayo.

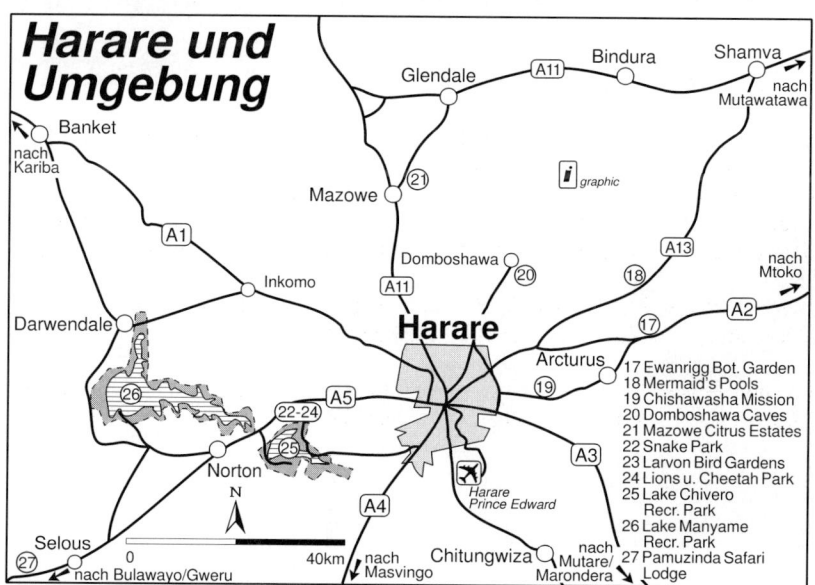

Harare und Umgebung

Banket
nach Kariba

Glendale

Bindura

Shamva
nach Mutawatawa

Mazowe ㉑

A11

i graphic

A1

Domboshawa ㉒

A13

nach Mtoko

Inkomo A11

⑳

⑱

A2

Darwendale

Harare

Arcturus

⑲

㉖

A5

22-24

㉕

Norton

Harare
Prince Edward

A3

Selous
㉗
nach Bulawayo/Gweru

N

A4

nach Masvingo

Chitungwiza

nach Mutare/ Marondera

⑲

⑰

17 Ewanrigg Bot. Garden
18 Mermaid's Pools
19 Chishawasha Mission
20 Domboshawa Caves
21 Mazowe Citrus Estates
22 Snake Park
23 Larvon Bird Gardens
24 Lions u. Cheetah Park
25 Lake Chivero Recr. Park
26 Lake Manyame Recr. Park
27 Pamuzinda Safari Lodge

0   40km

133

Öffnungszeiten
täglich 6.00 - 18.00, im Winter 7.30 - 17.00

◾ Ewanrigg Botanical Gardens (17)

Über die Enterprise Road Richtung Shamva erreicht man nach 35 km (Abzweigung kurz vorher ausgeschildert) diesen ursprünglich vom Farmer Basil Christian angelegten Botanischen Garten. Das Gelände ist über 280 ha groß. Neben Kakteen und Palmen sind insbesondere die herrlich angelegten **Aloepflanzungen** sehenswert, die zwischen Ende Juni und August ihre volle Blütenpracht entfalten. Nehmen Sie genügend Filme mit!

Ewanrigg empfiehlt sich für einen Picknickausflug, denn es gibt hier

Ewanrigg Botanical Gardens

wunderschön gelegene Plätze, allerdings muß man sich selbst versorgen, denn es gibt keine Geschäfte oder Restaurants.

Mermaid Pools

Öffnungszeiten
08.00 bis Sonnenuntergang

◾ Mermaid Pools (18)

Wenn man die Straße zum Ewanrigg Botanical Garden wieder herausfährt und auf der Hauptstraße nach Shamva rechts abbiegt, gelangt man nach wenigen Kilometern zu den Mermaid Pools.

Hier gibt es einen kleinen, zu einem Freibad aufgestauten Gebirgsbach. Vor dem Stauteich fließt dieser Bach über einen Felsbuckel, der so glatt ist, daß er eine "Naturrutsche" ist und vor allem Kindern Spaß macht.

Chishawasha Mission (19)

Diese Mission liegt an der Straße nach Mutoko, etwa 20 km außerhalb von Harare. Sie wurde bereits 1892 gegründet und ist die älteste katholische Mission im Mashonaland. Die hier befindliche und schön ausgemalte Kirche ist das **erste katholische Gotteshaus in Zimbabwe.** Unter den deutschen Jesuiten wurde die Missionsstation eine erfolgreiche Priesterausbildungsstätte, aber auch eine funktionstüchtige Farm. Heute konzentriert sich die Tätigkeit auf die beiden Schulen (Primary and Secondary Schools), in denen Schüler der Umgebung sowie Internatsschüler unterrichtet werden.

Domboshawa Caves (20)

Diese landschaftlich sehr schöne Stelle liegt nur 32 km nördlich von Harare. Hier kann man einen weiten Blick auf das umliegende Land genießen. Die Felsen sind von einer rot-gelben Flechtenart bedeckt, nach der die Shona sie schließlich benannten. Diese Stelle diente den früheren Bantu-Regenmachern als **Rauchorakelstätte.** Ebenfalls zu sehen sind Felszeichnungen, die u.a. Menschen, Elefanten, Kudus, Gnus und Nashörner zeigen. Am Parkplatz befindet sich ein kleines Museum. Die Domboshawa Caves erreicht man vom Parkplatz über den markierten Weg nach ca. 20minütigem Aufstieg auf das Granitmassiv.

Erik Holm bemerkt zu Domboshawa:
"Uns interessiert kunstdokumentarisch der ... Prozeß der Zeitauswischung in diesen breiten Galerien, die meist nicht wie die Kuppelhöhlen der Matopos einen Mündungsüberhang besitzen. Der Regen kann daher von oben die Bilder auslöschen. Daher sieht man in Damboshawa, wie die ältesten Bilder am Oberrand wieder sichtbar werden und nur die jüngstgemalten sich daneben erhalten konnten. Zu letzteren gehören die Kudus mit geschweiften Hörnern, zu den ältesten aber die großen Nashörner meist nur in Umrißzeichnungen, dazu die in bläulicher Silhouette wiedergegebenen Gnus."
(aus: Rhodesien, Vierteljahreshefte der Gesellschaft für Länder- und Völkerkunde, Reihe: Die Karawane, 17. Jahrgang 1976 – Heft 1/1, S. 167.)

Mazowe Citrus Estates (21)

40 km nordwestlich von Harare liegt das alte Bergbau- und Agrarzentrum Mazowe. In der Nähe des Ortes ist der Mazowe-Fluß (= "Elefantenfluß") durch den 1920 gebauten und 1961 erhöhten Damm zu einem 445 ha großen See aufgestaut. Dieses Wasser wird zur Bewässerung der Mazowe Citrus Estates benötigt, die der Anglo-American Corporation gehören. Diese Firma wurde schon 1909 von George Simpson, Robert McIllwaine und der British South

Africa Company gegründet. Die ersten Zitrusfrüchte, die man hier fand, waren wild wachsende Limonen an den Ufern des Mazowe. Sie sind mit den indischen Limonen artverwandt, und man vermutet, daß sie über den Sambesi von portugiesischen oder arabischen Händlern vor 500 Jahren hierher kamen. Die heute angebauten Früchte stammen – natürlich weiterveredelt – von diesen "Ur-Limonen" ab. Mit dem systematischen Zitrusanbau begann man im Jahre 1913, konnte ihn aber durch Bewässerung ab 1920 entscheidend intensivieren. Seit 1930 arbeitet hier eine Fabrik, die Zitrusöl und Fruchtsäfte herstellt.

Heute wachsen auf den Plantagen über 160.000 Bäume, davon 16.000 Limonen- und 12.000 Zitronenbäume. Der Rest sind Orangenbäume. Über 700 ha groß sind die Anpflanzungen. Zwischenzeitlich werden aber daneben noch andere Produkte angebaut, so z.B. Guavas, Avocados, Sonnenblumen, Sojabohnen, Erdnüsse und Baumwolle.

▧ Snake Park (22)

Der Snake Park liegt an der Bulawayo Road, etwa 11 km außerhalb der Stadt. Zu sehen gibt es Schlangen aus der ganzen Welt und ca. 40 der über 70 Schlangenarten von Zimbabwe. Tel.: 762526.

Öffnungszeiten
täglich von 08.30 - 17.00 h, Eintritt

▧ Larvon Bird Gardens (23)

Die Larvon Bird Gardens liegen etwa 17 km von Harare entfernt auf der Straße, die nach Bulawayo und zum Lake Chivero führt. Über 400 Vögel leben in dem 1966 geschaffenen Park. Neben Papageien, Straußen und Pfauen sieht man auch den Sekretärvogel, der der Nationalvogel Zimbabwes ist.

Öffnungszeiten
Montag, Dienstag, Mittwoch, Freitag 10:00 - 17:00
Samstag, Sonntag und an Feiertagen 9:00 - 17:00
Donnerstag geschlossen

▧ Lions and Cheetah Park (24)

Der Lions and Cheetah Park liegt an der gleichen Straße, 24 km von Harares Stadtzentrum entfernt. Aus nächster Nähe kann man Schnappschüsse der doch sonst so selten so nah zu sehenden Löwen, Leoparden und Geparden machen. Tel.: Norton 27567.

Öffnungszeiten
täglich 08.30 - 17.00h

Lake Chivero Recreational Park (25)

32 km südlich von Harare auf dem Wege nach Gweru liegt das meistbesuchte
Naherholungsgebiet der Hauptstadt. Es gibt drei Abzweigmöglichkeiten:

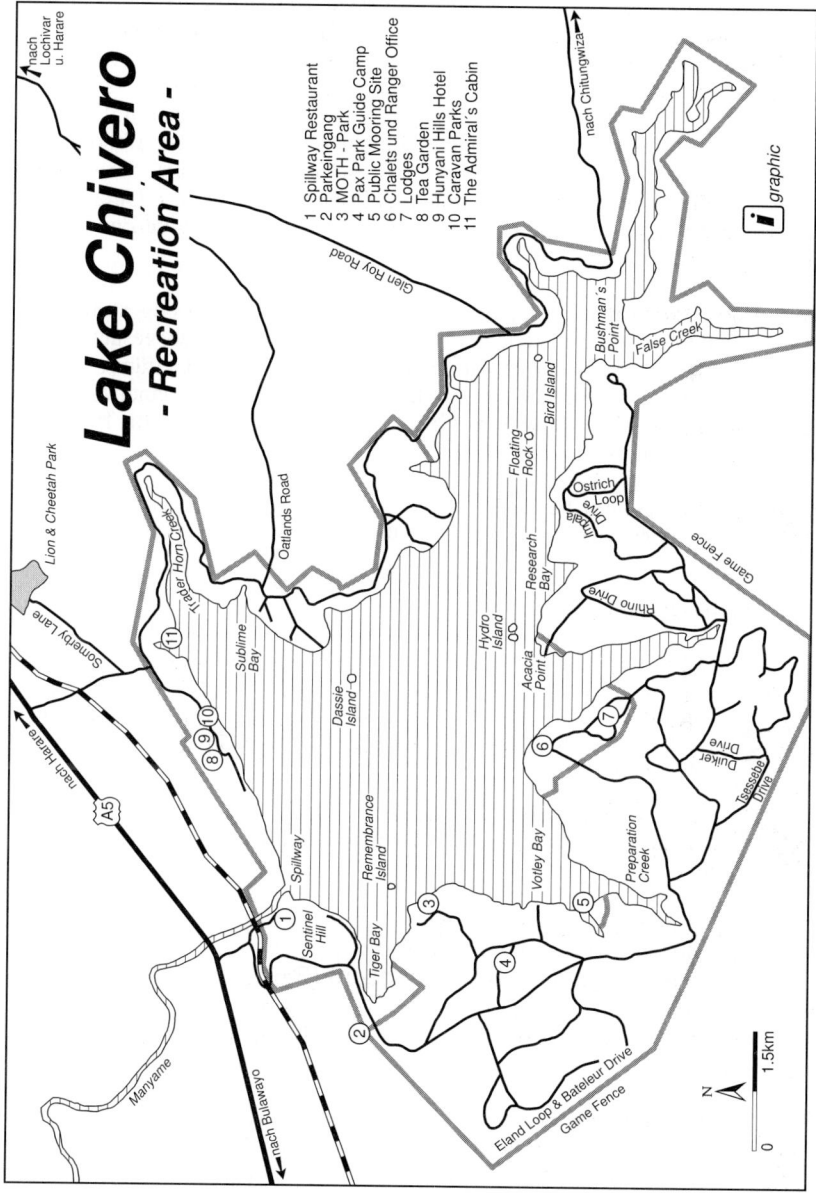

1 Spillway Restaurant
2 Parkeingang
3 MOTH - Park
4 Pax Park Guide Camp
5 Public Mooring Site
6 Chalets und Ranger Office
7 Lodges
8 Tea Garden
9 Hunyani Hills Hotel
10 Caravan Parks
11 The Admiral's Cabin

137

◆ Zum Nordufer und Ranger's Office 16 km von Harare. Der Weg führt zu einem Teegarten, Swimmingpool und Yachtclub.

◆ Zum Nordufer, 29 km von Harare, Abzweigung an der Shell-Tankstelle. Der Weg führt weiter zum Hunyani Hills Hotel, Bootsrampe, Campingplatz

◆ Zum Südufer und Warden's Office, 32 km von Harare, Abzweigung an der Manyame River Bridge. Der Weg führt dann direkt zur Staumauer. Vor der Staumauer zweigt die Straße rechts zum Restcamp ab.

Der See ist 24 qkm groß und staut seit 1952 den Manyame-Fluß auf. Rund um den See liegt das Erholungsgebiet mit kleinen Docks für Segelboote. Am Südufer liegt ein kleines Tierreservat, wo es Elefanten, Kudus, Strauße und Zebras zu sehen gibt. Leider kann man aufgrund der Bilharziose-Gefahr nicht im See baden. Bis zur Umbenennung nach einem Chief wurde der Stausee nach dem Richter Robert McIlwaine benannt.

Am Südufer kann man innerhalb des kleinen Tierreservats Lodges und Chalets mieten. Die Lodges sind auch mit Koch- und Eßgeschirr ausgestattet. Eine gute Übernachtungsalternative zur Stadt! Lebensmittel und Getränke müssen allerdings selbst mitgebracht werden. Der nächste Ort, in dem man einkaufen kann, ist Norton. Brennholz zum Grillen ist jedoch erhältlich. Im Restcamp gibt es zwei Swimmingpools.

Öffnungszeiten des Camps
von 06.00 h morgens bis 18.00 h abends

Buchungsadresse
Lake Chivero Recreational Park, The Warden, Private Bag 962, Norton, Tel.: 162/2329.

Ponyritte
werden täglich im Tierreservat (Game Park) angeboten. Die Anmeldung erfolgt im Tourist Reception Office.

Campingmöglichkeiten
gibt es am Nordufer zwischen einem privaten Campingplatz und dem Hunyani Hills Hotel.

▪ Lake Manyame Recreational Park
(früher Darwendale – Lake Robertson) **(26)**

Dieser 9 qkm große Park umgibt den 8.100 Hektar großen See. Der Park befindet sich 76 Kilometer westlich von Harare. Sie können den Park auf 2 Routen von Harare aus erreichen:

❶ von Harare über die Bulawayo Road bis Norton (ca. 40 km). Von Norton Richtung Zvimba/Darwendale, bis zur Darwendale 'Parks Reception', dann weitere 11 km Piste. Der Park verfügt über Campingmöglichkeiten.

▨ Pamuzinda Safari Lodge (27)

82 km südwestlich von Harare auf der Straße nach Gweru/Bulawayo liegt in der Nähe von Selous die Pamuzinda Safari Lodge, eine herrliche Übernachtungs- und Aufenthaltsalternative zu Harare. Den Gast erwarten direkt am Seitenarm eines Flusses riedgedeckte und äußerst geschmackvoll eingerichtete Häuschen. Pamuzinda liegt mitten im Busch; auf dem Gelände tummeln sich Elefanten, Nashörner, Elandantilopen, Strauße, Impalas und Kudus. Täglich finden morgens und spätnachmittags Safari-Fahrten sowie Fußpirsch-Safaris statt. Die Verpflegung ist ausgezeichnet.

Pamuzinda Lodge

Weiterreise-Möglichkeiten

● Von Harare aus der vorgeschlagenen Rundreise *Richtung Eastern Highlands (siehe nächstes Kapitel).*

● Von Harare *nach Victoria Falls fliegen,* um sich die Sehenswürdigkeit Nr. 1 anzuschauen, eventuell mit einem Abstecher zum Hwange National Park oder zum Chobe National Park (Botswana) verbinden.

● Von Harare **nach Masvingo reisen, um die Great Zimbabwe Ruins zu** *besuchen* und von hier aus weiter über Bulawayo/Matoposberge und Hwange National Park zu den Victoria Falls reisen.

● Von Harare an den *Kariba See und zm Mana Pools National Park.*

6.2 HARARE – NYANGA NATIONAL PARK

- Besuch der **Mukuyu Winery**
- Besuch der **Ziwa-Ruinen**
- Ausblick vom **World's View**
- Unternehmungen im **Nyanga National Park**

6.2.1 ÜBERBLICK

Zimbabwe hält für den Besucher viele Überraschungen bereit, und eine ganz besondere sind die Eastern Highlands, das bis zu knapp 2.600 m hohe Gebirge im Osten des Landes. Nur eine Tagesfahrt von Harare entfernt, betreten wir im Gebiet des Nyanga National Parks einen besonders imposanten und abwechslungsreichen Teil des "Daches" von Zimbabwe. Auf dem Wege dorthin gibt es allerdings noch einiges zu sehen, was einen kleinen Umweg lohnt:

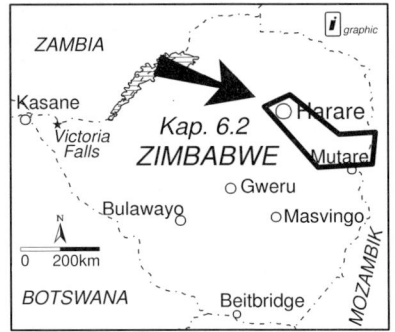

Redaktions-Tips

▓ **Unterwegs:**

◆ Südlich von Marondera können Sie der **Mukuyu Wine Route** folgen und in der Kellerei der Winzergenossenschaft einige der inzwischen qualitätsmäßig beachtenswerten Weine probieren.

◆ Noch ein Stückchen weiter südlich wartet mit den "**Markwe Caves**"eine herausragende Fundstelle prähistorischer Felszeichnungen auf Sie.

◆ Auf dem weiteren Weg zum Nyanga National Park lohnt ein Abstecher zu den **Harleigh Ruins** sowie zu der mit herrlichen Felsmalereien bedeckten Grotte "**Diana's Vow**".

◆ Die **absoluten Höhepunkte** erleben Sie auf diesem Streckenabschnitt aber in den Eastern Highlands, vor allem in und um den **Nyanga National Park**. Planen Sie das ein.

▓ **Zeiteinteilung**

◆ **1. Alternative:** Wenn Sie auf dem Wege von Harare zum Nyanga National Park die Ziele Mukuyu Winery, Markwe Caves, Diana's Vow, Harleigh Ruins sowie Pink Elephants besuchen möchten, sollten Sie nicht bis nach Nyanga durchfahren, sondern schon unterwegs entweder im Brondesbury Hotel oder Pine Tree Inn übernachten. Für diese Tour benötigen Sie einen vollen Tag und müssen frühmorgens in Harare aufbrechen.

◆ **2. Alternative:** Sie besuchen auf dem Wege von Harare nach Nyanga die Mukuyu Winery und die Markwe Caves und fahren dann direkt zum Nyanga Park. Auch diese Tour nimmt einen Tag in Anspruch, wobei Sie beim morgendlichen Aufbruch in Harare durchaus Zeit haben, unterwegs längere Pausen einzulegen. Mein Vorschlag: Wenn Ihr Zimbabwe-Aufenthalt es zuläßt, entscheiden Sie sich für Alternative 1.

▨ **Übernachtungen:**

Das **Pine Tree Inn Hotel** liegt sehr günstig. Von hier aus können Sie Tagesexkursionen unternehmen, die Ihnen die Schönheit und Vielseitigkeit des Gebietes voll erschließen. Die Lodges am Udu Dam, Rhodes Dam und Mare Dam liegen auch günstig; hier muß man sich allerdings selbst verpflegen, denn das nahe gelegene Rhodes Nyanga Hotel mit seinem Restaurant ist zur Zeit geschlossen.

Höher und in gewisser Weise zentraler im Bergland gelegen (allerdings nicht ganz so persönlich): das **Troutbeck Inn.**

▨ **Landschaftliche Höhepunkte: World's View, Mtarazi Falls, Pungwe View**

Die Eastern Highlands, die Sie dann auf Ihrem weiteren Wege erreichen, gelten als der *"Schwarzwald" Zimbabwes*. Als die ersten Europäer das Bergland durchstreiften, wußten sie von schattigen Hängen immergrüner Berg- und Nebelwälder zu berichten. Auf den flacheren Bergrücken und sonnendurchfluteten Hängen fanden sie offene Weiden mit dem für die afrikanische Hochsavanne typischen Gras- und Buschbewuchs vor.

Die kolonialen Siedler leiteten hier **große Aufforstungsaktionen** ein, abzulesen an den dunkelgrünen Kiefernforsten, die manchmal von Eukalyptushainen unterbrochen werden. Deshalb fühlt man sich eher an den heimischen Schwarzwald erinnert als an Afrika. Das Waldgebirge konnte sich in den vergangenen Jahrzehnten immer mehr zu einem Ziel mausern, das während des gesamten Jahres Besucher anlockt. Die Landschaft, deren Höhepunkte viele Wasserfälle sind, lädt insbesondere zum Wandern ein. Daneben finden wir aber Relikte längst untergegangener afrikanischer Kulturen, deren "Pits" und Ruinen der Archäologie noch heute teilweise Rätsel aufgeben.

Harare-Nyanga National Park
-Streckenübersicht-

141

6.2.2 REISEPRAKTISCHE HINWEISE

Entfernungen
Harare - Nyanga 269 km (direkte Strecke ohne Abstecher)
Harare - Nyanga ca. 350 km (mit Abstecher Mukuyu Winery und Markwe Caves)
Harare - Nyanga ca. 410 km (mit Abstechern zur Mukuyu Winery, Markwe Caves, Diana's Vow, Harleigh Ruins und Pink Elephants)

Informationen
Juliasdale Informati-
on Centre, Juliasdale

**Übernachtungsmög-
lichkeiten im und
um den Nyanga Na-
tional Park**
● Hotels
- **Brondesbury Park Hotel******,
60 km von Rusape an der Straße
nach Nyanga liegend. Private Bag
8070, Rusape, Tel.: Juliasdale
242; saubere Hotelanlage mit
schönem Ausblick, Swimming-
pool, Golf- und Tennisplatz sowie Reitmöglichkeiten.

Obststände auf dem Weg nach Marondera

- **Pine Tree Inn**, P.O.Box 1, Juliasdale, Tel. + Fax: (129) 388. Man erreicht die ausgeschilder-te Abzweigung nach rechts zum Pine Tree Inn (ca. 70 km hinter Rusape), wenn man am Brondesbury Hotel vorbeifährt und von hier ca. 15 km der Straße weiter nach Juliasdale folgt. Das Pine Tree Inn liegt sehr idyllisch in einem schattigen Tal. Man übernachtet in Steinhäus-chen und ißt gemütlich im kleinen Restaurant. Terrasse, Aufenthaltsraum sowie Bar sind vor-handen. Die Umgebung bietet Wandermöglichkeiten (Achtung: keine organisierten Wanderun-gen!), das Haus ist sehr stilvoll und hat eine gepflegte Atmosphäre.
- **Montclair Casino Hotel**, P.O.Box 10 Juliasdale, Tel.: (129) 441 bis 446; gepflegtes Casino-hotel mit Swimmingpool, Tennisplatz und Reitmöglichkeit, Golfmöglichkeiten am nahen Clair-mont Golf Course. Das Hotel ist direkt an der Straße nach Nyanga gelegen.
- **Troutbeck Inn** ***, Private Bag 2000, Troutbeck, Tel.: Nyanga 305 und 306. Das Hotel liegt sehr ruhig auf etwa 2.000 m Höhe, von dichten Kiefernwäldern umgeben. Swimmingpool, Tennisplätze und Golfplatz sind vorhanden. Reitmöglichkeit, Squashmöglichkeit und Angeln.
● Cottages
- **Punch Rock Cottages**, Barrie Yeadon, P.O. Box 32, Juliasdale, Tel (129) 24424. Ideale Unterkunft für Naturliebhaber. 30 Autominuten vom Nyanga Nationalpark entfernt.
- **Eluzwini Holiday Farm Cottages**, P.O. Box 12, Troutbeck, Tel.: (129) 861121. Farmcotta-ges in der Nähe von Troutbeck.
● Camping
Campingplätze für max. 20 Personen und Schlafplätze für Rucksacktouristen bietet an: Julias-dale Camp+Cabin, P.O. Box 99, Juliasdale, Tel.: (129) 202.

Ponytouren
Ponytouren offerieren das **Troutbeck Inn Hotel** und das **Brondesbury Park Ho-tel**. Auch im Nyanga National Park werden geführte Ponyausritte angeboten, die z.T. zu den Sehenswürdigkeiten des Parks führen. Auskunft am Warden's Office des Nyanga National Park, P. Bag 2050 Nyanga.

Golf

Golfspielen ist möglich in den hoteleigenen Anlagen des **Troutbeck Inn**, und des **Brondesbury Park Hotel**s.

Rafting, Kayaking

Rafting und Kayak Touren auf dem Pungwe River bietet an: Far and Wide, Zimbabwe, P.O. Box 14, Juliasdale, Tel.:(129) 26329.

Mountain Bikes

Mountain Bike Verleih gibt es bei Juliasdale Camp + Cabin, P.O. Box 99, Juliasdale, Tel.: (129) 202.

Übernachtungsmöglichkeiten im Nyanga Nationalpark

● **Buchungen** für die staatl. Lodges und Campingplätze im Nyanga National Park: Central Booking Office, P.O.Box CY 826, Causeway, Harare, oder Bulawayo Booking Agency, P.O. Box 2283, Bulawayo.

● **Staatliche Lodges**: Es werden Lodges im "Swiss-Type" und Steinhäuschen am **Mare Dam, Rhodes Dam und Udu Camp** angeboten. Man muß sich hier selbst verpflegen (kein Restaurant, Einkaufsmöglichkeit Juliasdale oder Nyanga). Bettwäsche sowie Eß- und Kochgeschirr werden gestellt. Bootsverleih.

● **Camping**: Campingplätze gibt es am Inyangombe River und Mare River (nur für Caravans). Wasser, Toiletten, Duschen, Grillplätze sowie Feuerholz (gegen Bezahlung) sind vorhanden. Seit kurzem gibt es das neu eröffnete Mtarazi Camp, Informationen dazu im Central Booking Office, Harare.

6.2.3 SEHENSWERTES ENTLANG DER STRECKE ZUM NYANGA NATIONAL PARK

Strecke Harare - Marondera

Streckenbeschreibung

Sie verlassen Harare über die Samora Michel Av. East in Richtung Marondera (75 km), vorbei an den östlichen Industrieanlagen Harares. Sie passieren die Provinzgrenze von Mashonaland East. Nach etwa 30 km fahren sie an der privaten Landela Lodge (mit Swimmingpool und eigenem Gamepark, Buchungen über Landela Safaris, P.O. Box 66293, Kopje, Harare, Tel.: 734043-6.) vorbei. Hier kann man auch übernachten, falls man nicht in Harare bleiben möchte.

Wenige Kilometer vor Marondera biegen Sie rechts ab Richtung Imire Game Park 37 km und folgen zunächst dieser Hauptstraße, welche nach Wedza führt. Kurz danach sehen Sie das Hinweisschild der Mukuyu Wine Route, dem Sie folgen. Nach etwa 10 km biegen Sie an der nächsten Ausschilderung von der einspurig asphaltierten Straße links ab (hier wieder dem Schild Mukuyu Wine Route folgen) auf die Piste und erreichen nach 18 km die Mukuyu Winery (Piste hat teilweise starkes Wellblech).

Tip

Alternative Anfahrt zu Mukuyu Winery: Bis Marondera Zentrum fahren, dann rechts ab in die Rusawe Rd. nach ca. 10-12 km am Picadilly Store rechts abbiegen, nach etwa 20 km Hinweisschild Cairns Winery, noch ca. 6 km, Vorschlag: diese Anfahrt wählen, nach der Besichtigung auf die Pad und dann Hauptstraße Richtung Wedza zu den Markwe Caves.

Übernachtungsmöglichkeit auf dem Weg zum Nyanga National Park
Imire Safari Lodge, Lodge mit privatem Game Park, interessant, da die Lodge einige Breitmaulnashörner in ihrem Game Park hat. Anfahrt über die A3 Harare-Marondera, 74 km hinter Harare, rechts ab Richtung Wedza abbiegen, auf die unbefestigte Straße, an der Mukuyu Winery vorbei, der Beschilderung zum Imire Game Park folgen.

■ Mukuyu Winery

Öffnungszeiten
Wochentags 10.00 - 12.00 h (Samstag, Sonntag sowie an den öffentlichen Feiertagen geschlossen). Es ist besser, eine Voranmeldung über die Cairns Wineries in Harare, Tel.: 667741 zu machen oder direkt bei der Mukuyu Winery Tel. 179-24501, Anschrift: Cairns Wineries, P.O. Box 278 Marondera.

Dies ist die größte und gleichzeitig modernste Weinkellerei in Zimbabwe. Sie liegt in unmittelbarer Nähe der größten Weinfelder des Landes. Der Name "Mukuyu" ist übrigens die Shona-Bezeichnung für eine wilde Feigenbaumart, die man hier in der Gegend häufig antrifft.

Weinfelder der Mukuyu Winery

Wenn man nach einer Führung im "Tasting Room" verschiedene Weine verkostet und dabei ihre beachtliche Qualität schätzen lernt, sollte man bedenken, daß erst in den frühen 70er Jahren der Weinanbau im damaligen Rhodesien begann. Das Klima ist naturgemäß nicht sonderlich ideal: Hohe Temperaturen sowie unberechenbar unregelmäßige Niederschläge waren stets Hindernisse für die Entwicklung einer eigenen Weinindustrie. Wozu auch? In der kolonialen Zeit importierte man da viel lieber die schon lange kultivierten Weine aus der südafrikanischen Kapregion. Nachdem allerdings Boykotte die Einfuhr verhinderten, saß das alte Rhodesien plötzlich im wahrsten Sinne des Wortes "auf dem Trockenen". Man sah sich nun gezwungen, selbst Reben anzubauen. Die ersten gekelterten Weine schmeckten nur den Patrioten, doch allmählich verfeinerte man die Kellertechniken. In Zimbabwe gibt es heute folgende **weinherstellende Firmen**:

◆ **African Destillers** mit Sitz in Stapleford bei Harare. "Afdis" hat kleine Weingüter in Odzi, Esigodini, Gweru, Mazowe und südlich von Marondera und stellt neben Weinen auch Brandy, Wodka, Gin, Sherry und Portwein her.

◆ **Cairns** baut nur Weine in der Gegend um Wedza an. Gekeltert werden die Weine in der Mukuyu Winery, die Reben aus der Gegend von Wedza und die angekauften Rebsorten kleinerer Weinbauern aus Masowe und Odzi.

INFO

Mukuyu Wineries

Es werden Trauben der folgenden Sorten verarbeitet: Steen (Chenin Blanc), Colombard, Pinotage, Hermitage, Cabernet Sauvignon sowie Chardonnay Semillion, Cabernet Merlot und Sauvignon Blanc. Die Weinernte findet zwischen Ende Dezember und Ende März statt. Aufgrund des heißen Klimas wendet man für Weißweine die Technik der Kaltgärung an, die den Vorteil bietet, das charakteristische Geschmacksbild der Traubensorte zu erhalten. Danach reift der Wein in riesigen Stahlfässern. Eine spezielle Reifung erfahren die besonders guten Weißwein-Rebsorten in Eichenfässern, in denen auch alle Rotweinsorten und vor allem Port- und Sherryweine gelagert werden.

In den Restaurants Zimbabwes werden beinahe ausschließlich landeseigene Weine angeboten. Seit der Unabhängigkeit des Landes im Jahre 1980 versucht man, auch die einkommensschwächeren Bevölkerungsschichten zum Weinkonsum anzuregen (d.h. vom Bierkonsum abzuhalten). Die Mukuyu Winery exportiert Weine nach Großbritannien und Japan und andere afrikanische Länder, wie Zambia und Kenia. Das gesamte Farmgebiet der Mukuyu Winery hat eine Größe von 1.800 Hektar (es wird auch Viehzucht betrieben). Die Weinfelder liegen auf einer Fläche von 100 Hektar. Die erwartete Produktion für 1995 beträgt 1,5 Millionen Liter Wein.

Markwe Caves

Öffnungszeiten
täglich bis 16:30 h

Streckenbeschreibung
Sie fahren die 18 km Piste zurück und kommen auf die einspurig asphaltierte Straße
nach Wedza, an der sie links abbiegen. Sie passieren dann später den Imire Game
Park und die Imire Safari Lodge. Etwas weiter sehen Sie auf der rechten Seite ein
Hinweisschild der Markwe Rd. Hier biegen Sie links ab in die Piste und folgen dieser Markwe
Rd. Direkt wenn Sie links abgebogen sind, sehen Sie auf der rechten Seite das Gelände und die
Gebäude der Numwa Secondary School. Sie fahren weiter, bis Sie die Schornsteine der **Mark-
we Tabacco Farm** sehen. Auf dieser Farm wird Virginia Tabak angebaut und in großen
Trockenkammern getrocknet. An der Farm werden Sie registriert und können dann die kurze
Strecke am Farmhaus entlang zum Parkplatz der Markwe Caves weiterfahren (Gatter passie-
ren).

Von hier aus führt ein kurzer Steilanstieg zu den **Markwe Caves**. Doch große
Vorsicht ist geboten: Sie müssen über einen glatten Felsbuckel zur Höhle
hinauf. Besonders in der Regenzeit kann das Gestein glitschig sein.

Der Aufstieg zu den Felszeichnungen befindet sich direkt links. Wenn Sie
geradeaus weitergehen, erreichen Sie über einen Aufstieg das Felsplateau und
haben von oben einen phantastischen Rundblick. Warnung: Festes Schuhwerk
notwendig. Für die Besichtigung kann man etwa 1 Stunde einplanen, wenn
man die herrliche Landschaft genießen will.

Auch kleine Kinder staunen über die zimbabwischen Felsmalereien

Zeichnungen in den Markwe Caves

Die Form des Granitfelsens, in dem sich die Markwe Cave befindet, ist ein Beispiel für einen Monolithen, der aufgrund seiner Form auch als Walrücken (Whaleback) oder Dwala bezeichnet wird. Diese Form von Inselberg ist typisch für das Landschaftsbild Zimbabwes.

Ein phantastischer Rundblick in die Savannenlandschaft paßt so recht in die Stimmung, welche die Malereien der niedrigen Höhle (besser als Stollen zu bezeichnen) ausstrahlen. Ein Stollen wie der von Markwe bot sich den Bantueroberern des Mashonalandes als Begräbnisstätte ihrer Häuptlinge an. Markwe ist das Grab des Häuptlings Soswe, das zum Teil zugemauert und mit Lehmputz verschlossen wurde. Leo Fröbenius interpretierte fälschlicherweise die Felskunst als nichts anderes als Dekorationsschmuck von Grabhöhlen. Hier in Markwe stehen Sie vor einem langen Tierfries. In der Wand sieht man die stollenartigen Öffnungen der Gräber. Erik Holm vermerkt hierzu (a.a.O., S. 163:) *"Durch die Stollenwirkung der Höhlenverwitterung erscheint Markwe in zwei Teile geteilt, wodurch das Urdrama, die Tötung des Elefanten durch die Blitzschlange, sich je auf die beiden Hauptpartien verteilt. Linker Hand erscheint das große Bild des weißen Elefanten, im rechten Höhlenteil überherrscht die riesenhaft lange, rotgestrichelte Schlange den ganzen Deckenraum, obwohl anscheinend noch niemand diese Schlange entdeckt hat, weil sie entlang einer rissigen Felsader verläuft und deren Kopfpartie als natürliche Eindellung der Steindecke auftritt. Wie leider oft versäumt man, die Mitwirkung der Naturvorkommen an der Höhlenwand in Betracht zu ziehen... Der langen, der Breite der Galerie angepaßten Tierreihe unterhalb der Schlange entspricht auf der Elefantenseite die Menschenreihe, die nun zum Ausdruck dessen, daß es um Kulte geht, auch zu rituellem Tanze auftritt."*

Markwe ist vielleicht Ihre erste Begegnung mit afrikanischer Felskunst, und deshalb sollten an diesem regionalen Beispiel auch grundsätzliche Informationen zu Felsmalereien erfolgen.

INFO

Felskunst in Zimbabwe

❶ *Lage*

Überall dort in Zimbabwe, wo Berge und Hügel aus Granit zutage treten, finden wir Zeugnisse aus der prähistorischen Vergangenheit in Form von Felszeichnungen vor. Etwa 150.000 qkm des Landes bestehen aus Granitmassen, und diese riesige Fläche ist gleichzeitig auch das Ausbreitungsgebiet der Felskunst. Über 2.000 Stellen sind offiziell registriert, doch es gibt sicherlich viel mehr. Versuchsweise hatte man in einer einzigen Region von 400 qkm genaue Forschungen und Zählungen angestellt. Ergebnis: Man fand 79 Malstellen – durchschnittlich eine also auf der kleinen Fläche von 5 qkm. Von den 79 Stellen waren dagegen nur 14 offiziell verzeichnet, obgleich das untersuchte Gebiet in der Nähe Harares liegt und seit langem erschlossenes Farmland ist. Hochgerechnet kann man davon ausgehen, daß es in Zimbabwe in Wahrheit zwischen 20.000 und 30.000 Felszeichnungen gibt.

Anders als bei Kunstwerken, die wir in Galerien bewundern können, befinden sich die Felszeichnungen auch heute noch an der Stelle ihrer Entstehung. Ihre Korrespondenz zur Landschaft ist deshalb in besonders eindrucksvoller Weise nachzuempfinden. Die Menschen, welche damals diese Regionen bewohnten, zählen zu den Vorfahren der Buschmänner Botswanas und Namibias. Sie nomadisierten im Rhythmus der Jahreszeiten und der Vegetation. In Höhlen und unter Felsüberhängen suchten sie Schutz. Und die heute noch zum Teil phantastisch erhaltenen Felsmalereien erzählen uns von ihrem Jagdleben, aber auch von ihren Vorstellungen, die in mystischen Darstellungen ihren Ausdruck fanden und um deren Deutung sich heute Archäologen und Kunsthistoriker bemühen.

❷ *Techniken und Gestaltung*

Viele Felszeichnungen überraschen uns dadurch, daß wir sie an sehr hohen Felswänden sehen, außerhalb der Reichweite vom heutigen Boden aus. Im späten Steinzeitalter dürfte der Höhenunterschied nach Angaben von Peter Garlake noch größer gewesen sein. Das stellte aber die Künstler der Vergangenheit vor nicht allzu große Schwierigkeiten. Baumäste mögen ihnen, zu Leitern oder einfachen Gerüsten konstruiert, geholfen haben.

Die am häufigsten verwendeten Farben waren Ocker und alle möglichen Nuancen von Erdfarben, wie Rot, Gelb oder Braun. Als Ausgangsgesteine dienten Rotsand- und Kalkgesteine. Überall im Lande konnten sie leicht gefunden werden und waren damit ein weit verbreiteter Rohstoff für Farben. Diese Steine wurden pulverisiert. Lange wurde darüber spekuliert, welche Bindemittel wohl benutzt wurden, um eine haltbare Farbe herzustellen. Man fand in Versuchen heraus, daß wohl tierisches Fett das beständigste Mittel gewesen sein dürfte.

Als Malwerkzeuge mögen je nach Konsistenz der Farbe unterschiedliche Werkzeuge gedient haben, die von einem feinen haarigen Pinsel (von einem Busch mit ausgefransten Strähnen stammend) bis zu Knochen oder Holzstöckchen reichten.

Die aus Gesteinen hergestellten Farben haben gegenüber den aus organischen Stoffen (Pflanzen) gewonnenen Substanzen den Vorteil, daß sie sich in ihrer Ausstrahlungskraft auch über längere Zeiträume kaum verändern. Allerdings setzt ihnen die erodierende Kraft von Wind und Wasser zu, so daß sie sich mit der Zeit vom Fels lösen können. Zurück bleibt dann auf dem granitenen Untergrund ein mehr schemenhafter Fleck. Weiße Farben, deren Substanz aus pulverisiertem Quarz, Silikaten oder Lehm stammt, konnten sich nicht so gut erhalten. Das hängt – z.B. beim Quarz – mit der relativen Grobkörnigkeit zusammen. Von einigen wenigen Malstellen, die in besonderer Weise geschützt liegen, wissen wir, daß ein Großteil der besonders schönen Zeichnungen in Weiß ausgeführt wurden.

In der prähistorischen Kunst spielen die Umrisse eine wesentlich größere Rolle als die Ausmalung. Sie wurden zuerst angelegt und erst später mit Flächenbemalung ausgefüllt. Ein weiteres Charakteristikum ist, daß jeweils die Besonderheit einer Tierart verstärkt dargestellt wurde. So wurden typische Bewegungsformen und Posituren prägnant erfaßt. Fast immer werden die Tiere silhouettenhaft dargestellt und sehr selten von vorne.

❸ Motive zum Malen

Es ist sehr schwierig, diese Frage hinreichend zu beantworten. Eine einfache, aber durchaus einleuchtende Antwort gibt Dr. Scherz, der sich insbesondere mit den Felszeichnungen in Namibia beschäftigt hatte: "Weil sie (die damaligen Bewohner der Landschaften) Maler waren!" (Scherz, Afrikanische Felskunst, Köln 1974, S. 23). Scherz bemerkt weiter (S. 24), daß "so vollendete Werke ... nur ein starker innerer Zwang, eine verpflichtende Notwendigkeit entstehen läßt. Als wahrscheinliche Beweggründe könnten angesehen werden:

◆ *Jagdglück für die Horde;*
◆ *Gesundheit und Vermehrung der Horde;*
◆ *Schutz vor menschlichen Feinden und übersinnlichen Wesen."*

Erik Holm betont in seinem Aufsatz über die Felskunst (Rhodesien-Heft der Karawane, 1976, S. 138): "Diese Felskunst ist ...weder eine bloße Naturwiedergabe noch gedankenloses Spiel, sondern sie hat eine klar umrissene, in allen Höhlen wiederkehrende ideologische Grundlage, die ganz natürlich in eine tiefsinnige und geheimnisvolle Symbolik überge-hen kann, wie das auch durch das Auftreten der für Anhänger der realistisch-veristischen Deutung völlig rätselhafte, überherrschend gro-ße Sinnzeichen im Mittelpunkt aller Malwände greifbar vor Augen ge-führt wird. Ohne ein Begreifen dieser maßgeblichen, alles erklärenden Sinnzeichen bleibt diese Kunst ein Buch mit sieben Siegeln."

❹ Probleme der Altersbestimmung

Eine interessante Frage ist die nach dem Alter der Felsmalereien. Peter Garlake vermerkt hierzu, daß es keine direkte Altersbestimmungs-Me-thode gibt. Die C-14-Methode (Nachweis des Gehaltes an radioaktivem Kohlenstoff) ist bei prähistorischen Malereien nicht anwendbar. Dafür brauchte man einige Gramm der Farbe, die man abkratzen müßte; doch dadurch wäre auch das Bild zerstört. Deshalb muß man indirekte Al-tersbestimmungs-Methoden anwenden.

In jeder bemalten Höhle bzw. in ihrer unmittelbaren Umgebung stößt man auf Reste der menschlichen Behausung (Feuerstellen, Tierknochen). So konnte man feststellen, daß die ersten Malereien von Menschen der Altsteinzeit (also vor etwa 30.000 bis 10.000 Jahren v.Chr.) stammen, die als Jäger und Sammler lebten und noch keine Kenntnisse in der Metallverarbeitung, der Töpferei sowie dem Ackerbau besaßen. Ihre Waffen waren Pfeil und Bogen. Die Pfeilspitzen bestanden aus scharf-kantigen Steinen. Sicher ist anzunehmen, daß die Felsmalereien im Zeit-raum 30000 v.Chr. bis vor etwa 1.000 Jahren entstanden sind.

Über eine solch lange Periode hinweg lassen sich unterschiedliche Mal-stile feststellen, die C.K. Cooke wie folgt klassifizierte:

◆ **Stil 1:** *Dazu gehören die ältesten Malereien, also alle, die über 2.000 Jahre alt sind. Für diese Periode sind einfache, **in einer Farbe gemalte Umrisse** typisch. Nur sehr selten werden Bewegungen darge-stellt.*
◆ **Stil 2:** *Dazu zählen die Malereien mit einem Alter zwischen 2.000 und 1.000 Jahren. Die Zeichnungen drücken nun mehr **Bewegungen** aus, verbleiben aber einfarbig. Dargestellt werden Menschen und Tiere.*

◆ **Stil 3:** *In der kurzen Zeitperiode vor 1.000 - 900 Jahren, aus der es nur wenige Zeugnisse gibt, werden die Motive besonders **wirklichkeitsnah** umgesetzt.*

◆ **Stil 4:** *Aus dieser Zeit vor 900 - 500 Jahren stammen wohl die meisten der heute noch erkennbaren Malereien. In dieser Periode entstanden **farbenreiche Galerien**, die oft über ältere Bilder gemalt wurden. Der Höhepunkt dieser Kunst wird in diesem Zeitabschnitt erreicht; vordringende Ackerbauern verdrängen die Kultur der Jäger und Sammler.*

◆ **Stil 5:** *In den vergangenen 100 Jahren wurden lediglich alte Malereien **kopiert**. Als Farben herrschen Schwarz und Weiß vor.*

◆ **Stil 6:** *Damit wird die **heutige Felsmal"kunst"** bezeichnet. Elefantenumrisse aus Kohle und weißer Fläche sind insbesondere im Mashonaland zu finden.*

Buchtips
- Peter **Garlake**, The Painted Caves, Zimbabwe 1987
- **Rhodesien-Heft** der Karawane, Heft 1/2 - 1976
- C.K. **Cooke**, A Guide to the Rock Art of Rhodesia, Salisbury 1974

Weiterfahrt
Nun fahren Sie die Strecke wieder bis zur Hauptstraße A 3 zurück. Nach der Einmündung auf die Teerstraße erreichen Sie nach 2 - 3 km Marondera, ein kleiner zentraler Ort inmitten eines landwirtschaftlich intensiv genutzten Gebietes. Das Land wird nun etwas hügliger. Man durchquert die kleinen Orte Macheke und Headlands. Von hier aus fahren Sie weiter in Richtung Rusape. Im Ort biegen Sie links ab Richtung Nyanga bzw. Juliasdale (Kilometerangabe 79 km). Sie fahren am Brondesbury Park Hotel und am Pine Tree Inn Hotel vorbei, bevor Sie zum Nationalpark gelangen.

Abstecher Pink Elephants und Diana's Vow

Streckenbeschreibung
Etwa 10 km hinter Headlands biegen Sie in die Baddely Road ein. Hier fahren Sie immer geradeaus bis zu einer T-Kreuzung, an der Sie rechts abbiegen. Von hier aus sind es noch 3 km bis Pink Elephants.

▨ Pink Elephants

Auf einer Bergkuppe (links), der ein Farmhaus (mit üppigem Bewuchs) gegenüberliegt, halten Sie oder biegen nach links zum Parkplatz ein. Hier beginnen Sie den Aufstieg. Halten Sie sich links und peilen Sie die linken Felsen am Bergrand an. Nach etwa 5 - 8 Minuten Aufstieg erreichen Sie die Pink Elephants.

Auf einem Felsüberhang sehen Sie hier Zeichnungen von Elefanten, die rötlich schimmern. Es sind schöne Felszeichnungen, außerdem ist der Blick von

dieser Stelle auf die zimbabwische Savannen-
landschaft wunderbar.

▨ Diana's Vow

**Strecken-
beschreibung**
Nun fahren Sie
knapp 2 km wei-
ter und stoßen auf die Straße
nach Nyanga. Hier biegen Sie
nach rechts ein und erreichen
nach 3,5 bis 4 km links die
Einfahrt zu Diana's Vow. Sie
öffnen das Farmtor und erreichen die Felsmalereien nach
etwa 300 m.

Diana's Vow ist nicht
eine Höhle, sondern ein
imposanter Felsvor-
sprung, den sehr schö-
ne, farbenreiche und klar
zu erkennende Fels-
zeichnungen zieren (sehr
sehenswert!). In der lie-
genden Gestalt vermö-

Felsen bei Pink Elephants

gen Kunstinterpreten einen maskierten Re-
genzauberer erkennen. Darunter sieht man
eine Vielzahl von Menschen und Tieren.

Hier zu erkennende Wasservögel und Was-
serbeutel mögen andeuten, daß die Regenbeschwörung erfolgreich war. Tiere und
Menschen sind hier also in einem Triumph-
zug des Dankes einbezogen.

▨ Harleigh Ruins

Streckenbeschreibung
Wenn man wieder die Fahrstraße erreicht,
kann man nach links nach weiteren 6 km
zu den linkerhand liegenden Harleigh Ru-

Diana's Vow

ins gelangen, die man nach der Abzweigung von der Straße nach etwa 2,5 km erreicht.

Die Ruinen bestehen aus zwei Komplexen, den First und den Second Ruins. Sie stammen aus dem 17. Jahrhundert, wie Ausgrabungen 1959 belegten, und sie gelten als Sitz eines Regionalherrschers. Die First Ruins, aus granitenen Mauern bestehend, weisen mit ihrer

Abendstimmung nahe der Harleigh Ruins

"Enclosure" Parallelen zu den Ruinen von Great Zimbabwe auf. Im Innenraum der Enclosure ist allerdings kaum noch etwas erhalten.

Nach weiteren 10 Minuten Wanderung auf einem schmalen Fußpfad erreicht man die Second Ruins. Diese Stelle wurde bereits um 1890 von dem berühmten Afrikaforscher Selous besucht und beschrieben. Hier liegen auch Gräber alter Shona-Häuptlinge.

Anschlußstrecken
● **Weiter nach Nyanga**
Wenn Sie nun wieder die Fahrstraße erreichen, biegen Sie nach rechts zu Diana's Vow ab. Hinter Diana's Vow biegen Sie nach rechts in die Constantia Road ein, der Sie 12 km bis zur Einmündung auf die Straße Rusape - Nyanga (= A 14) folgen. Hier biegen Sie nach links ein.
● **Alternativstrecke:** Von den Harleigh Ruins links abbiegen auf die Straße Richtung Rusape und Hauptstraße Nyanga - Rusape.

6.2.4 NYANGA NATIONAL PARK

Informationen
Informationen über den Nationalpark sowie über die Möglichkeit von Übernachtungen sowie die sehr zu empfehlenden Pony-Ausritte erhalten Sie im Warden's Office.
The Warden, Nyanga National Park, P/Bag 2050, Nyanga, Tel.: Nyanga, 274 und 384.

Parkbeschreibung

Der Nyanga National Park bedeckt eine Fläche von insgesamt etwa 3.500 qkm. Landschaftlich umfaßt er eine der **besonders beeindruckenden Gebirgsszenerien** der Eastern Highlands, die hier im 2.595 m hohen Mount Nyangani gipfeln. Das Gebirge, aus Granit bestehend, ist reich bewaldet und Quelle vieler Bäche und Flüsse, die malerische Wasserfälle und Seen bilden.

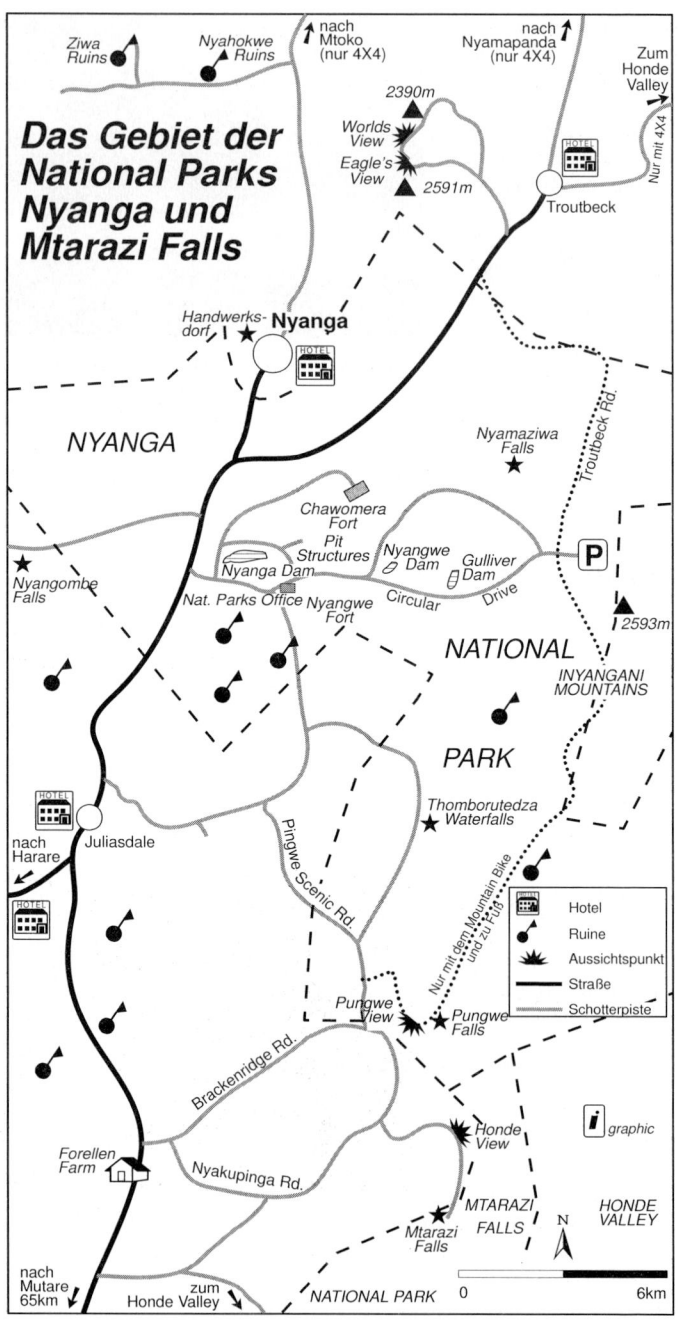

Das Gebiet der National Parks Nyanga und Mtarazi Falls

Ziwa Ruins

Nyahokwe Ruins

nach Mtoko (nur 4X4)

nach Nyamapanda (nur 4X4)

Zum Honde Valley

2390m

Worlds View

Eagle's View

2591m

Troutbeck

Nur mit 4X4

Handwerks-dorf **Nyanga**

HOTEL

NYANGA

Nyamaziwa Falls

Troutbeck Rd.

Chawomera Fort

Pit Structures

Nyanga Dam

Nyangwe Dam

Gulliver Dam

P

Nyangombe Falls

Nat. Parks Office Nyangwe Fort

Circular Drive

NATIONAL

2593m

INYANGANI MOUNTAINS

PARK

Thomborutedza Waterfalls

nach Harare Juliasdale

HOTEL

HOTEL

Pingwe Scenic Rd.

Nur mit dem Mountain Bike und zu Fuß

Pungwe View

Pungwe Falls

Hotel

Ruine

Aussichtspunkt

Straße

Schotterpiste

Brackenridge Rd.

Forellen Farm

Nyakupinga Rd.

Honde View

i graphic

MTARAZI

HONDE VALLEY

nach Mutare 65km

zum Honde Valley

Mtarazi Falls

FALLS

N

NATIONAL PARK

0

6km

154

Ebenso gibt es im Nationalpark-Gebiet eine Reihe interessanter **archäologischer** Stätten. Auch die unmittelbar an den Park grenzenden Gebiete – vor allem um Troutbeck – sind von großem landschaftlichen Reiz, aber auch wieder von archäologischem Interesse (Ziwa Ruins). Der südliche Teil des Parks ist der wildeste Teil des Nationalparks. Südlich an den Nyanga Park grenzt der **Mtarazi Falls** National Park, wo der höchste Wasserfall des Landes hinabstürzt.

Routenplanung

Eine Auswahl lohnenswerter Ziele sollen im folgenden kurz vorgestellt werden. Auf zwei bequemen Halbtagestouren, die einerseits in den nördlichen, andererseits in den südlichen Teil des Parkgebietes mit seinen angrenzenden Regionen führen, kann man diesen Teil Zimbabwes ausgiebig für sich entdecken. Hat man nur wenig Zeit zur Verfügung, so kann man beide Rundfahrten miteinander verbinden bzw. die Südrundfahrt bei der Weiterfahrt Richtung Mutare einbauen. Möchte man Sehenswürdigkeiten abseits der Asphaltstraße besichtigen, so muß man mehr Zeit einplanen. Man sollte 2 Tagestouren einplanen.

❶ Rundfahrt in den nördlichen Teil

Ausgangspunkt ist das Parkoffice (= Warden's Office) am Rhodes Dam. Sie fahren zunächst auf die Straße Juliasdale - Nyanga und biegen nach etwa 2 km zum Udu Dam und den Inyangombe Falls ab.

▓ Udu Dam

Der Udu-Damm staut den kleinen Udu-Fluß auf. Hier liegen auch riedgedeckte Lodges des Nationalparks. Vom Parkplatz aus führt ein kurzer Fußweg zu den Inyangombe Falls, wo das Wasser des gleichnamigen Flusses etwa 27 m über Katarakte fließt. Eine idyllische Stelle für ein Picknick oder den Sonnenuntergang!

Katarakte des Udu-River

 Weiterfahrt
Sie fahren nun wieder auf die Hauptverbindungsstraße Juliasdale - Nyanga zurück. Nyanga ist ein kleiner Ort, der 1.890 m hoch liegt und Mittelpunkt des Distrikts ist. Ab Nyanga folgen Sie der Piste nordwärts etwa 10 km, biegen dann links in die Ziwa Road ein und folgen der Beschilderung, bis Sie die sehenswerte archäologische Stätte erreichen.

■ Ziwa-Ruinen

◆ Geschichte der Ziwa-Ruinen

Die Herkunft des Namens Ziwa ist abgeleitet nach einem Chief namens Ziwa des lokalen Stammes, der hier einst lebte. Lange Zeit wurden diese Ruinen als Van Niekerk-Ruinen bezeichnet. Im Jahre 1905 wurde der Archäologe MacIver von einem Nyanga-Siedler namens van Niekerk in dieses Siedlungsgebiet des 17. Jahrhunderts geführt. Hierbei handelt es sich um ein ausgedehntes Areal von etwa 40 qkm. Wahrscheinlich verließen damals die Menschen das bis dahin für den Ackerbau besser geeignete Hochland des Nyanga-Gebiets, wo die Fruchtbarkeit der Böden nachließ. Sie terrassierten hier im tiefer gelegenen Lowland kleine Flächen, bereinigten die Felder von Steinen, die sie wiederum zum Bau ihrer kleinen, umwallten Gehöfte ("enclosures") benötigten. Wenn die Äcker wieder nach einigen Jahren unfruchtbar wurden, zogen sie ein Stückchen weiter: Der Vorgang des Steinelesens zwecks Flächenbeschaffung für den Ackerbau sowie Neuanlage eines Gehöfts wiederholte sich.

Nur so ist zu erklären, weshalb ein so weites Gebiet besiedelt war: Nie war es dieser Hypothese zufolge in seiner Gesamtheit gleichzeitig besiedelt.

◆ Museum

Öffnungszeiten
täglich geöffnet von 8:00 bis 17:00 h

Ziwa Ruins

Die Geschichte der Region ist im Museum dargestellt. Während des sogenannten "Iron Age" (das afrikanische Eisenzeitalter begann in Zimbabwe etwa
200 Jahre vor unserer Zeitrechnung und dauerte bis in die Kolonialzeit) gab es
bereits an dieser archäologischen Stätte einen kleinen Dorfkomplex. Es wurde
Viehhaltung, Töpferei und Metallverarbeitung betrieben. Die erste Besiedlung
war bereits im sogenannten "Stone Age" etwa um 300 v. Chr. durch Jäger
erfolgt (der englische Ausdruck entspricht auch in diesem Fall nicht der deutschen Steinzeit, die afrikanischen Steinzeit erfaßte in etwa den Zeitraum vor
ca. 2,5 Mio. Jahren bis 200 Jahre vor unserer Zeitrechnung). Zwischen 1500
und 1800 n. Chr. erfolgte eine Zuwanderung von Tonga aus dem Zambezi-
Tal. Hieraus entwickelt sich schließlich die als Nyanga Tradition bezeichnete
Art des Ackerbaus. Hierbei unterscheidet man eine "Upland culture" (im
Gebiet des heutigen Nyanga Nationalpark) und eine "Lowland Culture", z.B.
der Ziwa-Terrassen. Diese Klassifizierung beruht auf der unterschiedlichen
geographischen Lage einerseits im Hochland, andererseits im Lowveld.

Merkmale der "Nyanga Tradition" sind die mit Steinmauern umgebenen Dorf-
komplexe mit den typischen zum Schutz des Viehs errichteten Pit Structures
und der Entstehung von Ackerterrassen, etwa im Zeitraum von 1500-1800 n.
Chr.

INFO

Ziwa Terrassenkultur, Einfriedungen, Trockensteinmauern, Pit Structures

■ Ziwa-Terrassenkultur

*Die Terrassenkultur hatte vermutlich drei wesentliche Funktionen. Gro-
ße Steine wurden vom Feld abgeräumt und zu Mauern aufgestapelt, um
die Felder freizuräumen für den Ackerbau. Andererseits verhinderten
die Mauern die Bodenabschwemmung bei Regen. Somit dienten die
Mauern als Auffangschutz. Schließlich hatten die Mauern bei den Nyanga, die oberhalb im Bergland lebten und Angriffe anderer Stämme
fürchten mußten, eine Schutzfunktion. Die in Subsistenzwirtschaft lebenden Nyanga konnten sich weder nach Süden, Norden oder Westen aus-
dehnen, wegen der dort lebenden Shona Stämme. Dies waren die Stämme der Manyika im Süden, die Manugwe Dynastie im Westen und die
Barwe im Norden. Die fehlende Expansionsmöglichkeit der Stämme war
ein wesentlicher Grund für die Errichtung der Terrassierungen. Die
Hochkultur des Ziwa Reich bestand etwa 100 Jahre.*

■ Einfriedungen

*Einfriedungen wurden für die individuellen Familien geschaffen. Die
sogenannten versenkten "Pit structures" dienten als Kraal für Haustiere. Der Eingang für das Vieh konnte geschlossen werden, dies diente als
Diebstahlsicherung. Größere Tiere wurden außerhalb in größeren Stein-*

bauten untergebracht. Typisch für diese Anlagen sind auch die sog. daga-huts, eine Art Lehmhütte. Vorrangige Ziele der Einmauerungen war die Säuberung der Felder für die Nutzung durch Landwirtschaft, ebenso Wohneinheiten für Familien zu schaffen und den Tieren Schutz zu bieten. Teilweise dienten die Steinmauern als Abgrenzung von Acker-land und Viehwiesen, damit das Vieh die Äcker nicht zerstörte.

■ *Trockensteinmauern*

Trockensteinmauern wurden nach verschiedenen Methoden errichtet. Beispielsweise wurde eine Doppelwand errichtet, deren Zwischenraum mit Geröll gefüllt wurde. Es gibt freistehende Doppelmauern, aber es kann auch eine Mauer am Hang stehen. Ein weiterer Mauertyp ist eine sehr breite voll aufgefüllte Mauer. Ein anderer Mauertyp besteht aus 40-50cm hoch aufgestapelten Geröllhaufen, welche von Steinen umge-ben sind.

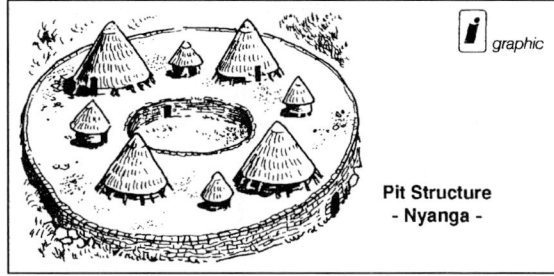

Pit Structure
- Nyanga -

■ *Pit Structures*

Pit Structures sind Hütten auf einer künstlichen Plattform. In deren Mitte gibt es eine Vertiefung mit Tunnelzugang von außen. Dieser war von der Haupthütte aus durch versenkbare Pfähle zu schließen. In den versenkten Innenhof wurden nachts die Tiere getrieben.

◈ **Die Ziwa-Ruinen-Anlage**

Die Anlage wurde etwa bis zur letzten Jahrhundertwende von Manica (einer Shona Bevölkerungsgruppe) bewohnt. Die Anlage befindet sich auf einer Felskuppe. Die benachbarten Felskuppen waren von anderen Häuptlingen be-wohnt. Die Untertanen siedelten in der Nähe der Häuptlinge. Die Ansiedlung am Berg erfolgte zum Schutz vor Ndebele-Überfällen. Die Abhänge wurden zum Anbau von Sorghum und Hirse terrassiert. Die Wohnungen waren in Form von Pit Structures angelegt. In einer Pit Structure konnten außerdem 5 Kleinkühe und 5 Ziegen untergebracht werden.

Der Häuptlingssitz lag an der höchsten Stelle. Seine Pit Structure ist doppelt so groß wie die der Untertanen. Sie ist getrennt vom eigentlichen Wohnsitz. Sein Wohnsitz ist von einer runden Mauer umgeben. In dieser Mauer gibt es Schießscharten ohne Gesichtsfeld. Die Schützen erhielten bei der Verteidigung Anweisungen vom Beobachter. Der Häuptling hatte mehrere Frauen und viele Kinder, die in Daga- und Steinhütten wohnten. Besucher wurden von einem Kontrollposten, vermutlich einem Nganga (Heiler) kontrolliert. Ein Versammlungsplatz befindet sich neben dem Häuptlingswohnsitz. Hier wurde auch Recht gesprochen. Die Männer haben Waffen und Werkzeuge hergestellt. Metalle wurden in Öfen geschmolzen. Frauen kümmerten sich um die Zubereitung der Mahlzeiten. Im Felsboden sind Reibschalen zu finden, in denen beispielsweise Körner und Kräuter zubereitet werden konnten.

Der Untergang der Ziwa erfolgte etwa um 1800 n. Chr. nach einer etwa 100 Jahre andauernden Kultur. Der Grund für den Untergang der Ziwa dürfte in der allgemeinen Veränderung der ökologischen Lebensbedingungen zu finden sein. Es deutet alles darauf hin, daß eine soziale Abstufung in der Ziwa-Gesellschaft vorhanden war, jedoch fehlen die archäologischen Beweise. Die Kultivierung von unfruchtbarem Land gilt als Leistung des Ziwa -Reichs.

Auf dem Rückweg kann man noch die Nyahokwe-Ruinen besichtigen.

Nyahokwe-Ruinen

Öffnungszeiten
Täglich außer montags gibt es hier einen Guide, der Besucher zwischen 8:00 und 17:00 Uhr durch die Anlage führt. Eine kurze Besichtigung dauert etwa 30 Minuten, die größere Tour etwa 1 Stunde.

◆ Geschichte

Die Nyahokwe-Ruinen waren im 17./18. Jahrhundert Wohnstätte des Unyama Stammes und gehören auch zur Ziwa-Kultur. Sie können hier die Ruine eines Ofens betrachten, in dem Eisenerze aus den Bergen geschmolzen wurden. Das produzierte Eisen wurde für die Herstellung von Speeren, Waffen, Äxten und Pflügen verwendet. Es lebten hier ca. 500 Familien. Da wenig Futter vorhanden war, wurde die Viehzucht auf 5 Kühe und 5 Ziegen pro Familie beschränkt. Das Vieh wurde in einem Tunnel untergebracht als Schutz vor Feinden und wilden Tieren. Hütten wurden im Inneren der Einfriedung errichtet. Der Chief des Stammes lebte erhöht auf dem Berg. Einer Legende zufolge wurden alle wunderschönen Frauen, alle Vorräte und das Vieh von Angehörigen des Shangan-Stammes und durchziehenden Ndebele mitgenommen. Dies sei die Erklärung dafür, daß alle hübschen Frauen nun in Bulawayo zu finden sind. 1977 wurde im Zuge des Unabhängigkeitskampfes von Mozambique das zu den Ruinen gehörige Museum zerstört, dessen Gegenstände sind nun im Museum in Mutare zu sehen.

Weiterfahrt
Nach einer Besichtigung der Ziwa- und Nyahokwe-Ruinen fahren Sie wieder Richtung Nyanga zurück. Hinter Nyanga biegen Sie links ab Richtung Troutbeck. Auf dem Weg dorthin haben Sie eine gute Aussicht auf den Mount Inyangani, der höchsten Erhebung Zimbabwes (2.592 m).

■ World's View und die Conemara Lakes

World's View und die Conemara Lakes erreichen Sie, wenn Sie etwa 2 km vor Troutbeck links abzweigen. Eine Rundstrecke führt in eine herrliche Landschaft! Vom World's View können Sie einen atemberaubenden Ausblick in die Weite genießen, und die klaren Conemara-Seen laden zum stillen Verweilen ein. In Troutbeck selbst liegt das Troutbeck Inn (siehe Übernachtungsvorschläge zu Beginn des Kapitels).

Blick vom World's View

■ Rhodes Inyanga Estates

Neben dem Rhodes Inyanga Hotel wurde ein kleines Museum errichtet. Das Museum ist täglich außer Montag geöffnet von 9:00 bis 13:00 Uhr und von 14:30 bis 17:30 Uhr. Das Museum enthält u.a. Informationen über das Nyanga-Gebiet und dazu über den Unabhängigkeitskampf von Zimbabwe. Das Hotel ist z.Zt. geschlossen, soll aber in Kürze wieder eröffnet werden.

Von hier aus kehren Sie zu Ihrer Übernachtungsstelle zurück.

❷ Rundfahrt in das östliche und südliche Parkgebiet sowie zum angrenzenden Mtarazi Falls National Park

■ Pit Structures

Streckenbeschreibung
Nur wenige Kilometer vom Parkbüro (man biegt von hier rechts, also in östliche Richtung, ab) stoßen Sie auf eine Abzweigung (beschildert), die links zu den sogenannten "Pit Structures" führt.

Pit Structures

Hier liegen Bauten bzw. ihre Überreste, wie sie im gesamten Nyanga-Gebiet verstreut sind. Für ihre Entstehung gibt es unterschiedliche Erklärungen. Diese Steinbauten, ins 16. Jahrhundert datiert, sind kreisrund und waren ursprünglich mit einem Rieddach bedeckt. Zu ihnen führte ein verwinkelter Gang, der die Verteidigung des Inneren erleichterte. Archäologen vermuten, daß diese "Pits" in Zeiten kriegerischer Auseinandersetzungen als Getreidelager und Viehställe dienten.

INFO

Pit Structures

"Angelehnt an archäologische Erkenntnisse wurden die vor Ihnen liegenden Pits rekonstruiert. Wahrscheinlich wurden hier Schweine und Ziegen gehalten. Ein von Pfählen gesäumter Gang führte durch einen Tunnel zum Boden der Haupthütte. Der Zugang konnte leicht des Nachts bewacht werden. Der Viehzüchter lebte mit seiner Familie in den Hütten, die den Pit auf einem künstlich erhöhten Boden umgaben. In den kleineren, mit Steinfundamenten versehenen Hütten wurde Getreide aufbewahrt. Solche Vorratshütten werden noch heute von den Menschen des Unyama-Stamms gebaut. Wie ein nicht-restaurierter Pit aussieht, können Sie auf der rechten Seite dieses rekonstruierten Komplexes sehen."

Überdeckter Gang

Erik Holm schreibt hierzu (Karawane-Heft "Rhodesien", 1976, S. 114 f): "Diese rein bäuerliche Einheit erreicht vielleicht das Optimum typisch afrikanischer Existenz und ähnelt auch darin europäischen Gehöften, weil das Vieh, sorgfältig in der Steinrundung gesichert, den Mittelpunkt einnimmt. Etwa 2-3 Meter unterhalb der Wohnfläche der menschlichen Besitzer wird es vom Hange abwärts durch einen überdeckten Gang eingetrieben, den man von oben durch Herabsenken eines starken Pfahles verschließen kann. Die Wände dieses versenkten Pferchs wurden sorgfältig in trockener Steinlegung ausgebaut, der Boden ist steingepflastert, der gedeckte Abfluß wie der ebenfalls abschüssige Eingang stets in gleicher Höhe und Breite durchgeführt, letzterer allerdings in Maßen, die großes Hornvieh ausschloß... Die Tendenz, auf erhöhtem Terrain zu wohnen und zu bauen und zugleich eine weite Aussicht zu gewinnen, wurde sinnvoll durch die Errichtung einer Terrassenmauer im weiteren Umkreis um das Pferch erfüllt, wobei der Zwischenraum zunächst wohl durch Abfall gefüllt wurde, um schließlich nach und nach Platz für die wachsende Familie mit neu hinzukommenden Hütten zu schaffen."

Nyamziwa Falls

Hier fließt der gleichnamige Fluß über hohe Stromschnellen. Eine schöne Stelle, um Picknick zu machen und die Natur zu genießen.

Nyamziwa Falls

Mount Inyangani

Dies ist mit 2.592 m der höchste Berg Zimbabwes. Er macht aber nicht so recht den Eindruck eines gigantisches Gipfels, denn sein "Sockel" liegt bereits auf einer Höhe von 2.150 m. Somit beträgt der Aufstieg knappe 500 m – nicht allzuviel für einen geübten "Bergsteiger". Man rechnet für den Auf- und Abstieg etwa 4 Stunden. Einige Dinge sollten jedoch auf jeden Fall beachtet werden:

Hinweise
- Es ist **verboten, alleine** den Berg zu erklimmen.
- **Kein Kind unter 10 Jahren** – selbst nicht mit Begleitung – darf aufsteigen.
- **Jugendliche** von 11 - 17 Jahren müssen in **Begleitung eines Erwachsenen** sein.
- **Gruppenmitglieder** müssen stets **in Sichtweite** zu den anderen gehen.
- **Man folge** bitte bis zum Gipfel den **Zeichen** und weiche auch nicht auf dem Rückwege vom vorgegebenen Pfad ab.
- Bei **schlechtem Wetter** (sehr tiefliegende Wolken, Nebel, Regen) ist der **Aufstieg untersagt**.
- **Nach 14.30 h** ist ein Aufstieg **untersagt**.
- Man sollte **stets jemanden**, der nicht mit auf den Berg steigt, vom Vorhaben **informieren.** Wenn dies nicht möglich ist, sollte man im Parkbüro (Warden) mitteilen, wann man aufsteigen möchte. Bei der Rückkehr sollte man sich wieder zurückmelden.

Blick auf den Mount Inyangani

● Im Falle einer notwendigen **Suchaktion** müssen alle **Kosten vom Vermißten getragen werden**.

● Unterwegs ist es **nicht gestattet, Feuer anzuzünden, Pflanzen zu sammeln** oder **Abfall wegzuwerfen**.

Auf der Hinweistafel, die am Beginn des Berges steht und die in Englisch die gerade wiedergegeben Hinweise enthält, steht zum Schluß, daß man die Gefahren dieses Berges nicht unterschätzen sollte und daran denken muß, daß insbesondere in den Sommermonaten sich die Wetterbedingungen rasch ändern können.

Weiterfahrt

Auf dem Wege zu den Nyangwe Ruins kommen Sie am kleinen Lake Gulliver und später am idyllisch gelegenen Nyangwe (Mare) Dam vorbei. Hier liegen auch einige Lodges, die durch die Parkbehörde vermietet werden.

Ein wenig weiter zweigt der Weg nach links ab zu den Nyangwe Ruins (nur mit einem Allradfahrzeug möglich oder zu Fuß!).

Fort Nyangwe Ruins

Geschichte

Im Gegensatz zu den "Pits", die eher den Charakter einer Einzelsiedlung trugen, ist das Nyanga-Fort als eine Gemeinschaftsniederlassung zu begreifen. Dem Bauvorgang nach, so Holm (a.a.O., S. 117), ist das Fort nicht in einem Zug entstanden, sondern hat sich nach und nach entwickelt. Im zentralen Ringbau kann man keine Hütten nachweisen. Vielleicht diente es als Fliehburg.

Das Nyangwe Fort gehört zu einer Kette von Forts, die sich in einer Linie über das Nyanga-Gebiet erstrecken. An klaren Tagen kann man von jedem

Häuschen am Nyangwe Dam

Fort die nächstliegende Anlage erblicken. Man vermutet, daß mit Hilfe von Kudu-Hörnern Signale zugesandt wurden. Die Forts konnten aufgrund ihrer Lage sehr leicht verteidigt werden, doch sie verfügten nicht über eine Wasserversorgung, die ein längeres Verweilen ermöglichte. Die Schießscharten-ähnlichen Öffnungen sind so angelegt, daß sie kein weites Schießfeld zuließen.

Nyangwe Fort

Die Öffnung zur Innenseite ist so groß, daß potentielle Angreifer sehr leicht die Besetzer angreifen konnten. Deshalb ist nicht gesichert, welche wahre Funktion diesen "Schießscharten" zugedacht war.

Holm (a.a.O., S. 118) beleuchtet das Problem der Schießscharten und bemerkt: *"...aber schon die vielen Schießscharten rings in der Umfassungsmauer der... 'Forts' von Nyangwe – das wahrscheinlich kein Fort sein sollte – zeigen, wie bereitwillig die Erbauer eine fremde Erfindung absorbieren, ohne deren Sinn und Zweck erfassen und erfüllen zu können."*

Ausflug zum Mtarazi Falls National Park und Fahrt hinab in das Honde Valley

Streckenbeschreibung

Die Fahrt beginnt in Juliusdale zunächst über die A14 südlich, dann auf die A15 links abbiegen Richtung Mutare. Dann folgt man der Hauptstraße, und biegt links ab auf die Piste am Straßenschild Nyakupinga Rd. (Achtung: kein Hinweisschild Pungwe View), nach ca. 1 km biegt man links ab in die Brackenridge Rd., und nach ein paar Kilometern gelangt man auf die Scenic Road, hier gibt es dann ein Ausschilderung Richtung Pungwe View und Honde View. Dies ist eine leicht zu fahrende Abkürzung, die man nehmen sollte, falls man auch noch in das Honde Valley fahren möchte. Hat man viel Zeit, kann man die Strecke nördlich von Juliasdale beginnen und über die gesamte Strecke der Scenic Road bis zu den Mtarazi Falls fahren.

■ Pungwe View

Hier bietet sich ein atemberaubender Blick auf das tief eingeschnittene Tal des Pungwe, der am Mount Inyangani entspringt. In ihn mündet der Matenderere. Der Pungwe, nahe Beira den Indischen Ozean erreichend, stürzt über 240 m tief in die 10 km lange Pungwe Gorge, dem niedrigsten Teil des gesamten Nyanga-Parkgebietes. Nach dem Pungwe View fährt man weiter zum Honde View.

■ Honde View

Von hier aus kann man in das 1.000 m tiefer liegende Honde Valley und damit bis nach Mocambique schauen. Dieser Punkt liegt schon im Mtarazi Falls National Park.

■ Mtarazi National Park mit den Mtarazi Falls

◆ Mtarazi Falls

Ein besonders lohnender Abstecher führt zu den Mtarazi Falls, den mit 762 m höchsten Wasserfällen Zimbabwes, die im gleichnamigen Nationalpark liegen. Ein schöner Wanderpfad führt vom Parkplatz zu wirklich atemberaubenden Ausblicken, die zum Teil einen phantastischen Blick auf das Honde-

Valley gewähren. Vor allem mit Kindern ist an den z.T. schwindelerregenden Ausblicken größte Vorsicht geboten!

 Strecken-beschreibung Vom Honde View aus fährt man weiter Richtung Süden bis zu den Mtarazi Falls. Oberhalb des Escarpments gibt es einen kleinen Parkplatz.

Von hier aus führt ein Rundweg zu den Aussichtspunkten, von denen man aus auf den Mtarazi Wasserfall schauen kann. Außer dem Rundweg gibt es einen direkten Weg. Hierzu folgen Sie vom Parkplatz aus dem Schild Footpath Mtarazi Falls 600 m.

Der schönere Rundweg beginnt mit dem Pfad, der rechts von dem Footpath-Schild abgeht. Von hier aus führt ein sehr schöner Weg oberhalb eines Flußbettes bis zum Aussichtspunkt. Dort können Sie zunächst nördlich weiterlaufen und dann zum Parkplatz abbiegen, oder weiter durch den Forstweg laufen, der schließlich auf der Piste endet, über die Sie zum Parkplatz der Wasserfälle gefahren sind. Auf der Piste angekommen, laufen Sie dann Richtung Süden, um zum Parkplatz zu gelangen. Auf dem Rundweg kann man schöne Baumfarne sehen.

Im Mtarazi Falls Nat. Park

Für den Spaziergang sollte man sich 1 Stunde Zeit nehmen, die Begehung des Forstweges dauert länger. Wählt man den Rundweg, so hat man von verschiedenen Punkten aus eine sehr schöne Aussicht auf die Wasserfälle.

 Weiterfahrt Die Fahrt geht von hier aus zurück über den Honde View und Pungwe View über die Scenic Road. Links hinter Pungwe View kommt dann die Abzweigung zur Hauptstraße A15 Juliusdale-Mutare. Hier biegt man ab Richtung Mutare und schließlich ins Honde Valley.

166

▓ Honde Valley

Das Honde Valley ist insbesondere wegen seiner **Tee-Anbaugebiete** (Aberfoyle Plantations) bekannt. Die Fahrt hinunter ins Honde Valley zählt zu den beeindruckendsten Strecken im Lande. Von den Höhen der Eastern Highlands gelangt man über Serpentinen der guten Asphaltstraße ins Honde Tal. Am Honde Valley View Store hat man eine hervorragende Aussicht auf die Mtarazi Wasserfälle. Etwa **1.000 m Höhenunterschied** liegen zwischen den Ber-

Teeplantage im Honde Valley

gen und dem fruchtbaren Honde-Tal. Subtropische Pflanzen gedeihen im feuchtwarmen Klima. Bananen, Tee, Kaffee und Tabak sind die Hauptanbauprodukte. Da sich mit diesen Devisen erwirtschaften lassen, werden diese Anbauprodukte auch Cash Crops genannt. Auf den Straßenmärkten kann man Fisch erstehen, der von Frauen im Honde-Fluß gefangen wird. Man bekommt auf dieser Fahrt durch das Tal einen sehr guten Eindruck vom ländlichen Leben dieser Gegend.

Obwohl am Talende kommerzielles Farming betrieben wird, sieht man immer wieder Afrikaner, die kilometerweit Trinkwasser schleppen müssen. In den Communal Lands rechts und links der Straße gibt es keine weiße Farmerschaft, dieses Land ist den Schwarzen vorbehalten. Arbeitsmöglichkeiten gibt es in den Plantagen im östlichsten Teil des Tales. Die Eastern Highlands Tea Estates und die Aberfoyle Tea Estates sind die beiden großen Plantagenbetreiber. Bis zu den Aberfoyle Tea Estates sind es ca. 65 km. Im Aberfoyle Country Club, dem Endpunkt einer Fahrt ins Honde Valley, sollte man einen Tee probieren. Zusätzlich bietet sich eine Abkühlung im Pool an. Mehr sollte man dennoch nicht erwarten, denn die Glanzzeiten des Clubs scheinen erloschen. Übernachtungsmöglichkeiten gibt es im Honde Valley nur für Rucksacktouristen bei Backpackers in der Nähe der Eastern Highlands Tea Estate.

Für den Abstecher ins Honde Valley benötigt man ca. 3 Stunden Zeit. Aufgrund der vielen Eindrücke ist ein Abstecher durchaus empfehlenswert.

Wir fahren die Strecke zurück und gelangen nach ca. 65 km auf die Hauptstraße nach Mutare.

Weiterreise-Möglichkeiten
- der vorgeschlagenen **Hauptroute folgen** (siehe nächstes Kapitel)
- Wenn die Zeit nicht reicht: **zurück nach Harare**
- Auf den Besuch von **Vumba und Chimanimani verzichten** und **direkt nach Masvingo/Great Zimbabwe Ruins weiterreisen**.

6.3 NYANGA NATIONAL PARK – MUTARE – VUMBA MOUNTAINS

- Fahrt ins **Honde Valley**
- Ein ausgiebiger Besuch des **Vumba National Park mit seinen sehenswerten botanischen Anlagen**
- Besichtigung der **Crake Valley Cheese Farm**

6.3.1 ÜBERBLICK

Vom zentralen Teil des Nyanga National Park fahren Sie über den steilen Abbruch ins Honde Valley.

Landschaftlich erfolgt ein Wechsel von den Aufforstungsgebieten der Eastern Highlands zu den landwirtschaftlich stark genutzten Niederungen des Honde Valley, das stark bevölkert ist und einen Eindruck vom lebendigen afrikanischen Leben gibt.

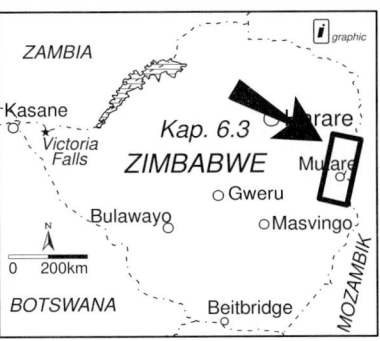

Im nordöstlichen Gebiet liegen dann auf den Anhöhen die großen Teeplantagen-Gebiete des Landes. Wieder zurück auf der Hauptverbindungsstraße Juliusdale - Mutare (= A 15), fahren Sie über hügeliges Land und den Christmas Paß nach Mutare, dem Zentrum der Manica-Provinz.

6.3.2 REISEPRAKTISCHE HINWEISE

Entfernungen
- **Harare - Mutare** 262 km
- **Nyanga - Mutare** 107 km (Direktstrecke)
- **Nyanga - Mutare** ca. 210 km (mit Abstecher Honde Valley/Teeplantagen)
- **Nyanga - Mutare** ca. 180 km (mit Einbeziehung der "Südrundfahrt Nyanga National Park und Mtarazi Falls"

Redaktions-Tips

- Bleiben Sie eine Nacht länger in Ihrer Unterkunft in Nyanga und machen Sie einen Tagesausflug zum Mtarazi Falls National Park und ins Honde Valley (siehe voriges Kapitel südliche Rundfahrt) und nehmen zur Weiterfahrt nach Mutare den direkten Weg.

- Übernachten Sie auch anschließend nicht in Mutare, sondern im Vumba Valley, z.B. im **Leopard Rock Hotel** (sehr luxuriös!).

- Verbringen Sie auf diesem Streckenabschnitt die meiste Zeit in und um den **Vumba National Park**.

- Camper und Vitaminbewußte sollten sich in dieser Region **mit Früchten und Gemüse eindecken.**

Informationen Manicaland Publicity Association/Tourist Information Centre, P.O.Box 69, Mutare, Market Square (Ecke Main Street/Milner Avenue), Tel.: 64711

 Automobilclub Automobile Association of Zimbabwe, Mutare, Fanum House, Milner Avenue, Tel.: 64422.

 Autovermietungen
● **Hertz**, H. Chipeto/2nd Street, Mutare, Tel.: 64784.
● **Europcar**, Grants Service Station, 1 Crawford Road, P.O. Box 897, Mutare, Tel.: (20) - 62304.

 Streckenbeschreibung
● **D i r e k t nach Muta-**

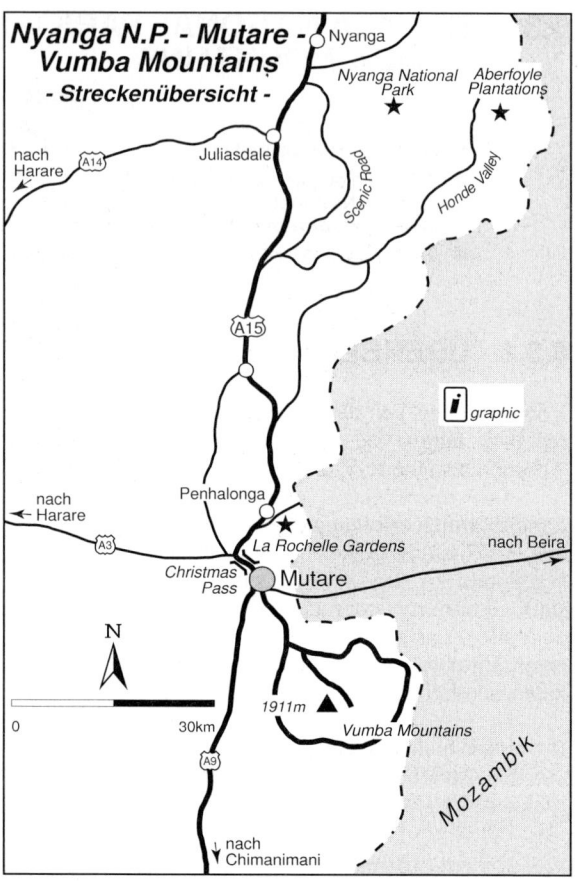

re: Wenn Sie nicht den Abstecher über das Honde Valley machen möchten, können Sie vom Nyanga National Park direkt über Juliusdale und von hier aus über die A 15 fahren. Sie sollten dann nicht nach Penhalonga abbiegen, sondern weiter über die A3 nach Mutare fahren. Diese Strecke kann man einfach mit einem Kleinwagen fahren.

● **Über das Honde Valley nach Mutare**: Vom Nyanga National Park fahren Sie nach Juliusdale und biegen von hier in die A 15 ein, die nach Mutare führt. Von der Kreuzung aus fahren Sie bis zur Abbiegung nach links (Honde Valley, Asphaltstraße, ca. 25 km ab Juliusdale). Dieser Straße folgen Sie ins Tal hinunter (sehr schöne Ausblicke) und fahren dann weiter bis zu den Aberfoyle Tea Plantations. Sie folgen danach wieder der Straße, auf der Sie kamen, und richten sich nun Richtung Mutare, das sie dann über die A3 schnell erreichen können.

● **Über Honde View und Mtarazi Falls nach Mutare**: Auf dem Wege nach Mutare können Sie bequem unter Einbeziehung der im vorherigen Kapitel vorgeschlagenen "Südrundfahrt" nach Mutare fahren, indem Sie von den Mtarazi Falls und dem Honde View auf die Scenic Road nach links abbiegen und dann die A 15 "automatisch" erreichen, die dann weiter über die A3 direkt nach Mutare führt. Alternativ können Sie Mutare über die A15 über Penhalonga Mutare erreichen. Für die gesamte Strecke sollte man sich ggf. nach dem Zustand der Pisten erkundigen. Sie könnten für Kleinwagen ohne Allradantrieb nicht geeignet sein.

170

Übernachtungen
IN MUTARE
● **Hotels**
- **The Manica Hotel*** (A)**, P.O.Box 27, Herbert Chitepo Street, Mutare, Tel.: 64431. Gehört zur Zimbabwe Sun-Kette. Gutes Restaurant und guter Service, Swimmingpool
- **The Christmas Pass Hotel (B)**, P.O. Box 841, Mutare, Tel.: 63818, Hotel der Rainbow Hotel-Kette.
● **Camping**
- **Municipal Campsite**: zwischen Christmas Paß und Mutare gelegen. Buchungen über: **National Parks Central Booking Office (CBO)**, National Botanical Gardens, Borrowdale Rd., Sandringham Drive, Harare, P.O. Box CY 826, Causeway, Tel.: 706077 oder 706078
IN DER NÄHE VON MUTARE
● **Hotels**
- **Inn on the Vumba****, P.O.Box 524, Mutare, Tel.: (120) 67449/81025; 9 km von Harare an der Vumba Road gelegen, mit weiter Aussicht auf das Grenzland von Mozambique, Swimmingpool. Das Inn on the Vumba Hotel gehört zusammen mit dem Pine Tree Inn in Juliusdale zu der

White Horse Inn

neu gegründeten Hotelkette Inns of Zimbabwe. Ziel dieser Kooperation ist, langfristig eine Reihe kleiner exklusiver Landhotels aufzubauen. Die beiden Hotels leben von der Mischung aus Gastfreundlichkeit, Komfort, gehobener Küche und dem persönlichen Service. Das Hotel ist ein beliebtes Hotel auch für Geschäftsleute aus Mutare und idealer Ausgangsort für einen Ausflug in die Vumba Mountains und ins Burma und Essex Valley. Vorausbuchung empfehlenswert.

- **White Horse Inn****, P.O.Box 3193, Paulington, Mutare, Tel.: 60325/216612; 12 km von Mutare in den Vumba-Bergen; Swimmingpool. Britische Atmosphäre.
- **Cotswold Heights Chalets**, P.O.Box 3101, Mutare, Tel.: 2127 oder 2123; 25 km von Mutare entfernt beim Vumba Botanical Garden (1 km) gelegene voll eingerichtete Chalets.
IN DER NÄHE DES VUMBA NATIONAL PARK
- **Leopard Rock Hotel**, P.O. Box 1322 Mutare, Tel.:

Leopard Rock Hotel

Buchungen über Leopard Rock Hotel Reservations, 2nd Floor, Travel Centre, 3rd Stret/Jason Moyo Avenue, Harare, Tel.: 4- 728597.

Restaurants
Insbesondere das Leopard Rock Hotel, Inn on the Vumba und White Horse Inn bieten eine gute bis sehr gute Küche in gepflegter Atmosphäre

Mountain Bikes
Bushtrackers (Hauptbüro im Bronte Hotel in Harare) offeriert seit kurzem Mountain Bike Touren und verleiht Mountain Bikes. Bushtrackers, P.O. Box 534, Mutare.

6.3.3 SEHENSWERTES AUF DEM WEG NACH MUTARE

Honde Valley

Die Fahrt hinunter zum Honde Valley gehört **von der Landschaftsszenerie zu den schönsten Touren im Lande**. Von den Höhen der Eastern Highlands gelangt man auf serpentinenähnlichen Abstiegen der guten Asphaltstraße ins Honde-Tal. Etwa 1.000 m Höhenunterschied liegen dazwischen, und natürlich ist die Vegetation hier unten im Tal völlig anders:

Straßenverkauf von Früchten im Honde Valley

Subtropische Pflanzen gedeihen ohne Probleme, u.a. Bananen sowie Tee und Kaffee. Im Honde-Fluß werden kleine Fische gefangen und von Frauen auf kleinen Märkten angeboten. Überhaupt gewinnt man bei einer Fahrt ins Honde Valley einen guten Eindruck vom ländlichen afrikanischen Leben, denn hier in den Communal Areas gibt es keine weiße Farmwirtschaft.

Von Nyanga oder vom Honde Valley kommend, benutzen Sie die oben angegebene Streckenbeschreibung nach Mutare.

Abstecher
Kurz vor Mutare lohnt sich ein Abstecher zu den La Rochelle Botanical Gardens. Dazu biegen Sie vor Mutare, falls Sie auf der A3 anreisen, vor dem Christmas Pass links ab Richtung Penhalonga.

La Rochelle Botanical Gardens

Die Gärten erreichen Sie kurz vor Penhalonga (Abzweigung rechts). Die La Rochelle Gardens sind ein großzügiger Park mit seltenen Blumen und Bäumen mit Campingmöglichkeiten.

Übernachtungsmöglichkeiten
La Rochelle Botanical Gardens Camping, Campingmöglichkeiten am Botanischen Garten, P.O. Box 34, Penhalonga, Tel.: Mutare 22250.

Penhalonga

Wenn Sie zurück auf die A15 und von dort aus nördlich fahren, erreichen Sie Penhalonga. Hier wird seit dem 16. Jahrhundert Gold gewonnen. Die Redwing Mine ist noch heute im Betrieb und wird vom Lonhro-Konzern betrieben.

6.3.4 MUTARE

Geschichte

Mutare hieß bis zur Unabhängigkeit "Umtali", zählt etwa 80.000 Einwohner und ist damit die viertgrößte Stadt Zimbabwes. Mutare liegt 1.120 m hoch in einem Tal. Im Norden erreichen die Berge des Inyanga-Gebirges die Stadt, und der Gebirgszug – zu den Eastern Highlands gehörend – setzt sich im Südosten in den Vumba Mountains fort.

Das Klima ist angenehm: Im Juli wird es durchschnittlich tagsüber 21°C, im Januar 28°C warm. Der Jahres-Niederschlag beträgt etwas über 800 mm.

Mutare ist Grenzstadt zu Mocambique und **kommerzielles Zentrum der Provinz Manica**. Ihren Namen leitet die Stadt vermutlich vom Shona-Wort "utare", was "geschmolzenes Erz" bedeutet. Die ersten Weißen, welche diese Gegend durchstreiften, waren Gold-Prospektoren. Sie erreichten diese Region in den 80er Jahren des vergangenen Jahrhunderts. Ihnen folgten Angehörige der ersten Pioniere, die beschlossen, ihren Treck bis hierher weiterzuführen. Am Weihnachtstag 1890 übernachtete eine kleine Gruppe an einer Paßhöhe, von der aus man das Tal überblicken kann, in dem Mutare liegt (von daher stammt die Bezeichnung "Christmas Paß").

Es folgte die Errichtung eines Camps auf Fort Hill, und diese Stelle kann als das "erste" Umtali bezeichnet werden. Später, 1891, wählte man die Ufer des Umtali Rivers als Siedlungsplatz, als "Old Umtali" bezeichnet. Da aber die Eisenbahnlinie von Beira nach Umtali wegen Geländeschwierigkeiten Old

Umtali umging, zogen nun die Einwohner ein drittes Mal um, nun an den Schienenstrang, wo das heutige Mutare liegt.

Mutare bietet heute ein lebendiges Bild einer Industriestadt (Holzverarbeitung, Möbelherstellung, Nahrungsmittelproduktion, Automobilbau).

Ausblick auf Mutare

INFO

Historisches Umtali

In seinen Reiseberichten beschreibt Dr. Carl Peters, ein Forschungsreisender des vergangenen Jahrhunderts, natürlich andere Eindrücke (um 1900):

"Umtali macht landschaftlich einen äußerst lieblichen Eindruck. Es liegt in einem weiten Gebirgstal, wie in einem mächtigen Krater, umgeben von einem Kranz schroffer Bergkuppen. Die Formation ist vorwiegend Granit, durchbrochen von kristallinischem Schiefer und Diorit. Der Ort liegt nach meiner Berechnung 3 750 Fuss über dem Meeresspiegel und hat, bei fast dauernd vorherrschendem Südostwind, eine angenehme Kühle, des Nachts geradezu eine kalte Temperatur. Lieblich dehnt sich New-Umtali in seinem Gebirgskessel aus. Wie Villen liegen die schmukken Häuser an den Abhängen, durch breite, reinliche Straßen getrennt. Eigentlich war die Verlegung der Stadt ein Irrtum; die Bahn hätte umgekehrt 5 Meilen nördlich über Old-Umtali und Old-Massikessi geführt werden sollen, da sich dort der eigentliche Goldgürtel entlang zieht... Aber es kam Rhodes und seinen Freunden auf eine möglichst schnelle Verbindung von Salisbury, der Hauptstadt Rhodesias, mit der Küste an, und hiervor traten die anderen Erwägungen zurück."

(aus: Carl Peters, Im Goldland des Altertums, München 1902, Faksimiledruck 1982, Timelife-Reihe Klassische Reiseberichte, S. 127)

Sehenswertes in Mutare

Mutares Lage ist wirklich sehr schön, doch städtebaulich vermag die Stadt nicht zu begeistern. Ebenso gibt es keine wirklichen Sehenswürdigkeiten, die

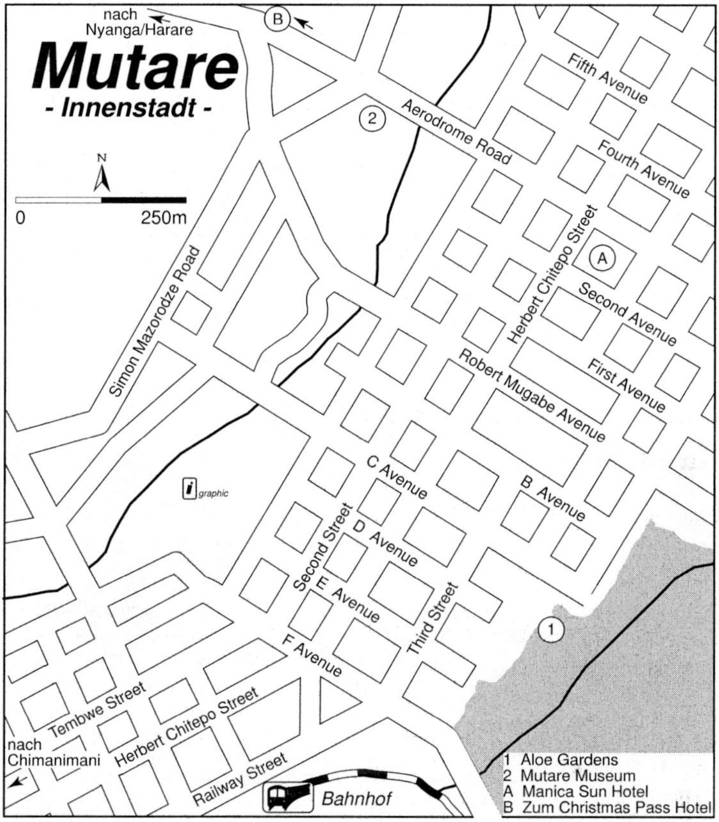

Mutare
- *Innenstadt* -

N

0   250m

nach
Nyanga/Harare

B

2

Aerodrome Road

Fifth Avenue

Fourth Avenue

Simon Mazorodze Road

Herbert Chitepo Street

A

Second Avenue

First Avenue

Robert Mugabe Avenue

graphic

C Avenue

B Avenue

Second Street

D Avenue

E Avenue

Third Street

F Avenue

1

nach
Chimanimani

Tembwe Street

Herbert Chitepo Street

Railway Street

Bahnhof

1 Aloe Gardens
2 Mutare Museum
A Manica Sun Hotel
B Zum Christmas Pass Hotel

ein längeres Verweilen empfehlen. Vielmehr ist Mutare guter Ausgangspunkt zu den Vumba-Mountains, und ein Tagesausflug dorthin ist sehr zu empfehlen.

▨ Ansehen sollte man sich die in der Innenstadt gelegenen **Aloe Gardens (1).** Hier sind über 240 Aloe-Arten, die in Afrika und auf Madagaskar vorkommen, zusammengetragen (etwa 10.000 Pflanzen) und lohnen besonders während der Blütezeit im Juli und September einen Besuch.

▨ Im **Mutare Museum (2)** (Victory Avenue) gibt es gute Sammlungen zur Fauna und Flora der Provinz Manica.

Öffnungszeiten
täglich 09.00 - 17.00 h

6.3.5 VUMBA NATIONAL PARK

Streckenbeschreibung
Zu den Vumba Botanical Gardens gelangen Sie, wenn Sie aus dem Stadtzentrum der Milner Avenue südöstlich folgen. Sie erreichen die Park Road, in die Sie rechts abbiegen. Der Park Road folgen Sie, bis Sie T-förmig auf die Bvumba-Road stoßen und hier links abbiegen. Von nun an folgen Sie der Ausschilderung.

Auf dem Wege zum Vumba National Park gelangt man an die Abhänge des **Castle Beacon**, der mit 1.911 m höchsten regionalen Erhebung. Dann taucht man in die tropisch anmutenden Waldungen des **Bunga Forest** ein und erreicht schließlich die Vumba Botanical Gardens und das Leopard Rock Hotel.

Urwaldähnliche Vegetation im Vumba-Gebiet

Übernachtungsmöglichkeiten im Vumba National Park
Camping
Vumba Botanical Gardens, 32 km von Mutare gelegen, bietet einen Campingplatz mit Duschen, Toiletten und Grillplätzen sowie Swimmingpool.
Buchungen über: **National Parks Central Booking Office (CBO)**, National Botanical Gardens, Borrowdale Rd., Sandringham Drive, Harare, P.O. Box CY 826, Causeway, Tel.: 706077 oder 706078

Vumba Botanical Gardens

Information
Departement of National Parks and Wildlife, P. Bag 7472, Mutare.

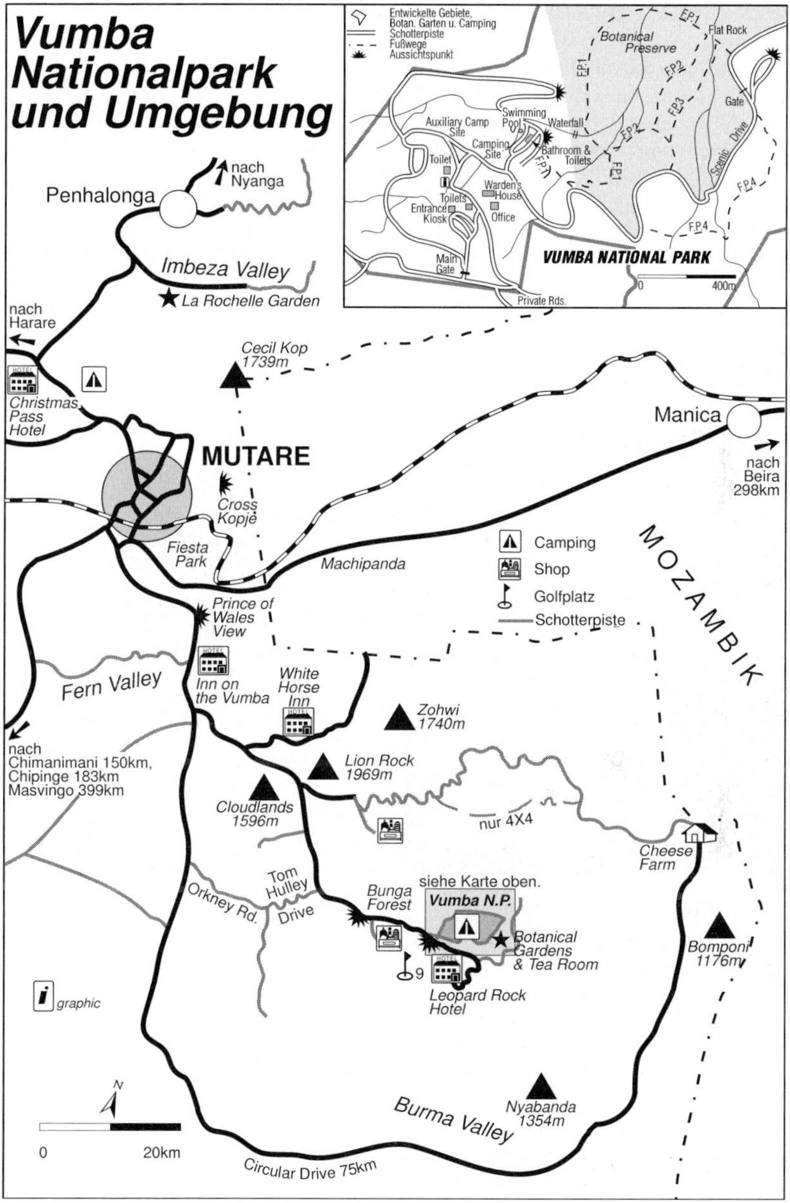

Vumba Nationalpark und Umgebung

Entwickelte Gebiete, Botan. Garten u. Camping
Schotterpiste
Fußwege
Aussichtspunkt

VUMBA NATIONAL PARK

Botanical Preserve

Flat Rock

Gate

Scenic Drive

EP1 · EP2 · EP3 · EP4 · FP1 · FP2 · FP3 · FP4

Swimming Pool
Waterfall
Auxiliary Camp Site
Camping Site
Toilet
Bathroom & Toilets
Warden's House
Toilets
Entrance Kiosk
Office
Main Gate

Private Rds.

0   400m

nach Nyanga

Penhalonga

Imbeza Valley

★ La Rochelle Garden

nach Harare

Cecil Kop 1739m

Christmas Pass Hotel

MUTARE

Manica

nach Beira 298km

Cross Kopje

Fiesta Park

Machipanda

🄰 Camping

Shop

Golfplatz

Schotterpiste

Prince of Wales View

Fern Valley

Inn on the Vumba

White Horse Inn

Zohwi 1740m

nach Chimanimani 150km, Chipinge 183km, Masvingo 399km

Lion Rock 1969m

Cloudlands 1596m

nur 4X4

Cheese Farm

Tom Hulley Drive

Orkney Rd.

Bunga Forest

siehe Karte oben.
Vumba N.P.

★ Botanical Gardens & Tea Room

Bomponi 1176m

🄸 graphic

9

Leopard Rock Hotel

M O Z A M B I K

N
0   20km

Burma Valley

Nyabanda 1354m

Circular Drive 75km

Öffnungszeiten
Die Vumba Botanical Gardens sind täglich von 7:00 - 17:00 Uhr geöffnet. Eintritts-geld.

Dieses Gebiet – etwa 200 ha groß – wurde in den 20er Jahren durch Fred Taylor, einem Geschäftsmann in Mutare, gegründet. Die Gärten sind sehr gepflegt und vermitteln mit ihren Orchideen, Aloen, Proteas, Begonien, Lilien und in Zimbabwe heimischen Pflanzen einen farbenprächtigen Eindruck der Vegetation des Landes. Kleine Teiche und künstli-

Aloen in den Vumba Botanical Gardens

Redaktions-Tip

Das Leopard Rock Hotel

Das 1994 wiedereröffnete Leopard Rock Hotel in den Vumba-Bergen der Eastern Highlands ist sicherlich einen Besuch wert. Von Mutare aus erreicht man nach etwa 30 Minuten kurvenreicher Fahrt die neurenovierte historische Nobelherberge. Das Hotel bietet drei Attraktionen: Es ist ein erstklassiges Landhotel und bietet Ruhe und Erholung in spektakulärer Landschaft. So gibt es beispielsweise eine Vielzahl von Vögeln zu beobachten, und nicht selten wird ein Leopard gesehen. Die zweite Attraktion ist das Spielcasino. Schließlich hat das Hotel noch einen einzigartigen Golfplatz. Der Leopard Rock Golf Course liegt inmitten der Vumba Berge. Der Golfplatz wurde von Peter Matkovitch angelegt, einem anerkannten südafrikanischen Golfplatzdesigner.

Leopard Rock Hotel

Der Charme des Hotels liegt aber auch in seiner Geschichte und seinen bescheidenen Anfängen. Etwa im Jahr 1936 zogen Leslie und Anne Seymour-Smith, Farmer aus dem Matabeleland in die Vumba-Berge und hatten eigentlich die Absicht, Orchideen zu züchten. Die Pläne wurden jedoch nie verwirklicht, statt dessen errichteten sie ein kleine Lodge, aus der später ein großes Hotel wurde. Dieses Hotel wurde mit lokalem Steinmaterial aus dem Vumba Bergen errichtet und mit Fenstern, die aus einheimischen Harthölzern geschnitzt wurden, von denen noch einige in sehr gutem Zustand sind. Das Hotel wurde erstmals 1946 eröffnet. Im Jahr 1953 besuchte die Mutter der englischen Königin das damalige Rhodesien und übernachtete im Leopard Rock Hotel. Im Zuge politischer Unruhen wurde das Hotel 1982 geschlossen. Der Neubeginn für das Hotel kam, als ein Tabakfarmer aus Beatrice, Tony Taberer, das Potential des Hotels entdeckte und alles daran setzte, das Leopard Rock Hotel wiederzueröffnen. Das größte 5-Sterne-Hotel in Privatbesitz in Zimbabwe bietet natürlich exklusiven Service.

che Wasserfälle sorgen für romantisches Flair. Größere Teile des Parks wurden aber nicht kultiviert und legen Zeugnis von der ursprünglichen, heimischen subtropischen Flora ab. Der Gründer vermachte in den 50er Jahren das Gelände dem Staat.

Tip
Es gibt einen Tearoom, im Botanischen Garten selbst befindet sich ein Campingplatz! Der Botanische Garten ist ganzjährig geöffnet. Die Hauptblütezeit ist im August und September. Die gepflegten Anlagen des Botanischen Gartens können über einen Fahrweg (Scenic Drive) erkundet werden und bieten ausgezeichnete Spaziermöglichkeiten. Hierbei hat man eine gute Aussicht auf die Vumba-Berge und das Grenzland zu Mozambique.

6.3.6 ESSEX UND BURMA VALLEY

Streckenhinweis
Wenn man nun wieder Richtung Mutare zurückfährt, kann man in die Essex Road nach rechts einbiegen und dem 71 km langen Circular Drive folgen.

Wichtiger Hinweis
Die Rundfahrt durch Essex und Burma Valley eignet z. Zt. nur für Allradfahrzeuge. Zur Zeit wird die Piste, die beide Täler verbindet, asphaltiert. Ohne Allradfahrzeug ist der Ausflug nur im Essex Valley bis zum Ende der Asphaltstraße zu empfehlen! Sie kehren dann um und fahren die gleiche Strecke zurück, dennoch lohnenswert!

Essex Valley

Die Essex Road führt in ein sehr fruchtbares Tal, das ganzjährig Ernten zuläßt. Hier werden neben Tee und Kaffee auch Bananen und Baumwolle angebaut. Später schlängelt sich die Essex Road direkt an der mozambiquischen Grenze entlang und folgt dabei dem Zowi River. Bei der Überquerung des Nyamataka River erreicht man die Burma Valley Road.

Im Burma Valley wird wie im Essex Valley ganzjährig geerntet. Auch hier gedeihen unterschiedliche tropische Früchte, Gemüse – und selbst Tabak. Später erreicht man wieder die Straße nach Mutare.

Am Ende des Essex Valley, an der Stelle, an der ungefähr das Burma Valley beginnt, kommt man zur Crake Valley Cheese Farm, die den berühmten Vumba Käse herstellt.

Hinweis
Anfahrt nur mit Allradfahrzeug ohne Risiko!

INFO

Crake Valley Cheese Farm – Home of Vumba Cheese

*Nahe an der Grenze zu Mozambique liegt die Crake Valley Cheese Farm. Auf einer kleinen Farm in den Vumba Bergen wird der berühmte Vumba-Cheese hergestellt. Die **Käsespezialitäten** der Cheese Farm sind in ganz Zimbabwe bekannt, jedoch nicht im Ausland zu kaufen. Vumba Cheese ist die kulinarische Spezialität der Vumba Berge. Ein Ausflug zur Crake Valley Cheese Farm bringt Sie durch das Essex und Burma Valley. Auch hier bekommt man wie bei dem Ausflug ins Honde Valley einen **guten Eindruck des Lebens der Schwarzen Afrikaner**, die hier*

Crake Valley Cheese Farm

auf den Plantagen tätig sind. Die Crake Valley Cheese Farm kann Montag bis Samstag zwischen 10:00-12:00 Uhr und 14:00-15:00 Uhr besichtigt werden. Für Führungen wird ein Eintrittsgeld erhoben. Die Farm ist jedoch nicht auf Massentourismus eingestellt ist. Dies sollte man auf jeden Fall bei einem Besuch bedenken. Aber gerade dadurch, daß die Cheese Farm abseits der Touristenroute liegt wird der Besuch zu einem Erlebnis. Sollte es einmal nicht möglich sein, die Farm zu besichtigen, so sollten Sie sich auf jeden Fall einen Vorrat an Vumba Käse zulegen.

Der Vumba Cheese ist einzigartig im Geschmack. Er wird aus nicht pasteurisierter Milch hergestellt. Vumba-Käse gibt es in verschiedenen Sorten: VUMBA, ALPINE, PEPPERONI und DUTCH.

Auf der Farm gibt es etwa 90 Milchkühe, die zweimal täglich gemolken werden. Die Milch wird in Stahlkübeln aufbewahrt, und anschließend wird ein Zusatz zugegeben, der als Katalysator wirkt. Anschließend wird die Milch unter Zusatz von heißem Wasser auf eine Temperatur von 28-40 °C erhitzt. Dann wird die Molke von den sogenannten 'cheese curds', den Käsebrocken getrennt. Falls gewürzter Käse hergestellt werden soll, werden die Gewürze vorher im Stahlbehälter zugegeben.

Nun werden die 'cheese curds' in kleine Behälter gefüllt. Das Wasser wird durch das Auflegen kleiner Stahldeckel herausgedrückt. Jetzt kommen die Behälter in den Trockenraum, die Behälter werden etwa 1 bis 2 ½

Stunden, je nach Größe des Behälters, in ein Salzkonzentrat eingetaucht. Anschließend wird der noch feuchte Käse aus dem Behälter genommen und für ca. 1-2 Stunden getrocknet. Dann wird der Käse im Kühlraum in Regale gelagert und regelmäßig gewendet, bis er verkauft wird. Das kann etwa 3 bis 3 ½ Wochen dauern. Die Temperatur im Kühlraum beträgt etwa 12-14 °C. Dies ist die Produktionsweise für den Vumba Weichkäse, der als Original Vumba Cheese oder als gewürzter Vumba Cheese mit den oben erwähnten Namen vertrieben wird. Auf einer zweiten Farm, der Zonwe Cheese Farm, wird der Zonwe-Hartkäse produziert. Hier werden die Sorten Cheddar, Cheshire und Garlic Cheshire produziert. Der Hartkäse wird etwa 3 Monate gelagert, bevor er verkauft wird.

Die Region der Vumba Mountains und das Burma und Essex Valley sind ein prädestiniertes **Kaffeeanbaugebiet**. 1900 wurde der erste Kaffee bei Malsetter, dem heutigen Chimanimani, angebaut. Seit 1950 entstanden um Vumba die größten Kaffeeanbaugebiete Zimbabwes. Sie sollten sich die Kaffee-Anbaugebiete einmal ansehen. Kaffeeplantagen sehen Sie beispielsweise auch im Essex Valley in der direkten Umgebung der Crake Valley Cheese Farm.

INFO

Kaffeeanbau

Kaffee wächst an Sträuchern, die zur Gattung der Familie Rubiazeen gehören und sowohl im tropischen Afrika als auch Asien beheimatet sind. Es gibt etwa 80 Arten, die von Büschen bis zu Bäumen reichen. Die Früchte blühen weiß und sind im reifen Zustand kirschenähnlich rot.

Kaffeepflückerin

In Zimbabwe wird der Arabische Kaffee (Coffea arabica) angebaut, der ursprünglich aus Äthiopien stammt. Diese Kaffeesorte gedeiht optimal in Höhenlagen zwischen 800 und 2.000 m. Zum Anbau von Kaffee sind Tagestemperaturen zwischen 18 und 22° C unerläßlich, ebenso ist reichlicher Niederschlag nötig.

Junge Kaffeeplantagen benötigen Schutz vor Wind und Sonne. Dies erreicht man – in ebenen Anbaugebieten – durch Zwischenbepflanzung von hochwachsenden Pflanzen, wie Bananen, Mais oder Bäumen. Die erste Ernte kann etwa im 4. Jahr erwartet werden. Kaffee nimmt im Welthandel eine bedeutende Rolle ein. Im internationalen Vergleich nimmt natürlich Zimbabwe, das erst ab 1950 Kaffee anbaut, einen unteren Rang ein.

Die Geschichte des Kaffees als Genußmittel reicht bis etwa 1450 zurück. Damals wurde im Jemen als erstem Gebiet auf der Welt Kaffee angebaut, wohl aber schon früher getrunken. 1512 brachen große Unruhen in Mekka aus, weil der Statthalter Khair-Beg aus religiösen Erwägungen verboten hatte, Kaffee zu genießen. Als erster Europäer berichtete um 1570 der Augsburger Arzt Rauwolf vom Kaffee. In seinem 1582 herausgegebenen Buch über seine Reisen durch den Vorderen Orient bezeichnet er allerdings das Kaffeegetränk als "Chaube", die Bohnen als "Bunc". Die ersten Kaffeebohnen gelangten 1626 durch Pietro della Valle nach Rom und Venedig – der Kaffeehandel zu den großen Hafenstädten Europas begann. 1671 wurden die ersten Kaffeepflanzen von Mokka (Arabien) nach Java gebracht. Kurz darauf begann man mit dem Anbau auf Ceylon und in Surinam. In der zweiten Hälfte des 18. Jahrhunderts begann man, Kaffee in Mittel- und Südamerika anzubauen.

Größter Produzent ist heute mit weitem Abstand Brasilien, gefolgt von Kolumbien. Aufgrund von Angebotsüberschüssen sind die Weltmarktpreise für Kaffee in den vergangenen Jahren gesunken.

▓ Landwirtschaft

Hauptanbauprodukt des **Essex Valley** ist neben Bananen und Obst der **Kaffee**. Es wird Kaffee der Sorte Arabica angebaut. Die Sorte Robusta wird in Zimbabwe nur im Honde Valley produziert. Die Früchte werden von Hand geerntet, wenn sie rot gefärbt sind. Dann wird die Hülle heruntergenommen, der Kern der Frucht ist die Kaffeebohne. Nun wird die Bohne fermentiert, gewaschen und getrocknet. Nimmt man nun die Haut ab, so hat man die sog. grüne Bohne, die nicht notwendigerweise grün gefärbt sein muß. Anschließend muß die grüne Bohne noch geröstet werden. Der Produktionsprozeß im Essex Valley geht bis zur grünen Bohne, die man im "coffee shop" kaufen kann. Weiße Kleinfarmer und die schwarzen Afrikaner, welche in Kooperativen zusammenarbeiten, verkaufen das Rohprodukt an Broker. Die Broker verkaufen die grüne Bohne dann an die Kaffeeröster.

Außer Kaffee werden auch **Peacan- und Macademia-Nüsse** angebaut. Pecan-Nüsse stammen aus Georgia in den USA. Sie bevorzugen kontinentales Klima und werden auch als "subtropische Walnuß" bezeichnet. Die Pecan-Nußbäume werden riesengroß. Der Anbau von Pecan-Nüssen in Zimbabwe ist nicht so umfangreich, daß die Nüsse organisiert verkauft werden.

Macademia Nüsse sind in Queensland in Australien heimisch. Der Verkauf von Macademia Nüssen erfolgt durch eine eigenständige Firma, an der die Produzenten Anteile haben. Hauptabnehmer sind die USA und Holland.

Burma Valley

Im **Burma Valley** werden hauptsächlich Mangos, Bananen, Zitrusfrüchte und Avocados angebaut. Im Essex und Burma Valley gibt es auch **Teeanbau**. Die Teeblätter werden von Hand geerntet. Anschließend werden die Blätter "durch-

Feldbrandofen

lüftet", geschnitten und durch Kochen verfeinert. Der Verkauf erfolgt über die großen Teeproduzenten. Schwarze Afrikaner bauen auf den Communal Lands in kleinem Maßstab Tee an, den sie dann an die großen Produzenten verkaufen. Die als Kleinfarmer arbeitenden Teeproduzenten werden auch "out grower" genannt. Im Burma Valley sieht man außerdem die Trockenscheunen für die Tabakproduktion. Hier wird ausschließlich **Burley-Tabak** angebaut, der in großen Scheunen zum Trocknen aufgehängt wird. Die Lufttrocknung des Burley Tabaks steht im Gegensatz zum künstlichen Trockenverfahren des Virginia-Tabaks.

▧ Tierwelt

Die Asphaltstraße des Burma Valley soll bis Ende 1995 bis zur Crake Valley Cheese Farm fertiggestellt sein. Bei einem Ausflug in die beiden Täler kann man mit etwas Glück auch die **Weißkehlmeerkatze** (engl. samango monkey) sehen. Diese Affenart lebt ausschließlich in den Wäldern der Eastern Highlands. Die Hauptnahrung dieser Affen setzt sich zusammen aus Blättern, Blüten und Früchten.

Vogelbeobachtung in den Vumba-Bergen
Ornithologische Führungen können organisiert werden durch Pewter Ginn, P.O. Box 44, Marondera, Tel.: (79)-430017, Fax: (79)-3340, Telex 81016 chel zw.

Weiterreisemöglichkeiten
● der vorgeschlagenen **Hauptroute nach Chimanimani** folgen (nächstes Kapitel)
● Auslassen von Chimanimani und **direkte Fahrt zu den Great Zimbabwe Ruins** bei Masvingo
● Wenn die Zeit es nicht erlaubt: **Rückfahrt nach Harare**

6.4 MUTARE – CHIMANIMANI

- **Bridal Falls** bei Chimanimani
- Besuch des **Chimanimani Eland Sanctuary**
- Ausgiebige Wanderungen im **Chimanimani National Park** unternehmen

6.4.1 ÜBERBLICK

Der Weg von Mutare nach Chimanimani führt zu den schönsten Gebirgslandschaften Zimbabwes. Sobald man die Hauptstraße A 9, die weiter nach Birchenough Bridge führt, verläßt und über Cashel sich langsam an die Chimanimani Mountains "herantastet", steht man wie vor einer **Gebirgsmauer**. Hier liegt der Chimanimani National Park, der das Herz der Wanderfreunde höher schlagen läßt.

Die Gegend ist touristisch noch wenig erschlossen: Nur ein Hotel steht zur Verfügung, dafür gibt es einsam gelegene Zeltplätze.

6.4.2 REISEPRAKTISCHE HINWEISE

Entfernungen
- **Mutare - Chimanimani** 150 km
- **Harare - Chimanimani** 412 km

Streckenbeschreibung
Von Mutare folgen Sie in genau südlicher Richtung der asphaltierten A 9. Nach 67 km erreichen Sie die Abzweigung nach Cashel - Chimanimani. Wenig später eine Weggabelung; rechts ab geht die Asphaltstraße Richtung Chimanimani und Chipinge, links ab geht die Straße, die als Piste über Cashel nach Chimanimani führt.
Wenn Sie mit einem Allradfahrzeug unterwegs sind, können Sie die Schotterstraße über Cashel nach Chimanimani wählen. Sie ist nur relativ langsam zu befahren, da sie z.T. in Serpentinen hinauf- und hinunterführt, aber landschaftlich sehr reizvoll! Haben Sie kein Allradfahrzeug, nehmen Sie die direkte Strecke über die Asphaltstraße. Hierzu folgen Sie von der A9 von Mutare aus abbiegend der A10 Richtung Chipinge/Chimanimani. Nach etwa 70 km erreicht man Chimanimani. Etwa 20 km vor Chimanimani gelangt man an eine Paßhöhe. Hier zweigt rechts die Straße nach Chipinge ab. Hier sollte man einen Stopp einlegen, um die Aussicht auf die Täler zu genießen.

Information
The Chimanimani Tourist Association, P.O. Box 75 Chimanimani, Tel.: 294, die Touristeninformation befindet sich gegenüber der Einfahrt zum Chimanimani Hotel.

Übernachtungs-möglichkeiten in Chimanimani
● **Chimanimani Hotel****, P.O.Box 5, Chimanimani, Tel.: (126)2511 und 2513-5 ; einfaches Hotel mit Restaurant, immer noch das einzige Hotel am Platze. Swimmingpool vorhanden.
● **Camping: The Heaven Lodge**, P. Bag 62, Chimanimani, Unterkünfte im Backpakkers-Stil, Matratzenlager, einfaches Restaurant, bietet Campingmöglichkeiten.

Restaurants
Im Chimanimani Hotel oder das einfache Beta-Restaurant (anständiges, preiswertes Essen, wie Omelettes, Fleischgerichte etc.).

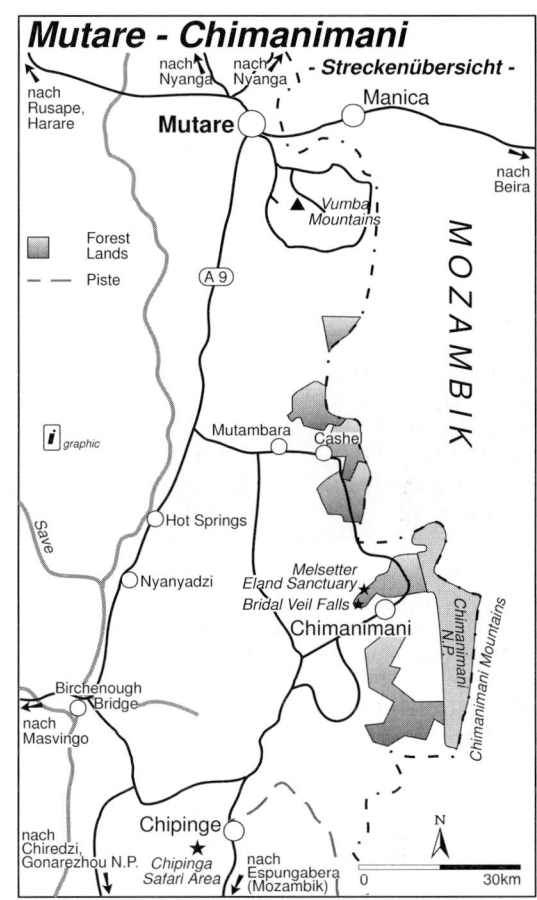

The Frog and Fern Cottages
Lage: 2 km vom Ort entfernt liegen diese Cottages. Die Patio Cottage eignet sich für Familien mit Kindern. Das Round House ist ein geschmackvoll ausgestattetes Rondavel mit einem offenen Stockwerk. Es können dort max. 6 Personen übernachten. Es gibt aber nur 1 Doppelzimmer. Dies ist ein separater Raum. Die übrigen Betten befinden sich im offenen oberen Stockwerk. Das Rondavel ist besonders gemütlich, da es über einen Wohnraum mit offenem Kamin verfügt. Von der Frog & Fern Cottage hat man eine schöne Aussicht auf das Tal. Diese Cottage ist die ideale Unterkunft für Individualreisende. Jedoch wird nur Bed & Breakfast angeboten. Wer keine Lust zum Kochen hat, kann immer noch ins Chimanimani Hotel zum Dinner gehen. Zur Frog & Fern Cottage gehört auch noch ein zweites privates Gästehaus, die **Moriah Cottage**, etwas näher am Ort gelegen. Ebenfalls eine sehr schöne Unterkunft. Informationen: Frog Fern Cottages, P.O. Box 75, Chimanimani, Tel.: (126) 2294.

Blick auf Chimanimani

Reiten
Ausflüge auf dem Pferderücken können durch das Touristenbüro organisiert werden. Auch für Anfänger geeignet. Auskunft: Tel.: 294 oder 496.

Schwimmen
Im ca. 15 km entfernten Outward Bound Centre besteht die Möglichkeit, in einem natürlichen Pool zu baden. Das Outward Bound Centre veranstaltet in den Chimanimani Bergen eine Art Survivaltraining für Mitglieder dieser Organisation. Vor einem Besuch von Tessa Pool sollten Sie sich besser telefonisch anmelden, denn es könnte sein, daß der Pool für die Mitglieder belegt ist. Die Telefonnummer erhält man im Touristenbüro.

6.4.3 CHIMANIMANI

Chimanimani, bis 1982 als Melsetter bezeichnet, ist ein kleiner Ort, der vor den imposanten Chimanimani Mountains liegt, die bis zu 2.000 m Höhe erreichen. In der Umgebung von Chimanimani wurden die ersten Teeplantagen Zimbabwes angelegt. Heute spielt vor allem die Holzverarbeitung eine wichtige Rolle. Ebenso gibt es eine Käsefabrik, die Cheddar und Gouda Käse herstellt.

Die Chimanimani-Region

Die Entdeckung von Chimanimani erfolgte vor etwa 110 Jahren. Marthinus Martin führte ein Gruppe von Südafrikanern in die Bergregion. Einer seiner Freunde war mit dem berühmten Dr. Jameson in diesem Gebiet unterwegs gewesen und hatte ihm von der Schönheit dieser Region berichtet. Im November 1894 traf er hier ein. Der erste Name für die Gegend, zu der damals auch Cashel und Chipinge gehörten, stammte von einem kleinen Dorf der Insel Moy der Orkney Inseln, die vor der Nordküste Schottlands liegen, ab. Die Region wurde Melsetter oder Melster genannt. Eine nordische Bezeichnung steckt in diesem Namen. "Saeter" bedeutet Hochlandwiese und "mel" könnte entweder ein Personenname sein oder Mehl bedeuten, abgeleitet möglicherweise von dem Schnee, der die Weiden bedeckte. Im Jahr 1981 wurde dieser Name in Mandididzure und 1982 schließlich in Chimanimani geändert.

Der heutige Name ist aus dem Verlauf des Flusses Musapa abgeleitet, welcher von Mozambique nach Zimbabwe fließt. Folgt man dem grenzüberschreitenden Fußweg an diesem Fluß entlang, muß man oft sehr enge Stellen passieren. Man muß hier "einspurig" laufen, also einem schmalen Weg, einem "chimanimani", folgen. Der Name Chimanimani, der wie ein Zauberwort klingt, wenn man einmal dort war, gilt nun als Bezeichnung für die gesamte Bergregion.

Der Chimanimani District bildet einen Bereich, der zur östlichen Grenze umgeben ist von **2.400 m hohen Bergen**. 80 km westlich bildet der Save River die Grenze mit einer Höhe von durchschnittlich 400 m. Zum Verwaltungsdistrikt Chimanimani gehört heute auch die Gemeinde Cashel, aber nicht mehr der Ort Chipinge. Forstwirtschaft wird auf etwa 70.000 ha betrieben. Die ersten Bäume für eine kommerzielle Nutzung wurden etwa vor 40 Jahren angepflanzt. Kiefern, Fichte und Eukalyptus werden angepflanzt.

Die **Forste** sind entweder staatlich oder in der Hand großer privater Firmen. Insgesamt werden ca. 6.000 Arbeiter beschäftigt, welche Rohholz im Wert von jährlich Zim $ 25 Millionen produzieren. Etwa die Hälfte davon wird exportiert. 1995 sollen 2 neue Sägemühlen eröffnet werden, die den Ertrag noch einmal drastisch steigern werden. Die Communal Lands der Region zählen zu den ertragreichsten des Landes. Früchte und Gemüse werden angebaut. Die kommerzielle Produktion umfaßt Viehzucht, Kaffee- und Obstanbau für den Eigenverbrauch und auch zu Exportzwecken, wozu auch Rohholz und Ananas zählen. Kaffee wird hier bereits seit über 80 Jahren angebaut.

Protea im Chimanimani National Park

Die **Bevölkerung**, die im Jahr 1895 etwa 5.000 Einwohner betrug, hat sich in der Region etwa verzwanzigfacht. Sie lebt hauptsächlich in sog. Communal Lands unter ihren Chiefs. Arbeitsplätze bieten die Forstwirtschaft, Farmen und Dörfer.

Im südöstlichen Teil des Distriktes gibt es bis zu 3.000 mm Niederschlag pro Jahr, im Nordwesten etwa 750 mm. Die Temperaturen fallen im Juni und Juli unter den Gefrierpunkt, dagegen kann die Temperatur im Oktober und November auf über 30 °C ansteigen. Das anstehende Gestein besteht hauptsächlich aus Quarzit, Schiefer und Kalkstein. Gelegentlich treten Basaltintrusionen auf.

Die Geschichte des Dorfes Chimanimani

Bis 1955 diente die Piste über Cashel als Zufahrt nach Chimanimani. In diesem Jahr wurde die direkte Asphaltstraße fertiggestellt. Im Jahr 1972 bekam Chimanimani eine Stromversorgung. Als letztem ländlichen Postamt wurden vom Postamt Telegramme im Morse Code gesendet und empfangen. Das erste Hotel eröffnete im Ort im Jahr 1918. Das heutige Chimanimani Hotel wurde 1953 errichtet. Das Arboretum wurde 1960 eingezäunt und nachdem es einige Jahre vernachlässigt worden war, wird es nun wieder in Ordnung gehalten.

Die Farmer´s Association hielt im Jahr 1895 ihr erstes Treffen ab. Die Vereinigung mußte fast 30 Jahre auf eine eigene Versammlungshalle warten, deren Eröffnung sehnsüchtig erwartet wird. Diese Memorial Hall wird einen Ausstellungsraum für Möbel haben, die im Township Ngangu mit Unterstützung deutscher Entwicklungshilfe produziert werden. Die Niederländisch Reformierte Kirche, die vor 1904 errichtet worden war, wurde 1982 geschlossen. 1993 wurde das Gebäude von der United Baptist Church übernommen. Die Anglikanische Kirche St. Georges in the Mountains wurde 1956 eingeweiht und wird von verschiedenen Konfessionen geteilt. Im Jahr 1994 wurde die Chimanimani Tourist Association gegründet, und das kleine Tourist Office eröffnete im Dezember 1994.

Zwei weitere Daten dürften den Leser noch interessieren, nämlich den Ihres ersten Besuches hier, und das Datum für den Termin, an dem Sie beabsichtigen wiederzukommen. Diejenigen von uns, die das Glück haben, hier leben zu können, halten Chimanimani für einen besonderen Ort und bezeichnen Chimanimani auch als "das bestgehütete Geheimnis in Zimbabwe".
(Übersetzung nach Milkmaps Guide, Chimanimani, update 1994)

Nur etwa 5 km von Chimanimani entfernt liegen die herrlichen

Bridal Veil Falls

Bridal Veil Falls ("Brautschleier-Fälle")

Sie bilden den Abschluß eines dicht bewachsenen Tales. Das Wasser des Nyahodi Rivers stürzt hier fast senkrecht 50 m in die Tiefe.

Chimanimani Eland Sanctuary

Direkt an den Ort grenzt auch das Chimanimani Eland Sanctuary. Das 1.800 ha große Wildschutzgebiet ist Heimat der größten Antilopenart Afrikas. Ursprünglich lebten diese Antilopen in der von Menschenhand noch nicht veränderten Landschaft der Eastern Highlands. Doch die Landschaftsökologie änderte sich schlagartig, als die ursprünglichen subtropischen Urwälder verschwanden und den künstlichen "Kiefern-Plantagen" Platz machen mußten. Nur die Elenantilopen vermochten sich den andersartigen Lebensbedingungen anzupassen. Sie gaben ihre natürlichen Wanderbewegungen auf und gewöhnten sich daran, die Knospen und die Rinde der jungen Kiefern zu fressen. Damit verursachten sie großen Schaden, so daß man ihnen ein fest umgrenztes Reservat zuwies.

INFO

Elenantilopen

Elenantilopen sind rindartig groß, doch schlank. Ihre Lebensgebiete sind die Regionen Afrikas südlich der Sahara und Äthiopien. Sie bevorzugen lichte Savannen und meiden Wüsten und dichte Wälder. In vielen Regionen wurden sie durch Rinderpest und Jagd ausgerottet. Sie leben im eigentlichen Sinne nicht in einem begrenzten Territorium, da sie dem jahreszeitlichen Wechsel der Vegetation folgen und an einem Platz nur wenige Tage bleiben. Weiträumige Wanderungen unternehmen sie allerdings nur in Dürrezeiten.

Bevorzugt äsen Elenatilopen morgens und nachmittags. Während der Mittagshitze ruhen sie im Schatten, ebenso ruhen sie nachts (allerdings wandern sie bei Vollmond). Hauptfeinde sind Hyänen und Löwen. Die Muttertiere verteidigen sehr mutig ihre Jungen und sind gemeinsam mit anderen Müttern imstande, Leoparden, Hyänen und Geparden zu vertreiben. Unter normalen Umständen ist die Elenantilope sehr scheu und greift auch im verwundeten Zustand keine Menschen an. Die Lebenserwartung dieser friedlichen Tiere beträgt 15 bis 20 Jahre.

> *Ein Muttertier bringt in seinem Leben 10 - 12 Kälber zur Welt. Die Tragzeit schwankt zwischen 8 ½ und 9 ½ Monaten. Das Kälbchen kann bereits nach einer Woche Festnahrung zu sich nehmen, das Hornwachstum beginnt ab dem 1. Lebensmonat.*

6.4.4 CHIMANIMANI NATIONAL PARK

Information
Chimanimani National Park, Private Bag 2063, Chimanimani, Tel.: 555.

Buchungen
National Parks Central Booking Office (CBO), National Botanical Gardens, Borrowdale Rd., Sandringham Drive, Harare, P.O. Box CY 826, Causeway, Tel.: 706077 oder 706078

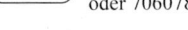

Strecken-beschreibung
Etwa 16 km vom Ort entfernt liegt der Chimanimani National Park. Die Strecke führt zunächst über Asphaltstraße, die letzten 7 km sind unbefestigte Straße. Der Chimanimani National Park ist ausgeschildert.
Achtung:
Das letzte Stück der Strecke ist nur mit einem Allradfahrzeug zu befahren!

Übernachtungsmöglichkeiten
Camping
C h i m a n i m a n i National Park, Private Bag 2063, Chimanimani, Tel.: 555. Das Base Camp Mutekeswane Camp am Fuße der Berge liegt 16 km von Chimanimani entfernt und bietet Zeltplätze mit Toiletten und Waschmöglichkeiten sowie ein kleines Informationsbüro (aushängende Wanderkarte). Sonst darf man im gesamten Parkgebiet sein Zelt aufschlagen.

Chimanimani National Park

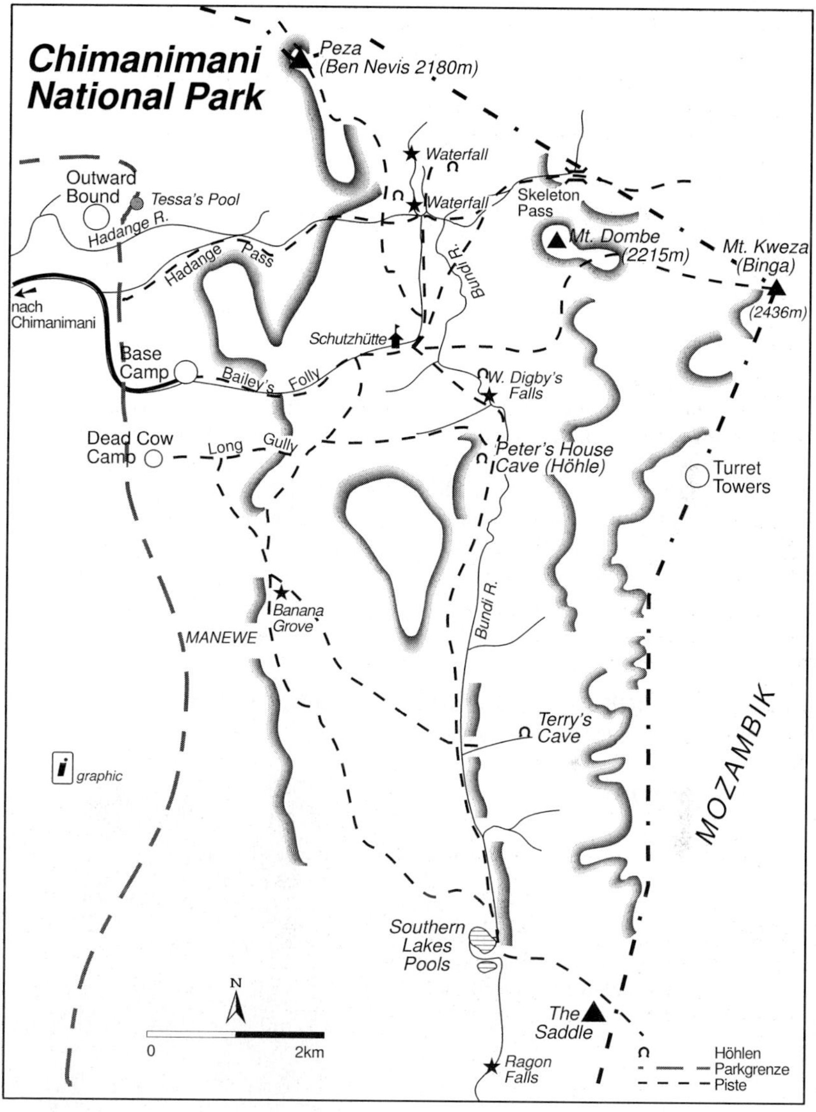

Chimanimani National Park

Peza
(Ben Nevis 2180m)

Outward Bound

Tessa's Pool

Hadange R.

Waterfall

Waterfall

Skeleton Pass

Hadange Pass

▲ *Mt. Dombe*
(2215m)

Mt. Kweza
(Binga)
▲
(2436m)

nach Chimanimani

Bundi R.

Schutzhütte

Base Camp ○

Bailey's Folly

W. Digby's Falls ★

Dead Cow Camp ○

Long Gully

Peter's House Cave (Höhle)

○ Turret Towers

★ Banana Grove

Bundi R.

MANEWE

ⓘ *graphic*

Terry's Cave

MOZAMBIK

Southern Lakes Pools

N

0   2km

The Saddle ▲

Höhlen
Parkgrenze
Piste

Ragon Falls ★

▨ Geologie

So klangvoll der Name, so reizvoll ist auch die bizarre Gebirgslandschaft, die im **Binga Peak mit 2.438 m gipfelt**. Obwohl die Chimanimani Mountains ebenso wie das Nyanga-Bergland zu den Eastern Highlands gehören, sind sie geologisch anders strukturiert. Sie bestehen nicht aus Granit, sondern aus Quarziten und Sandstein und sind Teil der Randgebirge des großen afrikanischen Grabensystems, das sich vom Jordantal (der größten "Depression" der Welt mit 793 m unter dem Meeresspiegel) über Ostafrika bis ins südliche Afrika ausdehnt. Das Chimanimani-Gebirge ist wegen des weicheren Gesteins wesentlich mehr zerklüftet.

▨ Landschaft

Im Vergleich zum Nyanga National Park ist diese Region **touristisch kaum erschlossen.** Die Wildnis, in der u.a. Elenantilopen, Rappenantilopen und auch Leoparden leben, ist ein Eldorado vor allem für Naturfreunde, die sich die Landschaft als Wanderer erschließen wollen. Doch auch die unterschiedlich ausgeprägte Flora ist reizvoll: An den Bergabhängen und in den Tälern kann man Proteas, wilde Feigenbäume, Zedern und Yellowwood-Bäume entdecken. Die Landschaft des Nationalparks wird durch Wanderwege auf alpinem Niveau erschlossen. Informationen über den aktuellen Zustand der einzelnen Wege erhält man im Parkbüro.

Sehenswürdigkeiten von Chimanimani, die auf einer Tagestour zu erreichen sind

▨ Chirinda Forest

Chirinda Forest liegt 32 km südlich von Chipinge. In diesem Wald mit einer urzeitlichen Reliktflora kann man den ältesten Baum Zimbabwes besichtigen. Die etwa 60 km lange Strecke Chimanimani - Chipinge ist auf einer Asphaltstraße zu befahren und ist landschaftlich reizvoll.

▨ Hot Springs Resort

Etwa 100 km von Chimanimani (40 km vor der Birchenough Bridge) entfernt liegt der Ort Hot Springs mit einer Lodge, die über ein öffentliches Thermalbad verfügt. Die Lodge ist außerdem berühmt für das ausgezeichnete und dazu preisgünstige Essen.

Reliktflora: Baumfarn

Übernachtung
Hot Springs Resort, P.O. Box 190 Nyanyadzi, Tel.: 126- 2361, 2367, 2368, Fax
2328.

▓ Cashel Valley Scenic Drive

Der Cashel Valley Scenic Drive führt durch eine landschaftlich einmalig schöne Strecke. Man durchfährt einen kultivierten Teil des Berglandes, der jedoch
seine Natürlichkeit bewahrt hat. Die Strecke hat eine Länge von ca. 60 km
und führt durch Wälder und Täler, vorbei an Wasserfällen und sollte nur mit
einem Allradfahrzeug gefahren werden. Die Piste, die bereits 1908 angelegt
wurde, endet auf der Asphaltstraße, die nach Mutare führt. Sie können dann
über die Asphaltstraße, die direkt nach Chimanimani führt, zurückfahren. Falls
Sie bei der Anreise genügend Zeit haben und über ein allradangetriebenes
Fahrzeug verfügen, können Sie diese Strecke über Cashel auch als Anfahrt
nehmen (siehe dazu Streckenbeschreibung in Abschnitt 6.4.2).

Wandern in Chimanimani

▓ Alpine Bergtouren

Chimanimani bietet erfahrenen Wanderern **alpine Wandermöglichkeiten**. Aufgrund der Wildheit der Landschaft ist das Wandern in der Chimanimani Region an der Grenze zu Mozambique für den nicht ortskundigen Touristen nicht
ungefährlich. Besonders Wanderungen im Chimanimani Nationalpark können
wegen der **schnell wechselnden Wetterverhältnisse** dem Wanderer zum Verhängnis werden. Der Chimanimani National Park bietet zwar ausgezeichnete
Wandermöglichkeiten für geübte Wanderer, jedoch sind Eintagestouren müh-
sam und zeitraubend wegen des steilen Auf- und Abstiegs auf das Hochplateau. Die Bergwelt des Nationalparks ist am besten zu erschließen, wenn man
bereit, ist in den Bergen zu übernachten. Es gibt eine **Schutzhütte**, Verpflegung muß man mitbringen. Trinkwasser ist vorhanden.

Diese Wanderungen individuell durchzuführen, muß als Abenteuerurlaub bezeichnet werden und kann auf keinen Fall empfohlen werden. Es bleibt eher
die Dömäne von risikofreudigen Rucksacktouristen. Will man dieses Risiko
nicht eingehen, so besteht die Möglicheit, mit einem Bergführer auf Wander-
tour zu gehen. Bei diesen Touren bleibt man 1-2 Nächte in den Bergen und
erschließt in 3 Tageswanderungen die Bergwelt. Hierbei gibt es dann noch
genügend Zeit zum Ausruhen, da man nicht den Auf- und Abstieg vom Hochplateau machen muß. Alternativ kann man bei diesen geführten Bergtouren
auch in Berghöhlen übernachten. Schlafsäcke können gestellt werden. Verpflegung muß nicht alleine transportiert werden. Individualität besteht, da die
Wanderungen durchaus auch für 2 Personen durchgeführt werden. Auf diese
Art und Weise können Sie das Risiko eines Abenteuers genießen, sind jedoch
in sicheren Händen eines ortskundigen Bergführers.

Informationen

zu Wandermöglichkeiten mit dem Bergführer Howard Barnes sind erhältlich bei: Johann Beckers [4 Travel's Sake] Berlin, Tel.: 030 - 4 597 8 591, Fax: 030 - 4 597 8 592.

INFO

Bergwandern mit Howard Barnes
(von Johann Beckers)

Auf unserem heutigen Wanderprogramm steht ein Tag in den Chimanimani Mountains mit Howard Barnes. Howard arbeitet z.Zt. im Outward Bound Centre in Chimanimani und führt dort eine Art Survival Training für Manager durch. Nun hat er sich freigenommen, um unserer kleinen Wandergruppe die Bergwelt zu zeigen. Normalerweise ist er 2-3 Tage mit Wanderern in den Bergen unterwegs. Wir baten ihn jedoch, eine Wanderung mit uns zu unternehmen, die nur einen Tag dauert, da wir uns erst einmal "warm laufen" wollten, bevor wir uns an die größeren Vorhaben ranwagen. Nachdem wir nun schon über 14 Tage mit dem Allradfahrzeug unterwegs waren, wollten wir uns erst einmal in den Bergen akklimatisieren. Nun denn, Howard packte seinen Teekocher ein – mit Gaspatrone –, und dann ging es los.

*Unser 4x4 brachte uns problemlos **zum Base Camp, dem Ausgangspunkt unserer Wanderung.** Hier ist auch der Eingang zum Chimanimani National Park. Alle Besucher müsssen sich hier an- und auch abmelden, wenn sie in den Nationalpark kommen, damit niemand verschollen bleibt. Ohne Probleme ging es also mit dem Allradfahrzeug zum Campingplatz. Einige Wochen vorher hatte ich das schon einmal versucht, mit einem ganz normalen Pkw hierherzukommen. Vergeblich! Ich hatte 2 Hitchhiker dabei, die mir dann halfen, den Wagen von den Steinen zu heben, nachdem er aufgesetzt war. Es war ein schöner Wagen, jedoch eben ungeeignet für derlei Pisten. Daraus zog ich die Erfahrung, beim nächsten Mal mit einem Allradfahrzeug diese Anfahrt zu wagen.*

Wir schrieben uns im Base Camp ein und los gings. Zunächst einmal über die Piste 150 m zurück und dann links ab, hinunter ins Tal über den Weg entlang der Feuerschneise. Wir überqueren einen kleinen Fluß und biegen bergauf ab. Das Hochplateau zu Füßen der Chimanimani-Berge ist unsere erste Etappe. Der Anstieg bringt uns vorbei an blühenden Proteen und einer weißblühenden Lavendelart. Wenig später wird die Vegetation dichter. Wir durchlaufen die typische Fynbos Vegetation, die man von der Kapspitze in Südafrika kennt. Howard macht eine Pause und erklärt uns die verschiedenen Orchideen. Insgesamt gibt es hier über 57 verschiedene Orchideenarten, manche davon blühen im September. Unser Weg führt uns weiter bergauf, zwischendurch der *erste Ausblick hinunter ins Tal; dann durch Banana Grove, ein kleines Areal, in dem **Bananenstauden** wachsen. Wir suchen unsereren Weg im hohen Gestrüpp. Nach etwa 2 Stunden Aufstieg erreichen wir das Hochplateau. Von hier aus hat man eine **atemberaubende Sicht** hinunter in das Tal von Chimanimani mit seinen Kaffeeplantagen und Kieferforsten. In der Ferne sieht man den Hausberg des Ortes, den Nyamzure oder Pork Pie. Hier oben legen wir unsere Mittagspause ein. Howard holt seinen Teekocher heraus, und für alle gibt es frischen Zimbabwe Tee, gebraut mit Chimanimani Bergwasser! Nach unserer Pause geht es weiter. Wir haben noch ein paar Stunden vor uns, und das Wetter ist nicht mehr so stabil. Vor folgen unserem Pfad, der nun talabwärts geht.*

*Nun haben wir die Bergwelt Chimanimanis vor uns, die **Felsmassive des Binga, Dombi und Peza**. Wir schweigen. Nicht nur das Panorama hat uns die Sprache verschlagen, sondern auch Howard's Hinweis, daß wir vielleicht Eland sehen können. Howard hat Elandspuren entdeckt,*

Berglandschaft im Chimanimani National Park

und wir hoffen nun, die seltenen Tiere in dieser offenen Fläche irgendwo zu entdecken, denn dies ist ihr Lebensraum. Die Tiere halten sich jedoch versteckt. Zur Entschädigung entdecken wir schöne Baumfarne. Wir steigen weiter ab bis ans Flußbett des Bundi River und folgen dem Flußlauf stromaufwärts. Unten am Fluß verfolgen wir Otterspuren. Eine Stunde nach unserer Mittagsrast erreichen wir am Flußbett des Bundi River einen kleinen Pool, der sich für eine weitere Rast anbietet. Von *hier aus geht man normalerweise am Flußbett entlang und erreicht dann nach etwa einer Stunde eine **Schutzhütte**, genannt 'The Hut'. Die Schutzhütte ist Ausgangspunkt für Bergwanderer, die die Bergwelt oberhalb des Plateaus erkunden wollen. Hier kann man auch übernachten.*

Aber das war ja nun für uns nicht geplant – wie schon erwähnt, wollten wir uns nur einlaufen – ebensowenig war die Wetteränderung geplant, die nun eintrat. Um kein Risiko einzugehen und dennoch ein bißchen Abenteuer zu genießen, schlägt Howard kurzerhand vor, daß wir nun eine Abkürzung nehmen, die uns später wieder runter zum Base Camp führt. Immerhin haben wir ja einen Bergführer, der normalerweise eine Art Survival Training veranstaltet, dann wird er sich schon auskennen. Also ging es querfeldein weiter, durch hohes Gestrüpp, vorbei an Sträuchern, zurück über das lange Plateau und dann den steilen Abstieg, mehrere Stunden einfach kreuz und quer durch die Berge, ohne einen Weg zu finden, um dennoch das Endziel zu erreichen. Vom Unwetter blieben wir gottseidank verschont. Todmüde und völlig erschöpft erreichten wir nach 7 Stunden Wandern unseren Ausgangspunkt wieder. Nun waren wir fantastisch eingelaufen und hatten das Wandererlebnis, das wir lange gesucht haben. Wahrhaftig: Chimanimani ist das bestgehütete Geheimnis Zimbabwes!

Einfache Wandermöglichkeiten

Direkt vom Ort Chimanimani aus besteht die Möglichkeit, einfache Wanderungen durchzuführen.

Bridal Veil Falls

Vom Chimanimani Hotel folgen Sie der Beschilderung zu den Bridal Veil Falls, zunächst geht die Strecke über die Asphaltstraße, dann über die Piste bis zu den Brautschleier-Wasserfällen. Nach etwa 5 Kilometern erreicht man den romantischen Wasserfall. Zurück geht man die gleiche Strecke. Die Strecke kann man auch mit einem Fahrzeug fahren, hier wird jedoch ein Allradfahrzeug empfohlen.

Pork Pie

Die Wanderung auf den Hausberg von Chimanimani führt durch die Eland Sanctuary, entlang der Zufahrt zu diesem Berg auf einer Piste, die wiederum nur bis zum Parkeingang für Fahrzeuge ohne Allradantrieb empfohlen werden kann. Selbst mit einem allradbetriebenen Fahrzeug kann das letzte Stück zum Peak je nach Wetterlage abenteuerlich werden. Zu Fuß kann man den Berg am schönsten erschließen. Vom Ort bis zum Gipfel sind es etwa 5 km. Da es noch keinen ausgeschilderten Abstieg talabwärts gibt, geht man am besten die gleiche Strecke zurück. Sowohl der Weg zu den Bridal Veil Falls als auch der Weg zum Pork Pie sind leicht zu gehen, da man auf der Piste läuft. Der Weg zu Eland Sanctuary und Pork Pie ist ausgeschildert.

Informationen

Im Touristenbüro ist Informationsmaterial mit Skizzen und Beschreibungen für einfache Wanderwege erhältlich. Fragen Sie einfach nach dem Milkmaps Guide. Bitte erkundigen sie sich vor den Wanderungen im Touristenbüro nach dem Zustand der Wege!

I N F O

Forstwirtschaft in den Eastern Highlands

*Die Eastern Highlands bilden die Domäne der Forstwirtschaft. Ein großer Teil der Eastern Highlands ist forstwirtschaftlich kultiviert. Chimanimani bildet ein großes **Aufforstungsgebiet**. Der Löwenanteil gehört der südafrikanischen Anglo American Corporation, ansonsten liegt der Hauptanteil bei der staatlichen Forstbehörde, der Forestry Commission. Früher war dieses Gebiet Farmland mit Bauernhöfen. Nach dem Unabhängigkeitskrieg kaufte Anglo American das Land der Farmer auf.*

*Heute ist der Hauptanteil der Bewohner von Chimanimani in der Forstwirtschaft beschäftigt. Die produzierten Hölzer, wie **Fichte und Kiefer**, werden als Bauholz, für Möbelproduktion, als Plattenmaterial, für Sperrholz und Tischlerplatten genutzt. Eukalyptus dient als Zaunpfosten, Telegraphenmasten und für Furnierhölzer. Eukalyptus hat den Vorteil, daß dieser Baum relativ schnell wächst. Man zahlt für das schnelle Wachstum jedoch seinen Preis. Der **Wasserhaushalt wird stark belastet**, da Eukalyptusbäume viel mehr Wasser verbrauchen als Nadelhölzer. Hinzu kommt, daß der Stamm säurehaltig wird. Fällt die Rinde ab, kommt es zu einer Versauerung der oberen Bodenschicht. Eukalyptus wird dennoch gerne angepflanzt, da die Bäume schon mit einer Höhe von 7-8 m geerntet werden können. Dieses Wachstum erreichen sie bereits nach etwa 10-15 Jahren. Kiefern oder Fichten müssen im Durchschnitt 25 Jahre wachsen, bevor sie abgeholzt werden. Eukalyptus kann auch als Feuerholz Verwendung finden.*

*Das Sägewerk mit dem größten Output Zimbabwes befindet sich in Chimanimani. Es werden jährlich etwa 500 m³ getrocknetes Holz ausgestoßen. Die fertigen Hölzer oder Stämme werden nach Mutare transportiert. Die Stadt bildet sozusagen die Metropole der Forstwirtschaft des Landes. Die **Weiterverarbeitung des Holzes** erfolgt hier. Es werden Türen und Fenster produziert. Ebenso wird ein erheblicher Teil in andere Kontinente exportiert und dort zu Türen und Fenstern verarbeitet.*

Die Hauptabnehmerländer der Hölzer von Anglo American sind Deutschland, Großbritannien und die USA. Seit der Öffnung der Grenze zu Südafrika, im Zuge der politischen Änderungen in diesem Land, besteht dort ein hoher Bedarf an Bauhölzern, wegen des dort umgreifenden Baubooms. Zimbabwe konnte damit seinen Absatzmarkt erweitern.

Vermarktet wird das Holz von der Anglo American Corporation auf privatem Wege. Für die staatlichen Forste hat die staatliche Forestry Commission das Monopol für die Vermarktung. Die Forestry Commission verkauft als einzige Organisation die Harthölzer, wie Mukwa (auch Kiaat genannt) oder zimbabwisches Teak (aus dem Matableland oder bei Kariba zu finden) und Panga Panga. Bisher gibt es keine Wiederaufforstungsprogramme für diese Harthölzer.

Chimanimani Woodworks ist zur Zeit die einzige Firma in Chimanimani, die lokales Holz weiterverarbeitet. Es werden Möbel und Bauholz hergestellt. Es arbeiten z.Zt. 17 Beschäftigte in dieser Firma. Chimanimani Woodworks ist ein Joint-Venture, das als Entwicklungshilfeprojekt vom Deutschen Entwicklungsdienst unterstützt wird.

Eine weitere Sehenswürdigkeit in bezug auf den Baumbestand Zimbabwes findet man in der Nähe von Chipinge. Dort liegt der Rosito Wald. Dies ist der einzige flach liegende Regenwald der Welt. Eine Besichtigung bietet sich als Tagestour von Chimanimani aus an.

Weiterreisemöglichkeiten
● Der vorgeschlagenen Hauptroute nach Masvingo zu den **Great Zimbabwe Ruins** folgend
● Zurück nach **Harare**

6.5 CHIMANIMANI – MASVINGO (GREAT ZIMBABWE RUINS)

- Ein ausgedehnter Besuch eines der kulturellen Höhepunkte im südlichen Afrika: die **Great Zimbabwe Ruins**
- Entspannen im **Lake Mutirikwi (Kyle) Recreational Park**

6.5.1 ÜBERBLICK

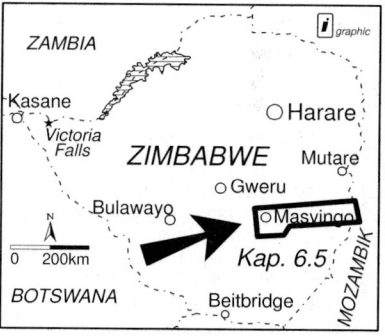

Von Chimanimani aus fährt man allmählich in die südöstlichen Ebenen des **Lowvelds** hinab. Es wird merklich heißer, und auch die Landnutzung ändert sich: Sah man noch beim Hinabfahren von Chimanimani Tee- und Kaffeeplantagen, so werden im Lowveld mehr Milchwirtschaft betrieben und Zuckerrohr angebaut. Das Lowveld liegt etwa 500 - 800 m hoch. Das Klima hier ist nicht nur wesentlich wärmer, sondern auch **trockener**. Nur im Sommer kommen ab und zu heftige Regenfälle hinunter. Um das Gebiet, das sich bis zur südafrikanischen Grenze erstreckt, landwirtschaftlich besser nutzen zu können, werden die Wasser des Save, Runde und Limpopo in vielen Dämmen aufgestaut.

Bei der Weiterfahrt überquert man bei **Birchenough Bridge** den Save-Fluß. Kurz danach steigt das Land wieder allmählich an. Man fährt an kleinen Hüttendörfern vorbei. Auf dem Lande werden vorwiegend Mais, Baumwolle und Sonnenblumen angebaut. Masvingo, Verwaltungsort der gleichnamigen Provinz, passiert man auf dem Wege zu der wohl interessantesten archäologischen Stätte des Landes, den Great Zimbabwe Ruins. Nahebei liegt inmitten einer anmutigen Landschaft der Mutirikwi-Stausee.

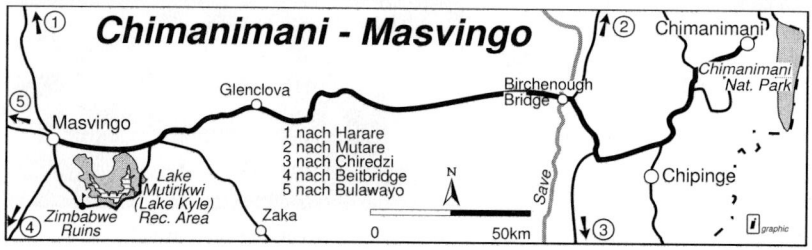

199

6.5.2 REISEPRAKTISCHE HINWEISE

Entfernungen
- Masvingo - Chimanimani 280 km
- Harare - Masvingo 294 km
- Masvingo - Mutare 299 km
- Masvingo - Beitbridge 286 km

Informationen
Die Masvingo/Great Zimbabwe Publicity Association hat ihr Büro in Masvingo in der Robert Mugabe Street gegenüber dem Chevron Hotel. Hier sind Karten und Regionalprospekte erhältlich. P.O.Box 340, Masvingo, Tel.: 62643

Streckenhinweise
Von Chimanimani folgen Sie zunächst der teilweise kurvenreichen Straße Richtung Chipinge, später der A 16 bis nach Birchenough Bridge. Von hier aus folgen Sie der A 9 nach Masvingo. In Masvingo zweigen Sie in südöstliche Richtung zu den Great Zimbabwe Ruins ab. Alle Streckenabschnitte sind asphaltiert.

Alternativ können Sie die Strecke Birchenough Bridge - Masvingo etwa 40 km vor Masvingo verlassen und nach links zum Lake Mutirikwi, später über die Damm-Mauer und somit unter Umgehung von Masvingo direkt zu den Great Zimbabwe Ruins fahren.

Redaktions-Tips

- **Zeiteinteilung:** Für die Gesamtstrecke benötigen Sie von Chimanimani aus etwa fünf Stunden reine Fahrzeit. Planen Sie als Ankunftszeit bei den Great Zimbabwe Ruins am besten die späteren Nachmittagsstunden ein: Dann sind die Ruinen der Great Enclosure in wunderbares Licht getaucht. Am nächsten Morgen können Sie dann eine ausgiebige Erkundung des archäologisch weitläufigen Geländes unternehmen.

- Übernachten Sie im **Great Zimbabwe Hotel** bzw. in **Norma Jeanne's Lake View Lodges** (beide in der Nähe der Ruinen)

Flugverbindungen
Von Masvingo gibt es direkte Verbindungen der Air Zimbabwe nach Harare (4 mal wöchentlich).

Busverbindungen
Sie erreichen Masvingo von Harare aus mit den Bussen der folgenden Firmen: **Express Motorways/Translux** freitags und sonntags; **Silver Bird** fährt von Harare nach Johannesburg über Masvingo, und zwar montags und freitags; **Zimibus-Mini Bus** ab Harare nach Johannesburg über Masvingo jeden Montag, Mittwoch und Freitag.

Übernachtungsmöglichkeiten IN MASVINGO
- **Chevron Hotel****, Robert Mugabe Street, P.O.Box 245, Masvingo, Tel.: 62054/5; einfaches Hotel mit Swimmingpool
- **Flamboyant Protea Hotel****, P.O.Box 225, Tel.: 62005/6; Fax.: 139-52899, Motel mit Swimmingpool, seit einiger Zeit zur südafrikanischen Protea Hotelkette gehörend.

Great Zimbabwe Hotel

IN DER NÄHE VON MASVINGO

● **Great Zimbabwe Hotel****, Private Bag 9082, Masvingo, Tel.: 62173/62274/62449 schöne Hotelanlage mit Swimmingpool und gutem Restaurant unmittelbar an den Great Zimbabwe Ruins, sehr zu empfehlen.

● Des weiteren gibt es Übernachtungsmöglichkeiten (Lodges und Camping) am Lake Mutirikwi – siehe weiter unten im Kapitel 6.5.6.

6.5.3 SEHENSWERTES AUF DER STRECKE NACH MASVINGO

Wenn man Chimanimanis Höhen verläßt, führt die Straße nun allmählich in die tiefer liegenden Gebiete des Lowveld. Klimatisch merkt man den Unterschied sehr deutlich. Den tiefsten Punkt der Strecke erreicht man bei der Überquerung des **Save-Flusses** in Birchenough Bridge.

Birchenough Bridge

Über den ganzjährig fließenden Fluß führt eine Hängebrücke, die knapp 378 m lang und 88 m hoch ist. Sie wurde 1934/35 durch die Beit Railway Trustees Company mit Unterstützung von **Alfred Beit** erbaut und stellt die Hauptverbindung zum Westen her (Masvingo/Bulawayo). Diese Brücke wurde von Sir Ralph Freeman, dem Architekten der Harbour Bridge in Sydney, entworfen. Benannt wurden das Bauwerk sowie der Ort nach Sir Henry Birchenough (1853 - 1937). Birchenough war Wirtschaftsspezialist und Geschäftsmann. Er wurde 1903 von Joseph Chamberlain, damals Kolonialminister, als Eng-

Birchenough Bridge

201

lands Handelskommissar nach Südafrika gesandt. Danach wurde er Direktor der British South Africa Company und war maßgeblich beim Kolonialisierungsprozeß Süd-Rhodesien beteiligt. Wegen seiner Verdienste um Rhodesien wurde er zum Ritter geschlagen. Seine Asche wurde in einem der Brückentürme eingemauert.

INFO

Save River

*Der Save River ist Zimbabwes **längster im Lande selbst entspringender Fluß**. Seine Quelle liegt an der zentralen Wasserscheide in der Nähe von Marondera. Er fließt südwärts und vereinigt sich später mit dem Runde River an der südöstlichen Grenze von Zimbabwe. Von da aus setzt er seinen Weg durch Mocambique bis zur seiner Mündung in den Indischen Ozean fort. Sein Wasser wird zu Bewässerungszwecken abgeleitet bzw. in Dämmen aufgestaut.*

*Das Save-Tal gehört zu den am tiefsten liegenden Regionen des Landes. Die Erde ist sehr fruchtbar, doch es fällt nur wenig – und dazu noch unregelmäßig – Regen. Die großen **Bewässerungsgebiete** bei Chisumbanje und den Middle Save Estates verdanken ihre Existenz diesem Fluß. Hier konnten große landwirtschaftliche Flächen erschlossen werden, die u.a. dem Anbau von Zuckerrohr und Zitrusfrüchten dienen. Die "Save-Limpopo Authority" (SLA), eine 1965 gegründete staatliche Wasserbehörde, ist für die Bewässerungsentwicklung des gesamten südöstlichen Lowvelds verantwortlich. Das Projekt der SLA umfaßt mit 65.000 qkm das Gebiet östlich von Beitbridge und südlich von Masvingo und Chimanimani.*

Birchenough Bridge ist ein zentraler Versorgungsort des umliegenden Farmlandes. Direkt hinter der Brücke liegen ein kleines Motel sowie eine Tankstelle. Sehenswert in Birchenough Bridge sind die große Bushaltestelle sowie der Markt. Sie erreichen diese Stelle, indem Sie am Motel und der Tankstelle in Richtung Masvingo vorbeifahren. Rechts können Sie dann das bunte Treiben und Gedränge beobachten.

6.5.4 MASVINGO

Masvingo, das frühere Fort Victoria, zählt etwa 40.000 Einwohner. Die Stadt, 1.067 m hoch gelegen, ist Verwaltungszentrum der Provinz Masvingo und gleichzeitig der älteste Ort des Landes, der 1890 einen Monat vor Salisbury gegründet wurde. Masvingo ist heute ein kleines Handels- und Industriezentrum. Es gibt hier Lebensmittel-, Textil-, Landmaschinen- und Baustoff-Fabri-

ken. Die Stadt selbst bietet kaum Sehenswürdigkeiten. Zu nennen wäre lediglich die **Italienische Kapelle** (auf der Straße nach Birchenough
Bridge gelegen). Sie wurde 1942 - 46 von italie-
nischen Kriegsgefangenen erbaut und mit schönen Wand- und Deckenmalereien ausge-
schmückt.

Restaurant

An der Ortsausfahrt von Masvingo an der Abzweigung zu den Great Zimbabwe Ruins befindet sich an der Shell Tankstelle (die übrigens
24 Stunden geöffnet ist!) ein **Wimpy Restaurant**, Öffnungszeiten: Sonntag bis Donnerstag 7:00 bis 22:00 Uhr

Italienische Kapelle

und Freitag, Samstag 6:00 - 24:00 Uhr. Außerdem gibt es hier einen Wimpy Take Away!

*Auf der Ausfahrtsstraße zu den Great Zimbabwe Ruins/Beitbridge liegt an der Straßenseite
ein Markt, auf dem Frauen und Männer Holzschnitzereien und Häkeldecken anbieten*

6.5.5 GREAT ZIMBABWE RUINS

Überblick

Öffnungszeiten

täglich 6:00 bis 18:00 Uhr, danach Ausfahrt durch das Great Zimbabwe Hotel
möglich.

■ Lage

Inmitten der von Granitkuppen unterbrochenen Savannenebene südöstlich von Masvingo liegt die wohl nach den Pyramiden Ägyptens interessanteste archäologische Stätte Afrikas, die Ruinen von Great Zimbabwe. Schnell nimmt den Besucher eine geheimnisvoll-mystische Stimmung gefangen, die das weite, über Berg und Tal sich erstreckende Gelände ausstrahlt. Ähnlich mag es dem deutschen Afrika-Forscher Carl Mauch ergangen sein, der zu Recht als der wirkliche Entdecker bezeichnet werden darf:

"Das schönste Resultat aller meiner Reisen, auf welche allein ich einigermaßen stolz zu sein mir erlaube, ist die Entdeckung... der Ruinen von Great Zimbabwe. Als ich im Jahre 1867 zum ersten Mal von den Ruinen sprechen hörte, von fabelhaften Gebäuden, entschloß ich mich auch, dieselben aufzusuchen. Im Jahre 1868 wurde mir am Limpopo sogar die ungefähre Lage derselben von Eingeborenen bezeichnet, allein mehrere Versuche, dahin zu gelangen, scheiterten, bis mir am 5. September 1871 das Glück zuteil wurde, sie als erster Weißer zu sehen" (zitiert aus: Lothar Rother, Carl Mauchs Reisen im südlichen Afrika, in: Rhodesien-Heft "Die Karawane, 1976, Heft 1/2, Seite 43).

Heute hat es der Besucher schon einfacher... Die Zufahrtsstraßen nach Great Zimbabwe sind von bester Qualität, das in Fußweite von den Ruinen liegende Great Zimbabwe Hotel (Details siehe am Kapitelanfang) vermag auch verwöhnten Gästen jeden Komfort zu bieten. Das Ruinen-Gelände ist durch Fußpfade erschlossen, ein kleines Museum führt in die Geschichte und die archäologische Entdeckung dieser Stätte ein.

Blick auf die Great Enclosure

▨ Vorschläge für eine Zeiteinteilung

Great Zimbabwe unterteilt sich in folgende Komplexe:
◆ Die am Berg liegende **Akropolis** (= "**Hill Komplex**"). Zu empfehlen ist der etwa 15 Minuten dauernde Aufstieg auf dem flacheren Modern Path und der steilere Abstieg über den Ancient Path.

Fototip
Von der Akropolis gewinnt man einen hervorragenden Überblick vom Gesamtgelände. Beste Fotografierzeit sind die Morgenstunden.

◆ Die **Talruinen** sowie das nachgebaute **Karanga-Dorf**.
◆ Der **große Ringbau** (= "**Great Enclosure**") mit dem konischen Turm darf zu Recht als der zentrale und architektonisch sicherlich schönste Teil bezeichnet werden.

Fototip
Die beste Fotografierzeit sind die *Nachmittagsstunden,* wenn ein interessantes Licht-Schattenspiel die Gesamtanlage sehr "plastisch" werden läßt und auch der konische Turm von der Sonne angestrahlt wird.

Wenn Sie am Nachmittag ankommen, sollten Sie sich ausgiebig die Great Enclosure anschauen. Am nächsten Morgen empfiehlt sich dann eine große Besichtigung (Dauer: 2 - 3 Stunden), welche die Akropolis, die Talruinen und das Karanga-Dorf, die Great Enclosure sowie einen Besuch des Museums einschließen sollte.

▨ Historischer Hintergrund

Die folgenden historischen und archäologischen Darstellungen lehnen sich an die Ausführungen von Peter S. Garlake an. In seinem 1975 in deutscher Sprache erschienen Buch "Simbabwe – Goldland der Bibel oder Symbol afrikanischer Freiheit" faßt der Autor Forschungsergebnisse zusammen und führt sie auf der Grundlage der neueren archäologischen Funde einer erneuten Beurteilung zu. Der Autor gilt als besonders sachverständig. In den Jahren 1964 - 1970 arbeitete er als Senior Inspector of Monuments. Als habilitierter Archäologe führte er selbst Grabungen in Great Zimbabwe durch und gilt als der beste Kenner dieser Stätte.

▨ Archäologisch-historischer Überblick

Die Ruinen von Great Zimbabwe liegen über eine Gesamtfläche von **40 ha** verstreut. In einem Gebiet, in dem bis zur Ankunft der weißen Kolonialisten und ihrer Siedlertätigkeit nur grasgedeckte Hütten der Shona-sprechenden Karanga Zeugnis menschlicher Anwesenheit ablegten, bildeten die steinernen Ruinen eine spektakuläre und zu Fragen anregende Ausnahme.

"Simbabwe" stammt aus der Sprache der **Shona.** Man interpretiert dieses Wort als eine Zusammensetzung aus "dzimba dza mabwe", was etwa soviel bedeutet wie **"Steinhäuser".** Doch es gibt noch die Ableitung von "dzimba woye", gleichzusetzen mit "ehrwürdige Häuser". Mit letzterem bezeichnete man Häuser und Gräber von Häuptlingen. Die ersten Portugiesen, die Kunde von den Steinbauten erhielten, nannten sie in ihren Dokumenten "zimbaoe". Die Karanga verwendeten diese Bezeichnung fortan für alle Residenzen von Häuptlingen.

Da man die Steinruinen als ehemalige Häuptlingssitze betrachtete, nannte man auch diese so. Zunächst war der Begriff nur auf die hier betrachteten Steinbauten südlich von Masvingo beschränkt. Später – in den vergangenen 30 Jahren – generalisierte und übertrug man ihn auf das gesamte Land: "Simbabwe" wurde so etwas wie ein patriotisches Symbol, mit dem die Afrikaner ihre Identität zum Ausdruck brachten. Wenn man nur von den hier diskutierten archäologischen Funden spricht, so wendet man heute – im Unterschied zur Landesbezeichnung – den Begriff "Great Zimbabwe" (Groß-Zimbabwe) an.

Great Zimbabwe ist die größte und bedeutendste Ruinenstätte Afrikas südlich der Sahara. Lange Zeit – selbst bis heute – gab sie Rätsel auf. Obwohl ihre Existenz seit dem 16. Jahrhundert bekannt ist, *"ist das historische Beweismaterial, was ihren Ursprung und ihre anfängliche Bestimmung angeht, außerordentlich fragmentarisch, ja zu einem nicht geringen Teil unklar und widerspruchsvoll. Daraus ergibt sich, daß Archäologie die Informationslücke füllen muß..."* (Garlake, a.a.O., S. 13).

Great Enclosure

Dennoch wurden erst sehr spät naturwissenschaftlich orientierte archäologische Forschungen durchgeführt. Den weißen Kolonialisten paßte vielmehr die Rolle eines "romantischen Zimbabwe" ins Weltbild. Sie fragten sich lediglich, ob Schwarze diese Bauten jemals errichtet haben konnten. Und für die allermeisten Siedler war von vornherein klar, daß sie nicht über die nötige Organisation, den Willen und die Begabung zu solchen Bautaten verfügten. Sie kannten aus ihrem Alltag nur den Afrikaner, der als unterbezahlter Helfer entwurzelt und abgestumpft erschien. So traute man ihnen diese monströsen Bauten keinesfalls zu.

In der kolonialen Zeit wurden Untersuchungen der Ruinen durch die weiße Siedlerschaft unterstützt, von ihr finanziert und aufmerksam verfolgt. Das Interesse reduzierte sich vornehmlich auf die **Herkunft der Erbauer und den Zeitpunkt der Entstehung**. Die Fragen nach dem "Wie" und "Warum" blieben eher vernachlässigt (siehe Garlake, a.a.O., S. 14). So waren die ersten Grabungen eher "Suchgrabungen": Man wollte irgendetwas in die Hand bekommen, was eine Datierung ermöglichte.

So ist es bedauerlich, daß die ersten "Forschungen" sehr rücksichtslos und hektisch durchgeführt wurden. Da man nur nach dem suchte, was den eigenen Vorstellungen von der Vergangenheit entsprach, wurden viele Begleitfunde zerstört. Man stieß zwar auf Tonwaren, Schmuckstücke, Werkzeuge, doch man warf sie ebenso schnell weg, wie man sie gefunden hatte, sie erschienen den Grabenden als "zu kaffrisch" (Garlake, a.a.O., S. 15). Selbst die Konservatoren des South Rhodesian Public Works Department, welche in den Jahren 1909 - 1936 für die Ruinen verantwortlich waren, erwiesen sich als unkundig.

Es gab nur wenige **wissenschaftlich angelegte Untersuchungen**; auf der rhodesischen Seite wurden sie durchgeführt von:
◆ K.R. **Robinson**, der Denkmalswart von 1947 - 1964 war;
◆ R.**Summers**, der als Archäologe im Nationalmuseum von 1947 bis 1970 arbeitete;
◆ P.S. **Garlake**, Denkmalswart von 1964 bis 1970.

Es gab dazu noch eine Reihe von Archäologen, die ins damalige Rhodesien kamen, um die Steinbauten zu untersuchen, so D. Randall-MacIver (1905), G. Caton-Thompson und die Frobenius-Expedition (1929). T. Huffmann war mit Untersuchungen 1970 beschäftigt. Die letztgenannten Archäologen gingen rein archäologisch zu Werke, waren aber als Nicht-Afrikaner nicht in der Lage, hinreichend die Faktoren, wie Lokalgeschichte, Traditionen, Überlieferungen usw., mit den Funden zu verknüpfen.

Kein Wunder, daß bis heute deshalb die wirklich **gesicherten Befunde zu Great Zimbabwe** spärlich sind. Selbst die gewonnenen Radiokarbon-Altersangaben sind sehr unsicher: Sie sind so vage, daß ihre Standardabweichung plus/minus drei Jahrhunderte umfaßt!

■ Erste Berichte über Great Zimbabwe

Erste Berichte über Steinbauten auf dem Gebiet des heutigen Zimbabwes gehen auf **Portugiesen** zurück, die Anfang des 16. Jahrhunderts bei Sofala am Indischen Ozean ein Fort errichteten. Doch sie dürften um diese Zeit nur die Kunde von Steinbauten im nördlichen Mashonaland erhalten haben. Etwas später – 1552 – berichtete Joao de Barros über Ruinenstätten, wobei er wahrscheinlich auch Great Zimbabwe beschrieb, wie aus einigen Details seiner Schilderungen geschlossen werden kann.

Und es gab erste Spekulationen, wer wohl diese Bauten errichtet habe. De Barros – ganz dem Zeitgeist angepaßt – wies kategorisch von der Hand, daß es Afrikaner gewesen sein konnten, die diese Bauten errichtet hatten: *"Die Leute sind Barbaren, und ihre Behausungen samt und sonders aus Holz"* (De Barros, zitiert nach Garlake, a.a.O., S. 62). Und de Barros schloß: *"Aber da diese Gebäude einigen anderen sehr ähnlich sind, die man im Land des Priesters Johannes findet, und zwar an einem Ort namens Acaxumo, einer Stadt der Königin von Saba..., scheint es, daß der Fürst jenes Landes auch hier der Minenbesitzer war und deshalb diese Bauwerke dort errichten ließ..."* (Garlake, a.a.O., S. 63).

Über 50 Jahre später, 1609, nimmt Joao dos Santos zu den Steinbauten im nördlichen Mashonaland Stellung. Als Missionar war er in den Jahren 1586 bis 1595 im Lande tätig und bezieht sich auf die Ruinen am Fura-Berg, dem heutigen Mount Darwin (nordöstlich von Harare):
"Auf dem Gipfel dieses Berges stehen noch einige Fragmente alter Mauern und Ruinen aus Stein und Mörtel. Sie zeigen klar: Hier gab es einst Häuser und massive Wohngebäude, wie man sie in ganz Kaffernland sonst nicht findet, wo selbst die Paläste der Könige nur aus Holz mit Lehmbewurf bestehen und strohgedeckt sind. Die Eingeborenen, insbesondere einige alte Mohren, versichern: Ihnen sei von ihren Vorfahren überliefert worden, daß diese Häuser einst eine Faktorei der Königin von Saba darstellten. Man habe ihr von hier große Goldmengen gebracht, die man zu Schiff auf den Flüssen Cuamas zum Indischen Ozean transportiert habe... Nach anderen stammen diese Ruinen von einer Niederlassung König Salomos. Hier sollen seine Beauftragten residiert haben, die aus diesen Landstrichen ungeheure Goldmengen beschafften... Zwar kann ich nicht verbindlich äußern, doch behaupte ich: Der Furu- oder Afura-Berg könnte das "Land Ophir" sein, woher Gold nach Jerusalem gebracht wurde. Dies gäbe der Behauptung eine gewisse Glaubwürdigkeit, daß es sich bei den fraglichen Bauten um eine Faktorei König Salomos handelte." (Dos Santos, zitiert nach Garlake, a.a.O., S. 63/64).

De Barros und dos Santos erfuhren zu ihrer Zeit nicht, daß es durchaus üblich war, daß **bedeutende Königshöfe als Steinbauten angelegt wurden.** Doch schon der Nachfolger von de Barros, Diego de Couto, korrigierte ansatzweise diese Deutung. Seine Informanten brachten in Erfahrung, daß die steinernen Bauten als bedeutendes Instrument bei der Machtausübung der Könige fungierten. Es mag stimmen, daß die Karanga de Barros mit falschen Informationen bedachten, wenn sie behaupteten, sie seien nicht imstande, solche Bauten zu errichten. Doch dies hatte einen Sinn. Garlake (a.a.O., S. 65) vermerkt dazu: *"An sich hat die Tatsache dieses Abstreitens keine sonderliche Bedeutung. Es handelte sich bei den Bauwerken um einen Königssitz, und bei den Karanga war es einerseits durchaus üblich, alles, was mit dem Königtum zusammenhing, vor Fremden zu verbergen, und sie fanden nichts dabei, bedeutenden Leistungen früherer Könige etwas Übermenschliches anzudichten. Auf jeden Fall waren die Händler dermaßen vom Glanz und altertümlichen Flair des Bauwerks übersättigt – hinzu kam, daß sie meinten, es trage eine Inschrift und könne daher unmöglich das Werk eines schriftunkundigen*

Konischer Turm

Volkes sein -, daß sie von vornherein jeden Anspruch der illiteraten Karanga zurückgewiesen hätten, den Bau geschaffen zu haben. Dos Santos begnügte sich ganz einfach mit der durchaus nicht überzeugenden Annahme, die Karanga hätten nie Steinbauwerke errichtet, weil sie es gewöhnlich nicht taten. So schafften es die Portugiesen mit vollständig unkritischer Übernahme von Suaheli-Erzählungen und mit Verallgemeinerungen, die einfach durch Mangel an Wissen zustandekamen, daß man an den lokalen Ursprung der Steinbauwerke nicht glauben wollte."

Natürlich waren diese Deutungen sehr romantisch und wurden nur zu gerne geglaubt: War es nicht phantastisch, daß es inmitten eines einsamen afrikanischen Buschlandes Ruinenstätten voller Gold gab, Quelle des Reichtums der großen Herrscher, die in der Bibel zitiert werden?

▨ Entdeckung von Great Zimbabwe durch Carl Mauch

In den folgenden Jahrhunderten wurden diese Vorstellungen übernommen, und im 19. Jahrhundert schenkte man ihnen verstärkt Glauben. Die mittlerweile in Südafrika ansässigen Buren waren geradezu fasziniert von der Vorstellung, daß ihr neues Siedlungsgebiet an biblisches Land grenze. Der deutsche Missionar **Merensky,** der im östlichen Transvaal lebte, war von der Idee beseelt, das antike Ophir Salomos zu finden. Merensky wollte es aber nicht gelingen, die Ruinenstätten aufzufinden. 1868 begegnete er dem deutschen Geologen **Carl Mauch.** Mauch hatte zu diesem Zeitpunkt bereits einige Forschungsreisen im südlichen Afrika unternommen und selbst Gold entdeckt. Merensky gab Mauch alle ihm zur Verfügung stehenden Informationen über die sagenumwobenen Ruinenstätten.

Die Forschungsreise von Carl Mauch zu den Zimbabwe-Ruinen war seine siebente im südlichen Afrika. Sie dauerte vom Mai 1871 bis Mai 1872. Diese Unternehmung sollte ihm den größten Erfolg bescheren. Mauch startete im südafrikanischen Potchefstroom und setzte sich als Ziel, die sagenumwobenen **"Ruinen von Ophir"** zu finden. Doch leicht sollte sich diese Unternehmung nicht gestalten. Es stellte sich heraus, daß seine bereits im April 1870 nach Albasini vorausgeschickten Tauschwaren verdorben bzw. gestohlen waren. Trotzdem ließ er sich nicht entmutigen. Im Vergleich zu heutigen hervorragend ausgestatteten und vorbereiteten Expeditionen war Mauch sehr auf sich alleine gestellt. Mauch pflegte einen aufgespannten Regenschirm zu tragen, der ihn vor der heißen afrikanischen Sonne schützte. Sicherlich war dies ein Anblick, der bei den Eingeborenen zumindest Verwunderung hervorgerufen haben dürfte. Sein Gönner Merensky beschreibt Mauch wie folgt:

"Ein lederner Anzug umgab die stämmige Figur. Revolver, Kompaß, Sextant, Jagdmesser und eine Blechschüssel hingen an seinem Gürtel, in den Händen trug er das Doppelgewehr, einen Ersatzlauf für dasselbe und die unentbehrliche wollene Decke auf dem Rücken. Wahrlich, keine Kleinigkeit, so bepackt, ohne Hilfe treuer Eingeborener, die afrikanische Wildnis zu durchstreifen."
(zitiert aus: Lothar Rother, Carl Mauchs Reisen im südlichen Afrika, in: Die Karawane, Heft 1/2 1976, S. 55).

Auf seinem weiteren Weg erging es Mauch schlecht. Er geriet in die Gefangenschaft des schwarzen Makalaka-Häuptlings Mapansule, der ihn als seinen weißen Mann besitzen wollte. Nur durch Zufall konnte Mauch dem drohenden Schicksal einer lebenslangen Gefangenschaft entrinnen. Er hörte von Adam Render, einem weißen Abenteurer, der mit der Tochter des schwarzen Häuptlings Pika verheiratet war. Als Render von Mauchs Schicksal erfuhr, ließ er ihn durch Geschenke freikaufen.

Von nun an wendete sich das Blatt zum besseren. Eingeborene berichteten ihm von Weißen, die vor langer Zeit die Gegend bewohnt hätten. Sie führten ihn am 3. September 1871 auf einen Berg, von dem aus er in 20 km Entfernung eine Kuppe ausmachen konnte, auf der er deutlich Steinwälle erkannte. Er wähnte sich am Ziel seiner Reise. Nur zwei Tage später besichtigte er diese Stelle: Es waren die Great Zimbabwe Ruins!

Obwohl der bereits erwähnte Adam Render die Ruinenstätte schon vorher betreten haben dürfte, **kann man Carl Mauch zurecht als den Entdecker dieser Ruinenstätte** bezeichnen. Er machte sich sogleich daran, seine Eindrücke festzuhalten und beschrieb eingehend die Akropolis sowie die Talbauten, die er gründlich vermaß.

Er war davon überzeugt, daß diese Bauten keineswegs von den Vorfahren der hier lebenden Eingeborenen stammen konnten. **Nur zu bereitwillig folgte Mauch den bisherigen – und schon lange zurückliegenden – Deutungsansätzen der Portugiesen**, denn schließlich war er ja ausgezogen, um das Goldland "Ophir" zu finden. Bereitwillig interpretierte er "Funde" in diese Richtung. So fand er Holzstücke alter Türstürze, die seinem Glauben zufolge aus Zedernholz gefertigt waren, das nur von Phöniziern vom Libanon hierher transportiert worden sein konnte. Erst später korrigierte man diese Annahme: Es handelte sich in Wirklichkeit um das Holz eines einheimischen Baumes! In der Bezeichnung "Zimbabwe" glaubte er eine Analogie zu "Saba" zu erkennen – die (Fehl-) Deutung war perfekt. Unbeirrt resümierte er:

"Darauf gestützt glaube ich nicht zu irren, wenn ich annehme, daß die Ruine auf dem Berge eine Nachbildung des Salomonischen Tempels auf dem Berge Moria, die Ruine in der Ebene eine Nachbildung jenes Palastes sei, worin die Königin von Saba während ihres Besuchs bei Salomo wohnte" (zitiert nach Rother, a.a.O., S. 62).

Natürlich kann man heute über diese Interpretationen lächeln. Mauch hatte sich unzweifelhaft in der Deutung des Ursprungs der Ruinen verrannt. Unstreitig ist aber, daß ihm der Verdienst zukommt, als erster Europäer die Ruinen untersucht und die Diskussion über das archäologische Phänomen "Great Zimbabwe" eröffnet zu haben. Seine eigenen Ansichten konnte Mauch durch seinen frühen Tod nicht mehr revidieren. In einem an Richard Andree gerichteten Brief wird aber offenkundig, daß er Abstand zu seinen ersten Schlußfolgerungen gewonnen hatte:

"Seit meinen letzten Nachrichten vom Anfang September 1871 hat sich meine Meinung über die Ruinen daselbst bedeutend verändern müssen. Bei einigem Nachdenken darüber zeigt sich diese Beurteilung nicht mehr stichhaltig. Es drängt sich mir eine Ansicht darüber auf, die ich jedoch mich scheue zu veröffentlichen, obwohl ich von der Richtigkeit derselben überzeugt bin" (zitiert nach Rother, a.a.O., S. 64).

INFO

Carl Mauch – ein vergessener deutscher Afrika-Forscher

Carl Gottlieb Mauch wurde am 7. Mai 1837 in Stetten bei Remstal geboren. Er wuchs zusammen mit vier Geschwistern auf. Sein Vater war Schreiner, brachte es aber bis zum Stabsfourier der Infanterie im schwäbischen Ludwigsburg. Seine Eltern verfügten nur über ein geringes Einkommen, doch verstanden sie, ihren Kindern eine gute Erziehung mit auf den Lebensweg zu geben.

Während der Schulzeit fiel Carl Mauch als sehr fleißiger, begabter Schüler auf, dem es gelang, Klassen sogar zu überspringen. Für ein Universitätsstudium reichten aber nicht die elterlichen Mittel, so daß Mauch beschloß, Volksschullehrer zu werden. Schon früh zeichnete sich seine Liebe zu Afrika ab. Originalzitate von Mauch hat H. Offe in seinem Buch (Carl Mauch, Leben und Werk des deutschen Afrikaforschers, Stuttgart 1937) zusammengetragen:

"In einem Schulatlas, der mir zum Weihnachtsfest in meinem 10. Jahre gegeben worden war, war es besonders die Karte von Afrika, die meine Neugierde rege machte. Ich wollte wissen, was innerhalb des einförmigen Küstensaumes zu sehen sein möchte außer dem Nyassa-See und dem Mondgebirge, oder, um mich eines Ausdrucks eines bekannten Geographen zu bedienen: 'Was die Kartenwüste in Wirklichkeit verberge' (zitiert nach Offe, S. 6).

Afrika setzte sich im Kopf des jungen Mauch so fest, daß er nicht mehr vom schwarzen Kontinent lassen konnte:
"Diese allerdings mehr kindliche Neugierde wuchs mit mir heran und bemächtigte sich meiner so sehr, daß sich in mir im 15. Jahre der feste Gedanke bildete, Entdeckungsreisen in Afrika zu machen. Daß gewisse Studien hierzu notwendig seien, sah ich wohl ein, und mit besonderer Vorliebe hatte ich mich darauf verlegt, mich mit der Insektenwelt vertraut zu machen, ohne jedoch Sammlungen im elterlichen Haus anlegen zu dürfen. Es bedurfte fernerhin keiner weiteren Anregung, der Entschluß stand fest, wenn ich ihn auch nirgends laut werden lassen durfte."
(zit. nach Offe, S. 7).

Carl Mauch

Mauch glänzte im Lehrerseminar mit besonderen Leistungen, speziell in Mathematik, den naturwissenschaftlichen Fächern sowie in der Musik. Seine Erste Dienstprüfung schloß er mit der damals seltenen Note I b ab.

Doch alles, was er lernte, diente ihm letztlich nur als Mittel zum Zweck. So war ihm später die gründliche Schulung im Zeichnen zunutze, wenn er botanische Phänomene festhielt. In seinen Tagebüchern sind viele Zeichnungen und Aquarelle enthalten, die sowohl von einer exzellenten Beobachtungsgabe als auch ihrer hervorragenden zeichnerischen Umsetzung zeugen.

Mauch wurde sehr religiös erzogen. Schon zu Hause soll er den Entschluß gefaßt haben, das Goldland Ophir, die sagenumwobene Heimat der Königin von Saba, zu finden. Als er dann später tatsächlich die Ruinen von Great Zimbabwe sah, wurde ihm die biblische Grundhaltung eher zum Verhängnis, versperrte sie ihm doch eine nüchterne und distanzierte Einordnung seiner Eindrücke.

Mauch arbeitete von 1856 bis 1858 als Lehrgehilfe in Isny. Doch schon 1858 trat er eine Stelle als Privatlehrer an, was ihm viel Freizeit brachte, die er für seine weitere Ausbildung nutzte. 1863 schrieb er einen Brief an den großen Geographen Dr. A. Petermann und versuchte, ihn für sein Vorhaben zu interessieren. Mauch schrieb ihm am 7. August 1863:

"Im steierischen Marburg benützte ich die Bibliothek, das physikalische und naturhistorische Kabinett des Gymnasiums und besuchte während der Ferienzeit die Sammlung und den Botanischen Garten in Steiermarks Hauptstadt Graz, legte Insektensammlungen, ein Herbarium und eine Mineraliensammlung an. Ärztliche Kenntnisse suchte ich zu bekommen durch den Umgang mit Ärzten und das Studium geeigneter medizinischer Werke. Ihre hochgeschätzten 'Mitteilungen' lieferten mir das beste Material, in geographischer Hinsicht auf dem laufenden zu bleiben. Ich befliß mich der englischen und arabischen Sprache. So glaube ich, in geistiger Hinsicht getan zu haben, was mit meinen geringen Mitteln zustande gebracht werden konnte. Aber auch der Körper erheischt zu solchen Unternehmen seine Vorbereitung. Ich suchte ihn zu stählen durch Fußreisen von sechs Meilen und mehr pro Tag, in jeder Jahreszeit, bei jeder Witterung, in jeder Gegend, öfters ohne Speise und Trank bis zur Rückkunft zum Ausgangspunkt, in derselben warmen Kleidung; dabei vernachlässigte ich das Turnen und die Schießübungen nicht. Von Natur aus bin ich groß und kräftig gebaut und von unverwüstlicher Gesundheit. Nach dem Vorausstehenden glaube ich mich für befähigt halten zu dürfen, an einer Expedition... jedenfalls, wenn auch nicht in hervorragender Stellung, teilnehmen zu können." (zitiert nach Offe, a.a.O., S. 8).

Aber Petermann lehnte jede Unterstützung Mauchs ab, da dieser keine akademische Ausbildung vorweisen konnte. Trotzdem verfolgte Mauch sein Ziel beharrlich weiter und ließ sich 1863 vom Schuldienst entlassen. Nach einem 5-monatigen Aufenthalt in London, den er zu weiteren Studien im Museum und Botanischen Garten nutzte, reiste er 1864 als Matrose nach Südafrika, wo er 1865 in Durban ankam. Er verdiente sich seinen Lebensunterhalt mit verschiedenen Tätigkeiten, und bald gelang es ihm, kürzere Forschungsreisen durch das mittlere und nördliche Südafrika zu unternehmen. Im Verlaufe mehrerer Forschungsreisen fertigte er wichtige geologische Karten an und entdeckte die Goldvorkommen im Maschonaland. Doch immer mehr verdichtete sich bei ihm der Wunsch, das sagenhafte Ophir zu finden, das er zwischen Sambesi und Limpopo vermutete. Erst seine 7. Reise 1871/72 sollte ihn mit der Entdeckung der Ruinen von Zimbabwe belohnen (siehe Text weiter oben).

Die kartographischen Beiträge Mauchs zur Erforschung des südlichen Afrika zählen dennoch zu seinen bedeutendsten Werken. Er ging sehr wissenschaftlich vor und nahm nur das in seine Karten auf, was er selbst gesehen hatte... Grundlage für Mauchs Kartographierungen waren astronomische Ortsbestimmungen, die er sehr sorgfältig durchführte. Er benutzte Sextant, Horizont, Kompaß, Taschenuhr, Aneroidbarometer und Thermometer. Daß ihn dabei die Eingeborenen sehr mißtrauisch beobachteten und manchmal gar vermuteten, er vertreibe den Regen, ist nicht verwunderlich...

Great Zimbabwe Ruins

Die geologischen Resultate seiner Forschungsreisen gipfelten in der Entdeckung von vier Goldfeldern in Transvaal und im heutigen Zimbabwe. Er fand ebenfalls Eisen- und Kupfererzvorkommen bei Rusten. Erstaunlich dabei ist, daß Mauch all diese Leistungen nur auf der Grundlage autodidaktischer Studien vollbrachte. Neben geologischen Prozessen widmete er sich aber auch der Beobachtung von Flora und Fauna und hinterließ darüber erstklassige Aufzeichnungen. Ebenso vermerkte er sorgfältig seine völkerkundlichen Beobachtungen.

Nach seiner Reise zu den Zimbabwe Ruinen zog er noch weiter nach Norden, erkrankte jedoch an Malaria und mußte umkehren. Mit letzter Kraft erreichte er den Hafen Quelimane und fuhr mit einem Segler nach Marseille. In den Folgejahren verdiente er sich Geld mit Vorträgen, hoffte aber heimlich, eine Anstellung an der königlichen Naturaliensammlung zu bekommen. Dies wurde ihm aber wegen mangelnder akademischer Ausbildung verwehrt...

Notgedrungen nahm er eine Stelle als Geognost und Betriebsleiter in einer Zementfabrik an. Er war tiefunglücklich in seiner neuen Tätigkeit. Am 26. März 1875 verunglückte er schwer und verstarb am 4. April 1875 im Alter von erst 38 Jahren.

Mit anderen Afrikaforschern verglichen, blieb ihm der "große" Ruhm versagt. Vom Unternehmungsgeist sowie von seiner Ausdauer war er dem berühmten Livingstone gleichgestellt, von seiner wissenschaftlichen Arbeit ihm jedoch klar überlegen. Im Gegensatz zum Engländer blieb ihm die notwendige Unterstützung aus der Heimat versagt.

▓ Forschungsergebnisse zu Great Zimbabwe

Unter der Schirmherrschaft der **British South Africa Company** fand 1891 die erste große Untersuchung von Great Zimbabwe statt, unterstützt von der Royal Geographical Society. Leiter war **J. Theodore Bent**, der keine archäologischen Erfahrungen besaß, zuvor aber auf der Suche nach dem Ursprung der Phöniker das östliche Mittelmeer und den Persischen Golf bereist hatte. Er ging von der Annahme aus, daß die Bauten ein altes, außerhalb Afrikas lebendes Kulturvolk errichtet habe. Doch alles, was er auf dem Gebiet des elliptischen Bauwerks vorfand, waren Spuren von Afrikanern. An der Osteinfriedung der Bergruine stieß er auf Scherben von Tonwaren, Speerspitzen aus Eisen, Kupfer und Bronze, Gerätschaften zur Goldverarbeitung und Eisengongs. Bent verharrte jedoch auf der Meinung, daß die Funde nichts mit Afrikanern zu tun hätten. Er verblieb bei der vorgefaßten Meinung, daß die Erbauer von der arabischen Halbinsel stammten.

1902 wurde der Journalist **Richard Nicklin Hall** von **Cecil Rhodes** gebeten, Great Zimbabwe zu "erforschen". Als Kurator von Zimbabwe steigerte er sich in eine wilde Graberei hinein. Ungetrübt jeder archäologischer Fachkenntnis "gelang" ihm jedoch lediglich die Zerstörung wichtiger Befunde. Zum Schluß blieben nur Spuren archäologischer Schichten übrig. Seiner Meinung nach waren die Ruinen 3.000 - 4.000 Jahre alt und die Erbauer semitische Kolonisten. Seine Publikationen, in marktschreierischer Form verfaßt, fanden reißenden Absatz.

Im Jahre 1905 forderte die **British Association Randall MacIver** auf, Great Zimbabwe archäologisch zu erforschen. MacIver war Schüler der Archäologen Flinders Petries, der 25 Jahre zuvor große Ausgrabungen in Ägypten durchgeführt hatte. Mit MacIver begann die wissenschaftliche Erforschung der Ruinen. Er stellt u.a. zunächst fest, daß den Bauten alles fehle, was für europäische und arabische Stilrichtungen typisch war. Seine Haupterkenntnisse:
◆ Die Ruinen seien nicht älter als 600 Jahre.
◆ Sie müssen als rein afrikanischen Ursprungs betrachtet werden, ohne jeden europäischen oder östlichen Einfluß.

Erst viel später – im Jahre 1929 – wurde **Gertrude Caton-Thompson** von den Rhodes Trustees sowie der British Association beauftragt, die Fragen nach den Erbauern und dem Zeitpunkt des Entstehens der Great Zimbabwe Ruinen zu präzisieren. Caton-Thompson hatte ihre archäologischen Erfahrungen so wie MacIver in Ägypten gesammelt. Fazit ihrer Grabungen waren die Feststellungen, daß sich alle ihre Untersuchungsergebnisse im wesentlichen mit denen von MacIver deckten. Sie betrachtete die Bantu als Erbauer und datierte Great Zimbabwe auf das Mittelalter.

Diese Ergebnisse widersprachen der angeblichen Geschichtslosigkeit der Afrikaner. Nun wandte man sich verstärkt der Frage zu, wer hier wohl gelebt habe und welche Funktion die Anlage hatte. Noch heute vermag man diese Fragen nicht umfangreich genug zu beantworten und ist auf Vermutungen angewiesen. Gewiß ist, daß schon im 1. Jahrtausend die Gegend um Great Zimbabwe von den Shona-Karanga bewohnt wurde.

Der Lebensstil, den man hier führte, unterschied sich zunächst in gar nichts zu den anderen als "Leopard's Kopje"-Siedlungen bezeichneten Stätten. Im 12./ 13. Jahrhundert hörte wohl Zimbabwe auf, ein gewöhnliches Dorf zu sein. Es wurde – wie es Garlake formuliert – *"Zentrum einer Elite, die aus der bäuerlichen Bevölkerung hervorgegangen war und die ebenso das Staatswesen kontrollierte wie eine Arbeiterschar unterhielt, die mit hinreichender Regelmäßigkeit beim Bau beschäftigt wurde, um handwerkliche Spezialisten hervorzubringen. Diesen ist die Verfeinerung der rohen, streng funktionalen Bautechniken zu verdanken. Nun errichtete man große, hohe Mauern mit vorzüglichen Sichtflächen und schuf Wohnbauten..."* (Garlake, a.a.O., S. 209).

Interessant ist es, der Frage nachzugehen, wodurch es zu diesem Umschwung kam. Die Funde um Great Zimbabwe belegen, daß es hier keineswegs eine Konzentration von Kriegern gab. Vielleicht hatten die ersten Steinmauern – vor allem an der Akropolis – tatsächlich Wehrcharakter. Doch später, als man im Tal baute, sind keinerlei Schutzgedanken archäologisch nachzuvollziehen: Es gibt keine echten Bastionen, keine Schießscharten. Die Anlagen waren im Gegenteil hervorragend von den Bergen einzusehen.

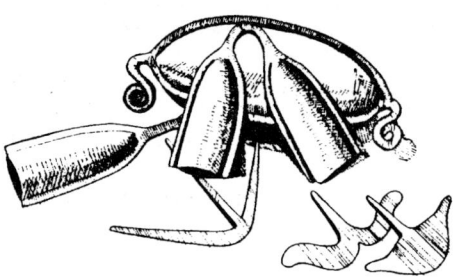

Insignien der Herrscher

hen. Unter militärischem Aspekt gab es keine hinreichend großen Unterkünfte für eine Streitmacht. Schon von weitem vermochte man die Bauwerke zu erkennen, so die Westeinfriedung an der Bergruine.

Die hier lebenden Menschen bedurften **keiner Verteidigung** gegen Außenmächte. Vielmehr gründete sich die Macht Great Zimbabwes vermutlich auf seine Vormachtstellung im Handel. Zudem war diese Stelle wahrscheinlich von Anfang an eine Art religiöses Zentrum. Mündliche Überlieferungen belegen eine solche Rolle. Eine Reihe architektonischer Details, wie "Altäre", Monolithe, Türmchen, Plattformen, sowie die gefundenen Saponitvögel unterstreichen die Annahme einer **Weihestätte.**

Über die geographische Position Great Zimbabwes wurden ebenfalls viele Vermutungen angestellt. Als die Zeit des Handels begonnen hatte, konnte Great Zimbabwe auf seine besondere Lagegunst bauen:
◆ Es lag nahe zu den großen **Goldvorkommen** des Matabele-Landes und an der "Ideal-Linie" zwischen ihnen und der Küste am Indischen Ozean.

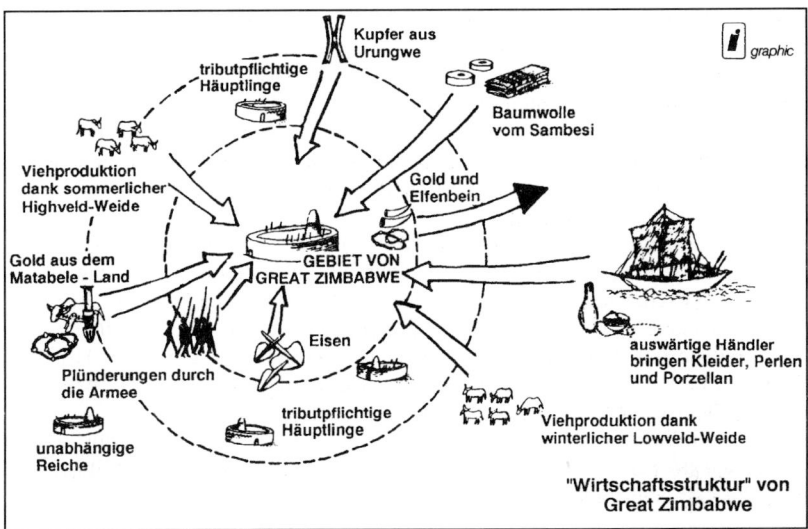

"Wirtschaftsstruktur" von
Great Zimbabwe

◆ Es lag gerade noch **vor den mit Tsetse-Fliegen verseuchten Gebieten** des tiefer liegenden Lowveld mit dem Save-Tal.

◆ Das **Save-Tal bot die einfachste und direkteste Verbindung zur Küste** und damit zu den Abnehmern des Goldes. Man nimmt an, das dieses Flußtal - unter Umgehung der Eastern Highlands – eine der wichtigsten Routen ins Innere des Kontinents darstellten.

◆ Great Zimbabwe liegt am **Ursprung eines der größeren Nebenflüsse des Save.**

Bis zum 13. Jahrhundert bestand Great Zimbabwe wohl lediglich aus Bauten der Bergruine. Erst am Ende jenes Jahrhunderts dürften die ersten Steinmauern im Tal entstanden sein. Im Vergleich zu anderen Siedlungen der Leopard's Kopje-Kultur war diese Siedlung zunächst klein. *"Doch gerade diese Periode war zukunftsweisend, denn nunmehr etablierte und konsolidierte sich eine kleine, doch stark zentralisierte Autorität, die sich auf religiöse und ökonomische Macht stützte, in einer strategischen Position zwischen Produktions- und Handelszentren: Eine Kombination, die, es war gar nicht anders denkbar, zwangsläufig ein rapides Wachstum begünstigen mußte. Dies nun fand während des späten 13. oder des beginnenden 14. Jahrhunderts statt"* (Garlake, a.a.O., S. 212). In die gleiche Periode fallen der Entwicklungs-Höhepunkt der anderen Leopard's Kopje-Siedlungen, der Aufschwung der Goldgewinnung, das Wachstum der Küstenstädte und die Entwicklung der Handelsbeziehungen der Staaten am Indischen Ozean.

In Great Zimbabwe herrschte zu dieser Zeit **Aufbruchstimmung.** Das gesamte Tal wurde besiedelt, man begann mit dem Bau der Great Enclosure. In den Abfallschichten fand man Schmuck aus Gold, Kupfer und Bronze. Man verstand sich auf das Weben von Stoffen, und die handwerklichen Künste erfuhren eine Verfeinerung durch die Intensivierung der Kontakte mit Handwerkern am Indischen Ozean. Keramik, Glasperlen sowie gläserne Gefäße wurden importiert. Es ist anzunehmen, daß auch die Baukunst weiter verfeinert wurde. In dieser Zeit konnte man sich auch genug Arbeiter leisten, welche die Steine zusammenschleppten. Da man nun die passenden Blöcke aussuchen konnte, entstanden Mauern von regelmäßiger Schichtung. Es entstanden die hohe Außenmauer der Great Enclosure sowie der konische Turm.

In Great Zimbabwe fand man unverhältnismäßig viele Bruchstücke, die auf importierte Waren hinwiesen – viel mehr als an anderen Ruinenstätten des Landes. Dies darf als ein Hinweis gewertet werden, daß es den hiesigen Herrschern gelungen war, "den Handel soweit unter Kontrolle zu bringen, daß sie praktisch das **Monopol** besaßen" (Garlake, a.a.O., S. 213). Der Hof ließ Abgaben in Form von Gold, Elfenbein, Eisen und Geweben eintreiben, vertrieb sie über Küstenkaufleute und tauschte dagegen Luxusgüter ein. Natürlich hatte das einfache Volk von diesem Wohlstand nicht viel. Indirekt dürften die Menschen aber doch profitiert haben, da sie entlohnt wurden bzw. ihnen die produzierten Nahrungsmittel abgenommen wurden.

Die entstandenen Bauten projizierten den Reichtum. Einen wirklich praktischen Nutzen dürften sie nicht gehabt haben. Doch sie vermochten sehr eindrucksvoll die Stellung des Herrschers widergespiegelt haben. Als religiöser Mittelpunkt repräsentierten sie die Macht von Geistern oder eines Gottes.

Great Zimbabwe dürfte aber nicht nur Handelskontakte mit der Küste gepflegt haben. Es gibt Anzeichen für Beziehungen zum Nordwesten des Mashona-

Karanga-Dorf

Landes sowie zum Sambesi. Hier gab es Kupfer, Salz und Baumwolle, die gegen Goldschmuck und Eisenschmuck eingetauscht wurden. Über den Sambesi konnten auch – mittels Suaheli-sprechender Zwischenhändler – Waren von der Küste ins Innere Afrikas gelangt sein. Diese Waren wurden dann ebenfalls am Hofe von Great Zimbabwe feilgeboten.

Trotz der Bedeutung Great Zimbabwes gibt es doch übertriebene Vorstellungen von der Anzahl der Menschen, die hier gelebt haben dürften. In den Publikationen ist oft von 11.000 Menschen die Rede. Doch Berechnungen zufolge, welche auf den archäologischen Befunden von Gertrude Caton-Thompson beruhen, wird die Gesamtzahl der Bevölkerung auf etwa 1.000 - 2.500 Erwachsene geschätzt.

Der Lebensstil Great Zimbabwes strahlte auf die weiten Gebiete zwischen den Minen und den Küstenstädten aus. Überall dort, wo es genügend Steine gab, baute man auch Einfriedungen. Es entstanden Provinzhöfe, in denen die gleiche Elite wie in Great Zimbabwe lebte.

Seinen Höhepunkt erreichte Great Zimbabwe zu Beginn des 15. Jahrhunderts, als die Great Enclosure fertiggestellt war. Hier lag wohl das Zentrum des religiösen Kultes. Der konische Turm, die Plattformen sowie Monolithe mögen diesem Zweck gedient haben. Hinter der großen Mauer lagen auch die Wohnsitze der Herrscher sowie seiner engsten Vertrauten. Priester, Beamte und Gehilfen lebten im Tal, wo es geschäftig zuging. In dieser Zeit dürfte die Bergruine an Bedeutung verloren haben. Nur innerhalb der Osteinfriedung verblieb ein Heiligtum, abzuleiten von den dort gefundenen Saponit-Vögeln, Monolithen und Steinplattformen.

Irgendwann um die Mitte des 15. Jahrhunderts begann ein Umschwung. Die Handelsbeziehungen hatten einen Höhepunkt erreicht, die privilegierte Schicht verstand es, immer mehr Reichtümer anzuhäufen. Doch für das relativ kleine Gebiet war der Bevölkerungsdruck zu groß geworden. Es kam der Zeitpunkt, an dem es immer schwieriger wurde, sich mit Steinen und Brennholz zu versorgen. Die Böden waren allmählich ausgelaugt und das Wild ausgerottet. Dagegen gab es mittlerweile überall auf der Savannenhochebene Provinzherrscher, die einen ähnlichen Lebenswandel wie die Mächtigen hier führten. Im Norden und Westen hatten sich eigene Dynastien gebildet, die sich dem Einfluß und Zugriff von Great Zimbabwe entzogen hatten.

Eine **große Konkurrenz** für das Handelsmonopol Great Zimbabwes stellten die Ingombe-Ilede-Bevölkerungsgruppen dar, die in der Nähe des Sambesi wohnten und im 13. Jahrhundert eine Blütezeit erlebten. Sie gewannen die Kontrolle über die Kupfer-Vorkommen von Urungwe. Um die Mitte des 15. Jahrhunderts hörte Great Zimbabwe auf, wirtschaftliches **und politisches Zentrum zu sein**. In der Mbire-Hauptstadt (auf der Linie des heutigen Chegutu und Marondera, südlich von Harare liegend) brach Salzknappheit aus. Salz war damals ein äußerst wichtiges Handelsgut, mit dem man einen weitgespannten Handel trieb. Die Handelswege waren unterbrochen, und als Folge dessen zog der dort lebende Herrscher Mutota mit seinem Volk nach Norden. Er gründete das Mwene-Mutapa-Reich und lief damit Great Zimbabwe den Rang des politischen und ökonomischen Zentrums ab. Mutota siedelte im Dande-Gebiet am mittleren Sambesi, das unmittelbar an Ingombe Ilede grenzte. Hier gab es Salz, und ebenso waren die Handelsverbindungen über den Sambesi ausgezeichnet. Das Reich der Mwene Mutapa stellte sein Handelsmonopol wieder her und drängte das Ingombe-Ilede-Volk zur Seite. Great Zimbabwe führte fortan ein absolutes Schattendasein und verfiel allmählich in die Bedeutungslosigkeit.

▪ Zur Lage und Architektur Great Zimbabwes

Great Zimbabwe liegt am Südabbruch des etwa 1.300 - 1.700 m hohen Plateaus. Diese Hochebene bildet zugleich die Wasserscheide zwischen dem Sambesi und Limpopo. Insgesamt sind die Lebensbedingungen gut: Es fällt hinreichend Niederschlag, das Gebiet ist frei von Tsetsefliegen, und die Savanne bot von jeher einen idealen Lebensraum für die Tiere. Um Great Zimbabwe liegen granitene Hügel, die als Regenfänger fungieren. Hier ist auch die Vegetation dichter. Seit jeher haben deshalb solche Stellen in besonderer Weise Menschen zur Ansiedlung gereizt. Stets stand Wasser zur Verfügung, die Ernten fielen günstiger aus, es gab hinreichend Bau- und Brennholz und genügend Wild.

In der Umgebung von Great Zimbabwe stoßen zwei ökologische Systeme zusammen:
◆ Nördlich der Ruinen liegen Berge, deren metamorphe Gesteine zu einer fruchtbaren Lehmerde zerfallen: **brauchbares Ackerland**.
◆ Südlich der Ruinen herrscht offenes Grasland vor: eine ideale **Viehweide**.

Rings um Great Zimbabwe gibt es Granitberge, die aufgrund der Temperaturerosion (hervorgerufen durch immense Temperaturdifferenzen zwischen Tag und Nacht) große Felsplatten absplitten, welche sich leicht zerkleinern lassen. Zudem bricht dieser Granit regelmäßig in einer quaderartigen Form ab – eine ideale Grundlage für den Mauerbau. Deshalb wurden in Great Zimbabwe Steine ohne jede Mörtelverbindung verlegt. Die Mauern erreichen eine Dicke von 1,20 - 5,20 m. Der Zwischenraum zwischen den äußeren Mauerschalen wurde mit mehr oder minder regelmäßigen Steinen aufgefüllt. Die einzigen Bauwerkzeuge, die man benutzte, waren Steinschlägel

Erstklassig gefügtes Mauerwerk

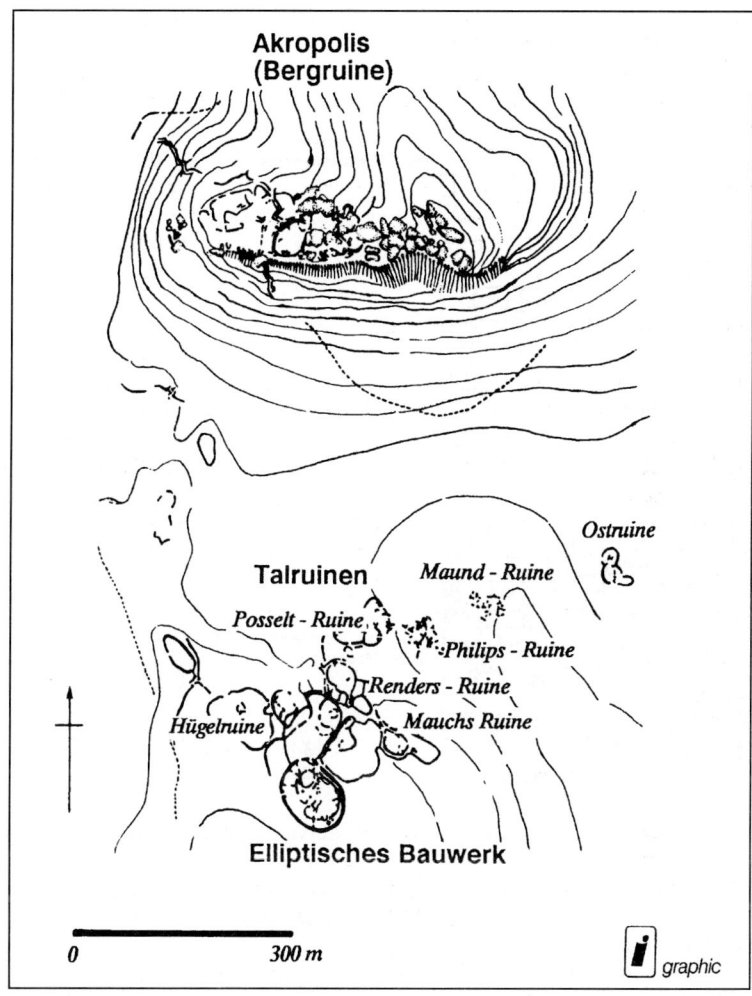

aus härterem Dolerit, mit denen man den Mauern den "letzten" Schliff gab, indem man vorstehende Teile abschlug. Man unterscheidet nach Whitty drei Mauertypen:

◆ Mauerwerk aus regelmäßig behauenen Steinen;
◆ In unregelmäßigen Lagen geschichtetes Mauerwerk;
◆ Verkeiltes, nicht lagerhaftes Mauerwerk.

Whitty stellte bei seinen Untersuchungen fest, daß es eine klare zeitliche Stilfolge gab: Die Mauern mit wellenartigen Steinlagen sind alle älter als die regelmäßig verlegten und z.T. behauenen Mauern.

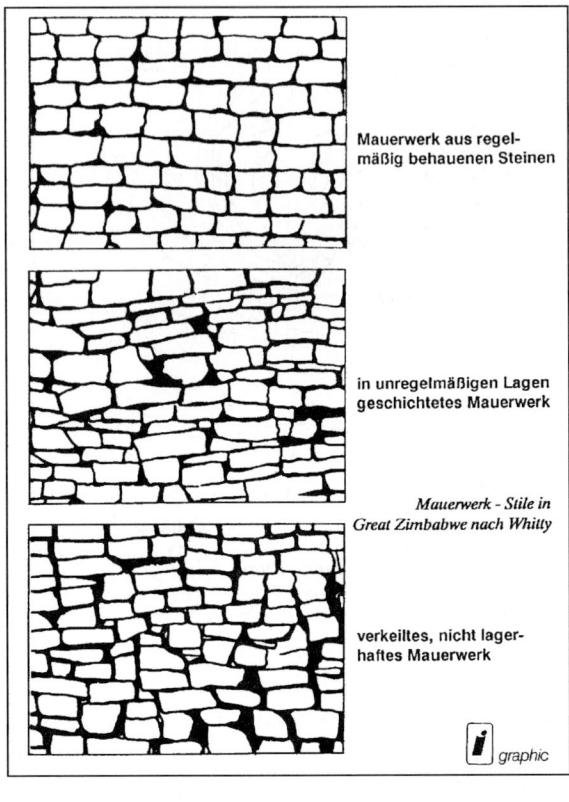

Mauerwerk aus regel-
mäßig behauenen Steinen

in unregelmäßigen Lagen
geschichtetes Mauerwerk

*Mauerwerk - Stile in
Great Zimbabwe nach Whitty*

verkeiltes, nicht lager-
haftes Mauerwerk

i graphic

Je ausgereifter die Mauerbau-Technik wurde, desto eleganter wurden auch die architektonischen Lösungen: Rundungen und geschweifte Treppen sind für den späteren Zeitabschnitt typisch.

Auf den Mauern ruhten nie Dächer. Sie paßten sich stets dem Gelände an. Türstürze bestanden aus Holz, manchmal aber aus Granit- oder Schieferplatten.

Auf dem Ausgrabungsgelände sieht man auch z.T. eingestürzte Mauern. Man geht davon aus, daß auch sie einst Bauwerke umgaben, die allerdings heute verfallen sind, da sie aus weniger widerstandsfähigem Material gebaut waren. Ein solches Material war "daga".

INFO

Daga

Hierbei handelt es sich um eine mit Wasser angerührte **lehmige Erde, die mit Kieselmasse vermengt wurde und so als Bindemittel diente.** *Tatsächlich fand man in der Umgebung von Great Zimbabwe Gruben, wo Daga abgebaut wurde. Daga war von sehr unterschiedlicher Haltbarkeit, je nach seiner individuellen Zusammensetzung. Feines Daga* **ähnelte Zementaufstrichen** *und war entsprechend lange haltbar. Steinmauern und weniger haltbare Daga-Bauten gehörten also zusammen.*

Einen Beweis hierfür lieferten die von Caton-Thompson durchgeführten Untersuchungen an der Maund-Ruine. Hier stießen 10 Daga-Rundbauten an etwa 29 Steinmauern. Wenn man diese Systematik – weniger

haltbare Da-
ga-Bauten und
sehr haltbare
Steinmauern –
bedenkt, sind
die heute nicht
verständlichen
Lücken zwi-
schen den
Steinmauern
zu erklären.
Daga wurde
nicht nur zum
Hüttenbau ver-
wendet, son-
dern auch zum

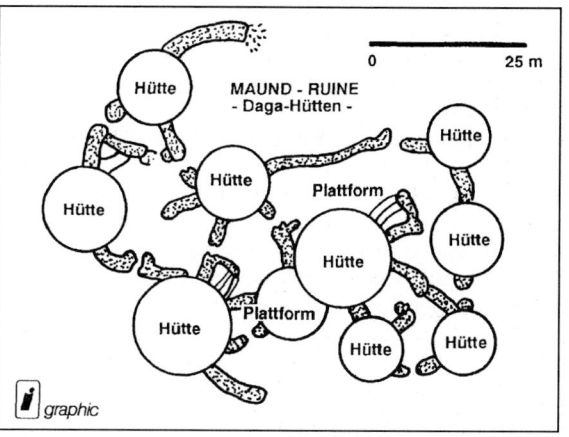

Überzug von Plattformen, Treppenstufen und zum Verputz von Stein-
wänden.

Rundgang in den Ruinen von Great Zimbabwe

◆ Museum

Links vom Parkplatz, in Richtung der Bergruinen (Akropolis), gelangt man
zum Museum. Hier sind Nachbildungen der Saponit-Vögel, auch als Zimbabwe Birds bezeichnet, zu sehen. Das junge
Zimbabwe hat sie zum Staatssymbol gewählt (Flagge, Wappen). Auch ziert ein sti-
lisierter Zimbabwe-Vogel das Heck der Air
Zimbabwe-Flugzeuge. Früher standen die
Vogelskulpturen auf steinernen Monolithen.
Bent fand sie in der Osteinfriedung der
Bergruine. Des weiteren findet man im Museum Ausgrabungsstücke und Dokumenta-
tionen zur Geschichte von Great Zimbabwe.

◆ Akropolis (Bergruine)

Auf zwei Hauptwegen kann man die Akropolis erreichen:
- Der **Modern Path**, der weniger steil ist
und später in dem alten Zugang mündet, ist
weniger beschwerlich und führt in etwa 15
bis 20 Minuten hinauf.

Aufstieg zur Bergruine

223

- Der **Ancient Path** ist der steilere Aufstieg, der direkt in das Ruingelände führt.
- Daneben gibt es noch den **Watergate Path**, der vom Wassertor aus den Westhang hinaufführt.

Als Aufstieg sollte man den Modern Path wählen.

Die etwa 80 m über dem Talniveau liegende Akropolis betritt man durch den einzigen noch intakten Torgang der Westeinfriedung. Man sollte wissen, daß alle Toreingänge in Great Zimbabwe früher übermauert waren. Das Mauerwerk fußte auf Stürzen aus Schieferplatten oder Holz. Wenn diese Stürze brachen, stürzten auch Teile der seitlichen Mauer ein.

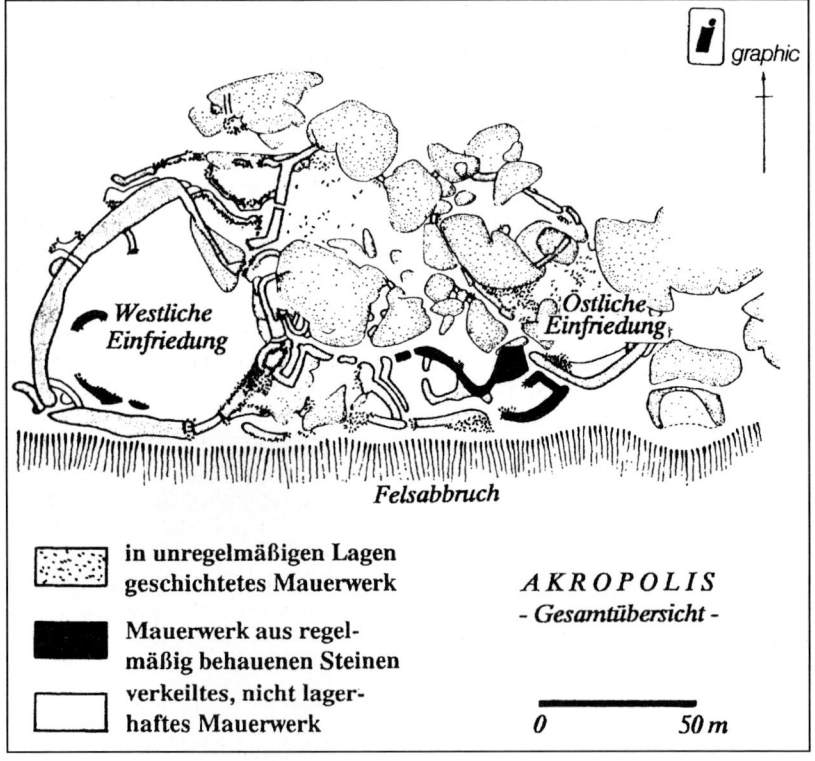

Westliche Einfriedung

Östliche Einfriedung

Felsabbruch

in unregelmäßigen Lagen geschichtetes Mauerwerk

Mauerwerk aus regelmäßig behauenen Steinen

verkeiltes, nicht lagerhaftes Mauerwerk

AKROPOLIS
- Gesamtübersicht -

0   50 m

Die große Westwand, welche die West Enclosure umschließt, mißt eine Breite von 4,20 m, eine Höhe von knapp 4 m und ist mit Stein-Türmchen besetzt. Sie wurde 1916 ausgebessert. Außerhalb der Ummauerung kann man große Steinhaufen sehen, die von hastigen Ausgrabungen im Inneren zeugen. Die teilweise eingestürzte Südwand am Felsabhang ermöglicht einen guten Blick ins Tal. Dieser Einsturz wurde durch eine Versetzung des Felsens verursacht.

Akropolis

Aus der West Enclosure führte ein teilweise bedeckter Übergang zur Eastern Enclosure, dem wichtigsten Teil der Gesamtanlage. Hier lag wahrscheinlich das Heiligtum. Beiderseits der zu ihm führenden Treppe standen drei Saponit-Vogel-Steine. Beeindruckend ist die Anpassung der Mauerführung an den anstehenden Fels. Alle Formen sind rund und gewunden, nichts ist eckig oder winklig.

Es konnte nachgewiesen werden, daß der Berg, auf dem die Akropolis liegt, schon seit dem 4. Jahrhundert bewohnt war. Die unteren Lagen der Südwand reichen ins 11. Jahrhundert zurück.

Beim Abstieg in das 'Valley of Ruins' (Talruinen) folgt man am besten dem steileren Ancient Path. Im Tal selbst dürfte die Gefolgschaft des Herrschers gelebt haben. Hier liegt u.a. die Maund-Ruine, die G. Caton-Thomson eingehend untersuchte. Linkerhand befindet sich der Nachbau eines Karanga-Dorfes, wo Eingeborene zur Demonstration für den Besucher zeitweise alten Handwerkstätigkeiten nachgehen.

◆ **Great Enclosure**

Diese große Einfriedung ist sicherlich das anziehendste Bauwerk des gesamten Komplexes. Die Karanga nannten diesen magisch-königlichen Bau "Mumbahuru", was soviel wie "großes Haus des Häuptlings" heißt. Es ist zwar nicht eindeutig zu beweisen, daß sich hier eine wichtige religiöse Zeremonienstätte befand, doch scheint diese Hypothese wahrscheinlich, da der Mächtigkeit der Ringmauern nicht eine Wehr-, sondern eher eine Magiefunktion innewohnte. Die Wucht dieser großen Ringmauer vermögen einige Zahlen zu belegen. Sie weist eine Gesamtlänge von 250 m auf. An ihrer höchsten Stelle ist sie 9,8 m,

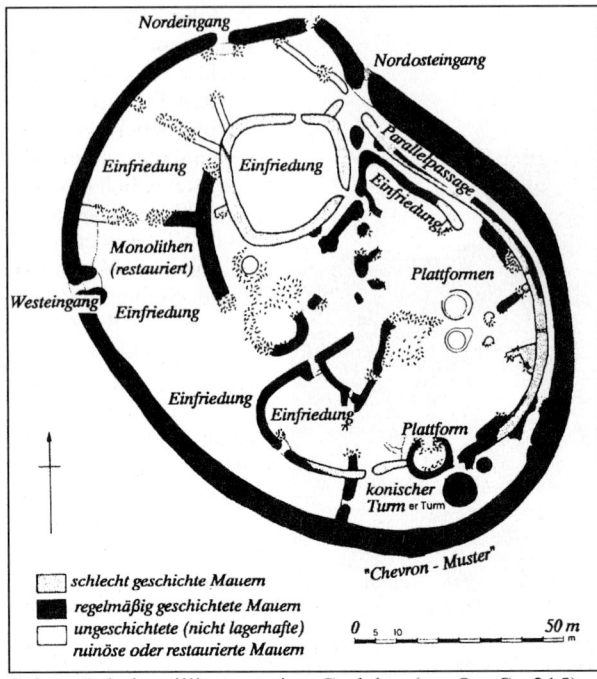

Im Bildbereich:
Nordeingang
Nordosteingang
Einfriedung
Einfriedung
Parallelpassage
Einfriedung
Monolithen (restauriert)
Plattformen
Westeingang
Einfriedung
Einfriedung
Einfriedung
Plattform
konischer Turm er Turm
"Chevron - Muster"

schlecht geschichte Mauern
regelmäßig geschichtete Mauern
ungeschichtete (nicht lagerhafte) ruinöse oder restaurierte Mauern

0 5 10   50 m

durchschnittlich aber 7 m hoch. Ihre Breite erreicht 5,20 m. Insgesamt wurde die ungeheure Masse von 5.160 m³ Gestein verarbeitet. Daraus hätte man über 50 Häuser bauen können! In der Ringmauer sind viermal mehr Steine verbaut als in allen Innenmauern zusammen. Zur Errichtung eines solchen Bauwerks waren nicht nur eine übergroße Motivation, sondern Reichtum und das Vorhandensein einer

Schar Arbeitswilliger nötig. Garlake (a.a.O., S. 215) verdeutlicht dies mit einer Berechnung: *"Geht man vom Kubikinhalt der Außenmauer der großen Einfriedung aus (5.160 Kubikmeter) und setzt man voraus, daß diese Mauer in Intervallen während des bäuerlichen Jahres errichtet wurde – dann näm-*

lich, wenn man das Land nicht bebaute –, so ergibt sich, falls die Arbeiter pro Jahr 50 Tage für den Mauerbau abzweigten und jeder pro Tag etwa 11 bis 12 Blöcke abbaute, transportierte und verlegte, daß eine Arbeiterschar von etwa 400 Personen die Mauer in vier Jahren errichten konnte."

Zweifelsohne ist diese Mauer das größte prähistorische Bauwerk Afrikas südlich der Sahara. Im Inneren der Mauer gibt es nur eine einzige Mauereinfriedung (= Enclosure 1), in der es etwa 5 Daga-Hütten gab. Die Innenmauer der sogenannten

Parallel-Passage

226

"Parallel-Passage" diente zunächst dem Schutz der Daga-Bauten innerhalb der Einfriedung 1. Später, als man ein größeres Geländestück einfrieden wollte, begann man mit dem Bau der großen Ringmauer. Diese – ein Meisterstück präziser Steinbaukunst – weist an der südöstlichen Außenseite – in der Höhe

des konischen Turms – ein sogenanntes "Chevron-Muster" auf, das im doppelten Zick-Zack die Gemäuer durchzieht, genau parallel zur geheimnisvollsten Zone im Inneren.

Steinbaukunst par excellence

Im architektonischen Mittelpunkt steht im Inneren der Enclosure der berühmte konische Turm. Man hat herausgefunden, daß er im Inneren völlig massiv ist und auf dem normalen Bodenhorizont ruht. An seiner Spitze gab es früher einen gemusterten Fries. Noch heute überragt der konische Turm die Außenmauer um etwa einen Meter. Sein Zweck ist unklar. Vermutet wird, daß in ihm *"allein die Dokumentierung und Monumentalisierung der fruchtbaren Herrschermacht Gestalt annahm"* (Holm, Heft 1/2, 1976 in der Reihe "Die Karawane", S. 131).

Buchtips
● **Garlake** Peter S., Simbabwe, Bergisch Gladbach 1975
● Rhodesien, in der **Reihe der Vierteljahreshefte** "Die Karawane", Heft 17, Ludwigsburg 1976
● **A Trail Guide to the Great Zimbabwe National Monument** (erhältlich am Eingang zu Great Zimbabwe)

6.5.6 LAKE MUTIRIKWI

Lake Mutirikwi (Kyle) Recreational Park

Informationen und Buchungen
The Warden, Mutirikwi Recreational Park, Private Bag 9136, Masvingo, Tel.: 62913

Öffnungszeiten
Der Park ist geöffnet von 6:00 bis 18:00 Uhr.

Hinweis
Im Zuge der Unabhängigkeit wurde der See in Mutirikwi Lake umbenannt, nach dem Fluß Mutirikwi, der hier aufgestaut wurde. Dennoch findet man weiterhin noch die Bezeichnung Kyle Recreational Park für das Erholungsgebiet am Mutirikwi See.

▨ Überblick

Das Restcamp sowie das Parkbüro liegen am Nordufer, zu erreichen über eine Abzweigung von der Straße Birchenough Bridge - Masvingo.

Der Game Park des Mutirikwi Recreational Park liegt am Nordufer und bietet Möglichkeiten, Giraffen, Zebras, Kudus und Elenantilopen zu beobachten. Außerdem leben dort Impala, Ducker, Gnus, Halbmondantilopen und Riedbock.

Lake Mutirikwi

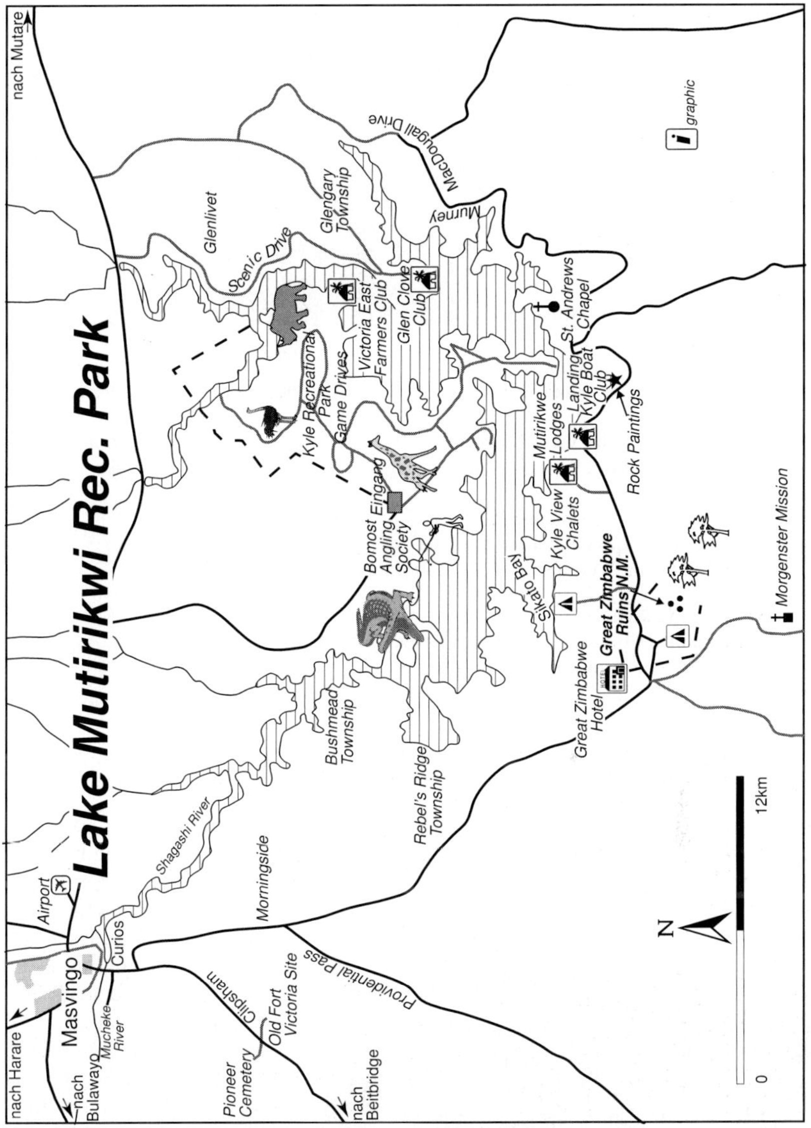

▧ Reisepraktische Hinweise

Übernachtungsmöglichkeiten und Camping
● **Mutirikwi Lake Shore Lodges**, P.O.Box 518, Masvingo, Tel.: Tel.: 139-7151; Vermietung von Chalets und Campingplätzen, Anlage liegt direkt am See, self-catering.

● **Kyle View Holiday Resort**, Private Bag 9055, Masvingo, Tel.: 139-7202 oder 52298, Fax 64904; Vermietung von Chalets mit Küche, Restaurant, Tankstelle, Shop, Swimming Pool, Tennis.

● **Kyle Recreational Park**, Private Bag 9136, Masvingo, Tel.: 62913; Campingplätze am Lake Mutirikwi (östlich der Ruinen); zentrale Buchung über: **National Parks Central Booking Office (CBO)**, National Botanical Gardens, Borrowdale Rd., Sandring-

Am Stausee

ham Drive, Harare, P.O. Box CY 826, Causeway, Tel.: 706077 oder 706078 oder direkt im Park Tel.: 139-7685.

● **Norma Jeanne´s Lake View Chalets** P.O. Box 196, Mavingo, Tel.: 139-7206, Fax.: 139-64205, Schöne und saubere Anlage mit großzügigen Chalets, self-catering, in der Nähe der Great Zimbabwe Ruins.

● Weiter gibt es folgende Unterkünfte:

1) **Lodges sowie Campingplätze** am Nordufer in der Nähe des Park Headquarter.

2) **Campingplätze** am Westufer des Lake Mutirikwi an der Sikato Bay.

Aktivitäten
Game Drives mit dem eigenen Fahrzeug
Tierbeoachtungen per Pferd
Angeln vom Ufer aus, oder mit Booten
Walking Safaris

▦ Lake Mutirikwi

Nur wenige Fahrminuten von den Great Zimbabwe Ruins entfernt liegt der Lake Mutirikwi, in dem der Mutirikwi-Fluß aufgestaut wird. Der See bedeckt eine Fläche von etwa 90 qkm. Seine Staumauer – 60 m hoch und 305 m lang - wurde 1961 gebaut. Der Lake Mutirikwi ist – nach Kariba – der zweitgrößte Stausee des Landes. Das Wasser dient zu Bewässerungszwecken, u.a. für die Zuckerrohrplantagen des Lowveld. Seine Uferlänge mißt 250 km. Der See sowie die umliegenden Gebiete wurden zum Mutirikwi Recreational Park zusammengefaßt. Dieser Park bedeckt etwa 16.900 ha. Der See bedeckt, wenn er aufgefüllt ist, eine Fläche von 9.000 ha.

Am Mutirikwi-Damm

In der Nähe des Restcamps, unweit vom Parkbüro, liegen Basutu-Gräber. Die Basuto kamen als Ochsenwagenfahrer ins Land, um Cecil Rhodes zu Landeserkundungen zu fahren. Er überließ ihnen später hier einiges Land. Die meisten dieser Schwarzen starben infolge einer Grippeepidemie 1919. Die Überlebenden zogen in die Umgebung von Gutu.

Weiterreisemöglichkeiten
- der vorgeschlagenen Route **nach Bulawayo** folgend.
- zurück über Masvingo/Chivu **nach Harare**
- Abstecher **zum Gonarezhou National Park**

6.6   MASVINGO – BULAWAYO

- Ein Besuch des **National History Museum**
- Die Naturwunder sowie die Tierwelt im **Matobo National Park** erleben
- Sonnenuntergang am **"World's View"** genießen
- Besuch der herausragenden **archäologischen Stätten der Khami Ruins**
- Wenn die Zeit es zuläßt: ebenso Besuch der imposanten **Steinarchitekturen der Dhlo Dhlo und Naletale Ruins**

6.6.1   BULAWAYO

Überblick

Bulawayo liegt im Herzen des Mata-bele-Landes und ist nach Harare die zweitgrößte Stadt des Landes. Es ist weniger die Stadt selbst, die das touri-stische Interesse anzieht. Vielmehr ist es die reizvolle Umgebung. Im Süden liegt der Matobo National Park (früher

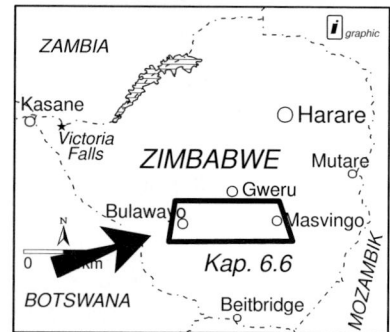

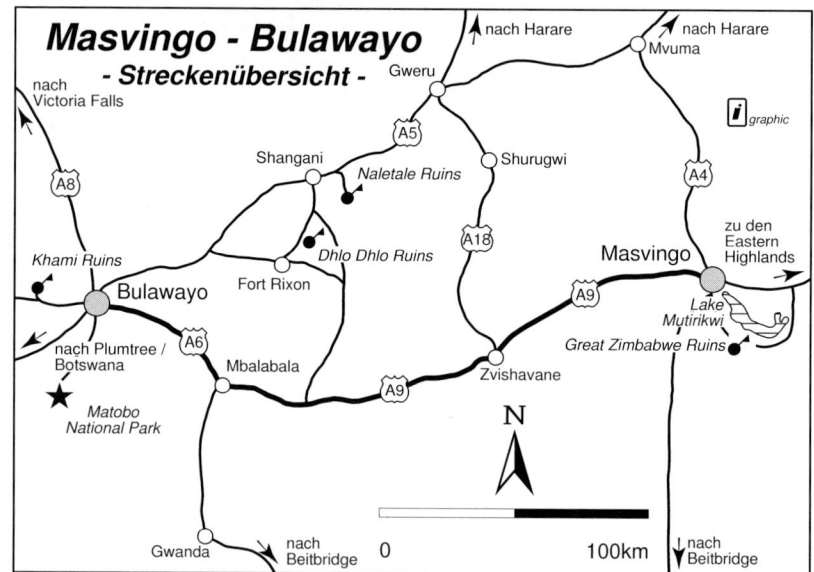

Matopos National Park genannt), eine überraschend schöne Gebirgslandschaft mit faszinierenden Erosionsformen und beeindruckenden Zeugnissen der Prähistorie, die man in Form von Felsmalereien bewundern kann. Ebenso interessant ist ein Besuch der westlich Bulawayos liegenden Khami Ruins, der ehemaligen Hauptstadt des Torwa-Reichs.

6.6.2 REISEPRAKTISCHE HINWEISE

Entfernungen
● **Bulawayo - Harare** 441 km
● **Bulawayo - Victoria Falls** 439 km
● **Bulawayo - Hwange NP** 288 km
● **Bulawayo - Masvingo** 280 km

Rundfahrten/Touren/Besichtigungen
Die folgenden Unternehmen bieten Sightseeing und Ausflüge an:
● United Touring Company, Ecke George Silundika St./14th Ave., Tel.: 61402. UTC bietet täglich eine City Tour in Bulawayo an. Außerdem im Programm sind Ausflüge zu den Khami Ruins, Matobo Hills, Matobo Hills & Game Park, Chipangali Wildlife Orphanage und National History und Railway Museum.
● Black Rhino Safaris, P.O. Box FM89, Famona, Tel.: 41662
● Africa Dawn Safaris, P.O. Box 128, Tel.: 46696
● Adventure Travel, 9th Ave. zwischen Robert Mugabe Way/George Silundika St., Tel.: 60385
● Vundla Safari Tours, Zimnat House, Jason Moyo Street, 10th & 11th Avenues, P.O. Box 1935, Tel.: 64076, Fax: 65016.
● Luxuriöse Zugsafaris zum Hwange National Park und nach Victoria Falls bietet: **Rail Safaris (Pvt.) Ltd.**, 2C Prospect Avenue, Raylton, Bulawayo, Tel. und Fax. 75575.

Informationen
● **Bulawayo Publicity Association and Information Bureau**, Robert Mugabe Way, zwischen Leopold Takawira und 8th Ave., Tel.: 60867, geöffnet Montag bis Freitag 8:30-16:45 Uhr, Samstag 8:30-12:00 Uhr.

Redaktions-Tips

▨ **Übernachten:** in Bulawayo bieten das **Bulawayo Sun** und das **Bulawayo Holiday Inn Garden Court** die angenehmsten Unterkünfte. Sollten Sie aber nur über Tag in der Stadt bleiben, empfehlen sich eher Hotels in und um den Matobo National Park, wie z.B. die Matobo **Hill Lodge** und die **N'tabazinduna Lodge**

▨ **Essen gehen:** Die echte italienische Küche im **La Gondola** und die abwechslungsreiche Speisekarte im **New Orleans Restaurant** treten hervor.

▨ **Bedeutendste Sehenswürdigkeiten:** in Bulawayo: National History Museum, National Gallery und das Railway Museum. Im Umkreis der Stadt: der Matobo National Park mit seinen Nashörnern und der einmaligen Landschaft sowie dem Grab von Cecil Rhodes, die Khami-Ruinen und die Dhlo-Dhlo-Ruinen sowie die Nalatale-Ruinen.

▨ **Zeiteinteilung:** Es empfehlen sich – wenn man im Hotel schlafen möchte und nicht in Lodges des Matobo National Parks – für Bulawayo zwei Übernachtungen einzuplanen. Bulawayo selbst vermag touristisch nichts Außergewöhnliches zu bieten außer dem Museum of Natural History und der National Gallery. Einen Besuch hier sollte man mit insgesamt drei Stunden veranschlagen. Für eine Rundfahrt im Matobo National Park sollten Sie einen Tag einplanen. Danach kann man die Fahrt, sofern man der vorgeschlagenen Buchroute folgt, zum Hwange National Park fortsetzen.

▨ Wenn Sie noch die Ruinen von Dhlo Dhlo und Nalatale (sehr sehenswert!) sehen möchten, so sollten Sie eine weitere Übernachtung in Bulawayo einplanen.

▨ **Lesen Sie auch die Redaktionstips** im Kapitel 6.6.5.

● **AA Automobile Association of Zimbabwe**, Fanum House, Ecke Leopold Takawira Ave./ Josiah Tongogara St., Tel.: 70063/4.

Wichtige Telefonnummern
● Apotheke (Tag und Nacht, Ecke 8th Ave./Robert Mugabe Way), 68642
● Bulawayo Airport, 26423
● Busterminal (8th Ave./City Hall), 67292

● Fluggesellschaften: Air Zimbabwe (Terminal) 72051, South African Airways, 71337, British Airways, 66596
● Krankenhaus: Central Hospital, St. Luke´s Way, 72111
● Nationalparkbüro, 63646
● Polizei, 72515
● Zimbabwe International Trade Fair, 64911.

Flugverbindungen
Nach Harare gibt es täglich Flüge mit Air Zimbabwe. Über Harare hat man jeden Tag Anschluß an Flüge nach Kariba und Hwange. Nach Johannesburg gibt es täglich außer Sonntag Flugverbindungen, Mittwoch und Freitag Direktflüge. Nach Victoria Falls gibt es viermal pro Woche direkte Flugverbindungen (Stand: Sommerflugplan 1995). Air Zimbabwe, Tregor House, Jason Moyo St./11th und 12th Avenues, Tel.: 72051. Die SAA fliegt ebenfalls Bulawayo an, South African Airways, Fife Street/10th Ave., Tel.: 71337.

Busverbindungen
● **überregional**
Regelmäßige Busverbindungen von Bulawayo nach Harare und Victoria Falls (außer Samstag) bietet: Ajay Motorways, P.O.Box 8215, Belmont, Bulawayo, Tel.: 74003 und 68360, weitere Busverbindungen bietet Express Motorways, Tel.: 61402. Es gibt auch Busse nach Johannesburg. Die drei Busterminals sind
- Bulawayo Sun Hotel, Josiah Tongogara Street/10th Ave.
- City Hall Car Park, Leopold Takawira Ave./Robert Mugabe Way
- Holiday Inn, Milnerton Avenue, Ascot.
● **innerstädtisch**
Busse zu den nördlichen, östlichen und südlichen Vororten fahren ab City Hall Terminus, Tel.: 67172; alle Busse zu den westlichen Vororten fahren ab Lobengula Street Terminal, 6th Avenue.

Zugverbindungen
Von Bulawayo fahren Züge nach Victoria Falls, Harare und Mutare und südlich über Beitbridge nach Johannesburg. Täglich gibt es außerdem eine Zugverbindung nach Botswana. Zuginformationen: Tel.: 322284.

Taxis
Taxis erreicht man unter den folgenden Telefonnummern: 60666, 61933, 72454, 60154 und 60704.

Fahrradverleih
Mountain Bikes verleiht Transit Car Hire, Robert Mugabe Way/12th Ave., Tel.: 76394.

Autovermietung
● **Avis**: Reservierungen: Tel.: 68571/61306. Vermietstationen: 99 Robert Mugabe Way, Tel: 68571/61306, am Flughafen/After hours Tel.: 26657

● **Hertz**: Reservierungen: Tel.: 74701/61402. Vermietstationen: George Silundika St./14th Ave., Tel.: 61402, am Flughafen/After hours Tel.: 27177.
● **Europcar**: Reservierungen: Tel: 67925/74157, 9a Africa House, Fife Avenue

Banken/Geldtauschen
● **Barclays Bank of Zimbabwe**, Main Street/Eight Ave., Tel.: 67811 und Jason Moyo St./10th Ave., Tel.: 71761
● **Stanbic Bank,** Main Street/8th Ave., Tel.: 69712
● **Standard Chartered Bank of Zimbabwe**, Fife Street/8th Ave., Tel.: 63861.
Die Öffnungszeiten der Banken sind: Montag, Dienstag, Donnerstag, Freitag 8:00-15:00 Uhr, Mittwoch 8:00-13:00 Uhr, Samstag 8:00-11:30 Uhr

Post Office
General Post Office, Main Street/8th Avenue, Tel.: 62535; Öffnungszeiten: Montag bis Freitag 8:30-17:00 Uhr, Samstag 8:30-11:00 Uhr

Einkaufstips
Die Geschäfte sind im allgemeinen geöffnet Montag bis Freitag 8:30 - 17:00 Uhr, Samstag 8:00 - 12:00 Uhr.

Übernachtungsmöglichkeiten
IN BULAWAYO
● **Hotels**
 - **Bulawayo Sun*** (A)**, P.O.Box 654, 10th Ave./Josiah Tongogara St., Tel.: 60101, Bulawayo; großes modernes Hotel der Zimbabwe Sun Kette mit gutem Restaurant
 - **Cresta Churchill*** (B)**, P.O.Box 9140, Ecke Matopos Rd/Moffat Ave., Tel.: 41016/44243 Hillside, Bulawayo; renommiertes, stilvolles Haus mit gutem Restaurant
 - **Bulawayo Holiday Inn Garden Court*** (C)**, P.O.Box AC 88, Ascot/Milnerton Drive, Tel.: 72464, 72465-9, Bulawayo; modernes Haus nahe dem National Museum
● **Camping**
 - **Bulawayo Caravan Park (D)**, Central Park, P.O.Box 2034, Bulawayo, Tel.: 63851. Informationen erhält man im City Centre/City Hall bei "Bulawayo Municipality Campground & Bungalows". Bei Dunkelheit sollte man wegen Kriminalität den Weg zum Campground meiden!
 - außerhalb von Bulawayo: 19 km in Richtung Victoria Falls liegt das relativ neue **"Country Rest Camp"** mit Zeltmöglichkeiten, Wohnwagenplätzen und Chalets.
● **Jugendherberge**
Youth Hostel, Townsend Road/Third Street, Bulawayo, Tel.: 76488, Hinweis: die Jugendherberge ist tagsüber zwischen 10:00 und 17:00 Uhr geschlossen.
AUSSERHALB VON BULAWAYO
 - **N´tabazinduna Lodge (E),** Lodge in privatem Wildgebiet mit spektakulärer Aussicht, 20 Autominuten von Bulawayo entfernt. Bu-

Souvenirs aus Zimbabwe

chungen über: N´tabazinduna Lodge, P.O. Box 7, Bulawayo, Tel.: 62553 und 79563, Fax: 76658
- **Camp Amalinda (F)**, Exclusives Zeltcamp in den Matobo Hills. Buchungen über: Londa Mela Safaris, P.o. Box 130, Queens Park, Bulawayo, Fax: (9) - 78319.

Restaurants
- **The Bistro** im Bulawayo Sun Hotel, 10th Ave/Josiah Tongogara St., Bulawayo, Tel.: 60101, beliebt bei den Einheimischen.
- **Cape to Cairo**, Robert Mugabe Way/L. Takawira St., Bulawayo, Tel.: 72387, beliebtes Restaurant wegen der guten Atmosphäre
- **Country Cottage**, Shop 5, Southwold Shopping Centre, Bath Road, Bulawayo, Tel.: 77802
- **Cypriana Taverna**, Trade Fair Grounds, Hillside Road, Bulawayo, Tel.: 62081 und 66111, griechisches Restaurant.
- **La Gondola**, 105 Robert Mugabe Way, zwischen 10th und 11th Street, Bulawayo, Tel.: 62986, italienisches Restaurant mit original 70er Jahre Atmosphäre, dazu reichhaltige Speisekarte. Probieren Sie hier Crocodile Tail (als Vorspeise) oder Straußensteak, falls sie Spezialitäten des südlichen Afrika bevorzugen. Seit 25 Jahren der führende Italiener in Bulawayo.
- **Les Saisons**, 71 Josiah Tongogara St., Bulawayo, Tel.: 77292, eines der besseren Restaurants in der Stadt.
- **New Orleans Restaurant**, Banff Road/Leander Ave., Hillside, Tel.: 43176, zählt ebenfalls zu den besten Restaurants in Bulawayo.
- **The Nesbitt Castle**, 6 Percy Ave., Hillside, Bulawayo, Tel.: 42735/42736. Stilvolle Atmosphäre.
- **Morgan´s Restaurant**, Ramji´s Complex, Robert Mugabe Way/11th Ave., Restaurant mit überwiegend jüngerem Publikum.
- **Peking Restaurant**, Treger House, Jason Moyo/11th Ave., Tel.: 60646, chinesische Küche.

Nightlife
Das Nachtleben ist in Bulawayo spärlich, wer dennoch weggehen möchte, kann folgende Diskothek ausprobieren:
Silver Fox Nite Club, 101 Robert Mugabe Way, Bulawayo. Tel.: 77097, täglich geöffnet, Night Club und Restaurant.

Ballonsafaris
Wildfire Balloons, P.O. Box 157, Bulawayo, Tel.: 65383, veranstaltet Ballonsafaris im Matobo National Park und Umgebung.

Schwimmen
Ein großes öffentliches Schwimmbad gibt es im Central Park an der Samuel Parirenyatwa Street in der Höhe der 8th und 9th Avenue (geöffnet August bis April).

Galerien
The National Gallery Bulawayo, Ecke Leopold Takawira Ave./Robert Mugabe Way, Ausstellung von Skulpturen und zeitgenössischen Gemälden; geöffnet von 10.00 - 17.00 h außer Montag, Samstag von 9.00 - 13.00 h

Sehenswürdigkeiten
- **Museum of Natural History**, Centenary Park, Leopold Takawira Ave., geöffnet täglich von 9.00 - 17.00 h
- **The National Gallery Bulawayo**, Ecke Leopold Takawira Ave./Robert Mugabe Way, Ausstellung von Skulpturen und zeitgenössischen Gemälden; geöffnet von 10.00 - 17.00 h außer Montag, Samstag von 9.00 - 13.00 h

6.6.3 ÜBERBLICK UND GESCHICHTE

Bulawayo ist nach Harare mit ca. 1 Million Einwohnern die zweitgrößte Stadt Zimbabwes. Sie liegt 1.356 m hoch und ist das administrative **Zentrum für das nördliche und südliche Matabele-Land**. Milde Winter, heiße Sommer (mit Durchschnittstemperaturen von über 30° C) und Trockenheit (597 mm Jahres-Niederschlag) kennzeichnen das Klima.

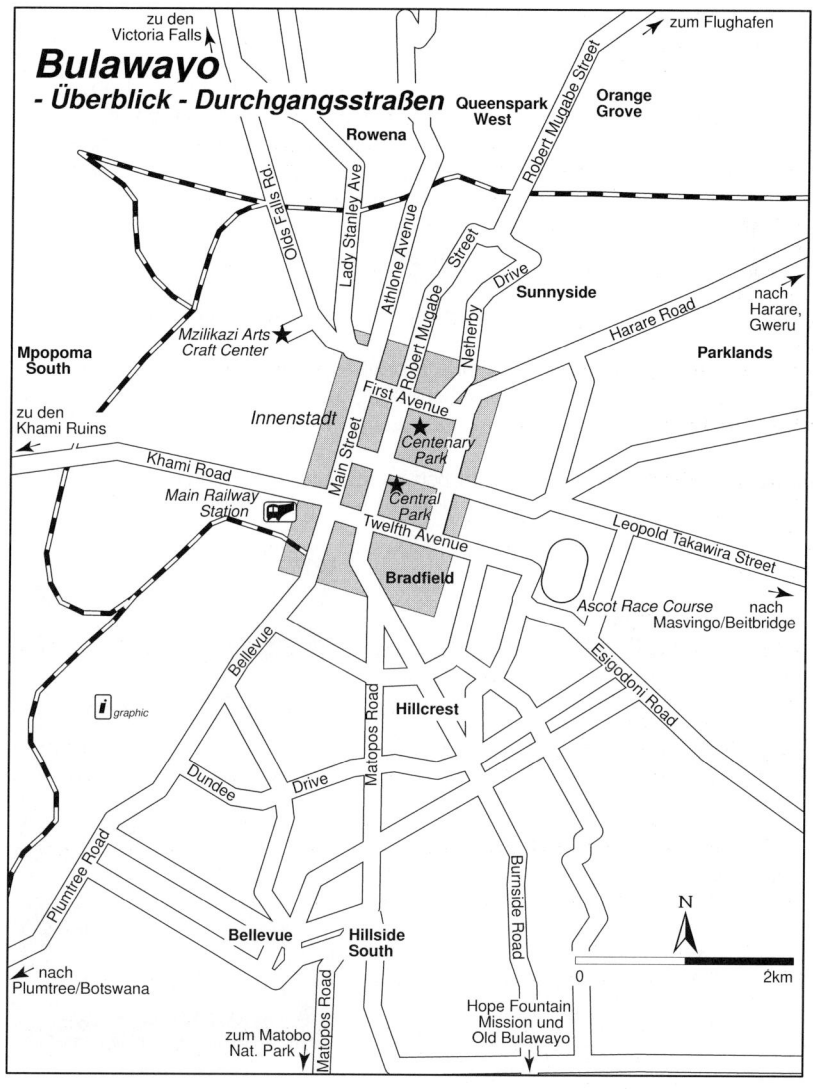

Die Stadt ist nicht nur ein wichtiger **Verkehrsknotenpunkt** (Eisenbahnverbindungen nach Harare, Victoria Falls, Zambia, Botswana, Südafrika; Flugverbindungen in alle Landesteile und nach Südafrika; Straßen nach Harare,
Victoria Falls, Botswana und Südafrika), sondern darüber hinaus ein bedeutendes Industriezentrum. Metallverarbeitende Betriebe, Maschinen- und Rei-
fenfabriken (u.a. der größte Reifenproduzent des Landes), Zementwerke, Tex-
tilwerke, Verlage und Unterhaltungskonzerne (z.B. Radio) haben hier ihren
Sitz. Bedeutend ist außerdem die Möbelindustrie. Die Hauptverwaltung der
staatlichen Eisenbahn National Railways of Zimbabwe (NRZ) befindet sich
ebenfalls in Bulawayo.

Bulawayo ist dort entstanden, wo der letzte Matabele-Häuptling, Lobengula,
seinen Kraal hatte. Im Kriege der British South Africa Company gegen die
Ndebele wurde Lobengula 1893 besiegt. Nachdem 15.000 Tote zu beklagen
waren, mußte er nachgeben. Zuvor hatte er jedoch den Ort in Brand gesetzt
und floh nordwärts. Die weißen Siedler vereinnahmten unter Leander Starr
Jameson die Stelle, wo schon ein Jahr später die Stadt entstand. 1897 erreichte
von Süden her die Eisenbahnlinie Bulawayo. Der Stadt gelang es, bis in die
20er Jahre Zentrum des Landes zu bleiben. Sie wurde allerdings in der Folge-
zeit durch das Wachstum Harares auf den zweiten Platz verdrängt.

Bulawayos Straßen sind ungewöhnlich breit angelegt worden, da man um die
Jahrhundertwende genügend Platz benötigte, um einen 16-spännigen Ochsen-
wagen zu wenden.

Im Stadtzentrum verlaufen alle Straßen rechtwinklig zueinander. In Ost-West-
Richtung werden sie als 'Avenues' bezeichnet; in Nord-Süd-Richtung verlaufen die 'Streets'.

6.6.4 SEHENSWERTES IN BULAWAYO

Die Sehenswürdigkeiten der Stadt kann man
in einem halben Tag besuchen. Folgende
Stellen sollten Sie sich – bei entsprechen-
dem Interesse – jedoch anschauen.

▨ City Hall (Civic Centre) and Gardens (1)

Das Stadthaus liegt zwischen der Leopold
Takawira Avenue und Eighth Avenue, ent-
lang der Fife Street. Vor dem Gebäude bie-
ten Blumen- und Andenkenhändler ihre
Waren an. Im Park steht ein alter Brunnen
(Old Well), der während der Belagerung

City Hall

238

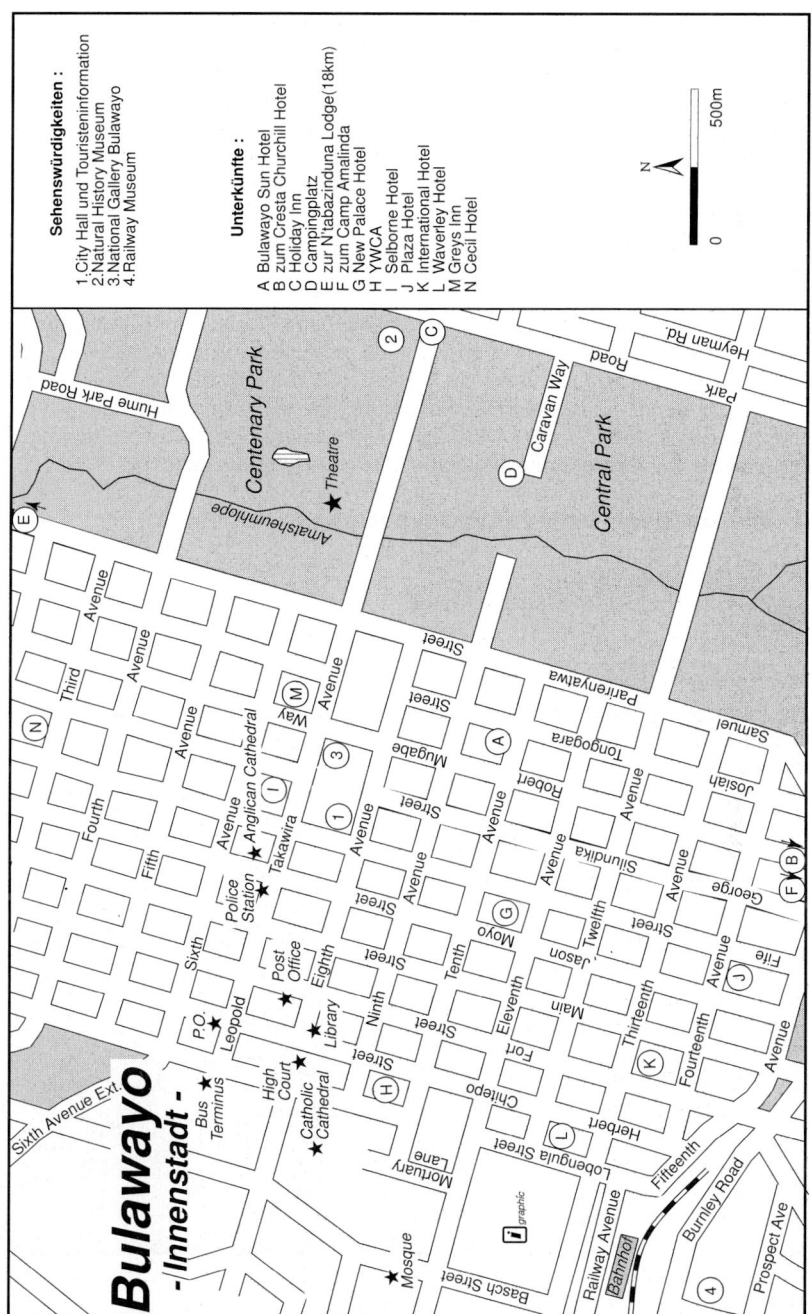

Sehenswürdigkeiten :

1.City Hall und Touristeninformation
2.Natural History Museum
3.National Gallery Bulawayo
4.Railway Museum

Unterkünfte :

A Bulawayo Sun Hotel
B zum Cresta Churchill Hotel
C Holiday Inn
D Campingplatz
E zur N'tabazinduna Lodge(18km)
F zum Camp Amalinda
G New Palace Hotel
H YWCA
I Selborne Hotel
J Plaza Hotel
K International Hotel
L Waverley Hotel
M Greys Inn
N Cecil Hotel

0   500m

Bulawayo
-Innenstadt -

von Bulawayo als einzige Wasserquelle diente. Im Gebäude selbst, im ersten Stock (Council Chamber), gibt es historische Exponate zur Lokalgeschichte zu sehen.

▨ Natural History Museum of Zimbabwe (2)

Öffnungszeiten
täglich von 09.00 bis 17.00 h

Der Museums-Rundbau liegt im Centenary Park. Naturkundliche Exponate zur Flora und Fauna Zimbabwes, interessante geologische Funde sowie historische Sammlungen sind sehr anschaulich präsentiert und erlauben es, ein tieferes Verständnis des Landes zu gewinnen. Ein Muß für Ornithologen ist die herausragende vogelkundliche Sammlung, die als beste Afrikas gilt. Überhaupt ist das Natural History Museum das umfangreichste Museum des Landes, und ein kurzer Besuch sollte zumindest eingeplant werden.

▨ The National Gallery Bulawayo (Douslin House) (3)

Öffnungszeiten
täglich: 9.00 - 17.00 h außer Montag

Die National Gallery Bulawayo befindet sich an der Ecke Main St./Leopold Takawira Ave. Die Galerie beherbergt eine Gemäldesammlung mit Werken lokaler Künstler und eine Skulpturensammlung. Das Gebäude selbst ist wegen seiner Kolonialarchitektur sehenswert. Im Innenhof gibt es diverse Shops, in denen man Handwerkskunst, wie z.B. schöne Batikarbeiten, erstehen kann. Es gibt auch einen Coffee Shop.

INFO

Douslin House

Der Architekt William Douslin erbaute im Jahr 1902 das Eckgebäude an der Main Street, in dem heute die National Gallery Bulawayo ihren Sitz hat. Das Gebäude kostete damals 22.000 Pfund. Die Fundamente des

Douslin House

Hauses sind nur etwa 15 cm tief, denn es wurde auf einem Granitblock errichtet, der im Kalkstein eingebettet ist. Bis 1956 wurde das Gebäude nach dem damaligen Bauherrn der Willoughby's Consolidated Company benannt. Dann wurde es von der African Mines Gesellschaft aufgekauft und Asbestos House genannt. Im Jahr 1977 verkaufte diese Gesellschaft das Gebäude, und die Regierung zog ein. Seitdem wird das Gebäude wieder nach seinem Architekten benannt. Später kaufte die National Gallery das Haus, und nach seiner Restaurierung konnte die Nationalgalerie hier einziehen. Das Gebäude steht unter Denkmalschutz.

The Railway Museum (4)

Öffnungszeiten
Dienstag, Mittwoch und Freitag 09.30 - 12.00 h und 14.00 - 16.00 h, Samstag und Sonntag 14.00 - 17.00 h

Das Eisenbahnmuseum – sicherlich für Eisenbahnliebhaber ein lohnenswertes Ziel – liegt in Raylton, einem Vorort (zu erreichen, wenn man der Forth Street südwärts bis etwa zur 15th Avenue folgt, später an Andy's Garage an der Ecke vorbei, in die Josiah Chinamano, von hier die erste Straße rechts in die Prospect Avenue geht; etwas weiter unten liegt rechts das Museum). U.a. sieht man hier alte Lokomotiven, den Salonwagen von Cecil Rhodes Waggons. Hier findet man eine gute Dokumentation der Eisenbahngeschichte des Landes.

Mzilikazi Art and Craft Centre

Anfahrtstrecke
Man erreicht das Centre, indem man der Lobengula Street nordwärts folgt. An der Kreuzung Matsotsha Ndlovu Avenue biegt man links in die Old Falls Road ab, fährt diese Straße bis zur Höhe der rechts liegenden Mzilikazi Secondary School hinauf und biegt dann halb links, aber die nächste Straße wieder links ab.

Das Mzilikazi Art and Craft Centre wurde im Jahre 1963 für Handwerker und Künstler der Stadt Bulawayo eingerichtet. Es ist weniger ein künstlerisches als ein handwerkliches Förderzentrum. Die jungen Menschen (fast ausschließlich Männer) lernen hier Töpferei, werden aber auch im Malen und in der Bildhauerei ausgebildet.

Im Mzilikazi Art und Craft Center

Gleich gegenüber liegen die **Bulawayo Home Industries**. Hier wird (zumeist Frauen) vor allem Weben, Batik und Flechten gelehrt. Ansprechende Stoffe und Körbe werden zum Kauf angeboten.

Öffnungszeiten
Montag bis Freitag 08.00 - 12.30 h und 14.00 - 16.00 h
Tel.: 67245

■ Old Bulawayo (5)

Wenn Sie der Hillside Road bzw. Burnside Road, dann der Douglasdale Road, bis hinter den Criterion Water Works, etwa 20 km südlich der Stadt, folgen, dann an der Criterion Mine rechts abbiegen und noch einmal 6 km fahren, erreichen Sie die Ausgrabungsstätte von Old Bulawayo. König Lobengula gründete die Siedlung 1871 und lebte hier bis 1891. Der Wiederaufbau und archäologische Untersuchungen von Old Bulawayo und der Missionsstation der Jesuiten werden von der staatl. Behörde National Museums and Monuments durchgeführt.

6.6.5 SEHENSWERTES IN DER UMGEBUNG VON BULAWAYO MIT BESUCH DES MATOBO NATIONAL PARK

Rundfahrt Bulawayo - Khami Ruins - Cyrene Mission - Matobo National Park - Bulawayo (ca. 180 km)

Redaktions-Tips

- **An einem Tag** können Sie die Khami Ruins besuchen und ebenso sich im National History Museum und der National Gallery umsehen.

- **Am zweiten Tag** empfehlen wir Ihnen die Rundfart Bulawayo - Cyrene Mission - Matobo National Park - Bulawayo.

- Falls Sie die **Ausgrabungen von Dhlo Dhlo und Nalatale** sehen möchten, sollten Sie eine zusätzliche Übernachtung einplanen.

- **Verfügen Sie nicht über soviel Zeit**, können sie die in diesem Kapitel beschriebenen Sehenswürdigkeiten (außer Dhlo Dhlo und Nalatale) in einem Tag ansehen. Für diesen Tagesausflug sollten Sie sich mit Essen und genügend Getränken eindecken, denn unterwegs bietet sich Ihnen keine Möglichkeit zur Einkehr.

Khami Ruins (6)

Streckenbeschreibung
Die Khami Ruins erreicht man, wenn man von Bulawayos Zentrum die 11th Avenue westwärts fährt. Nach ca. 20 km folgt man dann einer Abzweigung nach rechts (ausgeschildert) die zum Ruinengelände führt.

■ Überblick

Diese archäologische Stätte zählt nach den Great Zimbabwe Ruins als die bedeutendste des Landes. Vor etwa 500 Jahren fungierte Khami als Hauptstadt des Torwa-Reiches, dessen Einflußsphäre die Grenzen des heutigen Zimbabwe überschritt.

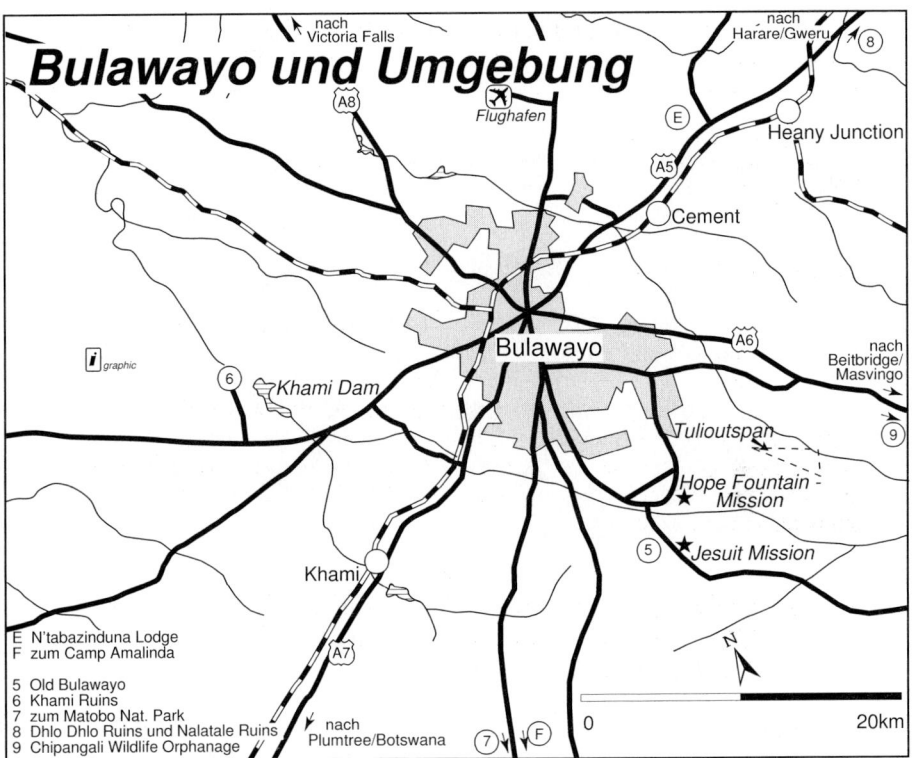

Bulawayo und Umgebung

nach Victoria Falls

nach Harare/Gweru — (8)

(A8)

✈ Flughafen — (E) — Heany Junction

(A5) — Cement

Bulawayo — (A6) — nach Beitbridge/Masvingo

i graphic — (6) — Khami Dam

Tulioutspan — (9)

Hope Fountain Mission

(5) — Jesuit Mission

Khami

E N'tabazinduna Lodge
F zum Camp Amalinda

5 Old Bulawayo
6 Khami Ruins
7 zum Matobo Nat. Park
8 Dhlo Dhlo Ruins und Nalatale Ruins
9 Chipangali Wildlife Orphanage

(A7)

nach Plumtree/Botswana — (7) — (F)

N

0 — 20km

Geschichte

Khami liegt unmittelbar am Khami River. Schon im Steinzeitalter war die Gegend nachweislich von Jägern und Sammlern bewohnt. Um die Jahrtausendwende lebten hier Bauern, die Eisen- und Töpferwaren benutzten. Sie siedelten um den felsigen Berg, der als Leopard's Kopje bezeichnet wird (und damit auch den Namen für eine Siedlungsepoche gab). Glasperlenfunde belegen, daß es schon damals Kontakte zur Ostküste Afrikas gegeben haben mußte.

Im 13. und 14. Jahrhundert erreichte Great Zimbabwe seinen größten Einfluß und seine stärkste Macht. Im Verlauf des 15. Jahrhunderts – wahrscheinlich durch die Architektur Great Zimbabwes beeinflußt – entstand Khami. Während in Great Zimbabwe Steinmauern dazu dienten, den Raum zwischen Daga-Hütten zu unterteilen, dienten die Mauern von Khami einem anderen Zweck: Sie stützten zumeist das terrassierte Gelände ab, und auf den Plattformen, die durch Aufschüttung von Steinen und Kiesmaterial entstanden, baute man Hütten.

243

Khami Ruins

Trotz dieser Unterschiede setzte Khami die kulturelle Tradition von Great Zimbabwe fort: Hinter den Steinwällen wohnten die Privilegierten, während "das einfache Volk" außerhalb leben mußte.

K.R. Robinson untersuchte 1946 und 1956 die Ruinen. Die ausgegrabenen Gegenstände bewiesen eindeutig, daß es im 16. - 18. Jahrhundert Handelskontakte mit den Portugiesen und den Städten am Indischen Ozean gegeben hatte.

Garlake schreibt hierzu: *"Luxuriöse Importgeschäfte waren in den größeren Ruinen verhältnismäßig verbreitet. So fand man unter Abfällen sowie unter Trümmern auf Hüttenböden in den Khami-Ruinen blaues und weißes Wan-Li-Porzellan, gla-* sierte portugie-sische, deutsche und nordafrika-nische Steingut-und Tonwaren und Fragmente iberischer Sil-berwaren". (Peter S. Garlake, S i m b a b w e, 1975, S. 186).

Historisch spielte Khami als

Hauptstadt des Torwa-Reiches eine herausragende Rolle. Später wurde dieses Reich von den Rozwi-Königen abgelöst, welche die Steinbau-Kunst weitertradierten und ihrerseits die Residenzen in Dhlo Dhlo und Nalatale bauten. Erst im Verlauf der Nguni-Invasionen im 19. Jahrhundert und den vordringenden Ndebele verloren sie ihren Einfluß.

▓ Besichtigung

Vor der Besichtigung der Ruinen empfiehlt sich der Besuch im kleinen **Museum**. Hier sind Exponate aus dem Stein- und Eisenzeitalter ausgestellt, die man bei Ausgrabungen in Khami fand.

Nördlich vom Museum finden Sie auf dem **Hill-Komplex** die größte Konzentration von Steinmauern und Terrassen.

Ein Fußpfad führt auf den Berg, von dem aus man eine gute Aussicht auf den Khame River hat. Diese Stelle war der Sitz des Mambo (Königs). Vermutlich – und darauf weisen Funde hin – diente diese Stelle auch religiösen Zeremonien.

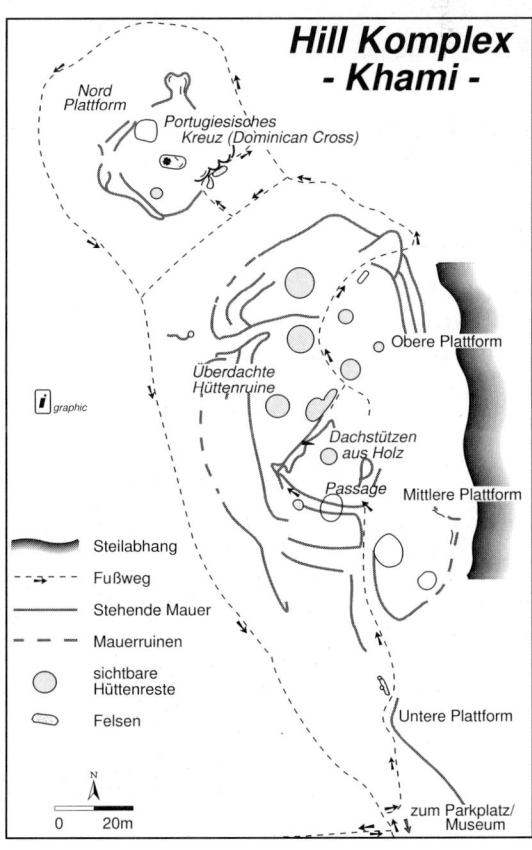

Einige der Stützmauern weisen Muster auf. Auf der höchsten Plattform standen früher mindestens neun Hütten. Interessant ist die **Passage Ruin**: Der von Steinmauern gesäumte Pfad war ursprünglich – wie verbliebene Holzpfähle belegen – überdacht. Das Dach war vermutlich mit Daga verdichtet. Die Ruine einer Hütte oben am Hügel wurde 1988 überdacht, da die übriggebliebenen Wände sehr brüchig sind.

Etwas weiter stößt man auf ein gemauertes, 2 m großes (nun restaurier-

245

Blick auf die Khami Ruins

tes) Kreuz. Man nimmt an, daß es von portugiesischen Mönchen stammt, welche in Khami um das 16. Jahrhundert gelebt haben.

Den Komplex **südlich vom Museum** erreicht man, wenn man den Fahrweg wieder zurückfährt. Hier kann man ein Tsoro Game Board auf einem Granitfelsen, einen klingenden Felsen (rock gong, nahe der Damm-Mauer) sowie Reste von Hütten der "einfachen" Leute, die nicht auf von Steinmauern umgebenen Plattformen lagen, sehen.

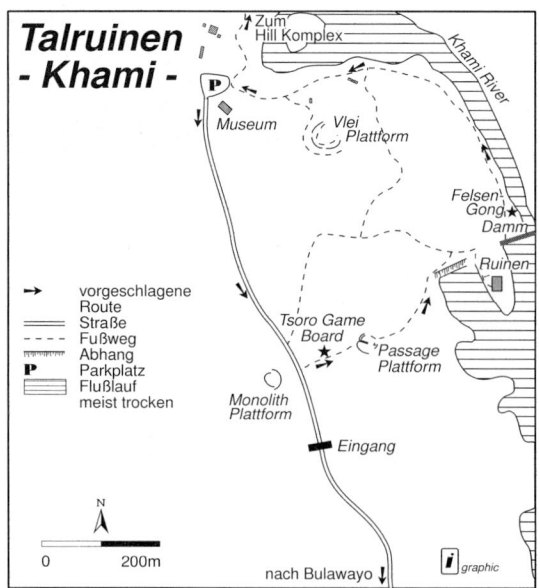

Buchtip
E.G. **Hughes**, A Trail Guide to the Khami National Monument, 1989

Anschlußstrecke
Von den Khami-Ruins zurück nach Bulawayo.

Cyrene Mission

Streckenbeschreibung
Die Cyrene Mission erreichen Sie, wenn Sie von Bulawayo aus der Hauptstraße
(A7) Richtung Plumtree folgen. Hinter Westacre zweigt eine Straße nach links zur
Cyrene Mission ab.

Die anglikanische Mission wurde 1939 eröffnet. Der Missionar Edward Paterson entwickelte hier die "Cyrene Art". Die kleine Missionskirche ist innen wie außen genauso eigenwillig wie farbenprächtig bemalt. Den Stil kennzeichnet eine Vermischung afrikanischer und europäischer (sakraler) Elemente und findet in Skulpturen und Bildern seinen Ausdruck.

Cyrene Mission

Ursprünglich ging es dem Missionar nicht um die Entwicklung einer Kunstrichtung. Vielmehr wollte man deliquenten Jugendlichen wieder auf den rechten Weg verhelfen. Die künstlerisch-freie Betätigung – im Sinne einer Therapie – ermöglichte ihnen, ihre Gefühle auszudrücken.

Anschlußstrecke
Wenn Sie nun weiter in südöstliche Richtung fahren, erreichen Sie nach 10 km die
Hauptverbindung Matobo National Park - Bulawayo. Sie fahren rechts ab und nach
etwa 14 km erreichen Sie die Abzweigung zur Bambata-Höhle im Matobo National
Park.

Matobo National Park (7)

▨ Überblick

im Süden von Bulawayo befindet sich der ca. 43.000 ha große Matobo National Park. Der Park bietet Schutz für Breitmaulnashorn, Giraffe, Rappenantilope, Impala und ist bekannt für einen ungewöhnlich hohen Bestand an Leoparden. Die Hügel der Matobo Hills sind die Heimat vieler Raubvögel. Vermutlich gibt es hier die dichteste Population von Felsenadlern der Welt.

Streckenbeschreibung
Anfahrt von den Khami-Ruins zum Matobo National Park mit Abstecher zur Cyrene Mission.
Wenn Sie von Khami-Ruins kommend die Hauptstraße erreichen, biegen Sie nun
nach links Richtung Bulawayo ein. Später zweigen Sie rechts in den Nketa Drive ab. Halten Sie
sich stets rechts. Später stoßen Sie auf die Bellevue Road, in die Sie rechts Richtung Plumtree
abbiegen. Hinter Westacre zweigt eine Straße nach links zur Cyrene Mission ab. Zur Weiterfahrt in den Nationalpark folgen Sie der Piste Richtung Osten, an der Asphaltstraße Bulawayo -
Kezi biegen Sie links ab Richtung Bulawayo und kurz dahinter rechts ab in die Straße, die dann
zum Parkeingang führt.

Direkte Anfahrt von Bulawayo
Folgen Sie der Beschilderung zum Matobo National Park. Kurz vor dem Parkein-
gang passieren Sie rechts die ehemalige Sommerresidenz von Cecil Rhodes. Rhodes
Summer House ist heute im Staatsbesitz und wird als Versuchsfarm geleitet.

Übernachtungsmöglichkeiten im Matobo National Park
Im **Matobo National Park** stehen im Maleme Rest Camp am **Maleme Dam** Chalets und Lodges zur Verfügung. Die Lodges sind voll eingerichtet, in den Chalets
gibt es kein Eß- und Kochgeschirr. Die Chalets werden z.Zt. zu Lodges aufgewer-
tet.
Buchungen über: **National Parks Central Booking Office (CBO)**, National Botanical Gardens, Borrowdale Rd., Sandringham Drive, Harare, P.O. Box CY 826, Causeway, Tel.: 706077
oder 706078

Camping
Weitere Campingmöglichkeiten gibt es im **Matobo National Park** am Maleme
Dam, Mtshelele Dam sowie Toghwana Dam.
Buchungen über: **National Parks Central Booking Office (CBO)**, National Bota-
nical Gardens, Borrowdale Rd., Sandringham Drive, Harare, P.O. Box CY 826, Causeway,
Tel.: 706077 oder 706078

Übernachtungsmöglichkeiten in der Nähe des Matobo National Parks
in privaten Safari Lodges
● **Matobo Hills Lodge (O)**, exklusives Matobo Hills Erlebnis, siehe Redaktionstip,
Buchung über: Touch the Wild Central Reservations, Private Bag 6, P.O. Hillside,
Bulawayo, Tel.: (9) - 74589 oder Ihren deutschen Reiseveranstalter.
● **Big Five Camp (P)**, kleines privates Camp, direkt außerhalb des Matobo National Parks
gelegen, Buchungen über: Big Five Camp, Tel.: (9) - 64104 und Fax: (9) 77300.

◼ Bambata-Höhle

Streckenbeschreibung
Wenn Sie von der Cyrene Mission weiter in südöstliche Richtung fahren, erreichen Sie nach 10 km die Hauptstraße, an der Sie rechts abbiegen. Nach etwa 14 km erreichen Sie die Abzweigung zur Bambata-Höhle.

Hinweis
Die Zufahrt von der Hauptstraße zur Höhle kann je nach Jahreszeit nur mit einem Allradfahrzeug möglich sein. Bitte erkundigen Sie sich am Parkeingang nach dem Zustand der Piste.

Vom Parkplatz führt ein etwa 20-minütiger Weg zur Höhle. Der Wanderpfad ist im unteren Teil schattig. Später führt er (markiert) über granitene Felsbuckel zur Höhle. Hier gewinnt man einen phantastischen Eindruck von den Matobo-Bergen, zumal die Felsen (jahreszeitlich abhängig) vom grün-gelblichen Moos bedeckt sind und einen weiten Blick in die Landschaft gestatten. Innerlich mag das die rechte Vorbereitung auf die zu erwartenden Malereien sein.

Die Höhle selbst entdeckt man erst kurz vor dem Zugang, der von Bäumen und Büschen versteckt ist. Es fällt nicht schwer, sich vorzustellen, wie Menschen der Vorzeit hier besonderen Schutz fanden. Bambata ist eine klassische Bildhöhle, die in Größe und der Klarheit der Bildausstattung einen Kontrast zu der vielfach übermalten Nswatugi-Höhle (Beschreibung weiter unten) darstellt. Sie wurde 1918 von Neville Jones gründlich erforscht. Ihr Name wird vom Zulu-Wort "Gubambata" abgeleitet, synonym zu setzen mit "streicheln".

Folgen wir nun der Interpretation von Erik Holm (Erik Holm, Rhodesiens Felskunst, in: Die Karawane, Rhodesien, Heft 1/2, 1976, S. 151ff):
"Man beginnt die Betrachtung an der rechten Flanke und findet als erstes Einführungszeichen, das in geschwungenen Linien sogleich auf eine geheimnisvolle Bedeutung des ganzen Raumes und dessen Bilder hinweist... Jäger führen in langer Prozession in die Höhle hinein und Tiere stehen und äsen

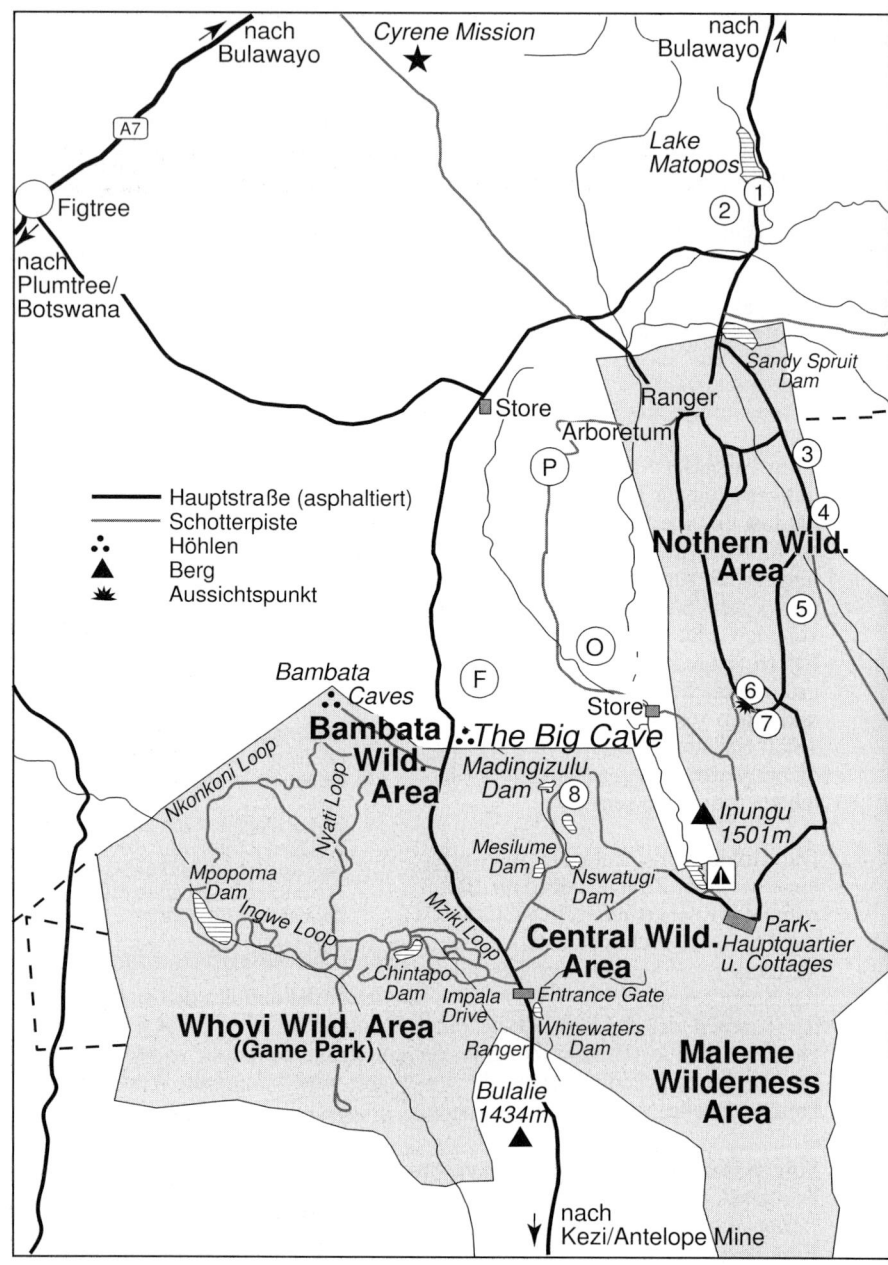

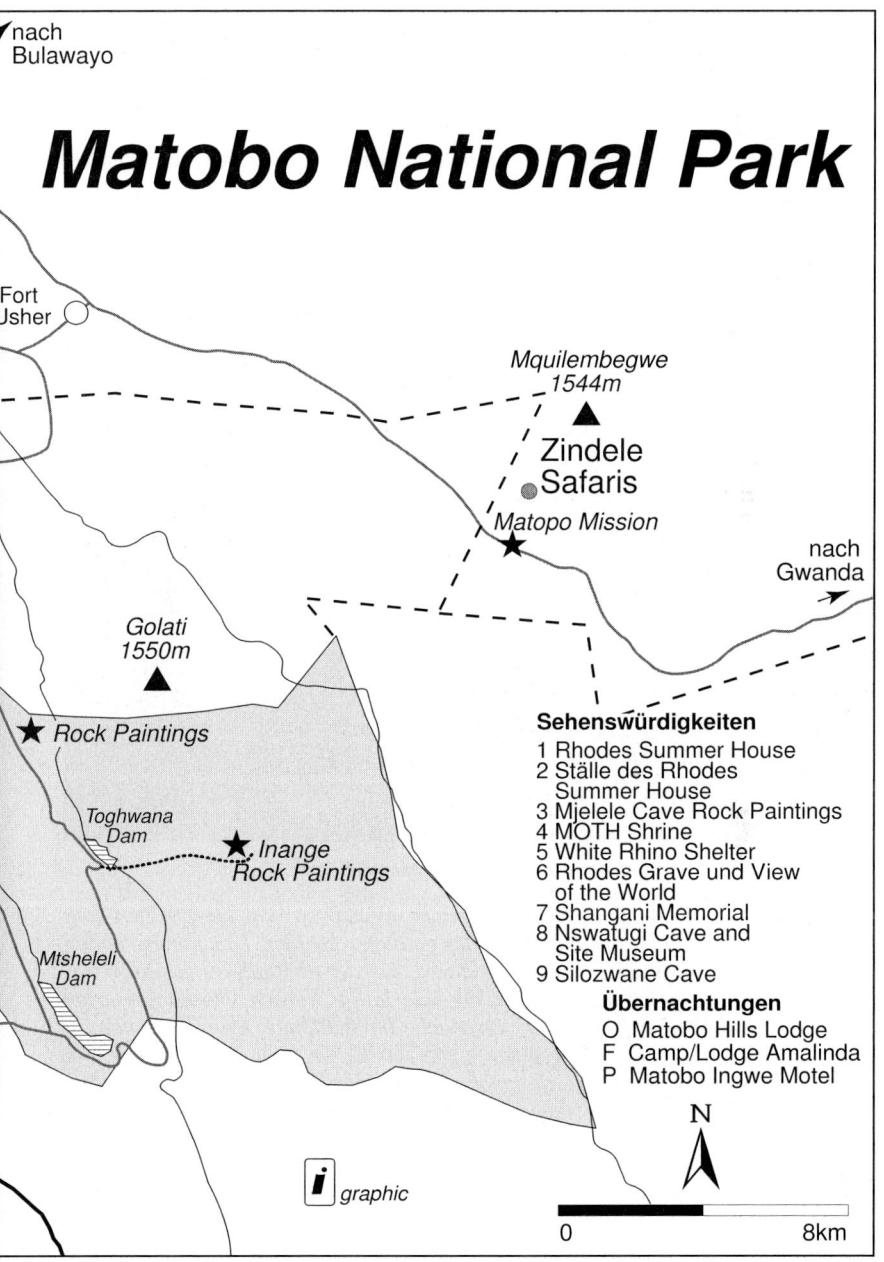

nach
Bulawayo

Matobo National Park

Fort
Jsher

Mquilembegwe
1544m

Zindele
Safaris
Matopo Mission

nach
Gwanda

*Golati
1550m*

★ Rock Paintings

Toghwana
Dam
★ *Inange
Rock Paintings*

Mtsheleli
Dam

Sehenswürdigkeiten
1 Rhodes Summer House
2 Ställe des Rhodes
  Summer House
3 Mjelele Cave Rock Paintings
4 MOTH Shrine
5 White Rhino Shelter
6 Rhodes Grave und View
  of the World
7 Shangani Memorial
8 Nswatugi Cave and
  Site Museum
9 Silozwane Cave

Übernachtungen
O Matobo Hills Lodge
F Camp/Lodge Amalinda
P Matobo Ingwe Motel

i graphic

N

0   8km

*friedlich daneben, ohne von den Jägern getötet oder beunruhigt zu werden:
ein heiliges Symbol für alle Kreatur, in dem der Mord gebannt ist und das
mächtigste Tier, der Elefant, seine wohltätige Macht entfaltet. Zwei große,
weißgelbliche Elefanten bilden daher den Mittelpunkt, auf den sich alles aus-
richtet. Auch um sie herum stehen und ruhen die Tiere in schönsten Gruppen,
manche sogar wie in einer paradiesischen Landschaft unter Bäumen hingelagert.*

*Um die ganze Stimmung und Bedeutung dieses Hauptinhalts der Höhle von
Bambata zu erleben, sei eine Mythe der Buschmänner hier mitgeteilt:*

Felszeichnung in der Bambata-Höhle

*Im Anfang gab es weder Regen noch Baum noch Gras; die Tiere lebten vom
Töten, aßen Fleisch und tranken Blut der getöteten Brüder. Das jammerte den
Elefanten, der versprach: 'Wenn ich sterbe, werdet ihr anderes zu essen haben.' – 'Wie alt ist er nicht geworden; wie lange werden wir noch warten
müssen', klagten die Tiere. Da versprach die Schlange, den Elefanten zu
töten. Als dies aber geschah, regnete es; es wuchs Gras, es wuchs Baum. Die
kleinen Tiere aßen das Gras, die großen das Laub. Nur die Raubtiere ließen
nicht ab vom Töten...*

*Wir wissen sofort, warum die beiden großen Elefanten im Mittelpunkt der
Höhle weiß sind und warum sie oben vor dem Blau der Wölbung bewegt und
schwebend auseinandertreiben. Denn in der Mythe wird nur zu klar, daß der
Elefant die Wolke ist, aus deren 'Tod' durch die Blitzschlange der Regen mit
Gras und Laub für alle Tiere hervorgeht. Das heißt eben, daß diese Höhlen
Kultorte der Regenmagie waren...*

In Bambata gibt es unter-
halb der großen weißen
Elefanten eine seltsame
Szene, die einwandfrei
zeigt, daß in den Höhlen
sogar verschiedene Kulte
nicht nur ausgeübt, sondern
auch bildlich dargestellt
wurden. Man weiß, daß es
um die Initiation der Jung-
jäger geht, die einzeln und
zu zweit wie in Schlafsäk-
ken hingelagert sind, wäh-
rend das Tier der Jagd und

Typische Matobo-Landschaft

der Sonne, der Löwe, sie gleichsam zum wachen Leben erweckt und zum
Jagdberufe reifen läßt. Dieser Löwe ist daher keineswegs nur als Raubtier
vorgestellt, sondern in seiner weißen Farbe und fast heraldischen Wiedergabe
als Symbol der jägerischen Macht und Tapferkeit..."

Weiterfahrt

Wenn man nun wieder die Hauptstraße erreicht, biegt man nach rechts (Süden) ein
und man erreicht die Einfahrt des Whovi Wild Area Game Park auf der rechten
Seite. Links ab von der Hauptstraße geht die Abzweigung zur Nswatugi Cave. Die
Höhle liegt ca. 6 km entfernt (Abzweigung beschildert).

▧ Whovi Wild Area Game Park

Mehrere Straßen erschließen das Naturschutzgebiet (keine Campingmöglichkeit), wo man u.a. Büffel, Giraffen, Impalas, weiße Nashörner, Strauße und
Gnus beobachten kann. Die Rundfahrt hat eine Länge von ca. 30 km und ist
nur dann zu empfehlen, wenn es Ihre Zeit erlaubt, denn auf dem weiteren
Wege zurück nach Bulawayo liegt noch die sehenswerte Nswatugi Cave sowie der View of the World.

▧ Nswatugi Cave

Diese Höhle erreicht man sehr leicht, indem man am rechten Ende des Park-
platzes einem Weg folgt, der nach nur 200 m zur Höhle führt. Vorher sollte
man sich allerdings die sehr informativen Lehrtafeln anschauen.

Die Höhle ist sehr hoch, spitzgewölbt und oben hasenschartenartig aufgeris-
sen. Deswegen ist sie nicht so gut geschützt wie andere Malstellen. Dieser
unsichere Schutz ließ frühere Malereien rascher als anderswo verwittern. Folgen wir auch hier den Ausführungen von Erik Holm (a.a.O., S. 147):
"Der Grund, warum die Malerei in dieser Höhle auf die Ausgräber einen
'jüngeren' Eindruck als in anderen macht, beruht doch wohl nur darin, daß
der unsichere Schutzzustand zur öfteren Erneuerung der Bilder Anlaß gab,

denn nirgends zeigt sich die Übermalung so deutlich, und offenbar war man sogar genötigt, in einem bestimmten Stadium die ganze untere Wandfläche mit einem rotbraunen Farbbelag zu übertünchen. Es gelingt daher nur schwer, eine genaue Identifikation unterhalb des allgemeinen Horizonts vorzunehmen, auf dem die Reihe schöner Kudus durch das ganze Bildfeld daherzieht...

Nswatugi: übergetünchte Wand, darüber die Kudu-Reihe, über den Kudus die Giraffen

Um so deutlicher setzt sich dafür die horizontale Erdzone von der tiefblau getönten Himmelssphäre ab, und gewiß sollte das Hinüberstreichen der langen Kudu-Reihe diese einheitliche Erdfläche gegenüber dem gewölbten blauen Himmel betonen. Im Hinblick auf unser Leittier, die Giraffe, ist es dann von indikativem Sinn, daß die 'irdische' Gestalt einheitlich rotbraun gefärbt ist wie auch die an sich starkgestreiften Kudus oder gar das Zebra genau vor ihr. Dagegen werden die in den Himmel erhobenen Giraffen mit betonter Scheckung vorgestellt. Das ist durchaus nicht Zufall, sondern klare Bildsprache, denn diese Giraffen von dem Himmelsblau werden nun gute Omina für Regen, für Wolkenbildung."

Hier in Nswatugi ist die Giraffe Kulttier, während bei älteren Bemalungen wie in Bambata es der Elefant war.

Weiterfahrt

Nun folgt man weiter der Straße Richtung View of the World. Zunächst kommt man am Maleme Dam vorbei. Hier liegen auch der Campingplatz, die Chalets sowie der Sitz des Parkaufsehers (Warden's Office). Später erreichen Sie (Abbiegung nach links) die Grabstätte Cecil Rhodes (View of the World).

Auf dem Wege hierhin kann man aber vorher noch – wenn Sie an Felszeichnungen ein besonderes Interesse haben – zur Silozwane Cave südwärts abbiegen, die bereits außerhalb des Nationalparks liegt. Kurz vor dem Parkplatz der Silozwane Cave durchfahren Sie außerdem ein typisches Ndebele-Dorf.

Silozwane Cave

Hinweis
Diese Höhle erreicht man nach einem kurzen, aber sehr steilen Anstieg. Man sollte trittfest sein, wenn man hier hochgeht.

Tip
Die Höhle liegt an den Ausläufern der Matobo-Berge, und schon alleine für den schönen Blick auf die Landschaft lohnt sich der Aufstieg.

Silozwane Cave

Die gezeichneten Menschen sind außerordentlich groß; Fische, Vögel und Eidechsen sind ebenfalls dargestellt. Die Felszeichnungen sind sehenswert!

Grab von Cecil Rhodes

View of the World

Auf der Kuppe des mächtigen Granitbukkels liegt die Grabstätte von Cecil Rhodes. Er, nach dem das Land sich viele Jahrzehnte "Rhodesien" nannte und dessen Stempel auch heute noch Städte und Infrastruktur (vor allem die Eisenbahnverbindungen) tragen, liebte diese Stelle außerordentlich, weil sich von hier ein weiter Rundblick bietet.

"A view of the world" ist ein von ihm überlieferter Ausruf voller Begeisterung. Diese Stelle bestimmte er als seine letzte Ruhestätte. 1902 wurde er hier – in dem aus dem roten Granit gemeißelten Grab – beigesetzt. Das Grab wird von einer Bronzeplatte bedeckt, die riesigen granitenen Felskugeln bestimmen die Szenerie. In den spä-

World's View

ten Nachmittagsstunden ist die Landschaft in ein rot-goldenes Licht getaucht. Die rundgebuckelten Felsen werfen dann lange Schatten – ein einmaliger Anblick.

Außer dem Grab von Cecil Rhodes sind hier die Gräber von Leander Starr Jameson und Sir Charles Patrick John Coghlan, dem ersten Premierminister Südrhodesiens, zu finden. Das **Shangani Memorial** erinnert an das Gefecht vom 4. Dezember 1893. Es ist ein Denkmal für die umgekommenen Kämpfer der 'Shangani- Patrol' genannten Truppe Allan Wilsons, die gegen die Ndebele kämpften. Erst kürzlich wurde das Memorial zu Ehren der Ndebele umbenannt, vorher wurde es das Allan Wilson Memorial genannt.

Weiterfahrt
Wieder zurück auf der Straße, biegen Sie links Richtung Bulawayo ein. Nach etwa 4 km liegt rechterhand eine weitere bekannte Felszeichnung.

■ White Rhino Shelter

Ein kurzer Weg führt zu der Felszeichnung, die am Überhang eines Felsens zu sehen ist. Man kann hier eine Gruppe von Jägern erkennen, die – mit Pfeil und Bogen ausgestattet – ein Gnu und ein weißes Nashorn verfolgt.

Anschlußstrecke
Von hier aus fahren Sie nach Bulawayo zurück.

Chipingali Wildlife Orphanage and Research Centre (9)

Öffnungszeiten
täglich 10:00 - 16:30 h, außer Christmas Day

Falls Sie bei Ihrem Aufenthalt in Bulawayo noch etwas Zeit haben, können Sie Chipingali besuchen. Das Waisenhaus für Tiere liegt 23 km entfernt von Bulawayo an der Hauptstraße nach Gwanda. Chipangali dient als Waisenhaus für kranke, ausgestoßene oder verwaiste Tiere. Sie sehen dort Löwe, Leopard, Gepard, Spitzmaulnashorn und eine Vielzahl anderer Tiere. Es gibt ein Café mit kleiner Speisekarte.

6.6.6 DHLO DHLO RUINS UND NALATALE RUINS (8)

Streckenbeschreibung
Von Bulawayo folgen Sie der A 5 Richtung Gweru bis kurz vor Shangani (etwa 115 km). Hier biegen Sie nach rechts zu den Dhlo Dhlo Ruinen (22 km) ab.

Tip
Dieser Tagesausflug ist jedem archäologisch in besonderer Weise interessierten Reisenden zu empfehlen!

Dhlo Dhlo Ruins

Geschichte

Als der Torwa-Staat seine alte Residenz in Khami um 1650 aufgab, gründete er mit Dhlo Dhlo seine neue Hauptstadt. Bald darauf wurde die Stelle von der

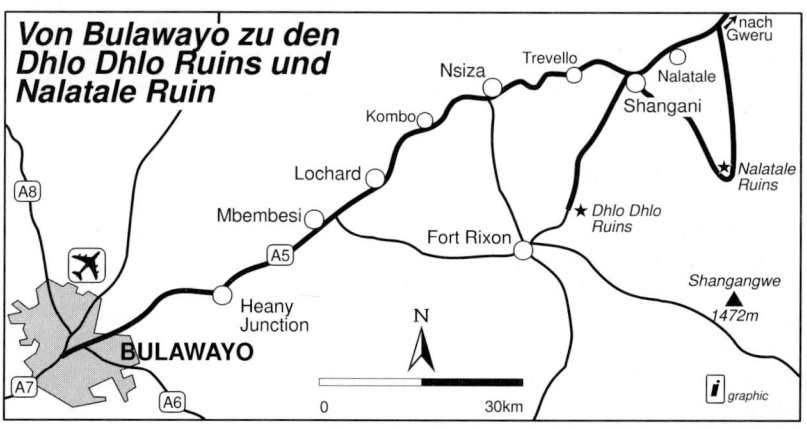

Von Bulawayo zu den Dhlo Dhlo Ruins und Nalatale Ruin

Blick auf die Dhlo Dhlo Ruins

Changamire-Dynastie erobert. Danach wurde Dhlo Dhlo im 17. Jahrhundert das Zentrum des Rozwi-Reiches. Im 19. Jahrhundert eroberten die eindringenden Ndebele diese Stelle.

Die hier heute noch zu sehenden Mauern sind kunstvoll gestaltet: Sie weisen Fischgrät- und Schachbrettmuster auf.

Die neueren Ausgrabungen zeigen eine Hütte, in der vermutlich Bier gebraut und getrunken wurde. Ende 1995 soll das kleine Museum eröffnet werden.

Feinste Steinbaukunst

Anschlußstrecke

Von Dhlo-Dhlo aus fahren Sie zurück auf die Asphaltstraße (A5) von Bulawayo in Richtung Gweru, ca 47 km vor Gweru biegen Sie rechts ab und folgen der Beschilderung nach Nalatale Ruins, von der Abzweigung aus sind es noch 21 km.

Nalatale Ruins

Dies ist – meiner Meinung nach nach Great Zimbabwe – die lohnenswerteste archäologische Stätte.

Zunächst mal muß man etwa 20 Minuten auf den Berg steigen. Alleine schon der Blick von hier oben belohnt den Besucher für seine Mühe. Die hier zu bewundernde Anlage ist zwar klein (Durchmesser 50 m), doch im Vergleich zu Khami noch sehr gut erhalten. Die Steinmauern sind äußerst kunstvoll gestaltet: An der Außenmauer – dem wohl sehenswertesten Mauerabschnitt in Zimbabwe – sieht man Chevron-, Fischgräten- und Schachbrettmuster. Es gibt Mauerlagen aus regelmäßig behauenen Steinen, unregelmäßig geschichtete Lagen sowie verkeiltes, unregelmäßiges Mauerwerk. Kurzum: Alle sechs unterschiedlichen Mauer-Typen sind hier zu sehen. Nalatale gehört zum Khami-Kulturkreis und wurde 1905 von D. Randall-MacIver ausgegraben.

Blick auf die Nalatale Ruins

Lage

Die Anlage befindet sich auf einer Anhöhe. Es ist nicht nur die höchste Erhebung in der Gegend, sondern auch ein Platz, der leicht zugänglich ist, was die Errichtung erleichtert hat. Vom Hügel aus hat man eine hervorragende Sicht auf das umliegende Land. So war es für Feinde schwierig, sich der Anlage unentdeckt zu nähern.

Konstruktion

Die Anlage wurde im frühen 17. Jahrhundert erbaut. Schon im 15. Jh. waren Shona Stämme von der Great Zimbabwe Kultur weggezogen und hatten sich in Khame niedergelassen. Khame war zur Hauptstadt des sog. Torwa-Reiches geworden. Im Zuge von Stammesauseinandersetzungen hatte sich neben Khame ein weiteres Zentrum entwickelt, nämlich Dhlo Dhlo. Zu dieser Zeit entstanden dann auch kleinere Siedlungen, wie beispielsweise Nalatale. Die Baukunst erreicht in Naletale ihren Höhepunkt. Nirgendwo im Lande ist das Mauerwerk so gut erhalten wie hier.

■ Historische Bedeutung

Nalatale war vermutlich Sitz eines Königs. Die Anlage stammt aus der gleichen Zeit wie die Anlage von Dhlo Dhlo. Zwischen 1680 und 1690 wurde die Torwa Region vom Rozwi Reich übernommen. Die Eindringlinge kamen aus dem Nordosten, wo sie gegen die Portugiesen gekämpft hatten. Die Eroberung war gewaltlos, und die Torwa Untertanen wurden in das Rozwi Changamire Staatssystem integriert. Als das Gebiet im 19. Jh. von Nguni-Gruppen besiedelt wurde, wurde Nalatale noch immer von den Rozwi bewohnt.

Weiterreise-Möglichkeiten
- der vorgeschlagenen Route zum Hwange National Park und nach Victoria Falls folgend.
- Die Rundreise unterbrechen und über Harare oder Johannesburg zurückfliegen.
- Ab Bulawayo nach Südafrika (Johannesburg) fliegen, um evtl. Osttransvaal und den Kruger National Park zu besuchen.

6.7 BULAWAYO - HWANGE NATIONAL PARK

- In keinem Park Zimbabwes können Sie besser **Elefanten** und **Flußpferde** beobachten
- Die **Botanik** der afrikanischen **Dornstrauchsavanne**

6.7.1 HWANGE NATIONAL PARK

Information
Hwange National Park, Main Camp, The Warden, P/Bag DT 5776, Dete, Tel.: Dete 371

Überblick

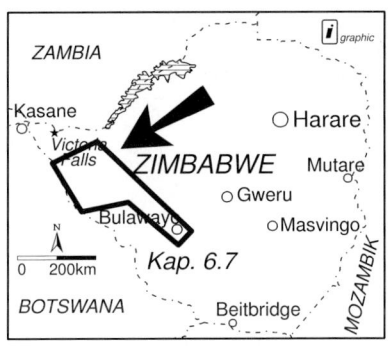

Legenden unendlichen Reichtums lockten in den vergangenen Jahrhunderten Händler und Abenteurer in das Innere des Schwarzen Kontinents. Neben Gold machten die Beutejäger der Vergangenheit vor allem Jagd auf Elfenbein. Ohne jeden Skrupel dezimierten sie die ursprünglich riesigen, freiwandernden Herden afrikanischen Großwilds. Noch heute stehen die meisten Staaten Afrikas der Wilderei hilflos gegenüber. Eine beispielhafte Rolle in Sachen Naturschutz und Ökologie-Bewahrung dagegen spielt Zimbabwe. Gerade der Hwange National Park – das größte Naturschutzgebiet des Landes – vermag einen guten Eindruck der ursprünglichen, von Menschenhand unberührten Wildnis zu vermitteln.

Der Hwange National Park ist **berühmt wegen seiner Elefanten**. Während der Regenzeit, welche von November bis Februar dauern kann, wandern viele der Elefanten in den benachbarten Chobe National Park in Botswana oder in das Linyanti oder Moremi Gebiet. Aber im trockenen Winter werden mehr als 20.000 Elefanten von den mehr als 60 natürlichen Pfannen und den künstlichen Wasserlöchern angezogen.

Besucher haben die Möglichkeit, zwischen **3 größeren Camps im Nationalpark** zu wählen. Daneben bieten kleinere Camps und Lodges weitere Unterkünfte. Main Camp ist der Ausgangspunkt für viele Besucher des Parks. Hier befindet sich auch die Parkverwaltung. Es gibt einen Shop, eine Tankstelle und ein Restaurant. Sinamatella im Nordwesten des Parks bietet Aussicht auf oft mit Elefanten belebte Ebenen und hat gut ausgestattete Cottages. Robins Camp und Nantwich Camp liegen weiter westlich in einem Gebiet mit vielen Löwen, Hyänen und Geparden. Im nördlichen Teil des Parks findet man eine Teak-Holz- und Mopane-Vegetation. Dennoch sind ca. **80% des Areals flaches und offenes Land**, also ideal für Tierbeobachtungen.

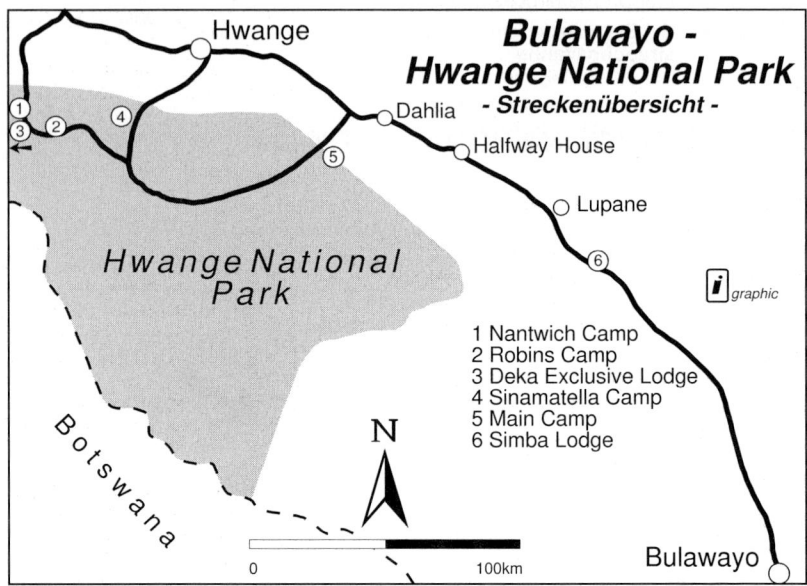

Streckenbeschreibung

Die Fahrstrecke von Bulawayo zum Hwange Park ist ziemlich eintönig. Sie führt über flaches Savannenland, durch das Gebiet des Gwaai Forest Land und vorbei am kleinen Ort Lupane. Schließlich überquert man den Gwaai River. Bei Straßen-Kilometer 254,5 befindet sich links die Abzweigung zur Sikumi Tree Lodge. Bei Straßen-Kilometer 264,5 geht es dann nach links zum Hwange National Park (15 km), zum Flugplatz Hwange sowie zur Hwange Safari Lodge ab. Das Nationalparkgebiet beginnt hinter der Bahn-linie Bulawayo - Victoria Falls. Bald erreicht man das Main Camp.

6.7.2 REISEPRAKTISCHE HINWEISE

Entfernungen
- **Harare - Hwange Main Camp** 729 km
- **Bulawayo - Hwange Main Camp** 288 km
- **Hwange Main Camp - Victoria Falls** 198 km

Flugverbindungen
Außerhalb des Parkgebiets liegt ein Flugplatz. Es gibt tägliche Flugverbindungen nach Harare, Victoria Falls und Kariba

Eisenbahn
Es gibt tägliche Verbindungen von Dete nach Victoria Falls sowie nach Bulawayo (Abfahrt stets um Mitternacht).

Mietwagen
Hertz, Hwange Safari Lodge, Tel.: Dete 393

Übernachtungsmöglichkeiten innerhalb des Nationalparks
ÜBERNACHTUNGSMÖG-LICHKEITEN IN STAATLI-CHEN CAMPS
Buchungsadresse für alle staatlichen Nationalpark-Unterkünfte:
National Parks Central Booking Office (CBO), National Botanical Gardens, Borrowdale Rd., Sandringham Drive, Harare, P.O. Box CY 826, Causeway, Tel.: 706077 oder 706078
Im Hwange National Park selbst gibt es drei staatliche Camps:
● **Main Camp**
Dieses (parkgrößte) Camp ist ganzjährig geöffnet und gleichzeitig Sitz des Warden (Parkaufseher). Hier stehen Cottages (Hütten ohne Küche), Lodges (mit Kochgelegenheit, Geschirr, Besteck und Kühlschrank) und Chalets (ohne Geschirr und Besteck, mit Kühlschrank und Grillplatz) zur Verfügung. Bei allen Übernachtungsalternativen werden Bettwäsche und Handtücher gestellt. Ebenso gibt es im Main Camp ein Restaurant, einen Laden, eine Bar sowie eine Tankstelle. Auch eine begrenzte Anzahl von Campingplätzen ist im Main Camp vorhanden.
In der Umgebung des Main Camps sieht man besonders häufig Zebras, Giraffen, Kudus, Elefanten, Impalas, Warzenschweine, Büffel, Schakale, Hyänen und Löffelhunde.
Tel.: Dete 371
● **Sinamatella Camp**
Information: Hwange National Park, Sinamatella Camp, P/Bag WK 5941, Hwange, Tel.: 44255. Auch dieses Camp ist ganzjährig geöffnet und von der Stadt Hwange aus nach etwa 45 km Fahrt zu erreichen. Auch hier stehen Lodges, Chalets, Cottages sowie ein Campingplatz zur Verfügung (Ausstattung wie im Main Camp). Das Camp bietet ein Restaurant, eine Bar und eine Tankstelle. Ebenso gibt es Campingplätze sowie Stellplätze für Camper. Das Camp liegt

Redaktions-Tips

▓ In **einem Tag** kann man von Bulawayo zum Hwange Park fahren und den **Abend für einen Game Drive** nutzen.

▓ Am **nächsten Tag** kann man gut die Strecke Main Camp - Sinamatella Camp schaffen. Mit einem Allradfahrzeug absolviert man auch die Strecke Main Camp - Robins Camp.

▓ Wenn man dort noch einmal übernachtet, bevor man nach Victoria Falls weiterfährt, hat man den für Besucher zugänglichen Teil des Nationalpark gesehen.

▓ Die **schönsten Unterkünfte** in diesem Gebiet sind die **privaten Safari-Lodges.**

▓ **Weitere Ratschläge:**

◆ Im gesamten Nationalpark-Gebiet darf man **nur auf den geöffneten Wegen und Straßen fahren.** Es ist verboten, mit Geländewagen quer durch die Landschaft zu fahren. Außer an den zugelassenen Stellen (Aussichtspunkten) darf man das Fahrzeug nicht verlassen.

◆ Vom Main Camp und Robins Camp werden bei Vollmond "**Moonlight Safaris**"unternommen. Auskunft im Office.

◆ Im Parkgebiet beträgt die **Geschwindig-keitsbegrenzung 40 km/h.**

◆ Das Main Camp, Robins Camp sowie Sinamatella bieten für Gruppen bis zu sechs Personen (Kinder unter 12 Jahren dürfen nicht teilnehmen) **Fußsafaris mit einem bewaffneten Wildhüter** an. Anmeldung im jeweiligen Büro der Camps.

◆ **Fahrzeiten:**
Wenn man vom Main Camp zum Robins Camp fahren will, sollte man um 12.00 h losfahren.
Vom Main Camp nach Sinamatella Abfahrt gegen 14.00 h.
Vom Sinamatella zum Robins Camp Abfahrt gegen 15.00 h.

◆ Alle Unterkünfte im Nationalpark können **ab 14.00 h** belegt werden. Um **10.00 h** morgens ist "**Check-out-time**".

◆ **Waffen müssen** bei der Ankunft im Park **deklariert werden.**

◆ **Trampen** im Parkgebiet ist **untersagt.**

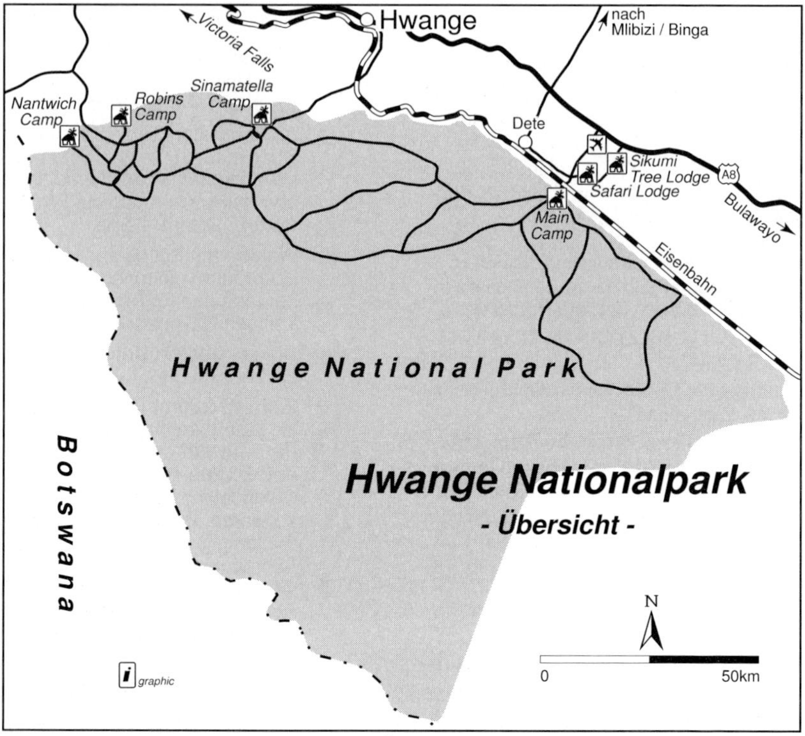

Hwange

Victoria Falls

nach
Mlibizi / Binga

Nantwich
Camp

Robins
Camp

Sinamatella
Camp

Dete

Sikumi
Tree Lodge

Safari Lodge

A8

Bulawayo

Eisenbahn

Main
Camp

H w a n g e   N a t i o n a l   P a r k

B o t s w a n a

Hwange Nationalpark
- Übersicht -

N

i graphic

0   50km

auf einem Plateau, von wo aus man eine gute Übersicht über das Parkgebiet genießt. Sehr schön: die Beobachtung der Sonnenaufgänge.

Um Sinamatella trifft man besonders häufig Impalas, Kudus, Elefanten, Warzenschweine, Giraffen, Flußpferde, Hyänen, seltener Löwen und Leoparden an. Das Sinamatella Gebiet ist außerdem eine von vier Schutzzonen (Intensive Protective Zone, IPZ) für Nashörner. Zum Schutz vor Wilderern wurden Nashörner aus dem Zambezi Tal hierher umgesiedelt.

● **"Geheimtip" Bumbusi Exclusive Camp**

24 km nordwestlich von Sinamatella gibt es das Bumbusi Exclusive Camp. Hier gibt es Chalets mit je zwei Betten sowie ein Cottage. Eine Küche ist eingerichtet (Gas-Kühlschrank, Herd, aber kein Geschirr und Besteck). Die Straße hierher ist schlecht und nur für Allradfahrzeuge geeignet (vor allem in der Regenzeit).

● **Robin's Camp/Nantwich Camp**

Information: Hwange National Park, The Warden, Robins Camp, P/Bag WK 5936, Hwange, Tel.: Hwange 70220

Die Hauptverbindungspiste (80 km, geteert) vom Main Camp

Main Camp

zum Robins Camp ist jetzt ganzjährig geöffnet, jedoch sind viele Seitenpisten vom 1. November bis zum 30. April geschlossen. Während dieser Zeit ist die Anfahrt auch nur mit einem Allradfahrzeug zu empfehlen. Unterwegs kommt man an der Shumba Picnic Area vorbei, wo man gute Chancen hat, Büffel und Löwen zu beobachten (shumba = Löwe).

Robins Camp ist alternativ über die Straße Victoria Falls - Bulawayo zu erreichen. 48 km südlich Victoria Falls zweigt von der Asphaltstraße eine unbefestigte Straße ab, über die man nach weiteren 70 km zum Robins Camp gelangt. Chalets (ohne Besteck und Geschirr) stehen zur Verfügung. Das Robins Camp verfügt über einen Campingplatz und hat ein Restaurant. Öffnungszeiten des Restaurants: Breakfast: 7:00 - 10:30 h, Lunch: 11:30 - 16:30, Dinner 18:00 - 20:30 h

INFO

Das H.G. Robins Memorial Museum

*Herbert George Robins lebte zwischen 1867 und 1939. Zu Beginn der 1890er Jahre kam Robins in die Kapkolonie, um von dort auf **Goldsuche** zu gehen. Vorher hatte er in Australien gelebt. Nach seinem Aufenthalt in Südafrika kämpfte er später im Matabeleland auf der Seite der Bulawayo Field Force. Seine weiteren Prospektionstätigkeiten führten ihn nach Hwange, in den Kongo und in den Zinngürtel. 1906 ergriff ihn das Diamantenfieber, und er begann, nach diesen kostbaren Edelsteinen zu suchen. Im Laufe der Zeit wurde Robins ziemlich wohlhabend und konnte sich eine Farm kaufen. Wenig später erweiterte er sein Farmland durch den Ankauf von Nachbarfarmen auf 25.000 ha. Robins stoppte die Wilderei auf seiner Farm **und war der erste Farmer, der im Hwange Gebiet privaten Wildschutz** betrieb. In den 30er Jahren hatte seine Farm als private Wildfarm bereits einen Namen erlangt. Die Regierung von Südrhodesien übernahm 1934 sein Farmgebiet unter der Verpflichtung, daß das Gebiet für alle Zeiten ein Wildschutzgebiet bleiben würde. Heute ist das ehemalige Farmgebiet Teil des Hwange National Parks und heißt Robin's Sanctuary.*

In der Umgebung von Robin's Camp kann man Impalas, Kudus, Zebras, Wasserböcke und Rappenantilopen sehen. Manchmal wird man mit der Beobachtung von Hyänen, Nashörnern und Geparden belohnt. Es gibt noch ein paar Spitzmaulnashörner. Robin's Camp hat auch ein **kleines Museum** mit der Dokumentation über die Entwicklung dieses Teils des Nationalparks zum Tierschutzgebiet und eine Aussichtsplattform. Robin's Camp bietet täglich Walking Safaris an.

Impala

● 11 km weiter liegen im **Nantwich Camp** voll eingerichtete Lodges. Es gibt hier allerdings kein Restaurant und keine Tankgelegenheit.

● **Deka Exclusive Camp**
Dieses Camp liegt 25 km westlich des Robin's Camp. Es bietet Unterkünfte für zwei mal 6 Personen (jeweils mit zwei Schlafzimmern à drei Betten). Küche, Wohn- und Eßzimmer sowie Veranda sind vorhanden. Die Unterkünfte sind mit Geschirr und Besteck ausgestattet. Nur für Allradfahrzeuge geeignet, in der Regensaison geschlossen.

Wilderness Trails
In der Trockenzeit (den Monaten Mai bis Oktober) werden vom Sinamatella Camp und Robin's Camp aus geführte Wanderungen angeboten. Diese dauern 2 - 4 Tage und werden von einem erfahrenen Wildhüter geleitet. An jeder Wanderung dürfen maximal 6 Personen teilnehmen. Die genauen Termine erfahren Sie bei: The Central Booking Office (CBO), Harare, Tel.: 706077. Eine sehr frühe Anmeldung (½ Jahr) ist unbedingt nötig, da die Wanderungen nur einmal monatlich durchgeführt werden.

ÜBERNACHTUNGSMÖGLICHKEITEN IN PRIVATEN SAFARI CAMPS IM HWANGE NATIONAL PARK
Generell: Die privaten Camps bieten den Vorteil der perfekten "Rundum-Versorgung". Die Unterkünfte liegen abseits der Touristenstrecken und sind im besten Sinne dem afrikanischen Busch angepaßt. Nur wenige Gäste werden angenommen, so daß sich das qualifizierte Personal in besonderer Weise um den Gast kümmern kann. Es werden täglich in der Regel zwei ausgedehnte Safari-Fahrten in einem offenen Landrover unternommen, die etwa jeweils 3 - 4 Stunden dauern (morgens und nachmittags/bis in die Abendstunden). Die Fahrer sind ausgezeichnete Wildfährten-Leser, kennen die Umgebung bestens und werden Ihnen Fauna und Flora näherbringen können. Ihre "Wildausbeute" auf einer Safari wird deshalb garantiert höher sein, als wenn Sie auf eigene Faust Safaris unternehmen.

● **Makololo Camp**
Das Camp befindet sich im südlichen Teil des Parks. Die Fahrtzeit vom Flughafen Hwange beträgt etwa 2-3 Stunden. Das luxuriöse Zeltcamp liegt an einer Wasserstelle, an der Flußpferde leben; es gibt tägliche Landrover-Safaris, außerdem ausgezeichnete Möglichkeiten für Walking Safaris. Buchungen über: Touch The Wild, Private Bag 6, P.O. Hillside, Bulawayo, Tel:. 9-74589 oder Ihren Reiseveranstalter.

Übernachtungsmöglichkeiten außerhalb des eigentlichen Nationalpark-Gebiets (Safari Lodges)
● **Hwange Safari Lodge***, auf dem Wege zum Main Camp innerhalb eines privaten Wildschutzgebiets gelegen. Große Lodge mit weiten Anlagen, Swimming-

pool, direkt an einer Wasserstelle, die häufig von Elefanten aufgesucht wird. Nachteil: Hotelähnlicher Massenbetrieb! Zu reservieren über Zimbabwe Sun Hotels Reservations, 99 Jason Moyo, Avenue, Harare, Tel.: 737944 oder direkt, Tel.: 118-331/3/4/5/6.

● **Sable Valley Lodge**
Diese Lodge liegt in der Nähe der Hwange Safari Lodge und wird von dem erfahrenen Safariunternehmen Touch The Wild geleitet. Dieses Unternehmen macht auch die Game Drives für die Hwange Safari Lodge. Direkt an der

Hwange Safari Lodge

Lodge hat man eine gute Chance, Rappenantilopen (Sable) zu sehen. Mit etwas Glück gehen die Ranger auf die Suche nach den seltenen Wild Dogs. Die Game Drives sind ein Erlebnis, denn sie laufen unter dem Motto des Firmennamens. Touch The Wild, Private Bag 6, P.O. Hillside, Bulawayo, Tel:. 9- 74589.

● **Sikumi Tree Lodge**

Die Logde liegt in einem privaten Tierschutzgebiet direkt an der Grenze zum Nationalpark. Abzweigung bei Km-Stein 254,5 auf der Straße Bulawayo - Hwange (von Bulawayo kommend nach links), dann weitere 3 km. Das Treecamp verfügt über sehr ansprechende Übernachtungen in Baumhäusern sowie über einen Swimmingpool. Von hier aus werden morgens und nachmittags Safarifahrten im offenen Landrover unternommen. Meiner Meinung nach das schönste aller privaten Camps!

Buchungen: Touch The Wild, Private Bag 6, P.O. Hillside, Bulawayo, Tel:. 9- 74589

● **Kanondo Tree Camp**

Liegt in privatem Tierschutzgebiet an der Grenze zum Nationalpark, im Herzen des sog. Stoßzahn-Territo-

Sikumi Tree Lodge

riums. Unterkünfte in 6 Lodges auf Holzpfählen. Duschen in separatem Gebäude auf dem Boden. "Speisesaal" als open air "Boma" mit Beobachtungsplattform. Ausgezeichnete Wildbeobachtungsmöglichkeiten. Buchungen über: Touch The Wild, Private Bag 6, P.O. Hillside, Bulawayo, Tel:. 9-74589.

● **Chokamella Lodge**

Die Lodge liegt oberhalb des Chokamella Flusses. Die Lodge liegt direkt an der Grenze zum Nationalpark auf privatem Grundstück. Die Unterkunft erfolgt in Bungalows. Von der Anlage aus hat man Sicht auf ein Wasserloch. Die Lodge bietet Safarifahrten

Kanondo TreeCamp

in den Nationalpark, Night Game Drives und Walking Safaris an. Kinder unter 12 Jahren werden nur auf Anfrage untergebracht. Buchungen: Landela Safaris, 1 Union Avenue, P.O. Box 66293, Kopje, Harare, Tel.: 4- 734043, oder über Ihren Reiseveranstalter.

● **Detema Safari Lodge**

Die 1993 eröffnete Detema Safari Lodge liegt in der Nähe der Chokamella

Chokamella Lodge

Lodge unweit von Dete. Die Gäste können in Luxus-unterkünften die afrikanische Wildnis genießen. 1995 wurden Unterkünfte in Tree Lodges ausgebaut. Es gibt eine Aussichtsplattform mit Sicht auf eine Wasserstelle. Die Lodge liegt auf einer Anhöhe, in einer herrlichen Umgebung. Die Anfahrt ist problemlos über die Asphaltstraße, nur etwa 2,5 Kilometer muß man auf einer Piste zurücklegen Es werden Safarifahrten im Nationalpark und im Detemaland angeboten, außerdem gibt es Walking Safaris und Night Game Drives. Buchungen über: Detema Safari Lodge, P.O. Box 69, Dete, Tel.: 118-256/7.

 Übernachtungsmöglichkeit auf der Strecke zum Hwange National Park Simba Lodge, diese neue Lodge befindet sich etwa auf halber Strecke Bulawayo-Main Camp im Gwaai Forest Land. Buchungen: Sable Safaris, P.O. Box 5615, Harare Tel.: (4) - 707438/9 und 702914, Fax: 723230

Detema Safari Lodge

6.7.3 BESCHREIBUNG DES HWANGE NATIONAL PARKS

 Anschlußstrecke Main Camp - Robins Camp
Für die Fahrt vom Main Camp zu Robins Camp benötigt man etwa 6 Stunden. Deshalb sollte man auf keinen Fall nach 12:00 h vom Main Camp aus abfahren. Bis zum Shuma Picknickplatz ist die Straße asphaltiert, jedoch in keinem guten Zustand. Nach etwa 100 km Fahrt vom Main Camp aus gelangt man an die Abzweigung nach Sinamatella. Von dieser Abzweigung aus sind es noch 23 km zum Sinamatella Camp und 42 km bis Robins Camp. Je nach Jahreszeit ist die Anfahrt von hier aus zum Robins Camp nur für Allradfahrzeuge geeignet.

 Weiterfahrt vom Robin's Camp
Nach Victoria Falls gelangt man entweder über das Sinamatella Camp zurück zur Hauptstraße Bulawayo-Victoria Falls oder über die Ausfahrt am Nantwich Camp. Hier fährt man ca. 70 km über unbefestigte Straße (mit sehr starkem Wellblech), bevor man auf die Hauptstraße nach Victoria Falls gelangt. An der Hauptstraße angekommen, sind es dann noch einmal ca. 50 km bis Victoria Falls. Diese Strecke ist je nach Jahreszeit nur für Allradfahrzeuge zu emfehlen.

◼ Geographische Lage

Der Hwange National Park bedeckt mit seinen rund 14.600 qkm Größe eine Fläche, die der von Schleswig-Holstein entspricht. Im Westen grenzt der Park an Botswana, im Osten an die Eisenbahnlinie und an die Straße Bulawayo - Victoria Falls.

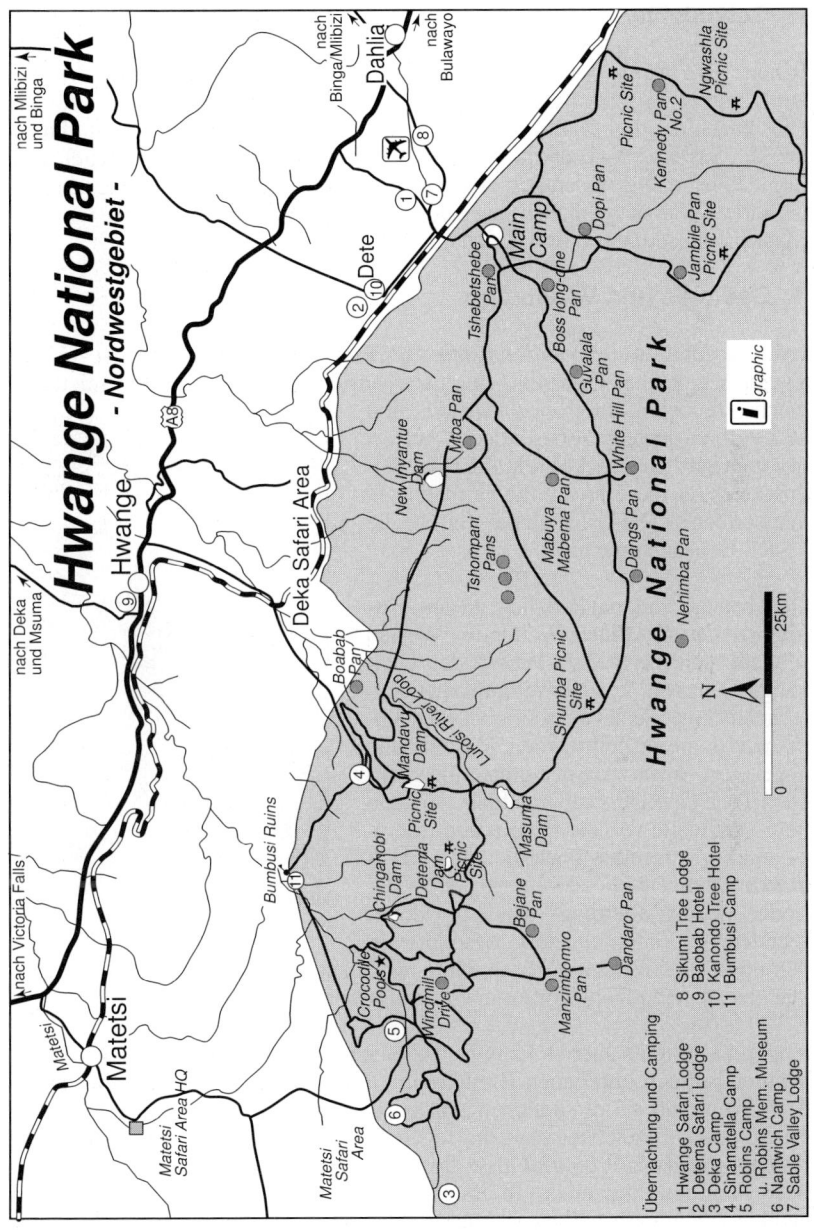

Hwange National Park
- Nordwestgebiet -

nach Mlibizi und Binga

nach Deka und Msuma

nach Victoria Falls

Matetsi

Matetsi Safari Area HQ

Matetsi Safari Area

Matetsi Safari Area

nach Mlibizi und Binga

nach Binga/Mlibizi

Dahlia

nach Bulawayo

Dete

Hwange

Deka Safari Area

Bumbusi Ruins

Crocodile Pools

Windmill Drive

Chingahobi Dam

Detema Dam

Manzimbomvo Pan

Bejane Pan

Dandaro Pan

Masuma Dam

Detema Picnic Site

Mandavu Dam

Picnic Site

Boabab Pan

Lukosi River Loop

New Nyantue Dam

Mtoa Pan

Tshompani Pans

Shumba Picnic Site

Nehimba Pan

Mabuya Mabema Pan

Dangs Pan

White Hill Pan

Guvalala Pan

Boss long-one Pan

Tshebetshebe Pan

Main Camp

Dopi Pan

Picnic Site

Kennedy Pan No.2

Jambile Pan Picnic Site

Ngwashla Picnic Site

Hwange National Park

i graphic

N

25km

0

Übernachtung und Camping

1 Hwange Safari Lodge
2 Detema Safari Lodge
3 Deka Camp
4 Sinamatella Camp
5 Robins Camp
6 u. Robins Mem. Museum
7 Sable Valley Lodge
8 Sikumi Tree Lodge
9 Baobab Hotel
10 Kanondo Tree Hotel
11 Bumbusi Camp

■ Geschichte

Schon 1932 wurde das Gebiet zum "Wankie National Park" deklariert. Nur ein kleinerer Teil des Parkgebietes – der Norden – ist touristisch erschlossen: Hier liegen die drei staatlichen Camps, und 480 km Schotterstraßen durchziehen die Savannenlandschaft, die etwa 1.000 m über dem Meeresspiegel liegt. Die flächenmäßig wesentlich ausgedehntere südliche Region ist dagegen unberührte Wildnis geblieben, wegelos, und damit auch noch heute ein von Menschenhand unberührtes Reich der Tiere.

■ Geologie und Vegetation

Hwange zählt zu den **wildreichsten Tierreservaten der Erde** und ist mit den Tierschutzgebieten Ostafrikas durchaus vergleichbar. Alle Savannentiere der wechselfeuchten Subtropen Afrikas sind hier zu beobachten. Insbesondere während der winterlichen Trockenzeit (Juni bis August) zieht es die Tiere an die verbliebenen Wasserlöcher: Dies ist auch die Zeit für die besten Beobachtungen.

Der Hwange National Park liegt an den ***Ausläufern der Kalahari***. Weiter im Westen schließt sich das Feucht-Biotop des Okavango-Deltas an. Vor Jahrmillionen herrschte im Hwange-Gebiet ein sehr trockenes Klima vor. In dieser Zeit wurden Wüstensande abgelagert. Wenn man heute über die südlichen Teile des Nationalparks fliegt, so kann man – teilweise von der Busch- und Baumvegetation verdeckt – noch die alten ***Sanddünen*** erkennen. Die extrem trockenen Perioden wurden allerdings wiederum durch sehr feuchte Zeiten abgelöst: Besonders in

Elefant im Hwange National Park

den nördlichen Teilen wuchsen dann ausgedehnte Wälder, welche die Grundlage der späteren Kohlevorkommen von Hwange ergaben.

Vor etwa 10.000 Jahren kam es zu einem entscheidenden Klimawechsel. Während in den nördlichen Breiten die "Eiszeiten" das Wettergeschehen beherrschten, gab es im südlichen Afrika die sogenannten "Pluvialzeiten". Als Pluvialzeiten bezeichnet man die regenreichen Perioden, in denen durch die Hwange-Landschaft große Flüsse flossen. In dieser Zeit begann der Pflanzenwuchs auf den Sanddünen. In einigen tiefer liegenden Senken – so der Makgadikgadi Pan in Botswana und der Etosha Pan in Namibia – entstanden Seen. Während auf den Sandflächen insbesondere Teak-Bäume wuchsen, entwickelten sich auf den Lehmböden ausgedehnte ***Mopane-Wälder***. Flache Flüsse entwässerten das Gebiet.

Allmählich aber wurde das Klima trockener und damit den heutigen Verhältnissen ähnlicher. Die Seen verdunsteten und hinterließen Kalkschichten, in denen Muscheln und Fischgräten eingelagert sind. In den ausgedehnten Fluß-

betten entstanden Grassavannen, auf den ehemaligen See-Flächen begannen, flach-wurzelnde Bäume zu wachsen. Auf den Sand-Arealen dagegen wurden *tiefwurzelnde Bäume (Teak)* heimisch.

Heute, im wesentlich trockeneren Klima, führen die Flüsse nur periodisch zur Regenzeit Wasser. Um die-

Ein majestätischer Anblick: die Schirmakazie

ser Trockenheit zu begegnen, leitet man in 45 Pfannen und Dämme Bohrwasser. Die Trockenheit erhöht die Brandgefahr. Deshalb sind im Parkgebiet etwa 1.500 km Brandschneisen angelegt, die eine Breite von 100 m aufweisen. Hwange ist von einem Netz von Brandbeobachtungstürmen überzogen und in Brand-Kontroll-Zonen eingeteilt.

▧ Pflanzenwelt

Im folgenden sollen die wichtigsten Bäume, Sträucher, Blumen und Gräser beschrieben werden.

1. Teak (Baikiaea plurijuga)

Die Teakholz-Bäume werden in der Eingeborenensprache als "umkusu" bezeichnet. Sie wachsen grundsätzlich auf Sandböden und werden bis zu 15 m groß. Der Baum blüht lila, die Samenschoten werden später braun. Teak-Bäume haben große, elliptisch sich zuspitzende Blätter (bis 30 cm), sie sind laubwerfend. Der Stamm ist grau und weist eine tiefe längsrissige Borke auf. Interessant ist, daß Teakholz sich wegen des hohen Gehalts an Kieselsäure und Öl kaum verzieht. Es ist sehr hart und wird nicht von Insekten und Pilzen befallen. Die Blätter werden gerne von Elefanten, Giraffen und Steinböckchen gefressen. Die Samenschoten sind bei Elenantilopen, Affen und Pavianen beliebt.

2. Falsche Mopane (Guibourtia coleosperma)

In der Einheimischen-Sprache wird er "Muchibi" genannt. Der große Baum (bis zu 15 - 20 m Höhe) mit seinem rosa-weißen Stamm wächst in den Teak-Wäldern und hat kleine, weiße Blüten in der Regenzeit. Die Rinde wird sehr gerne von Elefanten gefressen, ebenfalls die Blätter. Um die Samen streiten sich Affen und Vögel.

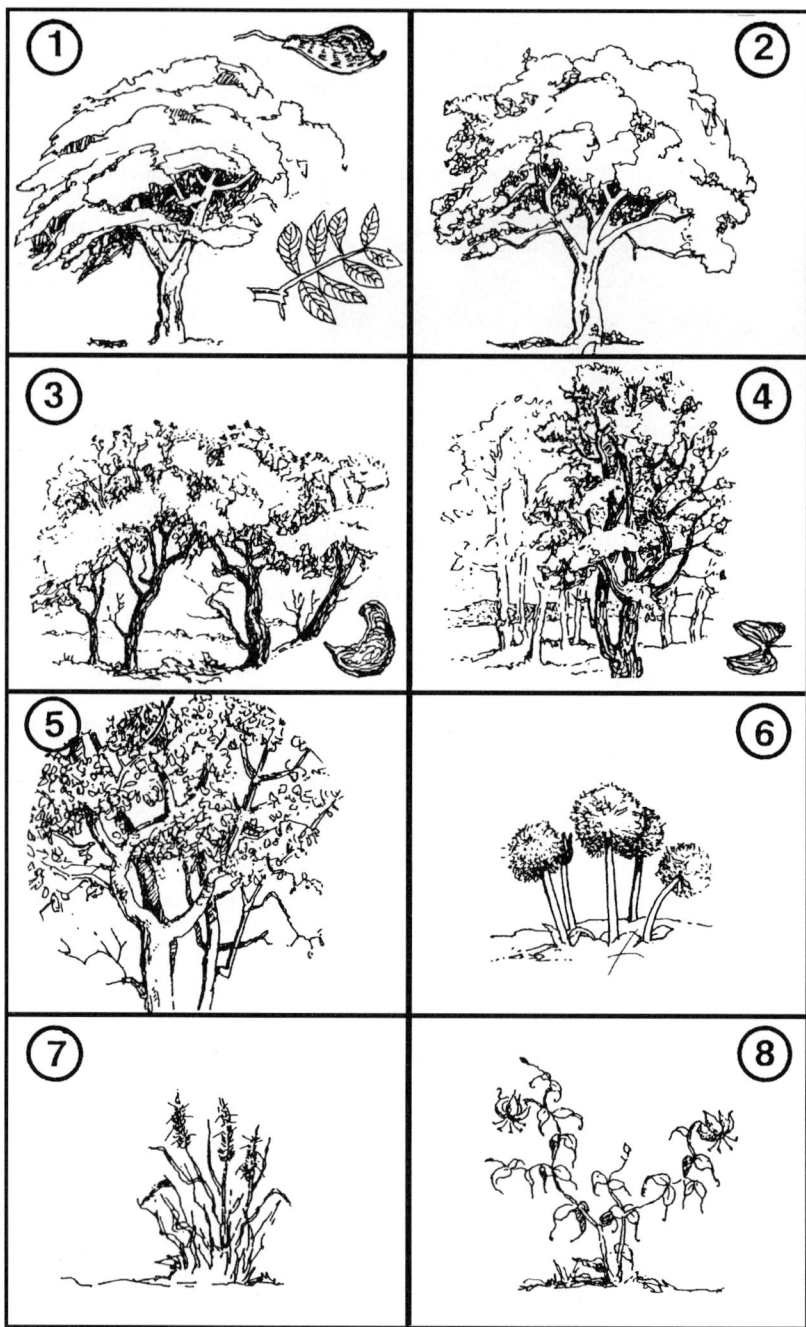

3. Kameldorn (Acacia erioloba)

Die Afrikaner bezeichnen diese Akazien-Art als "Umohlo". Der Baum wächst sehr hoch, weist eine abgeflachte Krone sowie eine schwarz-braune Rinde auf. Man findet die im August gelb blühenden Kameldorn-Bäume insbesondere in der Nähe von Senken. An den Zweigen hat er sehr spitze Dornen.

Die Rinde sowie die Zweige werden gerne von Elefanten gefressen. Die Samenschoten sind ebenfalls bei Elefanten, aber auch bei Elenantilopen, Kudus, Giraffen und Büffeln beliebt. Die Blüten werden von Giraffen, aber auch von Impalas bevorzugt.

4. Mopane (Colophospermum mopane)

Von den Eingeborenen als "Iphani" bezeichnet, wächst der bis zu 8 m hohe Baum auf flachgründigen Böden im Norden sowie im äußersten Süden des Parkgebiets.

Seine Blätter sind schmetterlingsähnlich. Daher ist er auch für den Laien sehr leicht zu identifizieren. Seine Rinde wird von Elefanten gefressen. Die Blätter sind ebenfalls bei Elefanten, aber auch bei Giraffen, Kudus, Impalas und Büffeln beliebt. Zweige werden von Elefanten vertilgt, während die Samen den Buschhörnchen vorbehalten bleiben.

5. Wild Gardenia (Gardenia Spatulifolia)

Der Strauch mit der weiß-grauen Rinde und seinen dicken Zweigen hat große weiße, wohlriechende Blüten. Seine Blätter fressen Giraffen, Kudus, Elefanten und Steinböckchen, während Zweige und Rinde nur bei Elefanten beliebt sind.

6. Red Fireball (Haemanthus multiflorus)

Die leuchtend-roten "Bällchen" blühen unter Bäumen nach dem ersten Regen.

7. Aristida

Der Name bezeichnet eine Gras-Familie. Diese kurzen weißen Gräser wachsen zwischen Mopane-Bäumen.

8. Flame Lily (Gloriosa superba)

Diese herrliche Blume blüht nach dem ersten Regen. Sie ist vor allem auf den sandigen Böden im Osten des Nationalparks verbreitet. Ihre Farben sind je nach Gegend etwas verschieden, doch auf den Sandböden findet man vor allem die kräftig orange und gelb blühenden Arten vor.

■ Tierwelt

Ein weiteres Augenmerk wirft man auf die Entwicklung der einzelnen Tierarten, um nicht die Tragfähigkeit bestimmter Vegetationszonen zu gefährden. Neueren Tierzählungen zufolge leben im Parkgebiet etwa 31.000 Elefanten, 300 Löwen, über 2.500 Zebras, 10.000 Büffel. Neben prak-

Büffel grasen am liebsten in den Abendstunden

tisch allen anderen Tieren der afrikanischen Savanne sind 401 Vogelarten vertreten.

■ Tierlexikon für unterwegs

Die am häufigsten vorkommenden Tiere sollen kurz vorgestellt werden (alphabetische Reihenfolge):

Elefant/Elephant

Er ist das größte Landtier. Es gibt zwei Arten: den afrikanischen und den indischen Elefanten. Beim afrikanischen Elefanten sind Ohren und Rüssel größer und die Stirn niedriger als beim indischen Elefanten.

Der afrikanische Elefant wird bis zu 4 m hoch und 6.000 kg schwer. Alleine seine Haut wiegt 10 Zentner, das Hirn 5 bis 6 kg, das Herz 25 kg. Pro Tag säuft er ca. 350 l Wasser und frißt 500 kg "Grünzeug". Mit dem Rüssel führt der Elefant Nahrung und Wasser ins Maul, beim Baden verspritzt er Wasser über den Körper oder beim Staubbad auch Staub. Er besitzt nur zwei Zähne, auf jeder Seite einen. Der afrikanische Elefant kommt in den meisten Gebieten südlich der Sahara vor. Er lebt in Herden aus Kühen und Jungtieren. Die Bullen leben einzeln, nur zur Paarung kommen sie mit den Kühen zusammen.

Elefanten treiben intensive Hautpflege. Sie tauchen beim Bad fast völlig unter und bespritzen sich mit Hilfe des Rüssels mit Wasser. Sie lieben auch Staubbäder, und bei Wassermangel suhlen sie sich im Schlamm. Auch in Trockenzeiten beherrscht der Elefant die Kunst, Wasser zu finden: Er bohrt Löcher, indem er seinen Rüssel als Ahle benutzt.

In der Mittagszeit sucht der afrikanische Elefant Schatten auf. Er sorgt für Abkühlung, indem er mit seinen Ohren fächert. Aufgrund der riesigen Oberfläche seiner Ohren verliert er so viel an Körperwärme.

Auch Elefanten brauchen natürlich Schlaf. Sie können sowohl im Stehen als auch im Liegen schlafen. Beim stehenden Schlaf atmet er in der normalen Atemfrequenz, beim Liegen nur ½ mal so oft. Gewöhnlich schläft ein Elefant fünf Stunden, die meiste Zeit im Liegen.

Dort, wo Elefanten geschützt aufwachsen, kommt es oft zur Überbevölkerung (z.B. im Kruger National Park). Da ein Elefant aber viel frißt, gefährdet er beim zu starken Anwachsen seiner Population das ökologische Gleichgewicht und muß in seinem Bestand dezimiert werden. Bei natürlichen Voraussetzungen ziehen Elefanten von einem Gebiet zum anderen und können so dem Reifestand der Vegetation folgen, die sich während ihrer Abwesenheit wieder erholen kann. Dabei legen sie oft große Entfernungen zurück.

Die Backenzähne des Elefanten weisen breite Mahlflächen auf, die dem Zerkauen von Pflanzenfasern dienen. Der Verschleiß an Zähnen ist beträchtlich. Der Elefant (der bis zu 70 Jahre alt werden kann) verbraucht in seinem Leben auf jeder Seite im Ober- und Unterkiefer je 7 Zähne, insgesamt also 28. Wenn ein Zahn abgenutzt ist, wächst ein anderer nach. Sind die letzten Zähne verbraucht, muß der Elefant verhungern.

Die Tragezeit beträgt bei Elefanten ca. 22 Monate. Das Junge ist etwa 90 cm hoch und wiegt 90 kg. Es kann bald nach der Geburt (nach zwei Tagen) in der Herde mitlaufen.

In ihrem Gesamtverhalten sind Elefanten furchtlos: Sie kennen keine Feinde und brauchen beim Anzug auf ein Wasserloch keine Vorsichtsmaßnahmen zu treffen. Bei Gefahr für die Herde "trompeten" Elefanten. Das Sozialverhalten in der Herde ist stark ausgeprägt. Gefährlich werden Elefantenkühe, wenn ihr Junges versehrt wird.

Fleckenhyäne/Spotted Hyena

Hyänen leben meist in Halbwüsten bis Trockensavannen, nicht in dichten Wäldern. Sie sind im allgemeinen ortstreu und leben in einem mehrere qkm großen Territorium. Dieses wird markiert, und zwar durch Harnen, Koten, Absetzen von Afterdrüsensekreten an Grashalmen und durch Bodenkratzen mit den Vorderpfoten. Diese Gebiete sind festgelegt, werden regelmäßig patrouilliert, und Rudelfremde werden verjagt. Rudelangehörige erkennen sich am Geruch. Hyänen jagen vorwiegend in der Dämmerung und bei Nacht; ihr Seh-, Hör- und Riechvermögen ist sehr gut ausgeprägt. Tagsüber ruhen sie in Erdhöhlen, in hohem Gras oder dichtem Busch.

Löwen und Hyänenhunde gefährden Jung- und Einzeltiere. Jungwelpen werden durch rudelfremde Artgenossen gefährdet, daher rührt ein starker Schutztrieb des Weibchens. Selten sind Fleckenhyänen einzeln anzutreffen, häufiger paarweise oder in Trupps. Im Rudel haben die Weibchen die Vormachtstellung. Die Hauptnahrung der Hyänen ist Aas, oft in Form von Löwenbeuteresten. Kadaver werden mit Haut und Haaren, ja selbst mit großen Röhrenknochen, die zerbissen werden, gefressen. Auch im Kampf getötete Artgenossen werden nicht verschmäht.

Manchmal werden im Rudel Gazellen, Zebras und Antilopen gejagt. Die Opfer werden bei lebendigem Leibe zerrissen. Es werden auch durch das Opfer motivierte andere Tiere, wie Löwe, Leopard, Gepard und Hyänenhund, vom Rudel vertrieben. Auch einzelne Menschen sind durch Rudel nachts gefährdet.

Die Tragezeit beträgt bei Hyänen 99 bis 130 Tage, meistens werden ein bis zwei Welpen geworfen. Schon eine Woche nach der Geburt können die Welpen gut laufen; ihre Säugezeit beträgt ein bis eineinhalb Jahre. Die Geschlechtsreife ist bei Weibchen mit zwei, bei Männchen mit drei Jahren erreicht. In Gefangenschaft können Hyänen bis zu 40 Jahre alt werden.

Flußpferd/Hippopotamus

Das Flußpferd kann eine Länge von 4,20 m, eine Schulterhöhe von 1,45 m und ein Gewicht von 4.000 kg erreichen. Es ist südlich der Sahara verbreitet (Sudan), in Ost- und Südafrika. Es lebt zumeist im Wasser, kommt aber zum Äsen ans Land, besonders nachts. Es kann bis zu vier Minuten tauchen. Tagsüber sonnt es sich träge auf Sandbänken oder liegt faul im Wasser. Wo Flußpferde stark verfolgt werden, halten sie sich in Rudeln auf. Die aus 20 bis 100 Tieren bestehenden Rudel leben in Territorien: in der Mitte die von den Kühen und jungen Kälbern bewohnte Krippe mit besonderen Zufluchtsgebieten, darum herum das von einem erwachsenen Bullen bewohnte Gebiet. Die Krippe befindet sich auf einer Sandbank mitten im Fluß oder an einer erhöhten Stelle an Fluß- oder Seeufern. Von den Territorien der Bullen führen Wechsel zu den Weiden, jeder Wechsel ist mit Kot markiert. Die Kühe haben eigene Wechsel.

Die Einrichtung der Territorien wird durch bestimmte Verhaltensregeln aufrechterhalten, die in gewisser Weise "Vereinssatzungen" ähneln. Außerhalb der Paarungszeit darf die Kuh den Bullen kurz besuchen, und dieser darf den Besuch erwidern. Er darf beim Betreten der Krippe keinerlei Aggression zeigen. Sollte sich eine Kuh erheben, so muß er sich hinlegen. Erst wenn sie sich niederlegt, darf er wieder aufstehen. Wenn ein Bulle diese Regeln nicht beachtet, wird er von den erwachsenen Kühen, die ihn alle gemeinsam angreifen, hinausgetrieben.

Lange Zeit hatte man angenommen, die Gruppen der Flußpferde würden von älteren Bullen angeführt. In Wirklichkeit handelt es sich um ein Matriarchat. Verläßt z.B. ein junger Bulle die Krippe, muß er außerhalb des Umkreises der Krippe eine neue Zufluchtsstätte suchen und sich dann – um sich mit einer Kuh paaren zu können – den Zugang zum inneren Ring erkämpfen. Sollte er von einem älteren Bullen besiegt werden, darf er sich unter dem vereinten Schutz der Kühe in die Krippe zurückziehen, um hier Zuflucht zu suchen.

Das charakteristische "Gähnen" der Flußpferde hat nichts mit dem Schlaf zu tun, es ist eine feindliche Geste, eine Herausforderung zum Kampf. Die Kämpfe sind heftig, die Rivalen erheben sich aus dem Wasser, die riesigen Mäuler sind breit geöffnet; sie versuchen, sich mit den Stoßzähnen zu beißen. Es gibt dabei fürchterliche Wunden, das verletzte Tier fällt brüllend vor Schmerz ins Wasser zurück. Ziel des Kampfes ist es, dem Gegner die Vorderfüße zu brechen. Das ist tödlich, denn dann kann das Tier nicht mehr an Land äsen.

Flußpferde fressen vorzugsweise nachts, sie kommen dann an Land, um zu grasen. Gewöhnlich wagen sich die Tiere nicht weit vom Wasser weg; sie können sich aber auch bis zu 30 km entfernen und dabei Geschwindigkeiten bis zu 45 km pro Stunde erreichen.

Zur Paarungszeit begibt sich die Kuh aus ihrem Territorium und sucht einen Bullen, der ihr mit "Ehrerbietung" in ihr Gebiet folgen muß. Das 90 cm lange, knapp 30 kg schwere Kleine wird nach 210 bis 265 Tagen geboren. Es kann fünf Minuten nach der Geburt schon schwimmen und laufen. Außerhalb der Krippe wird die Ordnung der Herde durch Kämpfe geregelt. Die Kühe erziehen die Jungen daher entsprechend. Das ist einer der seltenen Fälle planmäßiger Erziehung im Tierreich. Kurz nach der Geburt wird das Kleine mit an Land genommen. Der Nachwuchs muß auf gleicher Höhe mit der Kuh gehen, vermutlich, damit sie ihn besser beobachten kann. Wenn die Kuh schneller läuft, dann muß er mitziehen, wenn sie anhält, muß auch er anhalten. An Land ist die Kuh beweglicher als der Bulle (da leichter) und kann deshalb das Junge besser beschützen. Im Wasser ist der Bulle mit seinen längeren Stoßzähnen im Vorteil. Da der Nachwuchs mehrere Jahre bei der Mutter bleibt, kommt es vor, daß mehrere Junge mit ihr sind. Sie gehen dann dem Alter nach hintereinander her, die älteren ziehen die jüngeren mit auf.

Die Jungen müssen unbedingt gehorchen, sonst werden sie von der Mutter gestoßen, unter Umständen bringt sie ihnen sogar Verletzungen bei. Sie straft so lange, bis sie sich unterordnen, um sie dann abzulecken und zu liebkosen.

Babysitting war bei Flußpferden schon immer üblich. Wenn eine Kuh zum Fressen oder zur Paarung die Krippe verläßt, gibt sie ihr Kleines einer anderen Kuh, die vielleicht schon einige andere beaufsichtigt, in Obhut. Das wird dadurch erleichtert, daß Kühe mit etwa gleichaltrigem Nachwuchs in der Krippe beieinander bleiben.

Der wichtigste Feind der Flußpferde ist der Mensch! An Land springt gelegentlich ein Löwe das Flußpferd von hinten an und zerreißt ihm mit seinen Klauen das Hinterteil, doch das kommt sehr selten vor.

Gepard/Cheetah

Er lebt hauptsächlich in offenen Landschaften von der Wüste bis zur Trockensavanne, kommt aber auch in offenen Buschland, bis zum Rande der Feuchtsavanne und bis zu Höhen von 2.000 m vor. Sein Revier markiert das Männchen mit Harnspritzern, diese Markierung hält 24 Stunden an. Andere Tiere erkennen dann daraus die Wanderrichtung und meiden die Gegend. Auch bei Sichtbegegnung mit anderen Geparden kommt es nicht zum Kampf, sondern lediglich zum Ausweichen. Der Gepard ist Sichtjäger; d.h., daß er besonders morgens und am späten Nachmittag jagt, manchmal aber auch in mondhellen Nächten. Er ernährt sich von Hasen, Schakalen, Stachelschweinen, verschiedenen Antilopenarten, Warzenschweinen, Trappen, Frankolinen und jungen Straußen. Zuerst schleicht sich der Gepard an die Beute heran. Erst die letzten 100 m werden in Höchstgeschwindigkeit gerannt. Bei der Verfolgung seiner Opfer kann er bis zu 500 m mit einer Geschwindigkeit von 80 km pro Stunde rennen und macht dabei 7 m lange Sprünge! Manche Geparden rennen bis zu 110 km pro Stunde! Mehrere erwachsene Geparde greifen auch manchmal Großantilopen und Zebras an. Vor der Jagd bezieht der Gepard oft als Aussichtspunkt einen Termitenhügel oder einen Baum. Er kehrt zum Riß nicht zurück, da er kein Aasfresser ist. Sein Wasserbedarf ist gering; oft trinkt er den Harn der Beutetiere oder frißt Wüstenmelonen.

Seine Hauptfeinde sind Löwen, Leoparden und Fleckenhyänen; aber meistens werden Geparde in jungem Alter von ihren Feinden erlegt. Der Gepard ist von Natur aus friedlich, kein Kämpfertyp und daher leicht zähmbar.

Die Tragezeit bei Geparden beträgt 91 bis 95 Tage. Die Geschlechtsreife tritt bei Männchen nach 9 bis 10 Monaten ein, bei Weibchen erst nach 14 Monaten. Die Jungen werden lange Zeit geführt, um die Jagdweise zu erlernen; so wird die Mutter nach ca. eineinhalb Jahren verlassen. Das Gewicht eines ausgewachsenen Geparden beträgt 40 bis 60 kg. In Gefangenschaft können sie bis zu 16 Jahre alt werden.

Giraffe/Giraffe

Die Giraffe ist das höchste Tier der Erde. Sie kann bis zu 5,40 m hoch werden, wobei die Kühe kleiner sind. Die Giraffe ist in den trockenen Buschsteppen und Savannen südlich der Sahara verbreitet, besonders im Sudan, Ost- und Südafrika. Früher war sie wesentlich stärker verbreitet, wurde jedoch in vielen Gebieten wegen ihres Felles ausgerottet.

Giraffen leben in Herden mit relativ lockerer Sozialstruktur. Die Bullen bilden Gruppen und leben offenbar lieber in bewaldeten Gebieten, ältere Bullen sind Einzelgänger. Kühe und Kälber halten sich mehr in Savannen auf. Die Bullen besuchen diese Rudel zur Paarung. Giraffen sind gemütliche Tiere und bewegen sich nur langsam. Durch ihre Höhe fressen sie das Blattwerk oben an den Bäumen. Ihr langer Hals ermöglicht ihnen eine gute Rundumsicht. Um die Rangordnung festzusetzen, stehen zwei Bullen nebeneinander und bekämpfen sich gegenseitig mit ihren Köpfen.

Giraffen fressen an Bäumen und Sträuchern, wobei die Akazie ihre Lieblingsspeise ist. Wenn Wasser verfügbar ist, trinken Giraffen regelmäßig; sie können aber auch lange ohne zu trinken auskommen. Beim Trinken spreizen sie die Vorderbeine kräftig, um mit dem Kopf herunterzukommen, oder aber sie beugen die Knie und spreizen die Beine nur leicht. Lange hat man am Kopfblutdruck der Giraffe herumgerätselt. Einige Zoologen haben behauptet, daß die Giraffe den Kopf langsam heben und senken müsse, damit das Blut nicht plötzlich in den Kopf strömt. Die Blutgefäße haben jedoch Klappen. Im Kopf befinden sich zusätzliche Gefäße, dadurch gibt es beim Heben und Senken des Kopfes, ganz gleich, wie schnell dies geschieht, keinen Blutandrang.

Giraffen paaren sich anscheinend das ganze Jahr über. Dabei dürfte es je nach Wohngebiet Unterschiede geben. Die Tragezeit beträgt 420 bis 468 Tage. Es wird nur ein Kalb geboren, das 1,80 m hoch ist und 55 kg wiegt. Schon eine Stunde nach der Geburt kann es laufen. Giraffenmilch ist sehr fettreich; die Jungen wachsen schnell. Sicher ist, daß zwischen Mutter und Kind nur lockere Beziehungen bestehen. Giraffen können bis zu 20 Jahre alt werden.

Giraffen haben nur wenige Feinde. Ein Löwe kann ein Kalb nehmen, oder mehrere Löwen können ein erwachsenes Tier reißen. Das kommt jedoch nur selten vor, denn die Schläge mit den langen Beinen und schweren Hufen können tödlich wirken.

Impala/Impala

Die Impalas gehören zu den anmutigsten Antilopen. Sie haben 75 bis 100 cm Rückenhöhe, wiegen 65 bis 75 kg und sind kastanienbraun. Der Bock hat 50 bis 75 cm lange Hörner, das Weibchen ist nicht gehörnt.

Die Impalas bewohnen große Gebiete Ost- und Südafrikas. Sie lieben die Nähe des Wassers und meiden offene Landschaften. Sie sind vor allem in Busch- und Dornbuschsteppen anzutreffen, weniger in Gebieten mit geschlossener Vegetationsdecke. Je nach den Verhältnissen kann die Bevölkerungsdichte einige wenige bis 80 Exemplare pro qkm betragen. In der Trockenzeit leben sie zumeist in der Nähe der Wasserstellen, in feuchteren Jahreszeiten mehr verstreut – bis zu 25 km vom Wasserloch entfernt.

Impalaböcke werden in der Brunft recht aggressiv, besonders, wenn sie ihre Territorien abstecken. Sie liefern sich dann Kämpfe und jagen sich. Wenn sie ihre Territorien begründet haben, begeben sie sich an die Wasserlöcher, die als Niemandsland gelten. Das Auffälligste an den Impalas ist ihr Verhalten bei Gefahr. Die ganze Gruppe vollführt also etwas wie ein Schauspringen: Sie springen geradeaus oder plötzlich zur Seite, bis zu 3 m hoch, rund herum und in alle Richtungen. Sinn dieses Verhaltens ist es, den Angreifer, z. B. eine Großkatze, zu verwirren, der versucht, aus der Herde ein bestimmtes Tier zu reißen. Die durcheinander springenden Impalas haben damit anscheinend Erfolg, der Angreifer hat Schwierigkeiten, ein bestimmtes Tier zu fixieren. Auch eine Anzahl anderer Tiere verhält sich ähnlich: Anstatt den Abstand zum Angreifer zu vergrößern, schlagen sie Haken, um ihn irre zu machen. Hauptfeind der Impalas ist der Leopard.

Paarungszeit ist der Beginn der Trockenheit. Nach 180 bis 210 Tagen wird das Junge geboren, und zwar zum Zeitpunkt der Regenzeit, wenn es am meisten zu fressen gibt. Die Jungen wachsen schnell auf, so daß sie vor der nächsten Brunftzeit entwöhnt sind. In der Brunft sind rund 97 % der Weibchen trächtig. Die Weibchen leben das ganze Jahr in Herden zusammen; gegen Ende der Geburtszeit der Jungen haben die Herden eine Größe von 100 Tieren.

Die Herden sind meist gemischt, nur während der Geburtszeit setzen sich die Weibchen ab.

Kudu/Kudu

Die Hörner sind beim Männchen locker geschraubt (zweieinhalb Windungen um die Längsachse). Das Fell ist kurz und glatt, die Fellfarbe braungrau. Jungtiere sind mehr rötlich grau bis hellbraun. Das Kudu bevorzugt steiniges, locker mit Buschwald bedecktes Hügel- und Bergland, doch auch Flachland mit gleichem Bewuchs, dort vor allem Akazienbäume (z.B. Kameldornbäume). Wasserstellen sind nicht lebenswichtig, dagegen aber größere Dickichte für den ruhigen Tageseinstand. Das Kudu äst am späten Nachmittag. Es ist in hohem Maße standorttreu, solange die Lebensbedingungen günstig sind. Zu über 80 % ernährt sich das Kudu von Baum- und Strauchlaub, nebenher auch von Gräsern und Kräutern. Hauptfutterpflanze ist vor allem die Akazie (Kameldornbaum). Sein Geruch und Gehör sind sehr gut ausgebildet, dagegen ist die Sehstärke eher schwach.

Tagsüber steht das Kudu bevorzugt im dichten Gebüsch, spätnachmittags zieht es aus zum Äsen. Es äst manchmal auch vor- und nachmittags, außer in der heißen Mittagszeit. Bei Bejagung entwickelt es sich zum heimlichen Nachttier. Man findet das Kudu vor allem in kleinen Trupps aus mehreren Weibchen mit ihren Jungen, denen sich zeitweise ältere Bullen zugesellen. Meistens sind 6 bis 12 Tiere zusammen, seltener bis zu 30. Nur während der Trockenzeit kann die Truppstärke durch Ansammlung an günstigen Futterplätzen steigen (bis zu 100 Tiere). Männchen bilden z.T. eigene Trupps. Im Erwachsenenalter beträgt das Verhältnis Männchen zu Weibchen 1 : 5. Die Hauptfeinde sind vor allem der Leopard, die Hyäne, der Gepard und der Löwe. Die Rettung vor Feinden geschieht durch Flucht. Auch Altmännchen verteidigen sich nur selten, selbst wenn sie in die Enge getrieben wurden. Bis 2,50 m hohe Zäune können übersprungen werden.

Die Tragezeit beträgt beim Kudu ca. 7 Monate, die Geburtszeit liegt zwischen Februar und März. Das Neugeborene wiegt ca. 15 kg (ein ausgewachsenes Kudu wiegt 200 bis 250 kg). Die Säugezeit erstreckt sich über ein halbes Jahr, die erste feste Nahrung erhält das Junge nach einem Monat. Bei Männchen tritt die Geschlechtsreife nach eindreiviertel bis zwei Jahren ein, bei Weibchen mit eineinviertel bis eindreiviertel Jahren. Die erste Hornwindung sieht man bei Männchen im Alter von zwei Jahren, die volle Ausbildung bis zweieinhalb Windungen nach etwas mehr als sechs Jahren. In Freiheit wird das Kudu etwa sieben bis acht Jahre alt.

Leopard/Leopard

Der Leopard lebt in allen Landschaften von der Wüste bis zum Urwald. Wo er ungestört ist, ist er tags und nachts unterwegs. Wo er verfolgt wird, entwickelt er sich zum heimlichen Nachttier. Er sonnt sich gerne auf Bäumen oder Felsen. Seine Kletter- und Schwimmfähigkeiten sind gut. Meistens schlafen Leoparden auf Bäumen, in einem Erdbau, in Felsspalten, im Gebüschhorst etc.; sein Hörvermögen ist außerordentlich gut (15.000 bis 45.000 Hertz); er verfügt aber auch über ein sehr gutes Seh- und ein gutes Riechvermögen.

Seine Feinde sind gelegentlich Löwe, Hyänenhund und Fleckenhyäne. Löwe und Fleckenhyäne vertreiben den Leoparden manchmal von seiner Beute.

Als Nahrung dienen dem Leoparden alle Säugetiere (auch Raubtiere), manchmal sogar Großantilopen, Löwenjunge und Menschenaffen, Schlangen etc., auch Haustiere. Aas wird auch gefressen. Gelegentlich wird eine größere Beute nach und nach verzehrt und dabei gern zum Schutz vor Mitfressern auf Bäume geschleppt. Manchmal können Leoparden monatelang ohne Wasser auskommen, aber wenn sie die Möglichkeit haben, trinken sie regelmäßig. Leoparden sind Einzelgänger.

Die Tragezeit beträgt 90 bis 112 Tage; es werden zwischen ein bis sechs Jungtiere geworfen. Nach einer Woche können die Jungen die Augen öffnen. Die Säugezeit beläuft sich auf drei Monate; mit eineinhalb bis zwei Jahren wird die Mutter verlassen. Die Geschlechtsreife wird mit zweieinhalb bis drei Jahren erreicht. In Gefangenschaft ist ein Alter bis 21 Jahre nachgewiesen.

Löwe/Lion

Löwen waren früher im südlichen Europa, im südlichen Asien und in ganz Afrika verbreitet.

Bereits seit 80 bis 100 n. Chr. ist der Löwe in Europa ausgestorben. In Südafrika sind Löwen bis auf das Vorkommen im Kruger National Park ausgerottet. Seine Körperlänge beträgt ca. 2,80 m, seine Höhe ca. 1,10 m, sein Gewicht bis zu 250 kg. Löwen sind in offener Landschaft mit Buschwerk und Baumgruppen anzutreffen. Als einzige Katzen bilden sie Rudel bis zu 20 bis 30 Mitgliedern. Diese Gruppen bestehen aus einem oder mehreren älteren Männchen und einer Anzahl von Löwinnen mit Jungtieren. Die Angehörigen eines Rudels arbeiten beim Auflauern und Beschleichen der Beute zusammen, sie verteidigen sich auch gemeinsam. Jagende Löwen brüllen in der Regel nicht, um nicht entdeckt zu werden. Sie können Geschwindigkeiten bis 60 km in der Stunde erreichen, jedoch nur kurz aufrecht erhalten. Aus dem Stand können Löwen gut springen: bis zu 3,50 m hoch und 12 m weit. Selten klettern Löwen auf Bäume; sie tun es z.B. dann, um die in einer Astgabel von einem Leoparden versteckte Beute zu erreichen.

Obwohl Löwen in erster Linie Fleischfresser sind, nehmen sie auch hin und wieder Früchte zu sich. Normalerweise beziehen Löwen neben Eiweiß, Fett, Kohlehydraten und Mineralsalzen die notwendigen Vitamine aus den Eingeweiden ihrer pflanzenfressenden Beutetiere. Es ist deshalb typisch, daß Löwen zuerst die Eingeweide fressen und sich vom Hinterteil her in Richtung Kopf des Opfers vorarbeiten.

Die Löwin schlägt zwar oft die Beute, aber der Löwe beginnt die Mahlzeit und nimmt sich den größten Teil ("Löwenanteil"). Erst dann folgt die Löwin, zuletzt die Jungen. Antilopen und Zebras sind die bevorzugten Beutetiere. Ein Überblick aus dem Kruger National Park zeigt, daß sich die Beute wie folgt zusammensetzt: Gnu, Impala, Zebra, Wasserbock, Kudu, Giraffe, Büffel. Ältere oder verletzte Löwen wenden sich kleineren Beutetieren zu, z. B. Stachelschwein, Schaf und Ziege. Sie können sogar zum Menschenfresser ausarten, greifen dann aber bevorzugt Frauen und Kinder an.

Löwen jagen ganz leise, und zwar ist es meist das Weibchen, das die Beutetiere erlegt. Dieses wird gewöhnlich angesprungen, sein Genick wird mit den Vorderpranken gebrochen; oder der Löwe packt es mit seinen Zähnen an der Kehle oder erdrosselt es mit den Vorderpranken. Eine andere Methode ist, das Opfer von hinten anzuspringen und niederzureißen. Löwen töten Flußpferde, indem sie ihnen das Fleisch mit den Klauen zerfetzen. Sie töten und fressen auch Krokodile.

Löwen haben kaum natürliche Feinde. Von Unfällen können besonders junge, unerfahrene Tiere getroffen werden. Dabei können ihnen Zähne ausgeschlagen werden, so daß sie sich mit Kleintieren begnügen müssen. Büffelherden können Löwen zu Tode trampeln; Antilopen können sie unter Umständen mit ihren Hörnern aufspießen.

Die Fortpflanzung ist bei Löwen ab dem zweiten Lebensjahr möglich. Die Tragezeit beträgt 105 bis 112 Tage; ein Wurf besteht aus zwei bis fünf Jungen. Die Zahl der Jungen hängt stark vom Ernährungszustand der Mutter ab. Je schlechter er ist, desto weniger Junge werden geboren (Sicherung der Nahrungsgrundlagen!). Bei ihrer Geburt sind die Jungen blind, ihre Augen öffnen sich erst nach zwei bis drei Wochen. Sie werden nach drei Monaten entwöhnt, dann lernen sie jagen und können mit einem Jahr selbständig Beute fangen.

Nashorn/Rhinoceros

Im Hwange National Park sind aufgrund der Wilderei nur noch wenige Nashörner zu finden. Sie leben hauptsächlich im Norden des Parks. In Zimbabwe wurden zum Schutz der Nashörner im Rahmen der Aktion Save the Rhino verschiedene Gebiete zum Schutzgebiet für Nashörner erklärt. So wurden Nashörner aus dem Sambezi Tal beipielsweise in solche Schutzgebiete umgesiedelt, um sie vor Wilderern zu schützen.

Es gibt zwei Arten von Nashörnern:
 ◆ das **Spitzmaulnashorn/** Black rhinoceros
 ◆ das **Breitmaulnashorn/** White rhinoceros

Das **Spitzmaulnashorn** bevorzugt meist trockenes, mit Büschen bestandenes Grasland, ebenso trifft man es aber auch auf offenen Savannenflächen mit wenig Dekkung an. Es ist hauptsächlich morgens und abends unterwegs und gönnt sich sechs bis sieben Stunden täglich Ruhe. Während der Tageshitze ruht oder schläft es im Schatten. Eine Lieblingstätigkeit ist das oft stundenlange Schlammsuhlen. In Trockenzeiten wälzt es sich im Sand.

Ein Nashorn riecht über viele Kilometer hinweg, auch das Hörvermögen ist sehr gut ausgeprägt, während dagegen das Sehen schlecht ist. Kaum ein anderes Tier kann dem Spitzmaulnashorn gefährlich werden. Löwen und Fleckenhyänen machen sich schon manchmal an ein Kalb heran, doch die Nashorn-Mütter haben keine Angst vor Löwen, Hyänen, ja gar Elefanten. Im Galopp bringen sie es auf 50 km in der Stunde. Vor dem Angriff senken sie den Kopf, schnauben und brausen oft vor dem Ziel plötzlich ab, wobei es vorkommt, daß sie dann umdrehen und flüchten.

Spitzmaulnashörner fressen vorwiegend Blätter und Zweigenden von Büschen und Bäumen. Sie verdauen auch schadlos Pflanzen, die für Menschen hochgiftig sind. Gerne fressen sie salzhaltige Erde und trinken täglich. Spitzmaulnashörner sind typische Einzelgänger, nur durch Mutter-Kind-Beziehungen bilden sie kleine Gruppen. Diese "Urtiere" können bis zu 40 Jahre alt werden.

Breitmaulnashörner bevorzugen Buschland mit Dickichten zur Deckung, Bäume als Schattenspender, Grasflächen zum Äsen und Wasserstellen zum Saufen. Sie äsen und ruhen im Abstand von wenigen Stunden nachts, morgens, spätnachmittags und abends. Der Tageshitze weichen sie unter schattenspendenden Bäumen aus.

Außer den Menschen haben sie keine Feinde. Sie fressen nur Gras und trinken täglich (in Trockenzeiten alle zwei bis drei Tage). Sie leben z.T. in kleinen Trupps zusammen.

Perlhuhn/Guinea-fowl

Es handelt sich hier um ein vorwiegend schwarzes Huhn, das über den ganzen Körper gepunktet ist. Es lebt außerhalb der Wälder, bewohnt busch- und baumbestandene Savannenlandschaften, Steppen und Halbwüsten sowie Grasland.

Perlhühner leben paarweise, in größeren Familientrupps oder in noch größeren Scharen zusammen. Es flüchtet meistens, ohne aufzufliegen, und übernachtet in Bäumen.

Perlhühner sind Allesfresser, Samen, Getreide, Wurzeln und Insekten sind bevorzugt.

Steppenzebra/Burchell's Zebra

Von Pferden und Eseln unterscheiden sich Zebras durch ihre Streifenzeichnung, den Schädelbau und die Zähne. Es gibt drei Zebraarten.

Das verbreitetste ist das Steppenzebra. Es kommt vom Zulu-Land im Südosten und der Etoscha-Pfanne in Namibia bis zum südlichen Somali-Land und südlichen Sudan vor. Die Steppenzebras sind sehr gesellig, sie leben in Herden. Gruppen von ein bis sechs Stuten mit ihren Fohlen bilden eine Gemeinschaft unter der Führerschaft eines Hengstes, der sie beschützt und andere Hengste abwehrt. Manchmal verschwindet das männliche Tier einfach, und ein anderes nimmt seine Stelle ein. Die überzähligen Hengste leben in größeren Junggesellenrudeln. Steppenzebras sind ziemlich zahm. Sie leben oft in Gemeinschaft mit Gnus. Gemeinsam mit ihnen sind sie auch bevorzugtes Beutetier der Löwen. Da das Zebra gefährlich werden kann, muß das Löwenrudel die Beute schlagartig töten. Es kann durchaus vorkommen, daß ein Zebrahengst einen Löwen im Kampf tötet.

Die Tragezeit beträgt ca. 370 Tage. Das Neugeborene wiegt 30 bis 34 kg und ist etwa 90 cm hoch. Normalerweise bekommt eine Stute alle drei Jahre ein Junges. Junge männliche Tiere verlassen die Gruppe nach ein bis drei Jahren und schließen sich dem Junggesellenrudel an. Mit fünf bis sechs Jahren versuchen sie, junge weibliche Tiere zu treiben. Wenn es ihnen gelingt, dann bilden sie eine neue Gruppe.

Strauß/Ostrich

Der Strauß ist der größte heute lebende Vogel. Aufgrund seiner außergewöhnlichen, auffälligen Erscheinung ist er zugleich einer der bekanntesten. Große Männchen können bis zu 2,60 m hoch werden, wobei der Hals fast die Hälfte der Körpergröße ausmacht. Das Gefieder des Männchen ist schwarz, ausgenommen die weißen Schmuckfedern an den Flügeln und am Schwanz. Wegen dieser Schmuckfedern ist der Bestand an Straußen zunächst stark vermindert

worden, erst später wurden Straußenfarmen gegründet. Das Gefieder des Weibchens ist braun, die Federn werden zur Spitze hin heller. Der Kopf, der größte Teil des Halses und die Beine sind nackt, aber die Augenlider haben lange, schwarze Wimpern. Jeder Fuß hat zwei starke Zehen, die längere ist mit einer stärkeren Klaue versehen.

Strauße sind außerordentlich wachsam. Ihr langer Hals gestattet ihnen, schon in großer Entfernung Feinde festzustellen. Deshalb ist es ziemlich schwierig, Strauße in der Wildnis zu beobachten. Sie leben in sehr trockenen Gebieten und durchstreifen auf der Nahrungssuche das offene Land oftmals in starken Trupps. Während feuchter Perioden teilt sich die Gruppe in Familien, bestehend aus einem Paar mit Küken und Jungtieren. Ein Hahn oder eine Henne führt den Trupp und entscheidet, ob das Revier gewechselt wird. Wenn die Gruppe vertrautes Gebiet verläßt oder an eine Wasserstelle kommt, wo keine anderen Tiere trinken, treibt das Leittier die Jungtiere vor sich her, um einen eventuellen Angreifer aus der Deckung zu locken. Etwas Erstaunliches: Strauße können zur Not auch schwimmen.

Strauße fressen nahezu alles. Vorgezogen werden Pflanzen, Früchte, Samen und Blätter. Sie fressen auch kleine Tiere, manchmal sogar Eidechsen und Schildkröten. Sie stehen in dem Ruf, wirklich Allesfresser zu sein. Selbst Metallstücke werden geschluckt. Sie fressen auch beträchtliche Mengen an Sand und Steinen, um ihre Verdauung zu fördern. Durch die Aufnahme so harter Materialien zerkleinern sie die Nahrung im Magen. Man sagt, aus der Art der Sandkörner und Kiesel könne man bei einer Obduktion genau die vom Strauß zurückgelegte Strecke verfolgen.

Noch bis vor kurzer Zeit rätselte man, ob Strauße polygam oder monogam veranlagt seien. Man weiß heute, daß Strauße monogam sein können, aber in der Regel polygam sind. Die gesellschaftliche Ordnung der Strauße ist recht anpassungsfähig, und es kann sein, daß ein Männchen, das ein Weibchen mit Küken begleitet, durchaus nicht der Vater der Küken zu sein braucht.

Jede Henne legt 6 bis 8, etwa 15 cm lange und bis zu 1,5 kg schwere Eier. Die Hennen eines Harems legen alle in das gleiche Nest, das aus einer Bodenvertiefung von etwa 3 m Durchmesser besteht. Es kann drei Wochen dauern, bis alle Eier gelegt sind, dann treibt die Haupthenne die anderen weg, und das Nest wird von ihr und dem Hahn bebrütet. Das Brüten besteht mehr darin, das Nest zu beschatten, als es warm zu halten. Interessant ist, daß die Männchen bei Nacht über den Eiern brüten, die Weibchen bei Tage. Gegen Ende der sechswöchigen Brutzeit werden die am meisten entwickelten Eier am Rand des Nestes zusammengebracht. Die Küken können kurz nach dem Schlüpfen laufen und einen Monat später schon eine Geschwindigkeit von 50 km pro Stunde erreichen. Im Alter von vier bis fünf Jahren werden sie fortpflanzungsfähig. Strauße können bis zu 40 Jahre alt werden.

Erwachsene Strauße fürchten sich kaum vor Feinden. Sie sind sehr wachsam und können bis zu 65 km pro Stunde laufen. Eier und Küken können jedoch Schakalen und sonstigen Räubern zum Opfer fallen. Die Erwachsenen führen ihre Küken aus den Gefahrenzonen hinaus.

Warzenschwein/Wart Hog

Warzenschweine bevorzugen baum- und straucharme Grasflächen, während Wälder gemieden werden. Nachts und mittags ruhen sie in einer Wohnhöhle, vor- und nachmittags suhlen sie sich und weiden oder trinken. Als Feinde gelten Löwen und Leoparden, aber auch Geparde reißen manchmal Frischlinge. Das Hauptfutter besteht aus Gras und frischer Rinde, bei Wassermangel graben sie nach Zwiebeln, Knollen und Wurzeln. Sie leben in Familiengruppen zusammen und erreichen ein Alter bis zu 18 Jahren.

Zebra

s. Steppenzebra

INFO

Das Hwange Wild Dog Project

*Der Afrikanische Hyänenhund (Lycaon Pictus) ist wahrhaftig ein wildes Tier. Er ist entfernt verwandt mit dem Grauwolf aus Eurasien und Nordamerika. Wild Dogs findet man in Afrika nur in der Sub-Sahara Region. Wild Dogs wiegen etwa zwischen 25-35 Kilogramm. Sie haben lange Beine, einen schlanken Körper und breite runde Ohren. Sie sind aufgrund ihrer Färbung – unregelmäßige, schwarze, weiße, braune und gelbbraune Flecken – leicht zu bestimmen. Diese Zeichnung fällt bei jedem Hund anders aus. Wild Dogs **jagen in einer Gruppe** und koope-rieren beim Fangen der Beute. Ein Teil des Rudels jagt die Beute, ein anderer Teil tötet die Beute. Auf dem Speiseplan der Wild Dogs stehen hauptsächlich **größere Antilopen**, wie Impala, Kudu und Ducker. Im Hwange National Park **leben 25 Rudel Wild Dogs** auf einer Fläche von 14.000 km².*

Das weibliche Tier wirft zwischen 8 und 16 Junge im Jahr. In jedem Rudel paaren sich jeweils nur das dominante weibliche und männliche Tier. Die Jungen werden vom gesamten Rudel aufgezogen. Die Jungen verlassen das Rudel etwa in einem Alter von 2-3 Jahren. Schätzungswei-se gibt es in Afrika nur noch 4.000 Wild Dogs. Damit gehört der afrika-nische Hyänenhund zu den bedrohten Tierarten Afrikas. Alleine zwi-schen 1957 und 1975 wurden in Zimbabwe im Rahmen eines Programms zur Dezimierung schädlicher Tiere über 3.000 Tiere geschossen.

*Das Hwange Wild Dog Projekt wurde 1989 zum Schutz dieser bedroh-ten Tierart gegründet. Im Rahmen des Projekts werden Daten über die Tiere gesammelt, u.a. über die Anzahl der Geburten, Anzahl der Jungen, Tod und Todesursache der Tiere, Rudelmigration und Jagdverhalten. Im Hwange National Park gibt es **die größte Anzahl von Hyänenhun-den** in Afrika. Im Gebiet des Hwange Parks gibt es schätzungsweise 250 Wild Dogs. Unterstützt wird das Hwange Wild Dog Project von der Wildlife Society of Zimbabwe, P.O. Box 169, Bulawayo.*

Buchtips
- Th. **Haltenorth**/H. **Diller**, Säugetiere Afrikas und Madagaskars, München
- C. **Riedel**/R. **Ertel**, Vögel Afrikas, Band 1 und 2, Stuttgart
- A. **Roberts**, Birds of South Africa, Cape Town

Weiterreise-Möglichkeiten
- Der vorgeschlagenen Hauptroute folgend nach Victoria Falls.
- Weiterflug nach Kariba, um den Kariba See oder die Mana Pools zu besuchen.
- Rückflug nach Harare und Beendigung der Zimbabwe-Reise.

Giraffen zeigen sich gerne im Abendlicht

6.8 HWANGE NATIONAL PARK – VICTORIA FALLS

- Der Anblick der Gischt der **Victoria-Fälle** aus der Entfernung
- Die **Victoria-Fälle von den verschiedenen Aussichtspunkten** erleben, übrigens auch aus einem **Flugzeug**
- **White Water Rafting** auf dem Zambezi
- Bei Tee oder Cocktail die Atmosphäre auf der Terrasse des **Victoria Falls Hotel** aufnehmen

6.8.1 VICTORIA FALLS

Überblick

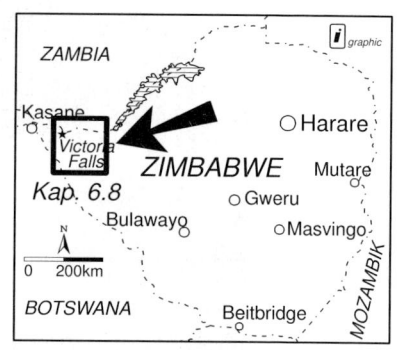

"Nach zwanzig Minuten Fahrt von Kalai aus sahen wir zum ersten Male die Rauchsäulen, die sich in einer Entfernung von 5 - 6 Meilen erhoben, gerade wie wenn große Strecken Gras in Afrika angebrannt werden. Es stiegen fünf Säulen auf, deren Spitzen sich mit den Wolken zu vermischen schienen. Unten waren sie weiß, höher aber wurden sie dunkel, so daß sie fast wie Rauch aussahen. Die ganze Szene war außerordentlich schön; die Ufer und die auf dem Fluß verstreuten Inseln sind mit Waldbäumen der verschiedensten Farben und Gestalt geschmückt".
(aus: David Livingstone, Zum Sambesi und quer durchs südliche Afrika 1849 - 1856, K. Thienemanns Verlag, Stuttgart 1985, S. 310/311).

So erlebte als erster Weißer am 16. November 1855 der Afrikaforscher **David Livingstone** die imposanten Fälle. Bevor er seine Entdeckung alsbald zu Ehren der englischen Krone als "Victoria-Fälle" bezeichnete, nannten die hier lebenden Eingeborenen das Naturwunder "Mosi oa tunya" (was frei übersetzt heißt: "donnernder Rauch").

Livingstone näherte sich den Fällen von der sambesischen Seite (deshalb ist die kleine Insel kurz vor den Fällen nach ihm benannt). Sehr vorsichtig tastete er sich an den schier endlosen Abgrund. Die Eingeborenen hatten nie zuvor gewagt, sich dem "tosenden Rauch" so extrem zu nähern. Tief beeindruckt schildert Livingstone seine Erlebnisse: *"Aber obwohl wir die Insel erreicht hatten und nur wenige Ellen von der Stelle entfernt waren, von wo aus ein*

Blick das ganze Rätsel lösen sollte, so glaube ich doch, daß niemand sehen kann, wohin die Wassermasse geht; sie schien sich in der Erde zu verlieren, da die gegenüberliegende Seite des Spaltes, in der sie verschwand, nur 80 Fuß entfernt war. Wenigstens konnte ich mir nicht erklären, bis ich voll Scheu bis an den äußersten Rand kroch und in einen Spalt schaute, der von einem Ufer des Sambesi bis zum anderen reichte... Die Fälle sind nichts weiter als ein Riß in den harten Basaltfelsen vom rechten nach dem linken Ufer des Sambesi, der sich am linken Ufer noch etwa dreißig bis vierzig Meilen weit fortsetzt." (aus: David Livingstone, a.a.O., S. 311/312).

Livingstone-Denkmal

Wenn man heute von der zimbabwischen Seite die Victoria-Fälle besucht, vermag man sich vorzustellen, welche Gefühle Livingstone wohl bewegten.

■ **Übernachten:** Gediegen im Kolonialstil im **Victoria Falls Hotel** bzw. direkt am Zambezi in der **A'Zambezi Lodge**

■ **Essen:** Die Atmosphäre auf der Terrasse des **Victoria Falls Hotel** sowie in dessen Restaurant spricht für sich, wobei das Dinner-Buffet im **Rainbow Hotel** ebenfalls zu empfehlen ist

■ **Unternehmungen:** Ein Spaziergang entlang der zimbabwischen Seite ist ein Muß. Ein Flug über die Fälle vermittelt am besten einen Eindruck über deren Ausmaße, und eine Boots-, Kanu- bzw. Raftingtour verdeutlicht die "Kräfte des Wassers"

■ **Melden Sie sich rechtzeitig für Unternehmungen an!**

Seine Statue steht am westlichen Beginn der insgesamt 1.700 m breiten Fallkante, über die Katarakte fließen. Bis auf den entlang des Naturwunders vorbeiziehenden Pfad mag sich seit Livingstones Zeiten kaum etwas geändert haben.

In die 108 m tiefe Schlucht stürzen in der wasserreichsten Zeit (April bis Mai) über 545 Millionen Liter Wasser pro Minute. Und die Wassergischt steigt dann bis zu 500 m empor, hoch genug, um noch aus 60 km Entfernung gesehen zu werden!

6.8.2 SEHENSWERTES AUF DER STRECKE NACH VICTORIA FALLS

Streckenbeschreibung
Wenn Sie in der Hwange Safari Lodge oder im Main Camp übernachtet haben, empfiehlt sich die Fortsetzung der Fahrt nach Victoria Falls über das Sinamatella Camp. So können Sie noch eine Morgen-Safari in Ihr Programm einbauen, bevor Sie kurz vor der Stadt Hwange die Hauptverbindungsstraße Bulawayo - Victoria Falls (= A 8) erreichen.

Bereits weithin sichtbar: der "tosende Rauch"

Hwange

Hwange hieß bis zur Unabhängigkeit "Wankie" und zählt heute 42.000 Einwohner. Die Stadt ist das wichtigste Verwaltungs- und Industriezentrum des nördlichen Matabelelandes.

In der Umgebung, agrarisch durch Viehzucht genutzt, wird Steinkohle abgebaut. 1894 entdeckte hier Albert Geise Steinkohle, und schon 1903 wurde mit dem Abbau begonnen. Die auf 1,5 Milliarden Tonnen geschätzten Vorräte lagern in bis zu 10 m mächtigen Flözen. Die als "Fettkohle" klassifizierten Vorkommen, die durch

Hwange Kraftwerk

drei große Schachtanlagen erschlossen werden, eignen sich insbesondere für die Verwendung in Kohlekraftwerken. Im Jahre 1972 rückte Hwange in die Schlagzeilen, als bei einer Explosion 419 Bergarbeiter umkamen.

Auf dem weiteren Wege kommt man am Flughafen Victoria Falls vorbei. Kurz danach zweigt nach rechts die Straße nach Kazungula und Botswana ab. Geradeaus erreicht man Victoria Falls.

6.8.3 REISEPRAKTISCHE HINWEISE

Entfernungen

- Victoria Falls - Hwange 105 km
- Victoria Falls - Bulawayo 440 km
- Victoria Falls - Harare 875 km
- Victoria Falls - Chobe National Park 80 km

Flugverbindungen

Es gibt von Victoria Falls tägliche Flugverbindungen zum Hwange National Park, Kariba und Harare. Ebenso gibt es direkte Flüge nach Bulawayo (Mittwoch, Freitag, Samstag, Sonntag) und Maun in Botswana (3 mal wöchentlich). Johannesburg ist teilweise nonstop (Montag und Donnerstag), teilweise über Harare (Montag und Dienstag) oder Bulawayo erreichbar (mittwochs und freitags).

Air Zimbabwe, P.O. Box 60, Victoria Falls, Tel.: 4316 und 4317, Fax.: 4318., Büro neben dem Post Office, geöffnet Montag bis Freitag 08:00 - 16:30 h, Samstag 08:00 - 11:45 h.
Außerdem Flüge Montag, Mittwoch, und Freitag nach MPA
Mittwoch, Freitag und Sonntag nach MBU
Ein Flughafenbus verbindet laufend den Victoria Falls-Flughafen mit dem Ort Victoria Falls. Die Flughafenbusse fahren auch die einzelnen Hotels an.

Mietwagen

- **Avis**
  - Livingstone Way/Mallet Drive, Tel.: 4532,
  - Airport, Tel.: 4668
- **Hertz**
- Victoria Falls, Bata Building Tel.: 4267/8
- Parkway Drive, Tel.: 4297
- Airport Tel.: 432522
- Victoria Falls Hotel, Tel.: 4751
- **Europcar**, Sprayview Hotel, Tel.: 4344/6
- **Victoria Falls Car Hire,** Phumula Centre, Parkway, Victoria Falls, Tel.: (113) 4357.

Zugverbindungen

Neben der täglichen regulären Eisenbahnverbindung zwischen Bulawayo - Victoria Falls gibt es besondere Zugsafaris von Bulawayo aus. Diese Touren dauern 5 - 6 Tage und schließen neben dem Besuch der Victoria-Fälle auch manchmal den Hwange National Park ein.

Buchungsadresse: Rail Safaris, P.O.Box 4070, Harare, Tel.: 736056.

Außerdem bietet Rovos Rail eine Zugsafari nach Pretoria an. Mittwochsabends Abfahrt ab Victoria Falls, Freitagmorgen Ankunft in Pretoria, Kosten 2.995,- ZAR per Person, Rovos Rail, P.O. Box 2837, Pretoria, Südafrika, Tel.: 012-323-6052.

Fahrradverleih

Fahrräder werden gegenüber vom Wimpy Restaurant verliehen und bei Bush Trackers, Bicycle Hire, hinter dem Post Office, Tel.: 113-2024.

Übernachtungsmöglichkeiten in Victoria Falls

● **The Victoria Falls Hotel****, P.O.Box 10, Tel.:

Das legendäre Victoria Falls Hotel

113-4751/2, Victoria Falls. Traditionshaus im britischen Kolonialstil mit Swimmingpool und großzügigen Außenanlagen, Kinderspielplatz. Vom Hotel aus kurzer Fußweg zum Eingang der Wasserfälle, Abends Mhkisi-Tanzvorführung im Hotel.

Das gesamte Hotel sowie die Außenanlagen wurden 1996 gründlich renoviert.

● **Makasa Sun Hotel****, P.O.Box 90, Tel.: 4275, Victoria Falls. Modernes Hotel mit großem Swimmingpool, Kinderspielplatz und Casino. Liegt neben dem Victoria Falls Hotel. Summit Sea Food Restaurant. Das Hotel gehört zur Zimbabwe Sun-Kette.

● **A'Zambezi River Lodge***, P.O.Box 130, Tel.: 4561/2/3, Victoria Falls, großzügige moderne Hotelanlage mit großen Swimmingpool. Direkt am Zambezi gelegen, aber relativ weit von den Fällen entfernt (ca. 5,5 km).

Makasa Sun Hotel

● **Sprayview Hotel****, P.O.Box 70, Tel.: 344, Victoria Falls. Swimmingpool. Hotel liegt am Ortseingang auf dem Weg vom Flughafen.

● **Rainbow Hotel***, P.O. Box 150, Tel.:: 4583/4/5, Victoria Falls, neues Haus im Zentrum von Victoria Falls. Ruhiges Buffet zum Dinner, man sitzt direkt am Swimming Pool.

Pool des Rainbow Hotel

● **Ilala Lodge**, P.O. Box 18, Victoria Falls, Tel.: 4737/8/9, nette Hotelanlage, überschaubar mit stilvollem Restaurant, 5 Minuten zu Fuß bis zu den Wasserfällen. Zum Hotel gehört die Disco Downtime (einzige des Ortes). Allabendlich Aufmarsch von Raftern zur Video-Show im angrenzenden Pub. Unbedingtes Muß für das Abendprogramm, Vorführung ca. gegen 19:00 h. Genaue Anfangszeit an der Reception erfragen. Dennoch ruhiges Wohnen in der Lodge möglich!

● **Masuwe Lodge**, Landela Safaris, 1 Union Ave. P.O. Box 66293 Kopje, Harare, Tel.: 734043/6. Die Lodge be-

Ilala Lodge

findet sich in einem privaten Gamepark, angrenzend an den Zambezi National Park in der Nähe von Victoria Falls. Die Lodge bietet erstklassige Zeltunterkünfte im Standard eines 4- oder 5-Sterne-Hotels. Die Zelt-Lodges befinden sich auf einer Teakholz Plattform, mit dadurch guter Aussicht auf den Bush. Vom Hauptgebäude aus sieht man ein (nachts beleuchtetes) Wasserloch. Luxuriöse Buschunterkunft abseits des Trubels von Victoria Falls.

Victoria Falls Bridge

● **Sekuti's Drift**, ebenfalls Landela Safaris, Adresse s.o., 11 km entfernt von Victoria Falls, Eröffnung Juli 1995. Neue Lodge im Stil der 20er Jahre, liegt ebenfalls im privaten Game Park, Lage auf einem Hügel mit Aussicht auf den Zambezi National Park.

● **Elephant Hills Hotel**. Das Hotel gehört zur Zimbabwe Sun Hotelkette. Es fällt auf wegen der nicht an die Landschaft angepaßten Architektur, bietet dafür aber eine schöne Rundsicht. Hoteleigener Golfplatz. Golfspielen kann durch Besuch von Löwen unterbrochen werden! Buchungen über: Zimbabwe Sun Hotels Head Office, 99 Jason Moyo Avenue, Harare, Tel.: 4-737944 oder direkt Elephant Hills Hotel, P.O. Box 300, Victoria Falls, Tel.: 4793.

● **Victoria Falls Safari Lodge**. Wunderbare Lodge, von der Hauptanlage aus Sicht auf den oberen Zambezi und Sicht auf ein Wasserloch! Landestypische Bauweise, Boma Restaurant mit erstklassigem Service, sehr zuvorkommendes Personal. Information und Buchung: Iwanowski's Individuelles Reisen, Büchnerstr. 11, 41540 Dormagen, Tel.: 02133-26030.

Camping

● **Victoria Falls Town Council Rest and Caravan Park**, P.O. Box 41, Tel.: 4311 und 4337. Der Campingplatz liegt in Victoria Falls im Stadtzentrum. Es gibt Zeltmöglichkeiten, Chalets und Cottages; ein weiteres Rest Camp liegt etwas außerhalb am Ostrand des Ortes, in der Nähe der A'Zambezi River Lodge, auch direkt am Zambezi, (keine Angst vor Krokodilen, der Campingplatz ist eingezäunt), daher schön ruhig.

● 6 km oberhalb der Victoria-Fälle liegt das **Zambezi Camp**, in dem Lodges zur Verfügung stehen.

Buchungen über: **National Parks Central Booking Office (CBO)**, National Botanical Gardens, Borrowdale Rd., Sandringham Drive, Harare, P.O. Box CY 826, Causeway, Tel.: 706077 oder 706078

● Camping ist ebenfalls möglich in **Kandahar, Sansimba** und **Mpala Jena Fishing Camps** (stromaufwärts, 17 - 30 km von den Fällen entfernt, vorauszubuchen wie Zambezi Camp (s.o.).

**Übernachtungs-
möglichkeiten in
der Nähe von
Victoria Falls**

Das **Imbabala Safari Camp** liegt ca. 80 km von Victoria Falls entfernt direkt an den Ufern des Zambezi. Es gibt 16 Übernachtungsmöglichkeiten in Lodges. Man unternimmt Safaris per Landrover, Boot oder zu Fuß. Bekannt ist die Gegend für große Elefantenherden. Dieses Camp empfiehlt sich für alle, die nur die Victoria Falls besuchen,

Imbabala Safari Camp

aber doch noch etwas vom Wildreichtum des Zambezi-Tals sehen möchten. Zu buchen über: Imbabala Safari Camp, P.O.Box 110, Victoria Falls, Tel.: 4219.

Redaktions-Tip

Von Victoria Falls aus erreicht man schnell das Nachbarland Botswana. Hier lohnt sich ein Abstecher in den **Chobe National Park**, bei 2 Übernachtungen in der Cresta Mowana Lodge kann man sich beipielsweise gut erholen.

Information: Iwanowski's Individuelles Reisen, Büchnerstr. 11, 41540 Dormagen, Tel.: 02133-26030

Restaurants und Cafes
● **The Cattleman**, Pumula Centre, P.O. Box 284, Victoria Falls, Steakrestaurant
● **Wimpy**, Park Street/Livingstone Way, Victoria Falls, Schnellrestaurant
● **The Pizza Bistro**, Soper's Arcade, Victoria Falls
● **The Pink Boabab** Cafe, Park Street
Tip: Die Auswahl an selbständigen Restaurants ist in Victoria Falls gering. Die besten Mahlzeiten können Sie auch als individuell Reisender für wenig Geld in den Hotels des Ortes einnehmen.

INFO

Restaurants in Victoria Falls oder die Kunst, zur richtigen Zeit am richtigen Ort zu sein!

Sehr zu empfehlen für den ersten Morgen in Vic Falls ist ein Frühstück im kolonialen Victoria Falls Hotel. Man sitzt auf der Terrasse und und sieht "den Rauch, der donnert". Dann wird es höchste Zeit für einen Spaziergang zu den Wasserfällen. Achtung, entweder Badehose anziehen oder Regenkleidung besorgen. Ist übrigens auch am Eingang er-

hältlich. *Natürlich nur im Winter nach der Regenzeit. Nachdem man nun naß ist und den Rundgang an den Wasserfällen beendet hat, könnte man sich im Wimpy mit einem Burger stärken oder sich nebenan bei Vanilla Falls mit einem Eis abkühlen, sozusagen als Tip für diejenigen,*

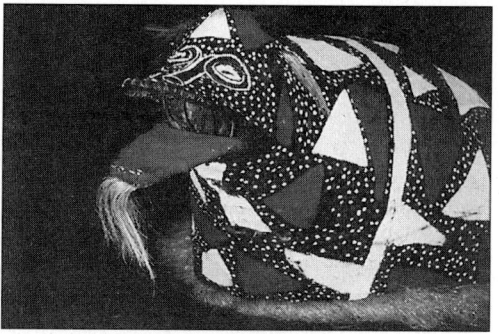

Makhisi-Tanz

die beim Spaziergang schon wieder ins Schwitzen gekommen sind. Nun ist es Zeit für einen Flight of Angels, bevor man dann auf den Zambezi Sundowner Cruise geht. Alternativ ist ein Spaziergang auf die Victoria Falls Brücke zu empfehlen, um den Bungee-Jumpern zuzusehen. Reisepaß bitte nicht vergessen! Sie passieren den zimbabwischen Grenzposten. Abends zurück "im Dorf", muß man sich nun entscheiden. Ist es zu spät für die Mkishi-Tänze im Vic Falls Hotel, sollte man gegen 19:30

Nur etwas für Mutige: Bungee Jumping

spätestens an der Ilala-Loge die Rafting-Videos ansehen. Macht man dies, steht auch schon das Programm für den nächsten Tag fest. Frühmorgens um 8 Uhr Rafting. Zurück zu unserem ersten Erholungstag in Vic Falls: Für den Fall, daß wir uns die Tänze angesehen haben, sollten wir den Tag ruhig und mit viel Stil ausklingen lassen. Dazu gibt es das Boma-Restaurant in der Victoria Falls Safari Lodge. Mit etwas Glück sieht man auf der Fahrt dorthin ein paar Elefanten am Straßenrand. Bleibt einem am folgenden Tag noch ein Morgen ohne Rafting, sollte man sich Zeit nehmen für ein ausgedehntes Breakfast in der Victoria Falls Safari Lodge. Falls man kein Zimmer mit Aussicht bekommen hat, hier ist die Entschädigung, auch ohne Blick auf den Rauch, der donnert, ein Erlebnis.

Gutes Dinner gibt es auch im Rainbow Hotel und im Victoria Falls Hotel. Wer nicht in einem der Hotels speisen will, kann noch The Cattleman Steakhouse im Phumala Centre testen.

Desperados sollten auf keinen Fall den Explorers Pub versäumen, bevor man im Downtime – "der" – und auch der (noch?) einzigen Disco in Victoria Falls, landet. Im Explorers trifft man stets Globetrotter aus aller Welt. Der Geräuschpegel wird bestimmt doch die Euphorie der Gäste. Die eine Hälfte des Publikums ist angetrunken, weil sie heute Bungee-Jumping gemacht hat, die zweite Hälfte muß sich Mut antrinken, weil sie am folgenden Tag Bungee-Jumping oder Rafting macht.

Folklore
- Das **Falls Craft Village** (P.O.Box 49, Tel.: 4309, Victoria Falls) liegt im Ortszentrum und zeigt in der Art eines Freilicht-Museums die traditionelle Lebensweise. Im Umfeld des Craft Village findet man eine Vielzahl von Andenkenläden. Öffnungszeiten: Village: 08:30 - 16:30 h, Sonntag: 09:00 - 12:30 h, Tanzvorführungen: täglich 18:30 und 20:00 h
- In einem 'Kraal' (am Victoria Falls Hotel) finden allabendlich um 19.00 h sehenswerte Darstellungen afrikanischer Tänze statt (Mkishi-Tänze).

Spencer's Creek Crocodile Ranch und Zambezi Nature Sanctuary
P.O. Box. 18, Victoria Falls, Tel.: 4604, 4567, mit einer Krokodilfarm (Fütterung ist sehenswert) und anderen Tieren, Öffnungszeiten: täglich 08 - 16:30 h (außer Weihnachten).

Galerie
Matombo Gallery, im Elephant Hills Hotel, Tel.: 4622 und 4795 mit Durchwahl 1871, Filiale der Galerie aus Harare, der Spezialist für Shona-Skulpturen.

Nachtleben
- **Explorer's Pub**
- **Downtime Night Club,** Ilala Lodge, Victoria Falls, Tel.: 4737.

Abenteuer-Aktivitäten
Den sportlichen und mehr oder weniger abenteuerlichen Aktivitäten sind im Victoria Falls der 90er Jahre keine Grenzen mehr gesetzt. Hier ein Überblick über die verschiedenen Veranstalter und deren Angebote:
- **zu Wasser:**
Canoe-Safaris
- **The Zambezi Canoe Co.,** Shop 14 Sopers Arcade, Victoria Falls, Tel.: 4298, veranstaltet mehrtägige Kanusafaris auf dem oberen Zambezi, als Alternative für den weniger sportlichen

Kanufahrer läßt man sich fahren und dabei Wein servieren, dieser Ausflug nennt sich Zambezi Wine Route.
- **Kandahar Safaris,** Shop 9, Sopers Arcade Parkway Drive, P.O. Box 233, Victoria Falls,Tel.: 4502, organisiert ½-, 1-, 2 ½- und 4-Tages-Touren.

Rafting
von Zambia aus: Sobek Adventures, 309 Parkway, Victoria Falls, Tel.: 2069, Sobek beginnt bei Ganztages-Rafting Touren von der zambischen Seite aus, direkt unterhalb der Wasserfälle, Achtung: saisonbedingt!
von Zimbabwe aus: die 3 großen Rafting Veranstalter sind,
- **Shearwater,** Sopers Centre, Victoria Falls, Tel.: 4471
- **Safari par Excellence,** Shop No 4 Phumula Centre, Victoria Falls, Tel.: 4424/4510
- **Frontiers,** Parkway, Victoria Falls
White Water Kayaking: Kajakfahren auf dem unteren Zambezi bietet: Safari par Excellence, Tel.: 4424/4510.

Boat Cruises
Bootsfahrten auf dem oberen Zambezi, meist zum Sundowner, werden von verschiedenen Firmen angeboten:
- **Zambezi Wilderness Cruises,** P.O. Box 18, Victoria Falls, Tel.: 4417, Lunch und Sunset Cruises, täglich;
- **Mosi Oa Tunya Cruises,** bietet Breakfast, Luncheon und Sunset Cruise, Adresse, 299 Rumsey Road, P.O. Box 117, Victoria Falls, Tel:: 4780/4264.
- **Bonaventure,** stündliche Bootstouren auf dem oberen Zambezi, Adresse: Elephant Hills, Victoria Falls, Tel.: 4314.
● **zu Lande**
- **Walking Safaris:** Fußsafaris im Zambezi National Park und Camping Safaris im Hwange Park bietet Wild Horizons, Victoria Falls, Tel.: 4219.
- Fußsafaris im Zambezi National Park, und Wanderungen im Chizarira, Hwange und Kazuma National Parks veranstaltet **Backpackers Africa** nach Bedarf., Info bei: Backpackers Africa c/o Safari par Excellence, Tel: 4424 und 4510.
- **Game Drives** im nahen Zambezi National Park veranstaltet Touch the Wild, Buchung über Safari Par Excellence.
Reitmöglichkeiten ebenfalls zu erfahren bei Safari par Excellence.
Fahradfahren: s.o.
Safariunternehmen, die Ausflüge in Zimbabwe anbieten, sind:
- **UTC, United Touring Company,** Zimbank Building, Livingstone Way, Victoria Falls, Tel.: 4267/8 UTC bietet auch Tagestouren in den Chobe National Park in Botswana an.
- **Dabula Wilderness Safaris,** 309 Parkway, Town Centre, Victoria Falls, Tel.: 4453/4609.
- **Kalambeza Safaris,** P.O. Box 121, Victoria Falls, Tel.: 4480.
● **in der Luft**
Rundflüge bieten an:
Helicopterflug über die Victoria-Fälle z.B. 15 Minuten, ca 53 USD, bei: **Southern Cross Aviation,** P.O. Box 210, Victoria Falls, Tel.: 113-4618 oder 4453.
Für den Flight of Angels, ein ca. 20-minütiger Rundflug über die Victoria-Fälle (Kosten 50 USD) bietet sich an: **Seaplane Safaris**

Ein ganz besonderes Erlebnis: die Victoria-Fälle aus der Luft

Africa, 307 Parkway, Victoria Falls, Tel: 3300, Fax: 3299.

Weitere Flüge, u.a. eine Matusadona Air Safari, bietet **United Air**, Sprayview Aerodrome, Tel: 113-4530/4220 direkt oder durch die Reiseagentur UTC.

Microlight Flying, das große afrikanische Flugabenteuer im motorbetriebenen Deltasegler, ist zu buchen unter: Safari par Excellence, Adresse s.u.

Fallschirmspringen auch für Anfänger (1-Tageskurse) zu buchen über: Safari par Excellence, P.O. Box 44 Victoria Falls, Tel: 113-4510 oder 4424. Das Büro befindet sich im Shop no. 4 im Phumula Centre. Im Office gibt es täglich die neuesten Rafting Videos zum Ansehen!

Bungee Jumping auf der Victoria Falls Brücke, noch der aufregendste Bungee Jump der Welt!! Buchung über SHEARWATER, Sopers Centre, Box 125, Victoria Falls, Tel.: 4471.

6.8.4 VICTORIA FALLS

Der Ort Victoria Falls

Vor der Unabhängigkeit Sambias (dem früheren Nord-Rhodesien) gehörte die kleine Ansiedlung zur jenseits der heutigen Grenze liegenden Stadt Livingstone. Erst nach der Unabhängigkeit Sambias im Jahre 1964 entwickelte sich Victoria Falls zu einer eigenständigen Gemeinde mit heute über 5.000 Einwohnern, die zumeist vom Tourismus lebt. So ist auch die gesamte Infrastruktur auf den Fremdenverkehr ausgerichtet: Viele Hotels, Tankstellen, Safariunternehmen, Andenkenläden und Autovermieter bieten ihre Dienste an.

Eine 200 m lange Brücke führt in einer Höhe von 111 m über den Zambezi und stellt die Eisenbahn- sowie Straßenverbindung nach Sambia her. Sie wurde in Fertigteilen in England produziert und 1905 hier zusammengebaut. Am 25. August 1975 fand mitten auf der Brücke in einem Salonwagen die berühmte Victoria Falls Conference statt, in deren Verlauf der damalige südafrikanische Premier Vorster mit dem sambesischen Präsidenten Kaunda wegen eine Beendigung des Rhodesien-Konflikts verhandelte. Über diese Brücke kann man heute mit dem Wagen nach Sambia reisen (Visum notwendig).

Mitten in Victoria Falls liegt das **Victoria Falls Craft Village**, ein nachgebautes zimbabwisches Dorf, wo man landestypische Hütten sieht und handwerklichen Tätigkeiten sowie folkloristischen Vorführungen folgen kann. Ebenso kann man der **Crocodile Ranch** einen Besuch abstatten, wo Krokodile bis zu einer Länge von 4,5 m zu sehen sind. Die Farm liegt 5 km stromaufwärts von den Victoria-Fällen entfernt (Richtung A'Zambezi River Lodge).

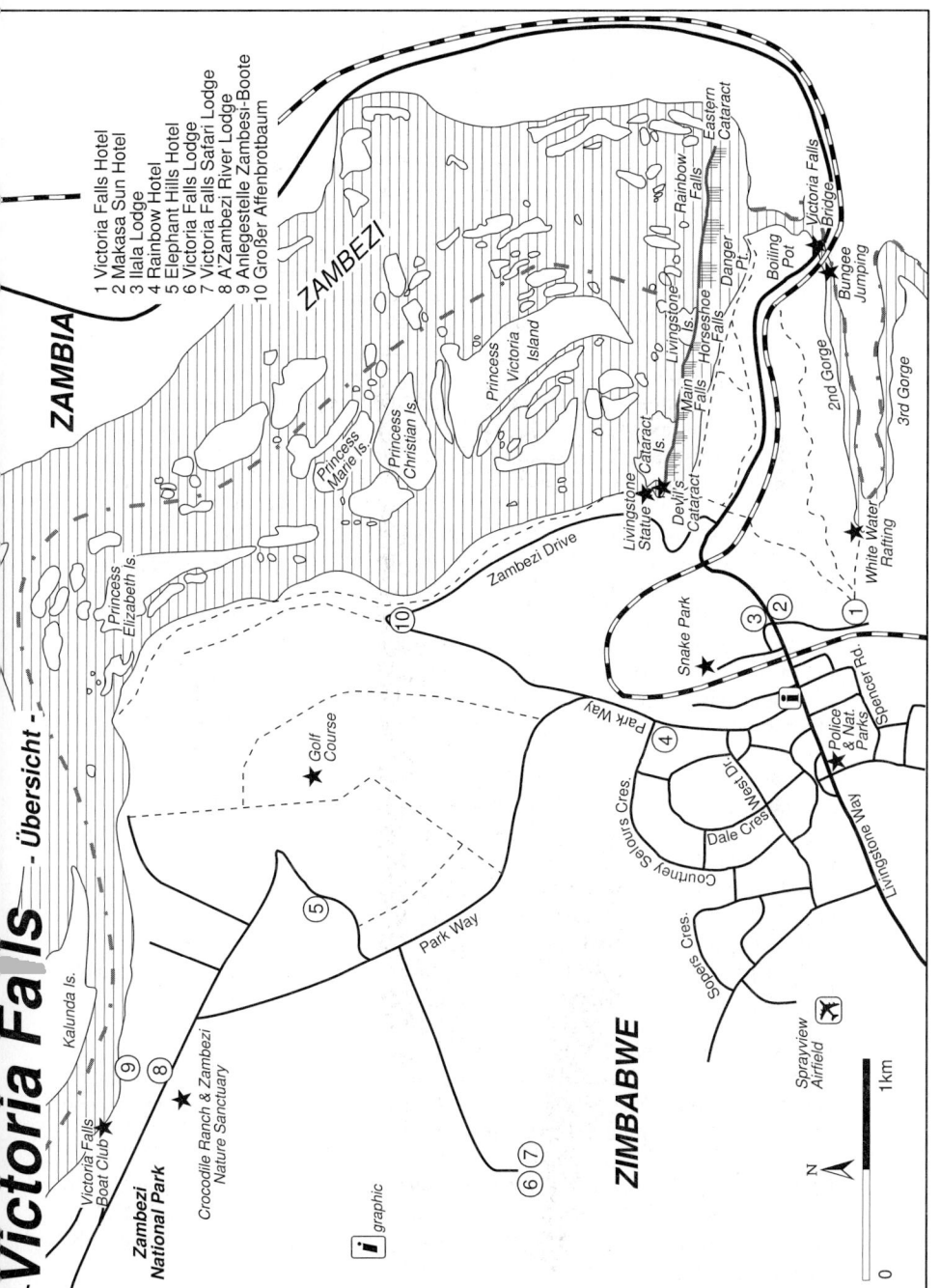

Victoria Falls — Übersicht —

ZAMBIA

ZAMBEZI

1 Victoria Falls Hotel
2 Makasa Sun Hotel
3 Ilala Lodge
4 Rainbow Hotel
5 Elephant Hills Hotel
6 Victoria Falls Lodge
7 Victoria Falls Safari Lodge
8 A'Zambezi River Lodge
9 Anlegestelle Zambesi-Boote
10 Großer Affenbrotbaum

Princess Victoria Island

Princess Marie Is.

Princess Christian Is.

Princess Elizabeth Is.

Kalunda Is.

Eastern Cataract

Victoria Falls Bridge

Rainbow Falls

Boiling Pot

Bungee Jumping

2nd Gorge

3rd Gorge

Livingstone Is.

Danger Pt.

Horseshoe Falls

Main Falls

Cataract Is.

Devil's Cataract

Livingstone Statue

White Water Rafting

Zambezi Drive

Snake Park

Golf Course

Park Way

Park Way

Courtney Selours Cres.

Dale Cres.

Sopers Cres.

West Rd.

Livingstone Way

Spencer Rd.

Police & Nat. Parks

Sprayview Airfield

graphic

Victoria Falls Boat Club

Zambezi National Park

Crocodile Ranch & Zambezi Nature Sanctuary

ZIMBABWE

N

0   1km

299

6.8.5 DIE VICTORIA-WASSERFÄLLE

Öffnungszeiten
täglich 6 - 18 h

■ Geologie

Der Zambezi entspringt im Norden Sambias in der Nähe des Kalene Hills. In diesem Gebiet hat auch einer der Seitenarme des Kongo seinen Ursprung. Der Zambezi fließt südwestwärts nach Angola und dann wieder nach Sambia, wo er südwärts durch die Barotse Plain und dann durch die Caprivi-Sümpfe seinen Lauf fortsetzt. Hier vereinigt er sich mit dem Chobe. Von diesem Punkt aus nimmt er seinen östlichen Verlauf und bildet die Grenze zwischen Sambia und Zimbabwe und fließt schließlich durch Mocambique dem Indischen Ozean zu. Er weist eine Gesamtlänge von 2.700 km auf und ist damit Afrikas viertlängster Fluß.

Der Zambezi durchfließt unterschiedliche geologische Regionen:
◆ Dort, wo er auf sehr hartes Gestein trifft, bildet er Stromschnellen und stürzt in Wasserfällen hinab.
◆ Dort, wo der Untergrund gleichförmig ist und die Erosion mithin gleichmäßig verläuft, fließt der Fluß ruhig daher, bildet ein breites Flußbett und lagert Sande und Kiese ab, die oft Inseln bilden. Wo der Fluß hartes Gestein freigelegt hat, verengt sich sein Lauf, er wird tief und durchschneidet dieses Hindernis der Linie des einfachsten Laufs entsprechend. Hier überwiegt die Erosion.

Im Bereich der Victoria-Fälle treffen wir beide geologischen Bedingungen an. Ca. 12 km stromaufwärts, von den Fällen ausgehend, fließt der Zambezi ruhig dahin, lagert Sande ab, bildet Inseln (Kandahar und Long Island). 3 km von den Fällen entfernt, fließt er plötzlich südwärts, wird schneller, und nach einem kurzen Abschnitt von Stromschnellen stürzt er auf einer Breite von 1.700 m in eine 108 m tiefe Schlucht, die in einem rechten Winkel seinen Lauf kreuzt. Während der Regenzeit stürzen pro Minute fast 550 Millionen Liter Wasser in die Schlucht!

Livingstone sah die Fälle als erster Weißer im Jahre 1854. Die Schwarzen bezeichnen sie als "Mosi oa tunya", was soviel wie "der Rauch, der donnert" heißt. Mit "Rauch" bezeichneten sie die Gischt, die man von weitem als eine Regennebelwand emporsteigen sieht.

Danach folgt der Zambezi einem Zick-Zack-Lauf von ca. 8 km. Hier durchfließt er eine Reihe von steilen, engen Schluchten und gelangt schließlich in die Batoka Gorge, die in östlicher Richtung nach ca. 100 km das Gwembe Valley erreicht, wo der Fluß dann zum Lake Kariba aufgestaut wird.

Um die Entstehung der Victoria-Fälle zu verstehen, muß man in das geologische Zeitalter des Jura (vor 140 - 175 Millionen Jahren) zurückgehen. Damals gab es im südlichen Afrika starke vulkanische Tätigkeiten. Vulkane förderten hier große Mengen an Basalt. An manchen Stellen ist der Basalt über 300 m mächtig. Diese Formationen kann man heute an den Seiten der Schluchten der Victoria-Fälle sehen.

▨ Stadien der geologischen Entwicklung

◆ Die Basaltlava schrumpfte beim Erkalten zusammen. Dadurch entstanden im Basalt Risse und Spalten, die später durch Verwitterung ausgeweitet wurden. In der Gegend der Victoria-Fälle verlaufen diese Spalten in Ost-West-Richtung, nur kleinere Risse zeigen einen Nord-Süd-Verlauf.

◆ Nach einer langen Erosionsperiode bedeckte wahrscheinlich ein See die Gegend und lagerte Schichten von Kalk und Ton auf dem Basalt und in den Spalten ab.

◆ Es folgte eine Periode wüstenähnlichen Klimas, und der See trocknete aus. Die weichen Ablagerungen des Sees wurden wieder abgetragen (durch Wind und gelegentlichen Regen), doch in den Spalten blieben sie liegen und bildeten sich allmählich in Kalkstein um.

In der Zwischenzeit wurden durch Wind auf der Oberfläche Kalahari-Sande abgelagert. Jetzt gab es Erdbewegungen, die eine Verbreiterung der Ost-West-Spalten verursachten. Das führte dazu, daß sich die hier eingelagerten Kalksteine lockerten, so daß dadurch eine spätere Erosionstätigkeit erleichtert wur-

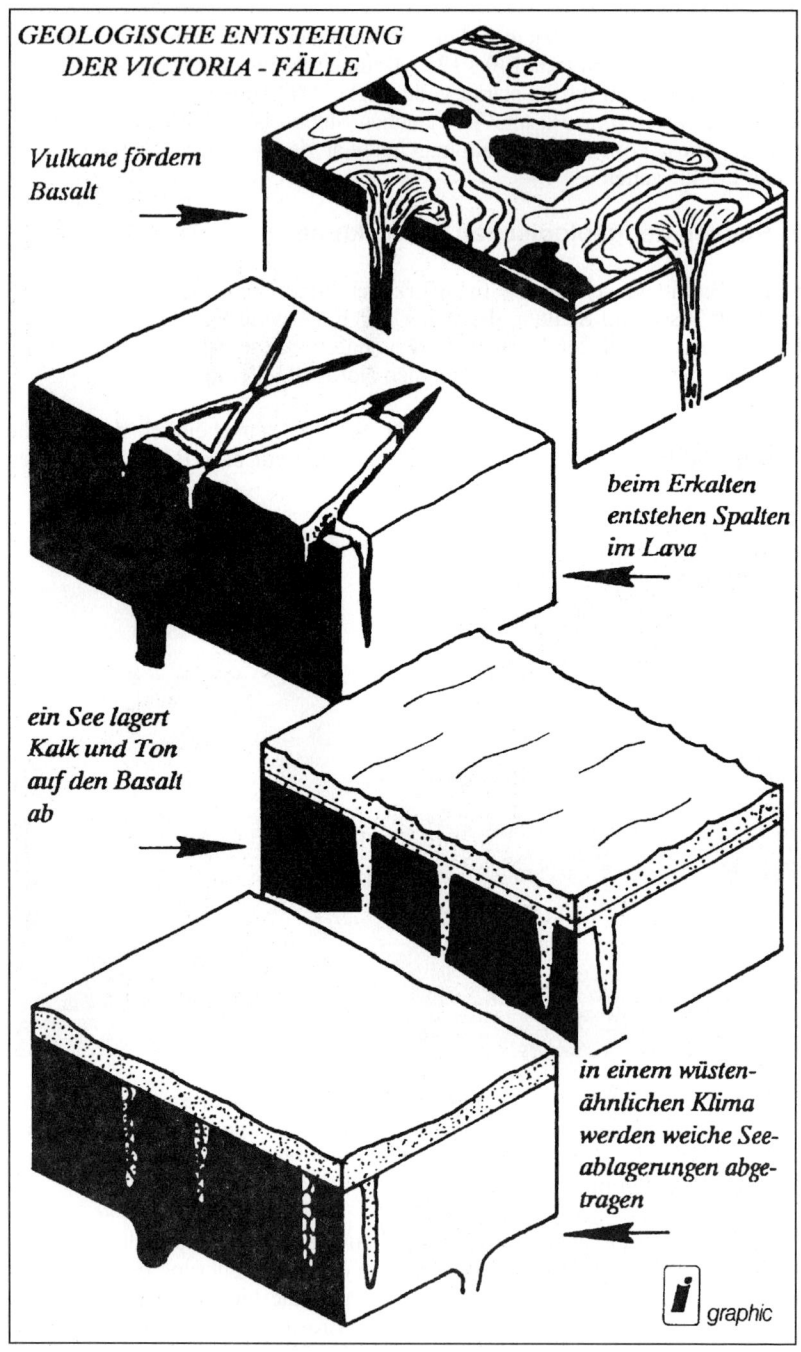

GEOLOGISCHE ENTSTEHUNG DER VICTORIA - FÄLLE

Vulkane fördern Basalt

beim Erkalten entstehen Spalten im Lava

ein See lagert Kalk und Ton auf den Basalt ab

in einem wüsten-ähnlichen Klima werden weiche See-ablagerungen abge-tragen

graphic

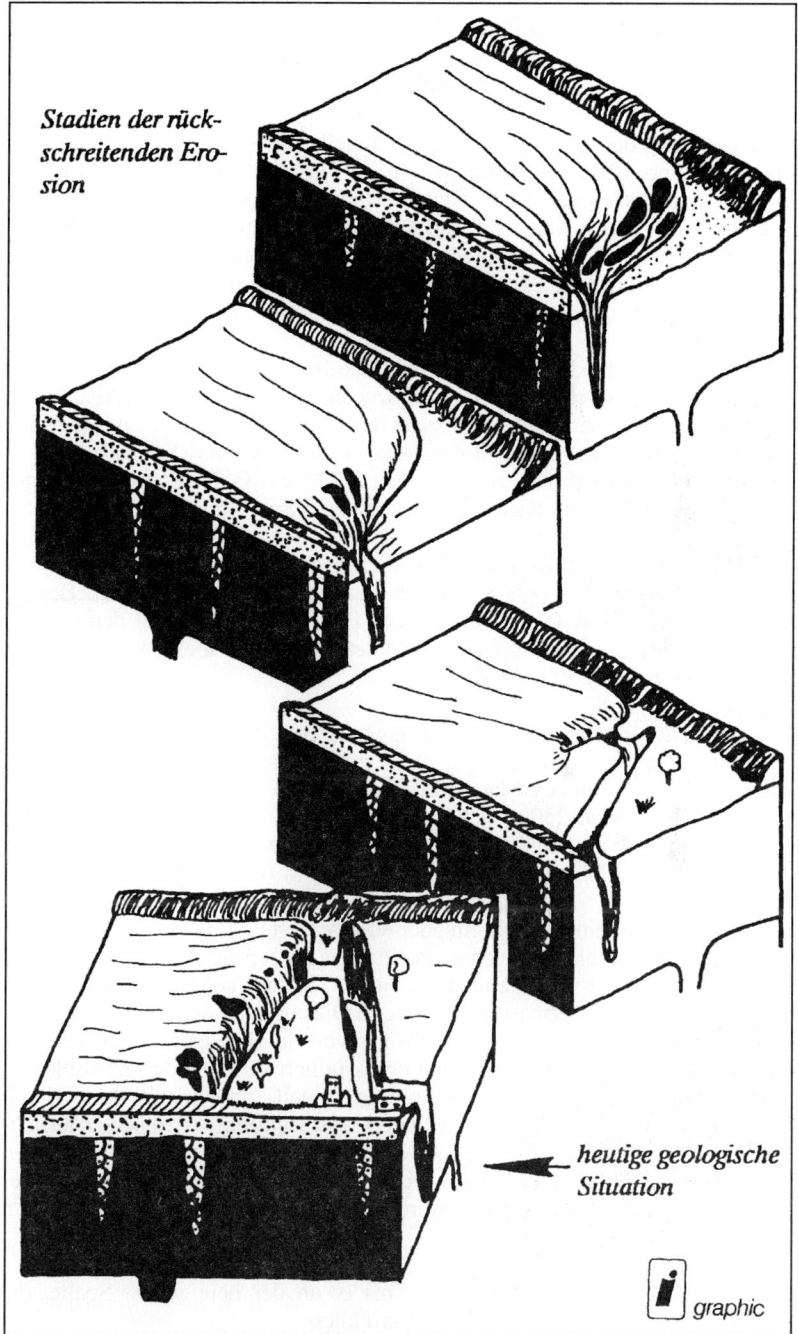

Stadien der rück-
schreitenden Ero-
sion

← heutige geologische
Situation

i graphic

de. Im Gegensatz zu diesem Prozeß wurden die Nord-Süd verlaufenden Spalten zusammengedrückt. Die hier eingelagerten Sedimente wurden dadurch widerstandsfähiger gegen Erosionstätigkeit.

◆ Heute fließt der Zambezi von seiner Quelle aus südwärts, bis er die Gegend des Caprivi-Streifens erreicht, wo er Wasser vom Chobe-Fluß erhält. Von hier aus fließt er ostwärts weiter. Man vermutet, daß der Zambezi ursprünglich nach Süden weiterfloß und sich mit dem Limpopo vereinigte. Ebenso nimmt man an, daß der gegenwärtig nordwärts fließende Matetsi-Fluß die Quelle des unteren Zambezi war. Der Abschnitt vom heutigen Zambezi zwischen dem Chobe und dem Matetsi existiert nicht.

Danach hob sich das Land südlich der Makghadikgadi-Senke, durch die der alte Fluß lief. Dadurch wurde der Fluß geteilt: in den südlich verlaufenden Limpopo, der in den Indischen Ozean entwässert, und in einen nordwärts fließenden Wasserlauf, der nicht das Meer erreichen konnte. Deshalb ergoß er sich im Inland, und davon zeugen noch heute die Gebiete der Okavango- sowie Chobe-Sümpfe als auch die Makgadikgadi Salt Pan.

Schließlich stieg der Wasserspiegel in diesen großen Sumpfgebieten so stark an, daß das Wasser über eine niedrige Landschwelle zwischen den Bergen nach Osten hin abfloß. Hier fand der neue Fluß seinen Weg über den sandbedeckten Basalt und stieß auf den alten Matetsi-Fluß. Auf diese Weise entstand der uns heute bekannte Zambezi-Lauf.

Bald schuf sich dieser neue Fluß ein eigenes Bett durch den weichen Sand, doch konnte er sich damals noch nicht in den harten Basalt hineinfressen. Beim Hineinfließen in den Matetsi bildete der neue Zambezi einen mächtigen Wasserfall: Er stürzte 250 m tief in das Matetsi Valley über die Basaltkante hinweg. So bildete er damit die ersten Victoria-Fälle, über 100 km flußabwärts von den heutigen Fällen gelegen.

Da Erosion immer ein rückschreitender Vorgang ist, verlagerten sich die Fälle flußaufwärts. Schließlich erreichte der Fluß bei seiner rückschreitenden Erosion eine der ost-west-verlaufenden und mit Kalkstein gefüllten Spalten. Hier fraßen sich seine Wassermassen tief hinein. Dies geschah im Gebiet der heutigen Batoka Gorge, ca. 8 km stromabwärts von den heutigen Fällen gelegen. Danach fraß sich der Fluß durch eine nord-südlich verlaufende, mit Kalkstein gefüllte Spalte. Dieses Material konnte er schnell "abräumen", da es durch frühere tektonische Bewegungen gelockert war. Bald traf er bei seiner fortlaufenden rückschreitenden Erosion auf eine weitere, west-östlich verlaufende, mit Kalkstein gefüllte Spalte, und wieder entstand ein breiter Wasserfall. Dieser Vorgang wiederholte sich nordwärts 7 mal, und so entstand allmählich ein Zick-Zack-System von Schluchten.

Ca. zwei Millionen Jahre dauerte es, bis er an der heutigen 8. Spalte, die westöstlich verläuft, ankam: den Victoria-Fällen.

■ Rundgang

Vom Ort Victoria Falls kann man bequem den Eingang zu den Victoria Falls erreichen. Der Zambezi and Victoria Falls National Park bedeckt eine Fläche von 56.000 ha. Direkt am Eingang informiert eine kleine Ausstellung über die Geschichte und Geologie der Fälle. Hier sollten Sie sich nun links halten, um Ihren Rundgang entlang der Fälle am Livingstone-Denkmal zu beginnen.

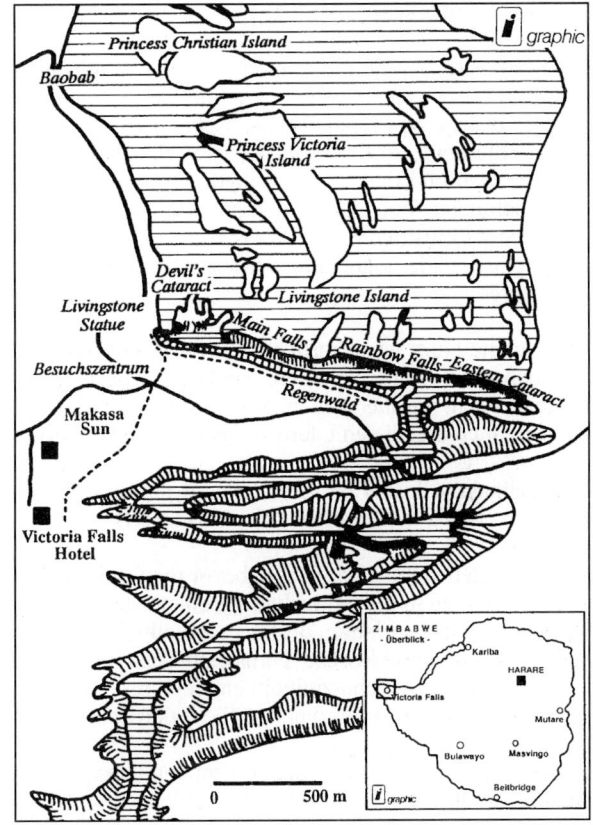

Entlang des Weges, der von Westen nach Osten führt, kommen Sie zu verschiedenen Aussichtspunkten, die einen Blick auf die Main Falls, die Rainbow Falls sowie den Eastern Cataract ermöglichen. An einigen Stellen müssen Sie durch den "Rain Forest" (Regenwald) gehen, wo die aufsteigende Gischt für eine üppige tropische Vegetation sorgt. Für einen Besuch der Fälle empfiehlt sich daher die Mitnahme eines Regenschutzes, da man sonst unweigerlich naß wird.

Tips

Die beste Fotografierzeit sind die Nachmittagsstunden für die Aussichtspunkte an der Livingstone-Statue und die Main Falls. In den frühen Morgenstunden sollte man den östlichen Teil der Fälle besuchen.

Sehr romantisch sind die Wasserfälle bei Vollmond. Über die abendlichen Öffnungszeiten informiert das Büro am Parkeingang.

Buchtip

David W. **Phillipson**, Mosi-oa-Tunya: A Handbook to the Victoria Falls Region, 1986, erhältlich bei der Tourist Information, P.O. Box 97, Parkway/Corner Wimpy, Victoria Falls.

▓ Tip: White Water Rafting

Ein besonderer Tip für Abenteuerlustige und Wildwasserfreunde ist das "White Water Rafting" am Zambezi. "White Water" meint das weiß-schäumende Wasser der vielen "rapids" (Stromschnellen), "Rafting" heißt nichts anderes als "Floßfahren". Auf riesigen Avon-Schlauchbooten, die in den USA herge-stellt werden und die "Grand-Canyon-erprobt" sind, geht die Fahrt durch die enge Schlucht. Wie naß und dramatisch es hier zugeht, vermag folgende Tatsache zu illustrieren: Die Wassermassen, die zuvor über die 1.700 m brei-ten Victoria-Fälle donnerten, werden nun durch zum Teil 15 m breite Felsen-gen gepreßt.

Eine solche Fahrt ist sicherlich nicht für jedermann, und manchmal kommt es vor, daß trotz erfahrener Führer und einer sportlichen Mannschaft die Boote kentern. Nicht nur die Wellenberge, Strudel und Felsen sind dann eine Gefahr, sondern auch die an den Ufern zu beobachtenden Krokodile.

Die Teilnahme kostet ca. 85 US$ und dauert etwa von 08.30 - bis 16.30 h (Abfahrt und Ankunft im Victoria Falls Hotel).

Einige Fakten sollte man wissen, bevor man sich ins Abenteuer stürzt:
◆ Der Abstieg in die Schlucht folgt einem steilen Pfad.
◆ Kinder unter 16 Jahren dürfen nicht teilnehmen.
◆ Man sollte geschlossene Turnschuhe, Shorts sowie ein T-Shirt tragen und sich gut mit Sonnenschutzmitteln eincremen.
◆ Zwischen den Stromschnellen fließt der Fluß relativ ruhig. Das Wasser ist mild.

◆ Es gibt spezielle wasserdichte Kamera-Boxen, die auf das Boot montiert werden können. Bei Bedarf bitte bei der Buchung angeben.
◆ Alle Bootsführer verfügen über gute Flußkenntnisse und sind in Erster Hilfe aus-gebildet.

Folgende Fahrten werden angeboten:
◆ **Batoka Gorge Trip bzw. High Water Run**
Diese Fahrt findet täglich etwa zwischen dem 1. Juli und 15. August statt und manch-mal auch in der 2. Dezemberhälfte. Man bewältigt dabei die Rapids Nr. 11 - 19. Die Gesamtlänge beträgt 13 km und wird mit den Schwierigkeitsstufen 3 - 5 angegeben (es gibt insgesamt 6 Schwierigkeitsstufen, wobei Stufe 6 von Schlauchbooten nicht befahren werden kann).

Schwimmwestenanprobe:
Sicherheit geht vor!

◆ **Victoria Falls Gorges bzw. Low Water Run**
Diese Fahrt findet ca. vom 15. August bis Mitte Dezember statt und führt über
22 km. Es werden die Schwierigkeitsstufen 3 - 5 bewältigt. Im Trip sind die
Stromschnellen 6 - 19 enthalten. Um Rapid 9 werden die Boote getragen.

Hinweis
Neuerdings richten sich die Fahrten nach dem Wasserstand, sind also nicht mehr an
die traditionellen Zeiten für High und Low Water Rafting gebunden!

Buchungsadresse
Die verschiedenen Rafting-Veranstalter sind oben angegeben.

Mein Erlebnis: Mit einem Schlauchboot durch die Stromschnellen des Zambezi

Langsam schlendern wir zum Sammelpunkt am Swimmingpool des Victoria Falls Hotel. Um
08.30 h treffen sich hier alle, die das White Water Rafting gebucht haben. So recht weiß ich
nicht, worauf ich mich eingelassen habe. Die "Kleidervorschriften" (Turnschuhe, kurze Hosen
und T-Shirt) lassen auf ein nasses Abenteuer schließen. Zu meinem Erstaunen scheint es sich
um eine Massenveranstaltung zu handeln: Etwa 30 Teilnehmer, meistens im "Mittelalter",
sitzen mehr oder minder schweigend am langen Tisch und mustern sich verstohlen. Keiner
weiß so recht, was uns erwartet. Mit einem Notizbrett bewaffnet, erscheint die forsche Dame
des Unternehmens und verliest die Namen. Ja, und dann beginnt's. Sie informiert – natürlich
in Englisch – über mögliche Gefahren, und daß die "Rafting Company" weder für Verletzungen
noch den Verlust des Lebens haftbar gemacht werden kann... Bevor man eine vorbereitete
Einverständniserklärung unterschreibt, werden wir noch über die zu erwartenden Schwierig-
keitsgrade informiert. Es gäbe die Stufen 1 - 6. Stufe 6 sei allerdings nicht mit Schlauchbooten
befahrbar. Uns würden "rapids" der Stufen 3 - 5 erwarten...

An den Gesichtern merkt man deutlich die gestiegene Anspannung. Jetzt noch abspringen und lieber einen ruhigen Tag in der herrlichen Sonne verbringen...? Niemand wagt, seinen geheimen Gedanken in die Tat umzusetzen. Hinter uns haben sich mittlerweile eine Reihe äußerst drahtiger Burschen eingefunden. Als ob sie gerade einem Body-Building-Institut entsprungen wären, werden sie uns als die Bootsführer vorgestellt. Die Kerle flößen nun doch Vertrauen ein.

Nachdem wir unser "Testament" unterschrieben und die Safarigesellschaft von jeder Haftung befreit haben (was wird im Falle eines Falles unsere heimische Lebensversicherung dazu sagen...?), werden die Wertsachen und Kameras im Hotel deponiert. Ein altertümlicher Bus bringt uns nach etwa 20 Minuten Fahrt an eine Weggablung. Hier heißt es, in einen Lkw umsteigen. Auf der Ladefläche finden nur unsere Füße Platz, und als gelte es, unseren Mut und unsere Reaktionen einem ersten Härtetest zu unterziehen, wird durch das stachlige Gebüsch losgefahren. Wehe dem, der "schläft": Die Akazien-Dornen kennen da kein Erbarmen.

Nach 15 Minuten Fahrt halten wir am Abstieg in die tief eingeschnittene Sambesi-Schlucht. Steil geht es hinab, doch bald erreichen wir ein kleines Plateau, wo uns zur Stärkung Tee gereicht wird. Und dann geht's weiter. Bald gelangen wir zum Sambesi. Ruhig fließt er um eine scharfe S-Kurve, und die großen Schlauchboote sind ans Ufer gezogen. Doch irgendwo hinter der Flußbiegung vernehmen wir ein heftiges Rauschen...

Am Ufer werden wir durch Tim, einen neuseeländischen Rafting-Spezialisten, in Gruppen zu je 7 - 8 eingeteilt. Gewicht und eingeschätzte Sportlichkeit sind seine Kriterien der Zusammensetzung. Doch bevor wir nun in die Boote steigen, findet eine weitere Belehrung statt. Ja, dieses White Water Rafting am Sambesi sei schon etwas anderes als im amerikanischen Grand Canyon. Die Bootsführer könnten nur zu etwa 50 % ein Kentern (!) verhindern, die restlichen 50 % hängen vom Können und der schnellen, vor allem richtigen Reaktion der Mannschaft ab. Es wird von Strudeln berichtet, von gegeneinander tosenden Wellenwänden, gegen die man sich mit allerletzter Kraft im rechten Moment werfen müsse.

Doch jetzt gibt's kein Zurück – Schicksal, nimm Deinen Lauf! Als wir "unser" Boot besetzen, findet zunächst ein 20-minütiges Training statt. Die Kommandos zum richtigen Reagieren erfolgen blitzschnell, noch schnellere Reaktionen der Mannschaft sind angesagt. Wichtigstes Gebot: Immer auf die Wellenberge achten, stets sich ihnen mit aller Kraft – an die Bootsleine gekrallt – entgegenwerfen, und zwar kopfüber über die Schlauchbootwand. Und immer schauen, ob nicht seitlich oder von hinten eine andere Wellenwand das Boot angreift.

Wir starten an Rapid 11, die sich gleich in 11 A, 11 B und 11 C untergliedert. Wir bekommen einen Vorgeschmack, auf was wir uns eingelassen haben. Danach fließt der Sambesi wieder durch eine breitere Schlucht. Doch bald folgen die "richtigen" Stromschnellen. Vor ihnen "parken" in der ruhigeren Strömung die Boote, nur eins nach dem anderen darf durch. Und da passiert es: Das Boot vor uns kentert, die ganze Mannschaft liegt darunter und eilt in der heftigen Strömung abwärts. Uns zittern die Knie – doch mit größter Konzentration und Kraft schaffen wir es. Bald sind Nr. 12, 13, 14 von uns bewältigt. Natürlich sind wir mittlerweile total naß, denn in jeder Stromschnelle ergießen sich regelrechte Wasserwände ins Boot, das dann im ruhigeren Fahrwasser wieder mithilfe festgezurrter Eimer geleert wird. Wir sind ziemlich geschafft. Wie mag es den Gekenterten ergangen sein? Doch zum Nachdenken bleibt keine Zeit. Vor Rapid 19, der letzten Stromschnelle, wird angehalten. Nun käme die tückischste Stelle. Aus diesem Grunde werden im ruhigen Wasser nochmals die richtigen Reaktionen eingetrimmt. Mit einem Kraftschrei bringt unser Bootsführer das Boot in die rechte Stellung, und wir treiben – immer schneller werdend – den Wellen- und Strudelkesseln entgegen. Jetzt überschlagen sich nicht nur die Wellen, sondern auch die Ereignisse. In Bruchteilen von Sekunden passiert es: Unser Bootsmann ist über Bord, wird drehen uns in einem Strudelkessel und kommen nicht heraus, während riesige Wassermassen von allen Seiten einstürzen.

Irgendwie ist plötzlich unser Führer dann doch wieder an seinem Platz, und wir werden durch die Wasserwände durchkatapultiert. Erst jetzt bemerken wir, daß die junge Frau vom Bootsende fehlt. Und in der Ferne sehen wir einen orangenen Punkt, der sich schnell entfernt. Mit aller Kraft rudert unser Führer das Boot in die Strommitte, und wir eilen ihr hinterher. An den Ufern sonnen sich derweil Krokodile. Endlich erreichen wir die Arme, werfen die Rettungsleine aus und ziehen sie an Bord. Totenbleich und sichtlich am Ende der Kräfte bricht sie in Tränen aus. Doch es ist Gott sei Dank nichts passiert, und bald erreichen wir unser Ziel. Wir steigen aus, und am Ufer erwarten uns warmer Tee und belegte Toastbrote.

Doch zunächst werden die Erfahrungen und Erlebnisse ausgetauscht. Die Gekenterten stehen natürlich im Mittelpunkt. Noch immer steckt ihnen der Schreck in den Gliedern. Trotzdem sind sich alle einig, daß dies ein "richtiges" Abenteuer war.

Übrigens: Der anstrengendste Teil sollte uns noch bevorstehen, denn wir mußten etwa 400 m auf einem steilen, schattenlosen Pfad den Schluchtenrand erklimmen. Doch als Belohnung wartete oben eine Kiste mit eisgekühltem Bier...

Weiterreise

● Der vorgeschlagenen Hauptroute nach Kariba folgend, um die Wildschutzgebiete auf den **Kariba-Inseln** oder eine der Lodges am Südufer des Kariba-Sees/Matusadona National Parks zu besuchen.

● Abstecher nach Botswana, und zwar zum nördlichen Teil des Gebiets des **Chobe National Parks**, um die riesigen Elefantenherden hier am Chobe-Fluß zu beobachten.

● Beendigung der Zimbabwe-Rundfahrt und Rückreise nach Harare.

Informationen

zum Chobe National Park im speziellen und Botswana im allgemeinen finden Sie im Reise-Handbuch Botswana von Michael Iwanowski, 7. Auflage 1996, Reisehandbuch-Verlag Iwanowski, 41540 Dormagen, Büchnerstr. 11, Tel. 02133/26030, Fax 02133/260333

6.9 VICTORIA FALLS – KARIBA

- Die **Beschaulichkeit** des Lake Kariba auf einer Fährreise nach Kariba genießen
- **"Off the beaten track"**, weit entfernt vom Massentourismus, durch das wenig erschlossene **Hinterland** von Zimbabwe fahren – allerdings nur für erfahrene "Off-Road"-Fahrer
- ein paar **geruhsame Tage einlegen** in einem der Camps am Kariba-See oder auf den Kariba-Inseln **(hervorragende Tierbeobachtungen!)**
- "**Game-Kreuzfahrt" mit der "Manica"** oder anderen Motoryachten unternehmen

6.9.1 ÜBERBLICK

Der nördliche Teil Zimbabwes südlich des Lake Kariba ist auf dem Landwege praktisch nur schwer zugänglich. Die einfachste Verbindung nach Kariba ist demzufolge die Fährverbindung Mlibizi-Kariba.

Der Landweg auf der Strecke Binga-Kariba ist mit einem Allradfahrzeug durchaus befahrbar. Mit einem Geländewagen kann man auch einen Abstecher in den Chizarira und Matusadona Nationalpark wagen. Die Strecke ist keine touristische Route für "jedermann", sondern nur etwas für erfahrene Allrad-Fahrer. Bitte beachten Sie die entsprechenden Verhaltensregeln!

Die einfachste Verbindung von Victoria Falls nach Kariba ist die per Flugzeug. Es gibt täglich eine Flugverbindung. Man kann seinen Mietwagen in diesem Falle in Victoria Falls abgeben und bei Bedarf einen Mietwagen in Kariba in Empfang nehmen.

Lake Kariba

Man sollte gerade das Kariba-Gebiet in eine Zimbabwe-Reise miteinbeziehen. Der See und seine angrenzenden Landschaften, heute allmählich ein **eigenes Klima und Habitat** bildend, konnte sich trotz aller massiven Landschaftsveränderungen zu einem Paradies für Naturliebhaber entwickeln. Nach der ökologischen Neuordnung bildet der Kariba eine nie versiegende Wasserquelle für die Tiere. Die **Tierbeobachtungs-Möglichkeiten sind excellent.** Da man sich zumeist vom Wasser aus mit einem Boot dem Land nähert, wittert das Wild instinktiv kaum Gefahren, die es ja von der Landseite erwartet.

Die **Landschaftsszenerien**, besonders entlang der östlichen Gebirgsketten der Matusadona Range, suchen auf dem afrikanischen Kontinent ihresgleichen.

6.9.2
MIT DER AUTOFÄHRE NACH KARIBA

Streckenbeschreibung
Von Victoria Falls aus fahren Sie über die A8 Richtung Süden. Nach etwa 100 km erreichen Sie den Ort Hwange. Nach weiteren 50 km biegen Sie links Richtung Mlibizi und Binga ab und fahren bis Mlibizi. Nach ca. 30 km erreichen Sie Kamazivi, Mlibizi ist 95 km und Binga 153 km entfernt (von Hwange aus).

Sehenswertes entlang der Strecke nach Mlibizi

▪ Hwange

Bergbaugeschichte in Hwange
Die Wankie Colliery Company betreibt den **Kohlebergbau** in Hwange. Im Jahr 1894 steckte hier ein deutscher Prospektor seinen ersten Claim. Der erste Eisenbahnwaggon mit Kohleladung verließ den Ort im Jahr 1903. Die Koksproduktion begann 1909. Die Regierung von Zimbabwe übernahm 1982 eine Aktienmehrheit

▪ **Buchen Sie Ihre Fährpassage über den Kariba-See (Mlibizi - Kariba bzw. umgekehrt) lange im voraus** – am besten von Deutschland aus!!

▪ **Tanken** Sie in Hwange nochmal voll und lassen Sie keine weitere Gelegenheit zum Nachfüllen aus. Wenn Sie die gesamte Strecke mit einem Allradfahrzeug nach Kariba unternehmen wollen und Abstecher in den Chizarira und Matusadona National Park planen, sollten Sie sich mit **genügend Reservebenzin, Getränken und Lebensmitteln** entdecken.

▪ **Buchen Sie auch die Unterkünfte im voraus:** Für die Nationalparks sollten Sie dieses bereits in Harare oder Bulawayo erledigen.

▪ **Übernachten:** in Mlibizi: ein Chalet im **Mlibizi Zambezi Resort**, in Binga: **Kulizwe Lodge**, am Chizarira Nat. Park: **Chizarira Wilderness Lodge**, im Matusadona Nat. Park: eines der **Exclusive Camps** bzw. im **Tashinga Camp** (alle einfach und ohne Restaurant), in Kariba: **Carribea Bay Resort** oder **Kariba Breezes Hotel**.

▪ **Weitere besonders empfehlenswerte (wenn auch teure) Unterkünfte:** Bumi Hills Safari Lodge, Katete Safari Lodge, Fothergill Island Lodge, Spurwing Island Lodge und Tiger Bay Lodge

▪ **Kartentip:** Folgende topographische Karten im Maßstab 1 : 250.000 decken das Kariba-Gebiet ab: Bumi Hills Karte SE-35-3, Kariba Karte SE-35-4, Binga Karte 35-7, Copper Queen Karte SE-35-8

▪ **IMMER DARAN DENKEN:** Schlechte Straßenzustände können Sie zu Umwegen zwingen – und dann ist eine gute Karte unabdingbar.

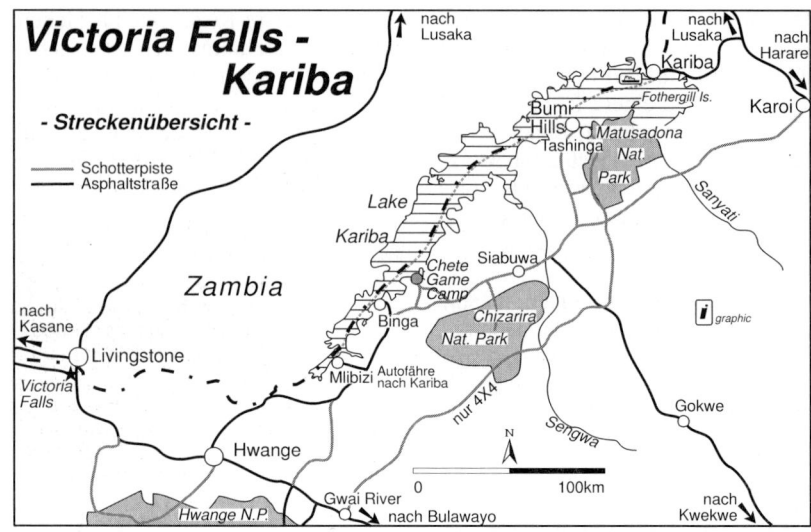

der Gesellschaft. Heutzutage werden drei Millionen Tonnen Kohle pro Jahr produziert. Davon stammen etwa **zwei Drittel aus dem Tagebau und ein Drittel aus der Untertageförderung**. Pro Jahr werden außerdem 170.000 Tonnen Koks und 6.500 Liter Teer und ca. 1 Mio. Liter Benzol produziert. Der Tagebau in Hwange wurde erst 1970 begonnen und 13 Jahre später erweitert, um das Heizkraftwerk zu versorgen. Das **Heizkraftwerk** gehört der Zimbabwe Electricity Supply Authority (Z.E.S.A.) und stellt Strom her. Mit der Erweiterung der Kapazitäten des Kraftwerkes wächst die Förderung im Tagebau. Eine Aufbereitungsanlage dient zur Aufbereitung der Rohkohle. Der gesamte Besitz des Ortes Hwange ist in der Hand der Wankie Colliery Company. Zum Ort gehört ein modernes und gut ausgestattetes Krankenhaus. Das Unternehmen legt großen Wert auf die Ausbildung der Arbeiter und gute Schulbildung für den Nachwuchs. Es werden etwa 4.500 Personen beschäftigt.

Anschlußstrecke

Hinter der Abzweigung Richtung Mlibizi befinden Sie sich im Hwange Communal Land. Die Landschaft wird hügeliger. Sie durchfahren die Gway River Schlucht, danach steigt die Straße an bis Kamativi. Direkt hinter dem Ortsschild hat man auf der linken Seite Aussicht auf den Tagebau der Kamativi Mines, in der **Zinn** abgebaut wird. An dieser Aussichtsstelle kann man schöne Mineralien finden. In Kamativi zweigt die Straße Richtung Binga und Mlibizi rechts ab. Von hier aus sind es noch 67 km bis Mlibizi und 125 km bis Binga. Wenig später sieht man auf der rechten Seite den **Dabukilwa Dam**, einen künstlichen Stausee, der zur Wasserversorgung für die Landbevölkerung dient. Auch der Fischreichtum (z.B. Brassen) dient zur Ernährung der Bevölkerung, z.B. der Gemeinde Tinde.
Bei der Abfahrt in das Tal des Mlibizi River hat man in der Ferne Sicht auf das **Escarpment**, den steilen Übergang zwischen Ebene und Bergland... Etwa 30 km hinter Kamativi kommt man an die Abzweigung nach Deka Mouth. Mit einem Allradfahrzeug kann man von Victoria Falls

aus über die Piste über Deka ebenfalls hierher gelangen. Nach weiteren 30 km Fahrt auf der Straße Richtung Binga gelangt man an die Abzweigung Richtung Mlibizi. Von hier aus sind es noch 15 km nach **Mlibizi.** Der Ort besteht aus dem Mlibizi Hotel und der Anlegestelle für die Autofähre nach Kariba. Außerdem gibt es noch ein Holiday Resort mit Campingmöglichkeit.

Mlibizi

Übernachtungsmöglichkeiten

● **Mlibizi Hotel.** Dies ist das einzige Hotel am Ort. Man kann dort auch lediglich Mahlzeiten einnehmen, falls Sie auf dem Campingplatz übernachten wollen. Das Hotel ist beliebt bei Anglern, die wegen der guten Tigerfischgründe gerne hierher kommen. Das Hotel hat einen Swimming Pool und eine Gartenanlage. Es ist möglich, ein Motorboot mit Bootsführer zu chartern und einen Ausflug zu den nahen Hot Springs zu machen, die nur per Boot erreichbar sind (Dauer ca. 1 ½ Stunden, Kosten ca. 150 Zim $). Für Reisende der Fähre ist das Mlibizi Hotel eine gute Übernachtungsmöglichkeit. Mlibizi Hotel, P.O. Box 298, Hwange, Tel.: 115-271.

● **Mlibizi Zambezi Resort.** Das Resort verfügt über

Mlibizi Hotel

self-catering-Chalets (Bettzeug und Geschirr etc. vorhanden) und hat einen Campingplatz. Es gibt einen kleinen Shop und Swimming Pool. Bootsverleih mit Bootsführer. Mlibizi Zambezi Resort, P.O. Box 1511 Bulawayo, Tel.: 115-272, Buchungen über Galaxy Travel Bureau, Parkade Centre, 9th Avenue/Fife Street, Bulawayo, Tel.: 65061.

Weitere Ratschläge

Falls Sie beabsichtigen, abends im Dunkeln vom Mlibizi Zambezi Resort zum nahen Mlibizi Hotel zu laufen, müssen sie mit **Flußpferden** rechnen. Es ist sicherer, mit dem Auto zu fahren!

Autofähre Mlibizi - Kariba

Es gibt mittlerweile zwei Autofähren "Seahorse und Sealion", die über den Kariba-See führen und die Häfen Mlibizi und Kariba verbinden. Sie verlassen Mlibizi um 09.00 h, man muß aber spätestens 1 Stunde vor Abfahrt da sein. Die gesamte Fahrt bis nach Kariba dauert 22 Stunden. Man schläft in Schlafsesseln. Die Verpflegung (Buffet) ist gut und reichlich und ist wie die (nicht-alkoholischen) Getränke im Reisepreis eingeschlossen. Es ist nötig, diese Autofähren (die natürlich auch in umgekehrter Richtung fahren) sehr lange im voraus zu buchen.

Fahrplan 1996

ab Mlibizi: Di, Mi, Fr, Sa, So, Mo

Fähranleger in Mlibizi

Auto- und Passagierfähre über den Kariba-See

ab Kariba: Mo, Di, Do, Fr, Sa, So

Die Abfahrt ist jeweils 9:00 h, Ankunft gegen 7:00 h am folgenden Tag.

Der **Fährpreis** für einen Mittelklassewagen beträgt ungefähr 60 US $. Erwachsene Passagiere müssen ca. 90 US $ bezahlen, Kinder von 2 - 12 Jahren etwa 50 US $. Die Mitnahme eines Landrovers kostet ca. 80.00 US $.

Buchungsadresse: Kariba Ferries (Pvt.) Ltd., P.O.Box 578, Harare, Tel.: 614162-7

Kreuzfahrt mit der Luxus-Motoryacht "Manica" auf dem Kariba-See

Ein wohl einmaliges Erlebnis dürfte eine Fahrt mit der im Oktober 1989 in Dienst gestellten "Manica" sein. Diese exklusive Motoryacht nimmt nur 8 Passagiere auf und garantiert damit ein Höchstmaß an Individualität. An Bord erwarten den Gast mit allem Komfort ausgestattete Kabinen (selbst ein Safe fehlt nicht, und Dusche und WC sind selbstverständlich). Und wenn man den gerade gedrehten Video-Film einer aufregenden Tierszene sehen möchte: An Bord können alle Systeme abgespielt werden.

Die "Manica" vermag sehr dicht an die Ufer zu ma-

Die "Manica"

növrieren. Ein mitgeführtes Motorboot sowie ein erfahrener Safarileiter sichern interessante Ausflüge (auch Fußsafaris mit Gewehr!). Geankert wird in einsamen Buchten, rechtzeitig vor den stets malerischen Sonnenuntergängen. Müßig zu erwähnen, daß auch die Küche "stimmt": Ein Meisterkoch verwöhnt die Gäste mit frischgefangenem Tigerfisch oder Kariba-Bream.

Die Fahrt mit der "Manica" dauert 5 Tage und kostet je nach Kabinenart inkl. Verpflegung und aller Getränke etwa 2.200 DM pro Person in der Standard-Kabine. Die "Manica" verkehrt 1mal monatlich von Kariba aus zur Sibilobilo

Fischer auf dem Lake Kariba

Lagune, nach Bumi Bay, Palm Bay, zur Insel Sampakuruma und zurück nach Kariba. **Buchung** über: Iwanowski's Individuelles Reisen GmbH, Büchnerstr. 21, 41540 Dormagen, Tel. 02133/26030, Fax 02133/260333.

Selbstfahrer können ihren Mietwagen in Victoria Falls abgeben und sich vom Hotel in Victoria Falls bis zur Einschiffungs-Stelle Msuna Mouth bringen lassen (Kosten pro Person ca. 150 DM). In Kariba angekommen, kann man wieder einen Mietwagen übernehmen.

6.9.3 LAKE KARIBA

Überblick

Nyaminyami, der in Gestalt einer Wasserschlange erscheinende Flußgott des Zambezi, schaut zornerfüllt auf das Menschenwerk. Wenigstens glauben es die Tonga, die seit Hunderten von Jahren die Flußufer bewohnen. Und stets sahen sie sich in ihrer Ansicht bestätigt, wenn sich während der Bauphase des Kariba-Damms Unglücksfälle ereigneten: Von 1955 bis 1960 errichteten 10.000 Arbeiter und Ingenieure in der engen Zambezi-Schlucht den eindrucksvollen Damm – 87 ließen dabei ihr Leben. Unbeirrt von Rückschlägen arbeitete man selbst in der Rekordhitze von 55° C, was nur möglich war, indem man Werkzeuge in Wassereimern kühlte...

Als ab Dezember 1958 die Zambezi-Wasser gestaut wurden und als später 1960 Queen Elizabeth die Generatoren anließ, waren alle Sorgen und Befürchtungen vergessen: Nordrhodesien (heute Zambia) und Südrhodesien (heute Zimbabwe) konnten ihre Stromversorgung sichergestellt wissen.

Nyaminyami, Flußgott des Zambezi

Insel im Lake Kariba

Die 128 m hohe Staumauer, durch deren Mitte die Staatsgrenze verläuft, hält heute einer Wasserfläche von 5.200 km² stand. Von West nach Ost mißt der Kariba-See sage und schreibe 290 km, und an seiner schmalsten Stelle (42 km) vermag man nur bei klarem Wetter das gegenüberliegende Ufer zu erkennen.

Fünf Jahre dauerte es, bis der See seine endgültige Größe erreichte. Für die Menschen und die Tierwelt brachen dramatische Veränderungen an:

◆ Die **Tonga**, die seit dem 15. Jahrhundert an beiden Zambezi-Ufern lebten, konnten bald nicht mehr ihre Freunde und Verwandten auf der Gegenseite mit ihren leichten Kanus besuchen.

◆ Die **Fauna** wurde mit steigendem Wasserstand immer mehr gefährdet: Tiere, deren Lebensraum beispielsweise Bergkuppen waren, wurden plötzlich Gefangene einer Insel. Die natürlichen Wanderbewegungen vom Fluß zum Land und umgekehrt waren auf einmal unterbrochen. Große Vegetationsflä-

Wasserbüffel

chen – Grassavannen und subtropische Wälder – gingen unter. Viele Tierliebhaber konnten und wollten sich nicht mit dem Massentod der Arten abfinden. Unter der Federführung von Rupert Fothergill gruppierte sich ein Team junger Wildhüter, das im Rahmen der legendär gewordenen "Operation Noah" fast 5.000 Tiere retten konnte. In vielen – ungezählten – Fällen kam aber ihre freiwillige Hilfe zu spät.

Der Lake Kariba, heute allmählich ein **eigenes Mikroklima und Habitat** bildend, konnte sich trotz allen massiven Landschaftsveränderungen zu einem Paradies für Naturliebhaber entwickeln. Nach der ökologischen Neuordnung bildet der See eine nie versiegende Wasserquelle für die Tiere. Auf den größeren Inseln sowie an den Ufern leben nahezu alle auf dem südafrikanischen Subkontinent vorkommenden Gattungen. Besonders in der trockenen Jahreszeit von Juni bis September ziehen **riesige Herden von Büffeln, Elefanten, Zebras, Wasserböcken und Impalas ans Wasser.** Da die Tiere von der

Seeseite keine Gefahr erwarten, bietet eine Bootssafari überraschend nahe Beobachtungen, ohne daß sich Tier und Mensch gefährdet wähnen.

Als der See langsam seine heutige Größe erreichte, war er zunächst sehr fischarm. Man half der Natur nach, indem man 23.000 "**Kapenta**" (Limnothrissa miodan), eine tansanische

Kapenta-Fischer

Sardinenart, aussetzte. Sie vermehrten sich so rasch, daß schon nach wenigen Jahren so große Schwärme heranwuchsen, daß sich allmählich eine lokale Fischindustrie entwickeln konnte. Heute schwärmen allabendlich Hunderte von Fischerbooten aus, um mit Hilfe starker Lampen die Fische in ihre Netze zu locken.

Berühmt ist der Kariba-See vor allem für seinen Reichtum an **Tigerfischen**. Der Tigerfisch (Hydrocynus Vitatus) ist ein "Kampffisch" mit scharfen Zäh-

Erfolgreicher Fang: Tigerfisch

nen. Pracht-Exemplare können bis zu 13 ½ kg wiegen. September und Oktober sind die besten Tigerfisch-Fangmonate. Man kann ihn praktisch überall im Kariba fangen, doch gilt die Gegend um die Sanyati Gorge als besonders erfolgversprechend. Natürlich kennt jeder Angler "seine" beste Stelle. Viele Experten benutzen als Köder Kapenta-Fische. Wie Tigerfisch schmeckt? Sein weißes Fleisch ist relativ trocken, von vielen Gräten durchsetzt und etwas zäh...

Eine gewisse ökologische Gefahr geht von der großen Verbreitung des "**Kariba Weed**" (Salvinia auriculata) aus. Diese Wasserpflanze hat sich an einigen Stellen beängstigend vermehrt und bedeckt weite Flächen, welche die Schiffe und Motorboote gefährden, da sich die Wasserpflanze um die Motorschrauben drehen kann und auch die Navigation erschwert. Ursprünglich befürchtete man, daß das Kariba Weed noch größere Flächen zudeckt und damit zu einer fortlaufenden Sauerstoff-Verarmung des Wassers führen könnte, was wiederum den Fischreichtum und das Wasserpflanzen-Wachstum eingedämmt hätte... Doch diese Befürchtungen haben sich bislang nicht bewahrheitet. Man experimentierte zwar mit Arsen-haltigen Vertilgungsmitteln, konnte aber damit bislang keine Erfolge erzielen. Glücklicherweise half sich die Natur zum Teil selbst: Weite weed-bedeckten Teile starben. Die Pflanzenmasse trieb an einige ziemlich unfruchtbare Strandabschnitte und schuf damit eine fruchtbare Grundlage für ein schnell wachsendes Gras (Panicum repens), welches seinerseits für das Uferwild eine willkommene Weide bietet. Und dieses Gras ist gerade dann "freßreif", wenn die Tiere es am ehesten brauchen, und zwar am Ende der Trockenzeit.

Brücke über den Ume River

Später, wenn der See-Wasserspiegel während der Regenzeit wieder steigt und diese Weideflächen überflutet sind, ist auch das Wild wieder landeinwärts gezogen. Während der Dürrezeiten 1981/1983, als der Kariba-See seinen niedrigsten Wasserstand erreichte und die Uferflächen größer wurden, besetzte dieses Gras die frei gewordenen Flächen und vergrößerte damit die Weideflächen für die Tiere.

Für alle Schiffsführer und Bootsfahrer gibt es außer dem Weed eine noch viel stärkere Gefahr: die "**ertrunkenen" Bäume** der früheren Wälder. Sie sind mittlerweile steinhart geworden, und ihre Stämme ragen zum Teil bis dicht unter die Wasseroberfläche. Sie können Bootskörper sowie Schiffsschrauben beschädigen. Am Ufer dagegen sorgen sie für eine eigentümliche, mit ihren kahlen Ästen letztlich doch malerische Kulisse.

Weitere Ratschläge

Das Schwimmen an den Seeufern ist wegen der Bilharziose-Gefahr sowie der vielen Krokodile nicht zu empfehlen. Im tieferen Wasser in der Seemitte herrscht zwar keine Bilharziose-Gefahr, doch auch hier kann man mit Krokodilen, die den See überqueren, Bekanntschaft schließen.

6.9.4 MIT DEM ALLRADFAHRZEUG NACH KARIBA

Von Victoria Falls aus erfolgt die Anfahrt wie im Abschnitt 6.9.2 beschrieben bis Binga.

Reisepraktische Hinweise

Übernachtungsmöglichkeiten

● **Kulizwe Lodge,** bietet Unterkunft in modernen Chalets, die alle voll eingerichtet sind (Geschirr etc.). Die Lodge ist seit 1993 geöffnet und hat eine gepflegte Grünanlage mit Sicht auf den Kariba-See. Es gibt zur Zeit noch kein Restaurant, die Einrichtung ist jedoch geplant. Bis dahin können Gäste noch gegenüber im Restaurant des Binga Rest Camp speisen. Kulizwe Lodge, P. Bag 5701, Binga, Tel.: 115-286

● **Binga Rest Camp**. Die Anlage bietet Übernachtungsmöglichkeiten in voll eingerichteten, aber einfachen Chalets, hier gibt es auch Campingmöglichkeiten und einen Swimming Pool. Das Restaurant ist geöffnet von 6:00-14:00 h und 15.30-20:30 h. Binga Rest Camp, Tel.: 115-244, Fax: 115- 245.

● **Chilala Lodges**. In dieser Anlage mit mehreren Lodges können max. 40 Personen untergebracht werden. Alle Lodges sind self-catering. Die Lodges haben eine einfache Ausstattung, liegen aber sehr schön an einem Seitenarm des Kariba-Sees. Alle Lodges haben einen Bootssteg. Zur Lodge gehört eine kleine Gärtnerei. Die Abzweigung zur Chilala Lodge finden Sie hinter dem Ortsschild rechts. Die Zufahrt ist ausgeschildert. Chilala Lodges c/o Dave Rawlins, P.O. Box FM 65, Famona, Bulawayo, Tel.: 67821.

Binga

Der Ort Binga besteht aus 2 Ortsteilen. In Binga Heights gibt es eine Post, Supermarkt, Krankenhaus, Gefängnis und eine Landepiste für Flugzeuge und einige staatliche Einrichtungen (z.B. für den nationalen Wohnungsbau und die Wasserversorgung). Das Departement of National Parks and Wildlife hat in Binga eine Feldstation. Insbesondere sind die Wildhüter dafür zuständig, Wild von den Feldern der Kleinbauern in den Communal Lands zu vertreiben. Besonders Elefanten richten hier viele Schäden an.

Im zweiten Ortsteil direkt am Ufer des Kariba-Sees befinden sich Übernachtungsmöglichkeiten in Lodges. Hier befindet sich auch die Binga Crocodile Farm, die am Ende der Straße zu finden ist. Vorher sieht man auf der rechten Seite schöne Villen. Hier wohnen u.a. die Eigentümer der Krokodilfarm, die Familie van Jaarsveldt. Die Krokodilfarm kann nicht besichtigt werden.

Wichtige Ratschläge für die Pistenstrecke
Bis Binga fahren Sie auf der Asphaltstraße. Ab hier beginnt jedoch die Piste, und die folgende Strecke Binga - Kariba kann nicht als touristische Route bezeichnet werden. Bitte beachten Sie:

◆ Für den Chizarira und Matusadona National Park ist ein Allradfahrzeug erforderlich.

◆ Die Strecke Binga - Kariba südlich des Kariba-Sees ist ohne Allradfahrzeug befahrbar, jedoch mit hohem Risiko.

◆ **Am kostengünstigsten sind Allradfahrzeuge über Windhoek (Namibia) oder Johannesburg (Südafrika) anzumieten (vollausgerüstet und mit Dachzelten!).**

◆ Fahren Sie in die abgelegenen Gebiete jenseits der Hauptpiste niemals nur mit einem Fahrzeug, sondern im **Konvoi von zwei Allradfahrzeugen**.

◆ Ausreichend Benzin ist mitzuführen. Es gibt keine Tankstelle auf der Strecke Binga - Kariba. Sie müssen damit rechnen, daß Sie auch in Binga kein Benzin mehr bekommen, falls die Lieferung ausgeblieben ist.

◆ Für die gesamte Strecke sollten Sie **Lebensmittel und Getränke mitführen**. Im Chizarira und Matusadona National Park gibt es keine Restaurants, Shops oder Tankstellen.

◆ Bedenken Sie, daß Sie bei einem Schaden an Ihrem Fahrzeug mehrere Tage feststecken können. Die Strecke ist nicht sehr befahren. Ersatzteile können nicht einfach besorgt werden!

◆ **Malariaprophylaxe empfohlen, teilweise Tsesefliegen-Gebiet.**

◆ Während der Regenzeit können die Wege in Nationalparks **unbefahrbar** werden!

◆ Die Fahrtstrecke an sich ist ein einmaliges Erlebnis, denn hier kommen Sie in den unberührtesten Teil Zimbabwes.

6.9.5 CHIZARIRA NATIONAL PARK

Information
Informationen sind zu erhalten über: The Warden, Chizarira National Park, P. O. Box 13, Binga, Zimbabwe.

Streckenbeschreibung
Von Binga aus führt die Fahrtstrecke nun über Schotterpiste. Von Binga fährt man Richtung Siabuwa: Bis zur Abzweigung zum Chizarira National Park fährt man ca. 1,5 Stunden. Für die letzten 20 km von der Hauptpiste Binga-Kariba zum Main Camp benötigt man nochmals etwa 1 Stunde. Die Entfernung nach Binga beträgt etwa 90 km. Den Park kann man nur mit einem Allradfahrzeug erreichen und befahren, da die Wege sehr rauh sind. Die **Auffahrt in den Nationalpark ist sehr eindrucksvoll**, man nähert sich der Randstufe, die man steil erklimmen muß. Im Nachmittagslicht wird dieses Escarpment schön beleuchtet. Wenn man zurückschaut, hat man eine gute Aussicht auf die weite Ebene zwischen der Randstufe und dem Kariba-See. Vom Parkeingang aus kann man verschiedene Campingplätze für die Übernachtung anfahren. Das Gebiet ist nicht entwickelt, folglich sind die Wege nicht einfach zu befahren.

Der National Park liegt am Zambezi Escarpment, dem Übergang des hier sehr breiten Zambezi-Tals zum Bergland. Der sehr abseits liegende National-

Am Chizarira National Park

park ist **192.000 ha groß**. Da der Chizarira National Park nicht von vielen Menschen besucht wird, sind die **Tiere sehr scheu**. Die Unberührtheit der Natur macht einen Besuch des Parks zu einem ganz besonderen Erlebnis. Wegen der Unzugänglichkeit des Parks ist es am einfachsten, das Gebiet im Rahmen einer Führung zu erkunden. Die Nationalparkverwaltung bietet ein- und mehrtägige **Wandertouren** an. Es ist nicht erlaubt, ohne Führung im Nationalpark zu wandern. Sie sollten folglich **mindestens 2 Übernachtungen** im Chizarira National Park einplanen. Dann haben Sie einen ganzen Tag, um das Parkgebiet zu erkunden. Es wird empfohlen, dann am Morgen und am Nachmittag jeweils eine mehrstündige Walking Safari mit einem (mit Gewehr ausgerüsteten) Ranger zu unternehmen... Der Ranger kostet 60,- Zim $ pro Stunde.

 Hinweis
Bitte beachten Sie bei der Anreise, daß das Eingangstor um 18:00 h. schließt! Während der Feriensaison, vor allem der Osterferien (auch der Nachbarländer Südafrika und Namibia) kann man im Park mehr Menschen antreffen. Die ideale Reisezeit für den Park ist zwischen **Mai und September**.

Überblick

Der Norden des Parks wird vom Zambezi Escarpment begrenzt. Der Seggua Fluß bildet die östliche Grenze des Parks. Die südliche und westliche Seite des Parks wird nicht durch natürliche Grenzen gebildet. Durchquert man den Park von Nord nach Süd, so findet man zwei weitere Escarpments, die aber nicht so hoch sind wie das Zambezi Escarpment.

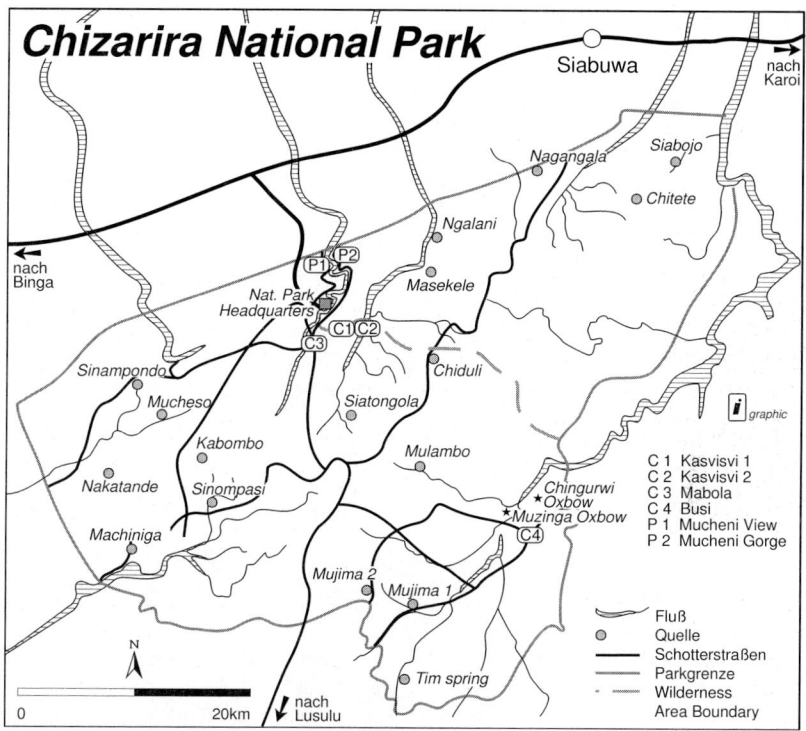

Im Chizarira National Park

Der Chizarira National Park hat eine Größe von etwa 192.000 ha und ist damit der drittgrößte Nationalpark in Zimbabwe. Im Chizarira National Park kann man fast alle Tierarten antreffen. Es gibt keine Giraffen. Insbesondere gibt es viele Elefanten. Im Nationalpark leben noch 4 Spitzmaulnashörner. Die übrigen 22 Breitmaulnashörner, die früher hier lebten, wurden in die sogenannten IPZ (Intensive Protective Zone, z.B. nach Sinamatella im Hwange National Park) gebracht, um sie vor Wilderern zu schützen. Im Park gibt es außerdem eine Vielzahl von Rappenantilopen. Da es im Park keine Pools gibt, leben hier auch keine Flußpferde. Leoparden und Geparden kann man meist auf Walking Safaris entdecken. Außerdem gibt es Löwen und Hyänen und natürlich die allgemein Savannen-typischen Tiere, wie Impalas oder Ducker. Im Sommer, wenn es heiß ist, sieht man eine Vielzahl von Schlangen. Da das Gebiet dieses Nationalpark sehr ausgedehnt und unzugänglich ist, kann es schwierig sein, viel Wild zu beobachten. Der aktive Besucher kann den Nationalpark auf Buschwanderungen erkunden und wird beeindruckt sein von einer großartigen Landschaft und der Vielzahl an Vogelarten. Hier geht man noch auf Spurensuche und atmet den frischen Geruch der Tiere abseits von Landrover-Kolonnen!

Reisepraktische Hinweise

Unterkünfte
- **im Chizarira National Park**
Im Parkgebiet gibt es die folgenden einfachen Camps:
- **Kasisvi (1) Bush Camp**, am Lusilukulu River gelegen, etwa 6 km vom Park Headquarter entfernt. Einfache bedachte Unterkünfte, Toiletten, Duschen und Küche sind vorhanden.
Kasisvi (2) bietet nur Campingmöglichkeiten.
- **Mobola Bush Camp**, am Mucheni River unterhalb der Manzituba Spring gelegen, 6 km vom Park Headquarter entfernt. Hier kann man nur zelten; Toiletten, Duschen und Küche sind vorhanden.
- **Busi Bush Camp**, am Busi River gelegen. Einfache bedachte Unterkünfte sowie Wasser und Grillstellen stehen zur Verfügung. Keine Duschen. Die Zufahrtsstraße ist äußerst schlecht.
- **Machininga Camp Site**, an der Machininga Spring gelegen. Hier gibt es keinerlei Einrichtungen.
- **Mucheni View**, nur Campingmöglichkeit
- **Mucheni Gorge**, ebenfalls nur Campingmöglichkeit.
Die Camps befinden sich alle in der Nähe des Headquarters in einer Entfernung zwischen 3 bis 6 Kilometern. Nur das Busi Bush Camp ist ca. 2 Stunden Fahrtzeit entfernt. Am besten übernachtet man in Mabola oder Kasisvi.
Buchungen über: **National Parks Central Booking Office (CBO)**, National Botanical Gardens, Borrowdale Rd., Sandringham Drive, Harare, P.O. Box CY 826, Causeway, Tel.: 706077 oder 706078
- **außerhalb des Parks**
- **Chizarira Wilderness Lodge**, dies ist die einzige private Unterkunft direkt am Rand des Nationalparks gelegen. Die Lodge liegt direkt auf der Randstufe . Von hier aus hat man eine herausragende

Schutzhütte im Chizarira National Park

Sicht auf das weite Zambezital. Der Kariba-See ist am Horizont zu sehen. Die Lodge liegt in einem völlig unbesiedelten Gebiet. Auf Wunsch können Ausflüge zu den am Fuße der Randstufe liegenden Batonga Dörfern organisiert werden. Die Batonga siedelten sich hier an, als der Kariba-See geflutet wurde. Walking Safaris und Game Drives werden veranstaltet. Wildbeobachtungen sind nicht die Hauptattraktion, sondern mehr das Erfahren des **Ökosystems des Gebietes**. Das Mangement der Lodge legt besonderen Wert auf den Naturschutz. Die Lodge wird mit Solarenergie versorgt. Die Übernachtung kostet ca. 200 US $ pro Person im Doppelzimmer. Falls Sie nicht mit dem Allradfahrzeug anreisen wollen, kann ein Transfer organisiert werden. Transfers per Flugzeug kosten pro Person 200,- US $ und sind ab Harare, Kariba oder Victoria Falls möglich. Die Entfernung von Victoria Falls nach Chizarira beträgt ca. 370 km. Buchungen über: Zambezi Wilderness Safaris, P.O. Box 18, Victoria Falls, Tel.: 13-4637 und 4737, Fax: 13-4417.

Walking Safaris
Zwischen Mai und Oktober werden allmonatlich 3- bis 4-tägige Wanderungen angeboten, die von einem Wildhüter geleitet werden. Termine und Voranmeldung bei:

Einsamer Elefant im Chizarira National Park

National Parks Central Booking Office (CBO), National Botanical Gardens, Borrowdale Rd., Sandringham Drive, Harare, P.O. Box CY 826, Causeway, Tel.: 706077 oder 706078
Walking Safaris können telefonisch in der Feldstation der Nationalparkbehörde in Binga vorangemeldet werden, Tel.: 155-333.

Karte
Als Detailkarte empfiehlt sich die Karte 1 : 250.000, Binga SE - 35 - 7

6.9.6 MATUSADONA NATIONAL PARK

Information
Warden´s Office, Tashinga, Matusadona National Park.

Entfernungen
● Chizaria National Park - Matusadona National Park 210 km
● Kasvisvi- Tashinga 81 km

Überblick

Der Matusadona National Park grenzt im Westen an den Ume River und im Osten an die Sanyati Schlucht. Er nimmt eine Fläche von **1.407 qkm** ein. Nur ein Drittel des Parkgebietes ist durch Wege erschlossen. Die restlichen 2/3 sind rauhes, unzugängliches Gebirgsland. Die Matusadona Range ist Teil des südwestlichen Abschnittes des Zambezi-Escarpments: Während an den Kari- ba-Ufern das Parkgebiet flach und niedrig ist, steigen die Berge dann bis zu einer Höhe von 1.300 m empor. Es gibt im Park: **Elefanten, Büffel, Fluß-pferde, Krokodile, Wasserbock, Bushbock, Impala, Löwen, Hyänen, Geparden und Nashörner.**

Streckenbeschreibung und Sehenswertes auf der Strecke Chizarira-Matusadona
Die Weiterreise vom Chizarira National Park zum Matusadona National Park erfolgt über die Piste. Die Strecke ist ebenfalls *nur für Allradfahrzeuge zu empfehlen.* Die Strecke von der Abzweigung von der Hauptpiste bis Tashinga ist nur mit Allradfahrzeug zu befahren. Während der Regenzeit kann diese Strecke unbefahrbar werden!

Von Chizarira fährt man wieder zurück auf die Hauptpiste Binga - Kariba, von der Abzweigung zum Chizarira National Park bis nach Siabuwa, dem nächsten Ort, sind es noch 32 km. Von hier aus fährt man Richtung Siabuwa. Blickt man bei der Weiterfahrt nach rechts auf das Escarpment, hat man Sicht auf einen Teil des Escarpments, der Mucheni View genannt wird. Auch die Gemeinde wird als Mucheni-Village bezeichnet. Hier wohnen umgesiedelte Tongas. Nach wenigen Kilometern passiert man die Abzweigung zur Chete Safari Area. Die Fahrt geht weiter durch die Communal Lands, und man bekommt einen Eindruck vom Leben der schwarzen Afrikaner in den abgelegenen Gebieten. Die Bevölkerung ist arm und versucht von der Subsistenzwirtschaft zu leben, erhält aber auch staatliche Unterstützung (z.B. Maismehl), um die Ernährung sicherzustellen. Hinter dem Chiramba Store, der zwar Cold Drinks & Beer anpreist – aber nicht hat, weil die Lieferung ausgeblieben ist –, erblickt man am Horizont auf der rechten Seite im Escarpment das **Massiv des Tafelbergs Chijalile**. Dessen Panorama können wir bis Siabuwa verfolgen. Siabuwa hat zwei Schulen und ein Rural Health Centre. Hier befindet sich auch ein Gebäude der Zimbabwe Farmers Union mit dem Siabuwa Depot. Es dient zur Versorgung der Landbevölkerung. Etwa 20 km hinter Siabuwa überquert man den Sengwa River. Der Fluß bildet hier die Provinzgrenze, und man kommt in die Provinz Mashonaland West. Nach

Abendstimmung bei Tashinga

weiteren 15 Kilometern erreicht man eine Straßenkreuzung, von der aus eine Asphaltstraße abgeht. Diese Asphaltstraße führt nach Gokwe (135 km) und Kwekwe (275 km). In diese Asphaltstraße biegt man nicht ein, sondern fährt weiter Richtung Karoi. Nach Karoi, von wo aus man nach Kariba und Mana Pools oder Harare gelangen kann, sind es von hier aus noch 214 km. Ca. 20 km weiter gelangt man an die Abzweigung nach Bumi Hills (68 km). Für diese Strecke braucht man ein Allradfahrzeug. Man fährt von hier aus weiter Richtung Karoi.

Von Siabuwa bis hierher war die Strecke bis zum Escarpment leicht ansteigend, und an dieser Stelle erreicht man die **Paßhöhe**. Ab hier wird die Piste einspurig! Es folgt ein steiles Stück als Abfahrt hinter dem Paß, danach gelangt man wieder auf die Piste. Kurz dahinter hat man eine schöne Aussicht. Links sieht man die Matusadona Berge, außerdem den **Ume-Fluß**. Wenig später überquert man den Ume-Fluß. Nach der Überquerung des Ume-Flusses ist die Paßfahrt beendet, und die Piste wird besser. Nach weiteren 15 Kilometern überquert man den Wadze River. Hier sollte man anhalten und sich von der Brücke aus die bizarren Erosionsformen im Flußbett anschauen. Vorsicht: Hier befindet man sich auch im **Tsetsefliegengebiet**. Hinter der Kasvisva School kommt links die Abzweigung zum Matusadona National Park. Bis nach Tashinga, dem Main Camp und Headquarter sind es von hier aus noch 81 km. Die Strecke ist ausgeschildert. Die Piste ist von hier aus sehr rauh und nur für allraderfahrene Fahrer zu empfehlen! Während der Regenzeit ist sie unbefahrbar!

Alternativstrecken
Der Matusadona National Park ist alternativ auf folgenden Wegen erreichbar:
● Per **Flugzeug**: Es gibt beim Tashinga Camp einen kleinen Landeplatz.
● Per **Boot** von Kariba nach Tashinga.
● Von Harare über Karoi (Mashona-Land) nach Tashinga.
● **Route vom Mashona-Land:** 8 km nördlich Karoi (das auf der A 1 zwischen Harare und Kariba liegt) führt links eine Straße in das Urungwe Communal Land. 115 km ab Karoi überquert man den Sanyati-River. Man folgt weitere 62 km auf dieser "Haupt"straße Richtung Binga und biegt dann nach rechts Richtung Tashinga ein. In Tashinga liegt die Parkverwaltung (Headquarter). Vor allem diese letzten 82 km sind sehr schwer zu befahren und nur für allradangetriebene Fahrzeuge passierbar.

Reisepraktische Hinweise

Übernachtungsmöglichkeiten im Matusadona National Park
Es gibt folgende Übernachtungsmöglichkeiten:
● **Campingmöglichkeiten**
- **Tashinga-Camp** Dieses Camp ist das Main Camp und liegt **direkt am Kariba-Ufer**. Eine Galerie abgestorbener Bäume bildet beim Sonnenuntergang eine prachtvolle Kulisse. Im Vordergrund tummeln sich meist Wasserböcke, dahinter stehen Fischerinnen im Wasser und holen ihre Netze ein. Auf der Landzunge, die sich in den See hinein erstreckt, reiht sich ein Termitenhügel neben den anderen. Die rote Erde der Termitenhügel wechselt ab mit dem saftigen Grün auf der Halbinsel.
Im Tashinga Camp gibt es einen Waschraum mit Toiletten, Duschen (heißes und warmes Wasser, kein Trinkwasser). Grillplätze stehen ebenfalls zur Verfügung, Feuerholz kann gekauft werden, kein Shop, kein Restaurant.
Es werden geführte Fußsafaris angeboten: Die Fußsafaris dauern 2-3 Stunden, Kosten 120,- Zim $ pro Stunde. Maximale Gruppengröße ist 6 Personen. Es ist ratsam, Safarikleidung bei den Fußsafaris zu tragen. Es besteht die **Möglichkeit, Kanus zu mieten.** Wegen der Flußpferde und Krokodile jedoch äußerst gefährlich!
- **Sanyati-Camp**: Hier gibt es 6 Zeltplätze mit Grillstellen sowie einen Waschraum und Toiletten. Die Fahrzeit von Tashinga dorthin beträgt etwa 2-3 Stunden.

In beiden Camps kann man Zelte, Campingbetten, Stühle und Tische leihen, doch es ist ratsam, dies bei der Buchung mitanzugeben.

Schutzhütte im Tashinga Camp

- **Changacherere Camp.** Das Camp bietet Duschen, Küche, keine Schutzhütte, nur Campingmöglichkeit.
- Außerdem gibt es noch 2 Bushcamps: **Jenje Bushcamp** (ca. 20 km von Tashinga entfernt) und **Kanjedza Bushcamp** (ca. 28 km von Tashinga entfernt). Diese Bushcamps haben keinerlei Ausstattung, nur Campingmöglichkeit.

● **Übernachtungsmöglichkeiten in festen Unterkünften**

- **Ume Exclusive Camp** besteht aus 2 Schutzhütten, jede Schutzhütte hat 6 Betten, in einer weiteren Schutzhütte ist die Küche untergebracht. Die Küche ist mit Küchenutensilien ausgestattet. Duschen vorhanden. Keine Campingmöglichkeit. Ume Exclusive Camp liegt ca. 4 km vom Main Camp entfernt direkt an der Mündung des Ume River.
- **Mbalaba Exclusive Camp** hat die gleiche Ausstattung wie Ume Exclusive Camp. Das Camp liegt am Elefant Point.
- **Munyu Exclusive Camp** liegt ebenfalls am Ume River, Ausstattung wie oben. Keine Campingmöglichkeit.

In diesen 3 Exclusive Camps werden jeweils Unterkünfte für zwei Familien angeboten. Die Häuser sind voll eingerichtet. Es gibt Gaslampen sowie mit Holz geheizte Küchenöfen und einen großen Kühlschrank. Moskitonetze, Bettwäsche, Geschirr und Besteck sind vorhanden. Diese Unterkünfte werden stets nur für eine Periode von 6 Tagen vermietet. Insgesamt bieten sie jeweils für 12 Personen Unterkunft.

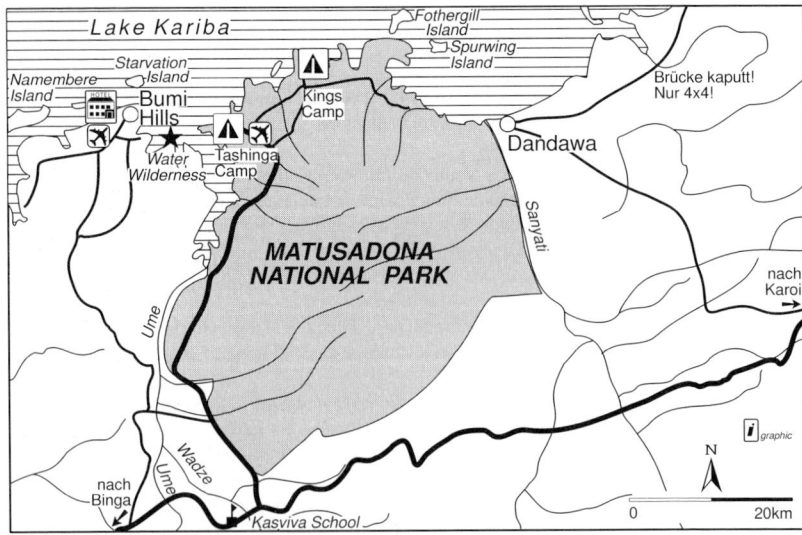

Buchungsadresse für alle Übernachtungsmöglichkeiten im Matusadona National Park
National Parks Central Booking Office (CBO), National Botanical Gardens, Borrowdale Rd., Sandringham Drive, Harare, P.O. Box CY 826, Causeway, Tel.: 706077 oder 706078

 Museum
Am Eingang von Tashinga gibt es ein kleines Museum mit einem 'Rhinarium', das Informationen über Nashörner gibt.

 Walking Safaris
Von Mai bis Oktober werden monatlich Wanderungen mit erfahrenen Wildhütern angeboten. Die Reservierung muß sehr früh erfolgen. Termine und Buchung über:
National Parks Central Booking Office (CBO), National Botanical Gardens, Borrowdale Rd., Sandringham Drive, Harare, P.O. Box CY 826, Causeway, Tel.: 706077 oder 706078

 Gesundheitshinweise
In der feuchten Jahreszeit sind Mücken eine wahre Plage. Man sollte auf jeden Fall Moskito-Netze mitbringen und ebenfalls (ganzjährig) an die Malaria-Prophylaxe denken. Ebenso gibt es Tsetse-Fliegen (Überträger der Schlafkrankheit): Wer sich 14 Tage nach dem Besuch unwohl fühlt, sollte den Arzt aufsuchen und mitteilen, daß er in einer Gegend war, in der es Tsetse-Fliegen gibt. Wasser aus dem See muß unbedingt abgekocht werden. Das Leitungswasser ist zwar zumeist gefiltert, doch nicht weiter behandelt (d.h. kein Trinkwasser!).

 Game Drives
Als Ausflugstrecke für Game Drives im Matusadona Nationalpark gibt es folgende Möglichkeiten von Tashinga aus:
1) dem Circular Drive folgen.
2) ein Ausflug zum Mucheni Point in der Bumi East Bay, Fahrtzeit ca. 45 Minuten. Hier gibt es eine Aussichtsplattform mit Blick auf den Kariba-See.
3) eine Tagestour zum Changacherere Camp, dies liegt vor dem Spurwing Island. Die Fahrtzeit beträgt von Tashinga aus ca. 1,5 Stunden.
4) eine Tagestour zum Sanyati Camp, ca. 2-3 Stunden von Tashinga entfernt.
Ratschlag: Vor Antritt der Fahrten im Park bitte nach dem jeweiligen Zustand der Pisten im Parkbüro in Tashinga erkundigen.

Redaktions-Tips

■ Falls Sie mit dem Allradfahrzeug unterwegs sind, ist es zu empfehlen, in **Tashinga zu übernachten**!

■ Für den **Matusadona National Park sollte man mindestens 3 Übernachtungen** einplanen. Dann hat man 1 Tag für Ausflüge und einen Tag für Walking Safaris.

■ **Weitere Ratschläge:** Wer mit seinem eigenen Allradfahrzeug anreist oder im Park reist, sollte wissen, daß es im Falle einer Panne hier keinerlei Hilfe gibt. Die nächste Reparaturwerkstatt befindet sich in Kariba.

INFO

Chewore, das Rhino-Baby

In Tashinga hat das Rhino-Baby Chewore ein neues Zuhause gefunden und wird nun von einem Wildhüter und 2 Volontären gepflegt. Im Jahr 1993 wurde der 'Parks and Wildlife Voluntary Service' eingerichtet. Hier können Volontäre die Pflege verwaister Tiere übernehmen. Über diese Institution wurden auch zwei junge Amerikanerinnen vermittelt, die nun Chewore betreuen. Sie gaben dem Rhino-Baby die Flasche und führten es täglich spazieren, denn es brauchte Auslauf, um sich an die Natur zu gewöhnen und um sich vom "ökologischen Anbau" zu ernähren.

Der Matusadona National Park gilt als IPZ, also als **Intensive Protected Zone***, als Zone für den Wildschutz. In Zimbabwe wurden vier Schutzzonen für Nashörner eingerichtet. Neben Matusadona wurden Nashörner auch noch nach Matobo, Sinamatella und Chipingwe umgesiedelt. Zum Schutz der von Wilderern verfolgten Nashörner wurden in den letzten 10 Jahren etwa 500.000,- Zim $ für die Translokation von Nashörnern ausgegeben. 1993 gab es in Zimbabwe nur noch etwa*

Chewore, das Rhino-Baby

300 Spitzmaulnashörner, die nun vom Aussterben bedroht sind. 5 Jahre vorher hatte das Land noch einen Bestand von etwa 5.000 Spitzmaulnashörnern. Die Population wurde durch Wilderer fast ausgerottet, denn *aus den Haaren des Nashorn-Horns läßt sich ein Mittel herstellen, das im asiatischen Raum als Potenzmittel beliebt ist. Für den Schutz der Tiere tritt hauptsächlich die **Zambezi Society** ein. Sie brachte Geldmittel auf für die Ausrüstung der Wildhüter und für die Aufzucht der Tiere. Alle im Matusadona National Park in der IPZ lebenden Nashörner sind enthornt und außerdem mit Sendern ausgerüstet, so daß man ihr Verhalten verfolgen kann. Weitere Unterstützung gab es von dem Chemiekonzern CAPS. Der Konzern stiftete Glukose zur Versorgung von Chewore für 1 Jahr. Die Nahrung für das Rhino-Baby Chewore wird ergänzt durch Glukose, Milch und Kohlehydrate in Form von Cerealien. Das junge Spitzmaulnashorn wurde 1993 in der Chewore Safari Area im Osten des Mana Pools National Park gefunden und erhielt nach dem Fundort seinen Namen.*

Das Rhino-Baby war damals 3 Monate alt. Seine Mutter war in eine Falle geraten und verletzte sich dabei. Die Rhino-Mama hatte ein Wunde am Kopf und konnte wegen des Schocks keine Milch mehr geben. Danach brachte man die Tiere nach Matusadona. Die Mutter blieb im Kraal, bis die Wunde verheilt war, wurde dann aber in die Wildnis entlassen. Chewore wird täglich 8 Stunden ausgeführt und nach 3 Jahren (voraussichtlich im Verlaufe des Jahres 1996) freigelassen. Wenn Sie Chewore sehen wollen, müssen Sie sich im Parkbüro anmelden. Chewore ist täglich zwischen 10:00 und 14:00 h zu Hause und hält "Audienz". Die Anzahl der Besucher ist begrenzt!

Weiterfahrt von Matusadona nach Kariba

Streckenbeschreibung
Die Fahrt im Allradfahrzeug geht zunächst einmal zurück auf die Hauptpiste, wobei wieder 80 km rauhe Piste zurückzulegen sind. Auf der Hauptpiste angelangt, fährt man weiter Richtung Karoi. Von Karoi aus gelangt man schnell über die Asphaltstraße nach Kariba, das ca. 170 km von Karoi entfernt ist.

Sehenswertes an der Strecke nach Kariba

Nach etwa 30 km Fahrt auf der Hauptpiste nach Karoi sieht man Rundhütten mit Holzpfählen und Daga Wänden. Diese Hütten sehen anders aus als die Tonga-Hütten, die man bisher auf der Strecke sehen konnte. Diese Hütten gehören **Shona-Farmern**, die im Rahmen des 'Resettlement Programms' hier angesiedelt wurden. Die Gemeinde heißt Sampakaruma.

Danach passiert man die **Tsetsefliegenkontrolle**. Bei der Weiterfahrt überquert man den Mwadza River, Gunguwe River und Sanyati River. Dieser bildet schließlich die östliche Grenze des Matusadona National Parks. Vor Karoi fährt man durch den Ort Magunje. Hier sieht man den größten Getreidespeicher des Landes, des Grain Marketing Board, der zentralen Verkaufsorganisation für Getreide. Recht beeindruckend nach ein paar Tagen Busch sind auch die bunt angemalten Stores, Art Deco Styling auf dem platten Land! **Karoi** (1.350 m über dem Meeresspiegel, ca. 10.000 Einwohner) ist schließlich Endpunkt der Allradstrecke und bringt die langersehnte Tankstelle (es stehen gleich mehrere zur Auswahl) und andere Dinge der Zivilisation.

Brücke über den Sanyati River

Karoi

 Übernachtungs-möglichkeiten
● **in Karoi:**
Karoi Hotel, P.O. Box 51, Karoi, Tel.: 164-6317 und 6282. Einfaches Hotel mit relativ gutem Restanrant.
● **in der Nähe von Karoi:**
Clouds End Hotel, Makuti, P.O. Box 112, Karoi, Tel.: Makuti 526. Einfaches Hotel an der Abzeigung der Hauptstraße nach Kariba gelegen.

6.9.7 DER ORT KARIBA

 Informationen
Kariba Publicity Association, Kariba, P.O.Box 86, Tel.: 2328 (Aussichtsstelle auf den Kariba-Damm, auf dem Berg gelegen = "Observation Post")

Reisepraktische Hinweise

Flugverbindungen
● Es gibt tägliche Flugverbindungen nach und von Harare, Victoria Falls und Hwange mit der Air Zimbabwe.
● Ebenso werden im regelmäßigen Charterverkehr Fothergill Island und Bumi Hills angeflogen.

Mietwagen
- **Hertz**
- Cutty Sark Hotel, Tel.: 2321
- **Europcar**

- Lake View Hotel, Tel.: 2411/2662
- Caribbea Bay Hotel, Tel.: 2453
- Cutty Sark Hotel, Tel.: 2321/2322

Besichtigungen/Rundfahrten/Safaris
- **Abercrombie & Kent Safaris,** hat ein breites Angebot an Bootsfahrten auf dem Kariba-See, Game Drives im der Kuburi Wilderness Area, Rundflüge mit United Air Charters, Stadtrundfahrt in Kariba.
- **United Touring Company** bietet an: Stadtrundfahrt, Kariba Highlights, täglich, Game Drives, Siesta and Sunset Cruises, Rundflug über Kariba, Matusadona Sky Safari, zu buchen über: UTC, Lake View Inn, P.O. Box 93, Kariba, Tel.: 161 - 2662.

Bootsverleih/Bootssafaris/Boottransfers
- **Kariba Cruises,** P.O. Box 186, Kariba, Tel.: 161-2839, vermietet z.B. Hausboote.
- **Tsoro River Safaris,** P.O. Box 161, Tel.: 161-2426, veranstaltet 3- bis 4-tägige Kanusafaris im Mana Pools National Park, Kosten pro Person 400,- US $.
- **Pleasure Cruises & Safaris,** P.O. Box 16, Kariba, Fax. 161-2945 oder Tel.: Chinhoyi 167-2785 und 2786. Bieten Water Safaris auf dem Kariba-See an, Dauer mindestens 4 Tage.
- **Kariba Yacht Safaris,** P.O. Box 80, Tel.: 161 - 2983 (nur von Oktober bis März), ansonsten alle Buchungen über Gwembi Trails, Harare, Tel: 728255. Veranstalter von Segelsafaris.
- **Kariba Breezes Marina,** vermietet Boote für 260,- Zim $ pro Tag, Tel.: 2475.
- **Sail Safaris,** Kasisi Gardens, 37 Oxford Road, Avondale, Harare, Tel:: 4-335120. Veranstalter von Segelsafaris in Katamaranen.
- **Shearwater,** Kariba Breezes Hotel, Box 229, Tel.: 161-2433, Fax 161- 2459. Veranstaltet Kanusafaris in Mana Pools und betreibt ein eigenes Camp am unteren Zambezi auf der sambischen Seite. Überwiegend für junge und junggebliebene Abenteurer.

Rundflüge
United Air, Kariba Airport, Tel.: 113-2305

Bank/Post
Eine Bank und das Postamt findet man in Kariba Heights.

Lake Crocodile Park
Öffnungszeiten: täglich 8:00 - 17:00 h. Lake Crocodile Park ist eine Krokodilfarm, die besichtigt werden kann. Hauptsächlich werden diese Krokodile zu Handtaschen verarbeitet. Lake Crocodile Farm, P.O. Box 55, Kariba, Tel./Fax: 2822.

Parasailing
vermittelt Kariba Breezes Marina, Tel.: 2475.

Shopping
- **Hudson's Taxidermi,** Craft and Curio Shop, Andora Harbour.
- diverse fliegende Händler(innen), z.B. am Observation Point oder vor dem M.O.T.H. Caravan and Camping Site
- Supermarkt, Bäckerei und einige andere Geschäfte sowie einen Obst- und Gemüsestand mit sehr freundlichem Personal findet man in Kariba Heights
- Spar-Supermarkt gibt es in Mahombekombe Township.

333

Kariba Bream Farm, Chawara
Öffnungszeiten: täglich 9:30 - 15:00 h
Kinder können hier kostenlos angeln.

Ubernachtungsmöglichkeiten
● **in Kariba**
- **Caribbea Bay Resort** (nicht durch Sterne klassifiziert, da die Anlage als "Resort" gilt). Großzügige Ferienanlage im "sardinischen Stil" mit zwei Swimming-
pools und zwei Restaurants. 80 Zimmer.
Es werden Boote sowie Angelausrüstungen verliehen. Ebenso ist ein Spielkasino vorhanden. Wassersportmöglichkeiten. Das Hotel gehört zu den Zimbabwe Sun Hotels und kann entweder direkt Kariba, Tel.: 2453/4 oder in Harare (Zimbabwe Sun Hotels, 99 Jason Moyo Avenue, Harare, Tel.: 4-737944) gebucht werden.
- **Kariba Breezes Hotel** (nicht durch Sterne klassifiziert, da die Anlage als "Resort" gilt). Kariba, P.O.Box 3, Tel.: 433/4/5. Die Anlage ist ansprechend. Shearwater Adventures hat nun ein Büro in der Hotelanlage

Caribbea Bay Resort

eröffnet. Dementsprechend sind Hotel, Bar und Restaurant von jüngeren Leuten frequentiert. Es gibt in kleinen Doppel-Häusern insgesamt 30 Zimmer. Ebenso stehen zwei Swimmingpools sowie ein kleiner Hafen zur Verfügung. Hier kann man Boote und Angelausrüstung leihen.
- **Lake View Inn****, Kariba, P.O.Box 100, Tel.: 161-2411 (ebenfalls wie das Caribbea Bay ein Haus der Zimbabwe Sun-Kette und in Harare buchbar (Adresse siehe unter Caribbea Bay). Hier stehen 56 Zimmer zur Verfügung. Herrlicher Blick auf den See, Swimmingpool. Einfaches Hotel.

Kariba Breezes Hotel

- **Cutty Sark Hotel****, Kariba, P.O.Box 80, Tel 161-2321 und 2322. Hier gibt es 60 Zimmer, die alle einen Blick zum See erlauben. Swimmingpool sowie zwei Restaurants sind vorhanden. Angenehmes Haus.

Lake View Inn

- **Tamarind Lodges**, P.O. Box 1, Kariba, Tel.: 2697. Einfache Lodges in der Nähe der Cutty Sark und Kariba Breezes Marinas.
- **Cerruti Lodges**, schöne Lodgeanlage, außerhalb von Kariba in Charara, self-catering, Fred Cerutti, P.O. Box GD 88, Greendale, Harare, Tel.: 722934.

Cerruti Lodges

● **Camping**
- **Mopani Bay Caravan Park**, Kariba, P.O.Box 130, Tel.: 22313 Direkt an der Mopani Bay etwa 2 ½ km östlich von Kariba an der Makuti Road gelegen. Direkt am Ufer des Sees. Swimmingpool vorhanden.
- **M.O.T.H.**, dieser Campingplatz hat auch Unterkunft in Lodges oder Zelten, die vermietet werden. M.O.T.H. Caravan and Camp Site, P.O. Box 67, Kariba, Tel.: 161-2809. M.O.T.H. ist die Abkürzung für Memorable Order of the Heads, einem Kriegsveteranenverein, dem die Einkünfte aus dem Campinggeschäft zufließen. Die Angestellten im Campingplatz arbeiten ehrenamtlich.

● **in Safari Lodges in der Nähe von Kariba und Matusadona National Park**
(von Kariba aus per Boot oder Flugzeug zu erreichen)
Am Kariba-See liegt eine ganze Reihe sehr besuchenswerter privat geführter Safaricamps. Dem Besucher wird im Verlauf von Boots-, Landrover- und Fußsafaris die Natur nahegebracht. Am aufregendsten sind die "game walks", stets von bewaffneten Safarileitern angeführt. Spätestens dann, wenn man Aug' in Aug' einer Büffelherde gegenübersteht, weiß man, worauf man sich eingelassen hat!
Im folgenden werden die schönsten Safaricamps kurz beschrieben.
- **Bumi Hills Safari Lodge**
Die Lodge liegt auf einem Berg, von dem aus man einen phantastischen Blick über den See

Blick von der Bumi Hills Lodge auf den Kariba-See

genießt. Auf der Frühstücksterrasse oder beim Lunch blickt man hinunter auf Elefanten, Büffel, Zebras oder Wasserböcke. Es werden 40 Zimmer angeboten, die alle mit Bad und Telefon ausgestattet sind. Kürzlich wurden alle Zimmer renoviert und die Außenanlagen verschönert! Bumi Hills verfügt über einen Landeplatz. Ein schöner Swimmingpool sowie gepflegte Außenanlagen sichern zwischen den Safaris einen erholsamen Aufenthalt. Die Gegend um Bumi Hills ist nicht nur sehr wildreich (u.a. große Büffelherden), sondern auch landschaftlich äußerst schön und abwechslungsreich: Der in der Nähe mündende Ume-Fluß führt bis an die malerische Matusadona-Gebirgskette heran.

Transfers:

1) Die Buchung von Bumi Hills Safari Lodge beeinhaltet den Transferflug von Kariba zur Lodge (Achtung: Es sind max. 15 kg Gepäck zugelassen). Von Kariba aus gibt es täglich Anschlußflüge nach Harare, Hwange und Victoria Falls.

2) Transfers mit dem Boot sind auf Anfrage möglich

3) Anreise mit dem eigenen Fahrzeug ist von Harare aus möglich, Fahrtzeit ca. 6 Stunden. Hinweis: Bumi Hills Safari Lodge ist nur mit einem Allradfahrzeug zu erreichen.

Buchungsadresse:

Bumi Hills Safari Lodge, P.O. Box 41, Kariba, Tel.: 2352 und 2353, oder Zimbabwe Sun Hotels, P.O.Box C.Y. 1211, Harare, Tel.: 736644.

- Katete Safari Lodge

Diese neue Lodge liegt oberhalb des Ufers des Kariba-Sees im Mopane-Gürtel und bietet eine Panorama-Aussicht auf den See. Die Lodge liegt in der Batonga-Region und grenzt an das Matusadona Naturschutzgebiet. "Katete" bedeutet in der deutschen Übersetzung "der Schmale", und gemeint ist damit der kleine Fluß, der in unmittelbarer Nähe entlang fließt. Der Fluß ist schmal, er trocknet aber selbst während der trockenen Monate nie aus. Die luxuriöse Lodge ist sehr stilvoll eingerichtet und bietet allen Komfort für einen erholsamen Safariurlaub. Transfers und Buchungen wie Bumi Hills Safari Lodge.

Transfers:

· Die Buchung von Katete Safari Lodge beeinhaltet den Transferflug von Kariba zur Lodge (Gepäckbegrenzung 15 kg). Von Kariba aus gibt es täglich Anschlußflüge nach Harare, Hwange und Victoria Falls.

· Transfers mit dem Boot sind auf Anfrage möglich.

· Anreise mit dem eigenen Fahrzeug ist

Katete Safari Lodge

von Harare aus möglich, Fahrtzeit ca. 6 Stunden. Hinweis: Katete Safari Lodge ist wie die Bumi Hills Safari Lodge nur mit einem Allradfahrzeug zu erreichen. Katete liegt 5 km von der Bumi Hills Safari Lodge entfernt.

Buchungsadresse:

Buchung durch Bumi Hills Safari Lodge, P.O. Box 41, Kariba, Tel.: 2352 und 2353 oder Zimbabwe Sun Hotels, P.O.Box C.Y. 1211, Harare, Tel.: 736644 bzw. über Ihren Reiseveranstalter.

Von Bumi Hills Safari Lodge oder von Katete Safari Lodge können Sie auch das **Omay Craft Center** besuchen. Es liegt in direkter Nachbarschaft zur Bumi Hills Safari Lodge. Seit 1988 besteht dieses Zentrum, das im Rahmen eines Entwicklungshilfeprojektes errichtet wurde. Sie bekommen hier einen Eindruck von der Vielfalt der Handwerkskunst der Tonga. Diverse Holzarbeiten, Keramiken, Flechtwaren, Schmuck und Stoffe und der berühmte Nyaminyami Wanderstab werden hier produziert und zum Kauf angeboten.

- **Water Wilderness**

Water Wilderness als "schwimmendes Safaricamp" auf einem Seitenfluß des Ume River verwirklicht ein einzigartiges Konzept. Auf den Hausbooten, die an den abgestorbenen Bäumen des Kariba-Ufers befestigt sind, haben Sie die einmalige Möglichkeit, Natur und Tierwelt zu erleben. Erfahren Sie das sanfte Schaukeln des Wassers, dazu den weiten afrikanischen Himmel und dazu den Ruf des Schreiseeadlers. Ein erfahrener Wildhüter nimmt Sie auf eine Bootssafari im Kanu oder Motorboot. Nur das Schnauben der Flußpferde unterbricht die Ruhe der Water Wilderness.

Hausboot von Water Wilderness

Transfers:
Transfers zu Water Wilderness werden von Bumi Hills Safari Lodge angeboten.
Buchungsadresse:
Bumi Hills Safari Lodge, P.O. Box 41, Kariba, Tel.: 2352 und 2353 oder Zimbabwe Sun Hotels, P.O.Box C.Y. 1211, Harare, Tel.: 736644 bzw. Buchung über Ihren Reiseveranstalter.

- **Fothergill Island**

Fothergill liegt auf einer flachen Kariba-Insel, die über viel Wild verfügt. Bei niedrigem Wasserstand ensteht hier eine Halbinsel, die mit dem Festland verbunden ist. Das Camp wurde 1995 renoviert, Swimming Pool ist vorhanden. Die Insel ist wildreich, und man hat eine gute Chance, Löwen zu sehen. Die Anlage wurde nun ebenfalls von der Zimbabwe Sun Hotel Kette übernommen.

Transfers:
Fothergill Island ist von Kariba aus per Flugzeug (10 Minuten) oder per Motorboot (45 - 60 Minuten) zu erreichen.
Buchungsadresse:
Zimbabwe Sun Hotels, P.O.Box C.Y. 1211, Harare, Tel.: 736644

Fußsafari auf Fothergill Island

337

oder Buchung über Ihren Reiseveranstalter.

- Tiger Bay Lodge

Diese am weitesten von Kariba
entfernte Lodge liegt am Ume River. Es gibt Unterkünfte in Luxus Chalets, im komfortablen
Zeltcamp und auf einem Hausboot (mindestens für 3-5 Nächte). Die Chalets sind alle riedge-
deckt, ein Swimmingpool ist vorhanden. Der Blick auf die Matusadona-Gebirgskette ist herrlich. Dieses Camp ist für alle geeignet, die Ruhe und Erholung

Fothergill Island Lodge

suchen. Man kann hier fischen, und Ausflüge mit dem Boot auf dem Ume River sind insbesondere für Ornithologen interessant. Es werden Walking Safaris im Matusadona National Park
veranstaltet. Auf Wusch kann ein Backpacking Trail für 1-3 Nächte im Matusadona National
Park organisiert werden.

Tiger Bay Lodge

Transfer: Das Camp ist von Kariba aus per Flugzeug und per Boot zu erreichen. Die Überfahrt
mit dem Boot dauert 90 Minuten.

Buchungsadresse: Tiger Bay Lodge, Central Reservations, Harare, Tel.: 795617 und 792211,
oder Conquest Tours, P.O. Box 102, Bedfordview 2008, South Africa, Tel.: 011-3949325, Fax:
011- 3949729, oder Buchung über Ihren Reiseveranstalter.

- Spurwing Island

Die Insel liegt gegenüber der Sanyati Gorge. Es werden unterschiedliche Unterkünfte angeboten: Luxus-Chalets, kleine Häuschen und Zelte, die von einem riedgedeckten Dach geschützt
werden.

Unterkunft auf Spurwing Island

Es gibt ein kleines Restaurant und eine nette Bar sowie einen Swimmingpool. Der Blick auf die Matusadona-Gebirgskette sowie auf den Einschnitt der Sanyati Gorge ist imposant.

Transfer: Spurwing Island ist von Kariba aus innerhalb von 40 Minuten mit einem Motorboot zu erreichen.

Buchungsadresse: Spurwing Island Lodge, P.O.Box 101, Kariba, Tel.: 2275, 2290 und 466, Fax.: 2301 oder Buchung über Ihren Reiseveranstalter.

- Sanyati Lodge

Diese Lodge liegt unmittelbar an der Mündung der Sanyati Gorge. Das kleine Camp befindet sich an einem steilen Bergabhang. Die riedgedeckten Steinhütten bieten einen herrlichen Blick auf den See. Nur acht Personen können hier untergebracht werden – Garantie für einen höchst individuellen Aufenthalt. Insbesondere Ornithologen kommen auf ihre Kosten: 430 Vogelarten leben in unmittelbarer Nachbarschaft. Ein (sehr) kleiner Swimming Pool bietet Abkühlung.

Transfer: Von Kariba aus ist das Camp in etwa 45 Minuten mit dem Motorboot zu erreichen.

Buchungsadresse: Safari Interlink, 16 Crawford Road, Granitside, P.O. Box 4047, Harare, Tel.: 703000 oder Buchung über Ihren Reiseveranstalter.

- Gache Gache Lodge

Die neue moderne Lodge der Landela-Gruppe liegt oberhalb der Gache Gache Mündung am Kariba-See, in der Nähe der Charara Safari Area. Bootssafaris bringen den Besucher auf den Kariba-See, lang den Ufern des Gache Gache Flusses. Landrover-Safaris werden tagsüber oder auch nachts durch-

Sanyati Camp

geführt. Ebenso werden Fußsafaris angeboten. Die Lodge hat einen Swimmingpool.
Transfers von Kariba aus mit dem Boot.
Anfahrt mit eigenem Allradfahrzeug möglich.
Buchungen über: Landela Safaris, 1 Union Avenue, P.O. Box 66293, Kopje, Harare, Tel.: 4- 734043 oder Buchung über Ihren Reiseveranstalter.
Auf jeden Fall sollte man bei einem Kari-
ba-Besuch in einem der oben kurz beschriebenen Camps 2 - 3 Nächte verbringen. Alle
Camps sind in Deutschland direkt buchbar

Gache Gache Camp

über Iwanowski's Individuelles Reisen GmbH, Büchnerstraße 11, 41540 Dormagen, Tel.: 02133/
26030, Fax: 02133-260333.

Kariba

▨ Überblick

Der Ort Kariba (ca. 400 m über dem Meeresspiegel, ca. 15.000 Einwohner)
verdankt seine Entstehung dem Bau der Staumauer. Die Ortsteile sind ziemlich weit voneinander entfernt, so daß ihnen ein Zusammenhang fehlt:
◆ Die Mahombe Kombe African Township wurde im Zuge der rhodesischen
Rassentrennungs-Politik am Kariba-Ufer gebaut.
◆ Kariba Heights, auf einer Höhe von etwa 850 m gelegen, wurde als Siedlung angelegt. Hier liegen auch die wichtigsten Versorgungseinrichtungen:
Krankenhaus, Schule, Bank, Geschäfte und die Post. In Kariba leben heute
etwa 15.000 Menschen.

Nyamhunga Township liegt etwa 20 km entfernt von der Staumauer.

▨ Geschichte

Das Shona-Wort "Kariwa", aus dem sich 'Kariba' ableitet, bedeutet etwa
Treppe oder Brücke. Jahrhundertelang stürzten die Wasser des Zambezi in die
Kariba-Schlucht. Stammesälteste berichten, daß einst zwei große Steinblöcke
ins Flußbett stürzten, die eine "Brücke" über den Zambezi bildeten. Eine
andere Übersetzung nennt für "Kariwa" die Bedeutung "Falle". Tonga-Stäm-
me lebten links und rechts des Zambezi, der ihnen oft zur Falle wurde. Der
erste Europäer, der diese Schlucht in seinen Tagebüchern erwähnte, war im
Jahre 1667 der portugiesische Forscher Manuel Baretto. 200 Jahre später
befuhr David Livingstone mit seinem Kanu diese Schlucht, 1887 suchte der
Jäger Frederick Courteney Selous diese Stelle auf.

Lange Zeit blieb Kariba ein eher unbemerkter Platz. Erst 1912, als H.S. Kergwin diese Gegend untersuchte, rückte diese Landschaft in ein stärkeres Interesse. Er vertrat die Ansicht, daß man an der Mündung der Schlucht einen

Zambezi unterhalb der Staumauer

Damm bauen sollte. Von den Kolonialbeamten wurde dieser Vorschlag enthusiastisch begrüßt. Zwei Jahre später untersuchte Kergwin gemeinsam mit Bewässerungsspezialisten die Gegend, doch die Pläne verliefen im Sande.

Erst **1941** griff man die Idee zum Damm-Bau wieder auf. Nun standen nicht mehr Überlegungen an, einen Damm zwecks Bewässerung des trockenen Landes zu bauen. In den Vordergrund rückte der Gedanke, eine geeignete Stelle zu finden, an der man eine Staumauer zwecks Elektrizitätsgewinnung bauen konnte. Etwa 10 Jahre später einigten sich Experten – nachdem man auch andere Stellen entlang des Zambezi untersucht hatte – auf Kariba als den geeignetsten Punkt. 1956 war es dann endlich soweit: Ein italienisches Konsortium erhielt den Auftrag zum Bau der Mauer. Bald darauf begannen die Vorbereitungen. Zunächst einmal mußte man Silos bauen, die 24.000 t Zement aufnehmen konnten. Sie wurden am Nordufer plaziert. Dann begaben sich die Ingenieure an die Arbeit, um aus dem anstehenden Fels riesige Höhlen für die spätere Aufnahme der Turbinen herauszusprengen. Sie mußten sich bis zu 154 m in den Untergrund vorarbeiten und schufen einen Freiraum von 144 m Länge, 41 m Höhe und 23 m Breite.

Die Arbeiten schritten planmäßig voran, bis eine **Serie von Unglücken** das Vorhaben in Frage stellte:
◆ Im Juli 1957 ließen durch Regen angeschwollene Wassermassen den schützenden Baudamm brechen.
◆ Weitere heftige Regenfälle führten dazu, daß im Februar 1958 die Verbindungsbrücke zwischen dem Nord- und Südufer weggeschwemmt wurde.
◆ Das gleiche Schicksal ereilte wenig später die Hängebrücke, die als Fußgänger-Übergang diente.

Zu dieser Zeit war der Zambezi auf eine Höhe von 34 m über dem Niedrigwasser-Pegel angeschwollen: Über 12 Millionen Liter Wasser flossen pro Sekunde durch die Schlucht. Trotz der Rückschläge fuhr man mit der Arbeit fort. Die Hitze machte den Arbeitern fürchterlich zu schaffen: Sie mußten – wie bereits erwähnt – ihre Werkzeuge in Wassereimern kühlen, damit sie mit diesen hantieren konnten. Vier Jahre lang schuftete ein Team von 10.000 Menschen, 86 verloren dabei ihr Leben. Dann endlich war die Damm-Mauer fertig, und der Umleitungstunnel für die Zambezi-Wasser wurde geschlossen. Ab dem 3. Dezember 1958 begannen die Fluten, sich gegen das Monumentalwerk zu stauen – der "Lake Kariba" war damit geboren.

Im Verlaufe der **"Operation Noah"** retteten Naturschützer fast 5.000 Tiere vor dem Ertrinken. Schon im September 1963 erreichte der Lake Kariba seinen höchsten Wasserspiegel. Nun bedeckte er eine Fläche von 5.580 qkm und stellte seinerzeit den größten Stausee der Welt dar. Mit einer Oberfläche von 5.580 qkm würde der Wasservorrat ausreichen, um beispielsweise Greater London 300 Jahre lang mit Wasser zu versorgen. Die durchschnittliche Tiefe beträgt 20 m. Der Kariba-See ist an seiner tiefsten Stelle 120 Meter tief. Das Kraftwerk am Nordufer hat eine Kapazität von 600 MW, am Südufer eine Kapazität von 600 MW (zum Vergleich dazu, das neue Kraftwerk in Postock hat eine Kapazität von 500 MW).

Gedenktafel an die Verunglückten (St. Barbara/Kariba)

Heute hat der Kariba-See längst ein eigenes Mikroklima und Habitat gebildet. Sein Wildreichtum ließ das Gebiet zu einem herausragenden touristischen Zentrum Zimbabwes werden. Und aus dem ehemaligen "Baudorf" entwickelte sich der Ort Kariba allmählich zur Drehscheibe des Tourismus.

Sehenswertes in Kariba

▨ Staumauer (1)

Sehenswürdigkeit Nr. 1 ist zweifelsohne die Staumauer selbst. Das gigantische Bauwerk kann man zunächst vom Observation Post betrachten. Hier ist auch der Sitz der Kariba Publicity Association. Eine Nachbildung des Flußgottes "Nyaminyami" steht am Steilabhang, von dem aus man auf die Mauer schauen kann.

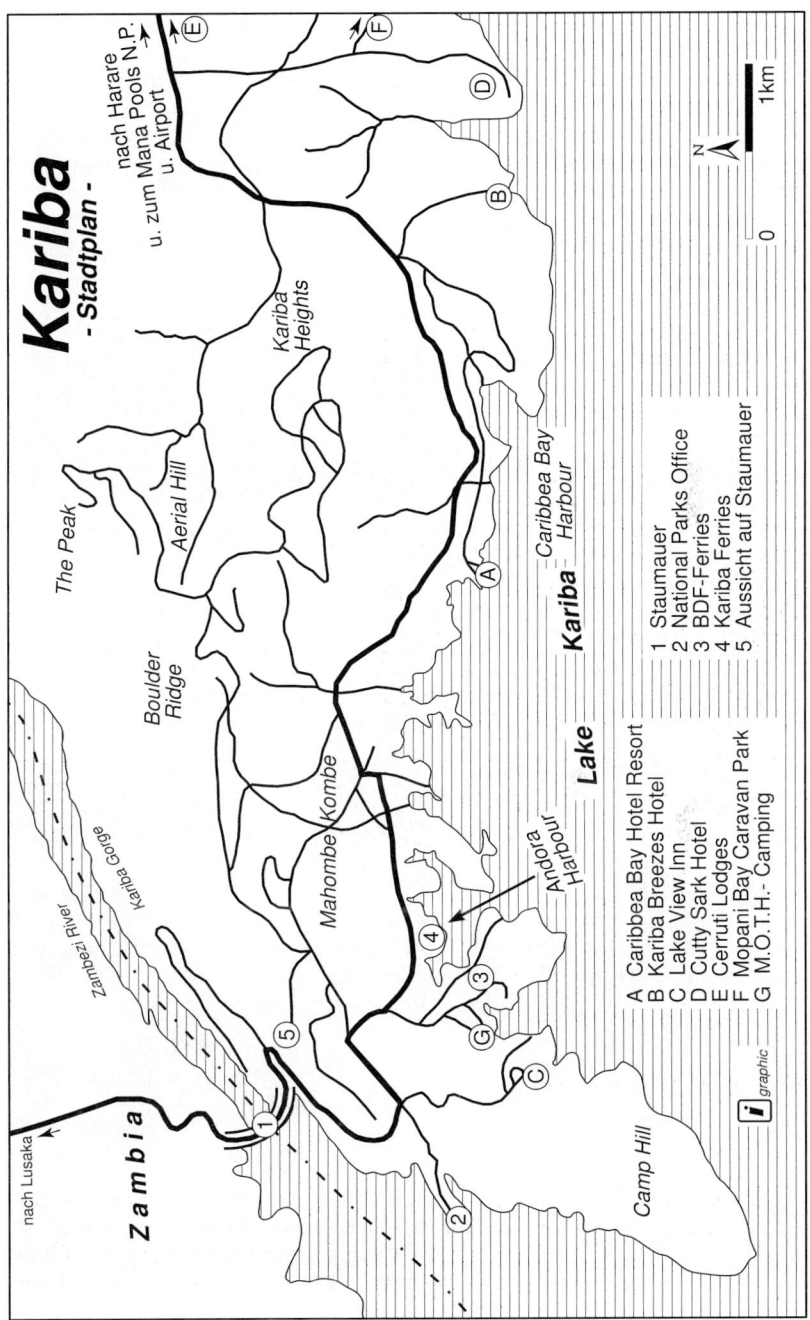

Kariba
- Stadtplan -

nach Harare
u. zum Mana Pools N.P.
u. Airport

The Peak

Boulder Ridge

Aerial Hill

Kariba Heights

Caribbea Bay
Harbour

Mahombe Kombe

Kariba Gorge

Zambezi River

nach Lusaka

Z a m b i a

Andora Harbour

Camp Hill

Lake   **Kariba**

N

0   1km

i graphic

1 Staumauer
2 National Parks Office
3 BDF-Ferries
4 Kariba Ferries
5 Aussicht auf Staumauer

A Caribbea Bay Hotel Resort
B Kariba Breezes Hotel
C Lake View Inn
D Cutty Sark Hotel
E Cerruti Lodges
F Mopani Bay Caravan Park
G M.O.T.H.- Camping

Doch den rechten Eindruck von der Mächtigkeit des Damms gewinnt man erst, wenn man hinunterfährt. Am Grenzposten (mitten über die Staumauer führt die Grenze zwischen Zimbabwe und Sambia) muß man gegen Quittung seinen Paß abgeben. Dann fährt man bis zum direkt am Damm liegenden Parkplatz. Auf der Straße, die über die Dammkrone führt, darf man genau bis zur Grenze in der Mitte gehen. Atemberaubend ist der Blick nach unten: 128 m hoch ist die Staumauer, die oben noch eine Breite von 13 m aufweist. Über 1 Million Kubikmeter Beton wurden verbaut, 11 Tonnen Stahl sorgen für die notwendige Stabilität.

Sowohl auf der zimbabwischen als auch sambesischen Seite wird Elektrizität gewonnen. 1975 konnte Sambia seine Kariba-Stromerzeugung durch die Installation weiterer Generatoren fast verdoppeln.

Die imposante Staumauer

■ Kariba Heights

Zum eigentlichen "Stadtzentrum" führt eine gewundene Straße. Daß wir mitten in der afrikanischen Wildnis sind, davon zeugen manchmal entlang der

St. Barbara-Kirche

Straße wandernde Elefanten, die übrigens auch oft in den anderen Ortsteilen anzutreffen sind. Auf der Höhe angekommen, kann man nicht nur einen Blick auf die riesige Seefläche werfen. Hier liegt die in Form eines Damms gebaute **Kirche (St. Barbara).** Im Innern befindet sich eine Gedenktafel, die an die beim Bau der Staumauer Verunglückten erinnert.

INFO

Nyaminyami – der Flußgott des Zambezi

Die Bevölkerung des Zambezi-Tals wurde vom Flußgott des Zambezi – genannt Nyaminyami – beschützt. Der Geist seiner Vorfahren (Mudzimu) ernährte die Bevölkerung in schlechten Zeiten von seinem eigenen Fleisch. Seine Verbundenheit zu ihm drückte das Volk durch Zeremonientänze aus. Viele Jahre lang lebten der Nyaminyami und seine Frau in Kariba in Frieden. Eines Tages stieg die Frau des Nyaminyami hinab in die mächtige Kariwa-Schlucht, zu den anderen Bewohnern des Tales, um ihre Gebete zu erhören und sie zu segnen. Dann kam der weiße Mann und baute eine Mauer. Insgesamt dauerte es 5 Jahre, bis die Mauer fertiggestellt war. Schuld war der Nyaminyami, er verursachte Fluten und ließ Menschen sterben. Letztendlich wurde er jedoch versöhnlich gestimmt und ließ es zu, daß die Mauer fertiggestellt wurde. Man war sogar im Glauben, daß der Geist des Nyaminyami die Erde erschüttern ließ. Es war die Arbeit der Ältesten der Tonga und ihrer geistigen Medien, die es schafften, den Nyaminyami zu überzeugen, daß es besser sei, es zuzulassen, daß der Zambezi gezähmt wurde. Aber welch ein Unglück. Der Nyaminyami wurde dabei von seiner Frau getrennt.

6.10 KARIBA – MANA POOLS NATIONAL PARK

- **Elefanten** und **Flußpferde** inmitten der unberührten Zambezi-Landschaft beobachten
- der **Sonnenuntergang** am Zambezi genießen

6.10.1 MANA POOLS NATIONAL PARK

Überblick

Ein verstecktes Kleinod ist der östlich von Kariba liegende Mana Pools National Park am Mittellauf des Zambezi. Sobald der Fluß die hinter der Kariba-Staumauer beginnende enge Gebirgsschlucht durchflossen hat, weitet er sich in ausgedehnten Mäandern aus. Breit und flach wird nun sein Lauf, malerisch unterbrochen von Inseln und Flußarmen. Diese Landschaft gehört zu einer der unberührtesten Afrikas über-

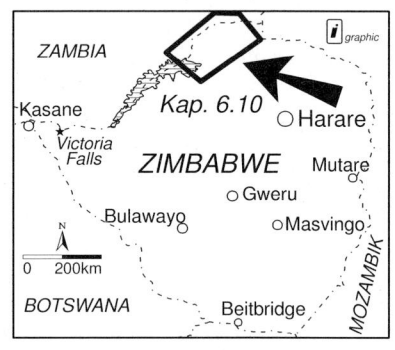

haupt. Für den Naturfreund, der Zimbabwe besucht, dürfte Mana Pools ein unvergeßliches Erlebnis werden.

Redaktions-Tips

- In Makuti ist gleichzeitig auch die **letzte Tankmöglichkeit**.
- Der Mana Pools National Park ist **Malariagebiet – unbedingt eine Prophylaxe vornehmen!**
- **Buchen Sie Ihre Unterkunft rechtzeitig** im Nat. Parks Central Booking Office in Harare oder Bulawayo vor.
- In Marongora, 16 km nordwestlich von Makuti, befindet sich ein **Büro des Departement of National Parks and Wildlife Management. Dieses Büro muß aufgesucht werden, wenn Sie ins Mana Pools National Park fahren wollen. Dort erhält man ein Permit, um ins Zambezi-Tal und nach Mana Pools zu fahren.**
- **Frisches Obst sollte hier abgegeben oder deponiert werden**, denn es darf aus Sicherheitsgründen nicht mit in den Park genommen werden (Elefanten haben einen ausgeprägten Riecher für Zitrusfrüchte).
- **Wer zu den Mana Pools fahren will, darf Marongora nicht später als 15.30 h verlassen.**

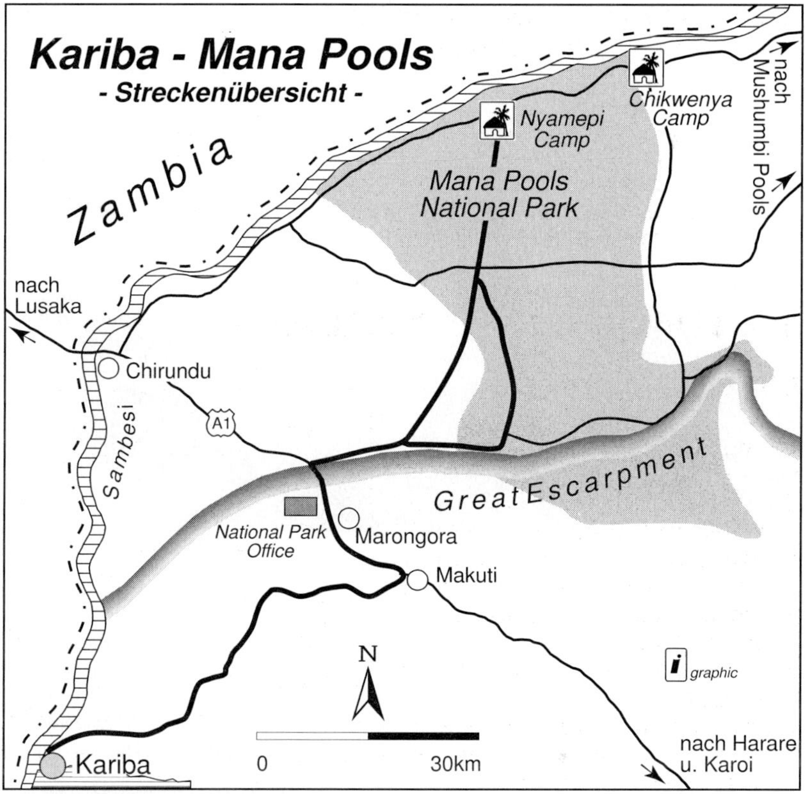

Kariba - Mana Pools
- Streckenübersicht -

Zambia

Chikwenya Camp

Nyamepi Camp

nach Mushumbi Pools

Mana Pools National Park

nach Lusaka

Chirundu

Sambesi

A1

Great Escarpment

National Park Office

Marongora

Makuti

N

i graphic

Kariba

0   30km

nach Harare u. Karoi

6.10.2 REISEPRAKTISCHE HINWEISE

Öffnungszeiten
Der Mana Pools National Park ist vom 1.5. bis 31.10. geöffnet. Es werden pro Tag nur 50 Fahrzeuge ins Parkgebiet hereingelassen. Pro Zeltplatz ist nur ein Fahrzeug gestattet.

Flugverbindung
Der Mana Pools National Park ist auch mit Kleinflugzeugen der United Air erreichbar. Preise und Termine auf Anfrage; Tel.: Kariba 2253, und Harare, 731713.

Übernachtungsmöglichkeiten im Mana Pools National Park
● **Lodges**
In der Nähe des Nyamepi Camps gibt es zwei Lodges. Jede Lodge kann bis zu 8 Personen aufnehmen. Die Häuser sind voll eingerichtet; Geschirr, Besteck, Handtücher und Bettwäsche werden gestellt.
● **Campingplätze**
- Im **Nyamepi Camp** (4 ha) stehen 29 Camping-Plätze zur Verfügung. Es gibt insgesamt zwei große und zwei kleinere Waschräume mit Duschen und Toiletten (warmes und kaltes Wasser

347

Mana Pools

sind vorhanden). Auf dem zugewiesenen Zeltplatz dürfen sich maximal 6 Personen mit einem Wagen aufhalten. Feuerholz kann man kaufen.

Für geschlossene Gruppen gibt es die etwas abseits vom Main Camp gelegenen Campingplätze Mucheni (9 km westlich von Nyamepi), Nkupe (2 km östlich von Nyamepi) und Ndungu (14 km westlich von Nyamepi). Diese Camps sind auf jeweils 12 Personen und 2 Wagen beschränkt.

- Das **Vundu Exclusive Camp**, etwa 23 km stromaufwärts von Nyamepi am Zambeziufer, bietet zwei Schlafhütten, eine Eßhütte, Küche und warmes/kaltes Wasser. Die Begrenzung erfolgt auf 12 Personen und 2 Autos.

Buchungen für alle Unterkünfte im Mana Pools National Park über: National Parks Central Booking Office (CBO), National Botanical Gardens, Borrowdale Rd., Sandringham Drive, Harare, P.O. Box CY 826, Causeway, Tel.: 706077 oder 706078

Walking Safaris

Zwischen Mai und Oktober werden monatliche Wanderungen unter der Führung eines erfahrenen Wildhüters angeboten. Termine und Buchung: Central Booking Office, Department of National Parks and Wildlife Management, Harare, Tel.: 706077.

Mana Pools ist der einzige Nationalpark in Zimbabwe, in dem es erlaubt ist, alleine zu wandern. Da man sich aber nicht im Zoo bewegt, sondern tatsächlich im afrikanischen Busch, wird jedoch hiermit ausdrücklich davon abgeraten. Laufen Sie niemals ohne Wildhüter, ansonsten riskieren Sie Ihr Leben! Geführte Wanderungen im Park werden zweimal täglich angeboten, und zwar um 6:00 und um 15:30 h.

Auf Fußpirsch mit einem Wildhüter

Die Wanderungen kosten 80,- ZWD pro Stunde für maximal 6 Personen. Anmeldung unerläßlich. Buchungen im Warden's Office, Nyamepi Camp.

Unterkünfte außerhalb des Mana Pools National Parks
● **Chikwenya Camp**
Das Privatcamp wurde genauso wie Fothergill Island, nach dem Tod von Jeff Stutchbury, der das Camp mit seiner Frau vorher geleitet hat, von der Zimbabwe Sun-Kette übernommen. Das Camp liegt direkt an den Zambezi-Ufern in der Sapi Safari Area an der Ostgrenze des Mana Pools National Parks. Man erreicht es nur mit dem Flugzeug von Kariba aus.
Information und Buchungsadresse: Zimbabwe Sun Hotels, 99, Jason Moyo Avenue, Harare, Tel.: 734739
● **Rukomechi Camp**
Dieses Camp wird nun von dem Sportaktivitäten-Veranstalter **Shearwater** geführt. Shearwater ist die führende Rafting Company in Victoria Falls und betreibt dort auch das Bungee Jumping und andere Sportarten. Transfers zum Camp werden organisiert. Man wird beispielsweise in Kariba von einem Landrover abgeholt und bis nach Chirundu gebracht. Von hier aus fährt man per Boot zum Camp, das direkt am Zambezi liegt. Das Camp ist geöffnet vom 1. April bis zum 30. November. Im Camp können bis zu 20 Personen untergebracht werden. Zu den angebotenen Aktivitäten gehören Game Drives, Fußwanderungen, Angeln, Kanufahren u.a.
Buchungsadresse: Shearwater, Edward Building, First Street/Baker Ave., Box, 3961, Harare, Tel.: 757831, oder Shearwater Kariba Breezes Hotel, Box 229, Kariba, Tel.: 2433.

Jeff Stutchbury

Game Drives
Die meisten Wege sind mit dem Pkw einfach zu befahren. Game Drives machen im Mana Pools National Park besonders viel Spaß, da man das Fahrzeug (z.B. zum Fotografieren) verlassen kann. Vorsicht!

Bootssafaris/Kanusafaris
● Shearwater, Buchungen s.o.
● Tsoro River Safaris, P.O. Box 161, Kariba, Tel.: 2426, bieten 3- bis 4-tägige Kanusafaris von Chirundu aus auf dem Zambezi an. Die Touren führen in das Gebiet des Mana Pools National Park.

Gesundheit
Eine Malariaprophylaxe ist dringend anzuraten. Ebenso gibt es auch hier Tsetsefliegen.

Kanusafari auf dem Zambezi

Bei entsprechenden Beschwerden – die erst nach einigen Wochen auftreten können – sollten Sie den Arzt über Ihren Aufenthalt in einer Tsetse-Gegend unterrichten. Wasser sollte nur im abgekochten Zustand getrunken werden.

6.10.3 MANA POOLS NATIONAL PARK

Information
Mana Pools National Park, Private Bag 2061, Karoi.

Streckenbeschreibung
● **Anfahrt mit dem Auto von Kariba aus:** Von Kariba kommend, fährt man nach Makuti. Die Strecke ist schön, man fährt auf der Scenic Route. Vor Makuti sollten Sie einmal anhalten und die herrliche Aussicht Richtung Kariba genießen. In Makuti biegen Sie links ab auf die Hauptstraße A1 Richtung Chirundu, der Grenzstadt zum Nachbarland Zambia, die am Zambezi liegt, und fahren bis zum Nationalparkbüro in Marongora.
● **Anfahrt von Harare aus:** Ab Harare fahren Sie über die A1 über Chinhoyi, Karoi und Makuti bis zum Nationalparkbüro in Marongora.
● **Weiterfahrt von Marongora zum Mana Pools National Park:** In Marongora müssen Sie das Nationalparkbüro anfahren (s.u. wichtige Ratschläge). Kurz hinter Marongora beginnt die Talfahrt vom Zambezi-Escarpment. Plötzlich entfaltet sich vor einem die Weite des Zambezi-Tals. Unten im Tal angekommen (etwa 6 km hinter Marongora), führt rechts eine unbefestigte Straße zum Mana Pools National Park. Nach weiteren 30 km gelangt man zur Nyakasikana Gate. Von hier aus erreicht man nach etwa 40 km das Parkbüro (Warden's Office) des Nyamepi Camps (insgesamt hat man von Kariba bis hier dann 170 Kilometer zurückgelegt). Die Gesamtstrecke ist mit einem Pkw befahrbar. Auf der Rückfahrt muß man zurück auf der Hauptstraße A1 durch eine Tsetsefliegen-Kontrolle.

Im Mana Pools National Park

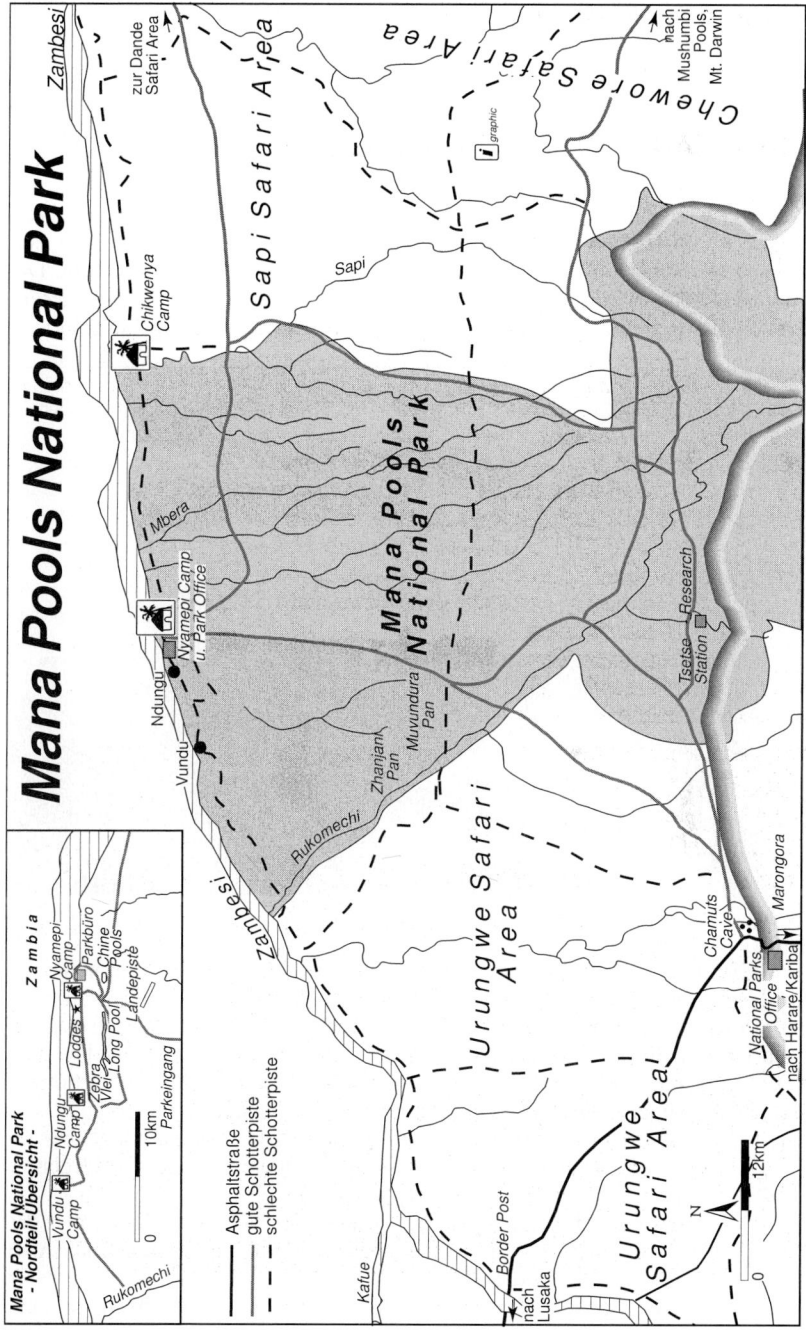

Mana Pools National Park

Mana Pools National Park
- Nordteil-Übersicht -

Im Mana Pools National Park

Der Nationalpark bedeckt eine Fläche von 2.806 qkm. Er liegt zwischen dem Zambezi-Fluß und dem Escarpment, der großen Randstufe. Der Zambezi hat seinen Lauf in der geologischen Vergangenheit allmählich nach Norden verlagert. Dabei hinterließ er alte Flußarme und alte Flußterrassen, im Englischen als "Flutebenen" (floodplains) bezeichnet. Am Rande dieser alten Terrassen – etwa 2-3 km südlich des Flusses – wachsen ausgedehnte Wälder, die von kleineren Grasflächen unterbrochen werden. Weiter landeinwärts schließt sich dagegen dichterer Busch an, der vorwiegend aus Mopanebäumen besteht. Die flußnahen Wälder erlauben einen weiten Blick in die Umgebung. Aus diesem Grunde eignet sich dieser Landschaftsabschnitt besonders gut für Fußsafaris.

Zambezi Escarpment

Während der Trockenzeit sind die flußnahen Zonen ein großes Sammelgebiet für die Tiere: Tausende von Elefanten und Büffeln leben hier neben unzähligen Impalas, Pavianen, Kudus, Zebras, Elenantilopen oder Wasserböcken. Natürlich ist dies auch ein Jagdgebiet für Leoparden, Löwen und Hyänen. Berühmt waren die Mana Pools früher vor allem für ihre Spitzmaulnashörner, deren Zahl jedoch aufgrund illegaler Jagd stark zurückgegangen ist. Die überlebenden Nashörner wurden in anderen Nationalparks untergebracht und leben nun seit 1993 in Gebieten, in denen sie vor Wilderern geschützt werden.

Wenn die **Regenzeit** beginnt – und das ist meist im November/Dezember der Fall –, ziehen viele der größeren Säugetiere, wie Elefanten, Büffel, Kudus und Elenantilopen, südwärts in die Mopane-Wälder. Sie finden genügend Wasser in den kleineren Senken. Erst im Juni/Juli, wenn die **Trockenzeit** beginnt, ziehen sie wieder in Richtung des Zambezi. In der Zwischenzeit kann sich die Weide erholen, denn sie wurde lediglich von Flußpferden, einigen Elefanten und Wasserböcken genutzt. Diese wertvollen Nahrungsflächen ergeben gemeinsam mit der Wassernähe einen idealen Überlebensrahmen.

Elefanten am Zambezi

Als Mana Pools im engeren Sinne werden die **alten Flußarme** bezeichnet, die in der Regenzeit überflutet werden und auch während der Trockenzeit über Wasser verfügen. Am bekanntesten ist der **Longpool** südwestlich des Hauptcamps. Eine solche permanente Wasserstelle eignet sich natürlich hervorragend zur Tierbeobachtung. Die Chine Pools sind auch gute Beobachtungsstellen, doch trocknen sie während einer längeren Dürreperiode aus.

Vor dem Bau des Kariba-Damms überflutete der Zambezi zweimal jährlich die Flußauen. Die erste, kleinere Überflutung trat im Februar, die große Flut im April ein. Während die erste Flut meist schlammiges Wasser führte und durch lokale Regen verursacht wurde, brachte die große Überflutung stets sauberes Wasser aus der Barotse Plain. Etwa 14 Tage dauerte die Überschwemmung. Insbesondere die flachen weiten Uferebenen an den Mana Pools profitierten vom Hochwasser. Dadurch wurden dem Boden wieder neue Mineralien zugeführt, die dessen Fruchtbarkeit erhöhten.

Nach dem Bau der Staumauer befürchtete man, daß nun, da die Fluten ausblieben, auch die Fruchtbarkeit der Flußauen nachließe.

Befragungen von Eingeborenen hatten jedoch ergeben, daß die natürlichen Fluten keineswegs regelmäßig eintraten und eher ein seltenes Ereignis waren.

Ein Achtzigjähriger berichtete, daß im Laufe seines Lebens starke Überflutungen nur in den Jahren 1916, 1934 und 1957 (während des Staudamm-Baus) zu beobachten waren. So betrachtet, sind die ökologischen Beeinträchtigungen durch die Existenz des Damms eher als gering einzuschätzen.

Trotzdem sind Veränderungen nicht zu leugnen:
◆ Die früheren Fluten, die nun im Lake Kariba aufgefangen werden, konnten Samen von Akazienbäumen "verteilen".
◆ In den 80er Jahren wurden die Fluttore in der Trockenzeit geöffnet. Durch plötzliches Hochwasser wurden viele Nester zerstört.
◆ Wenn in der vegetationsärmeren Zeit künstliche Fluten den Wasserspiegel ansteigen lassen, so ist der Ufer-Erosion weniger Widerstand entgegengesetzt.

Terrassen-Wälder

Glücklicherweise befinden sich in der Nähe des Nationalpark-Gebiets keine menschlichen Ansiedlungen, die zusätzliche ökologische Veränderungen forcieren könnten.

Literaturtip
Jan Teede, Mana Pools, Harare 1988
Gute Darstellung der Geschichte, Ökologie, Fauna und Flora

INFO

Tierbestand im Mana Pools National Park

Im September 1994 wurde im Mana Pools National Park eine Zählung des Tierbestandes vorgenommen. Die Erhebungsmethode wurde auf folgender Basis durchgeführt:
- *Es wurde 24 Stunden durchgehend an der Wasserstelle gezählt.*
- *Es erfolgte eine Zählung der Wildverteilung von einem Fahrzeug aus.*
- *Es erfolgte eine Zählung der Wildverteilung per Fußmarsch.*
- *Das Gebiet des Parks, das in der Randstufe liegt, wurde nicht berücksichtigt.*

*Die **Ergebnisse** sind folgendermaßen:*
- *Die Flußbevölkerung, wie Wasserböcke und Flußpferde, hat sich vergrößert.*
- *Im Long Pool wurden 209 Krokodile gezählt.*
- *Es wurde beobachtet, daß die Krokodile im Long Pool versuchten, Tauben zu schnappen!*
- *Eine große Büffelherde von 500 Büffeln wurde in Chitave Springs gesichtet.*
- *Es wurden 17 Hyänenhunde gesehen.*
- *Es scheint so, daß die Anzahl an Kudus und Elenantilopen angestiegen ist. Dies ist möglicherweise das Resultat der Tatsache, daß die Tiere aus dem Inneren des Parks nun ans Wasser gezogen sind und sich hier aufhalten.*
- *Am Long Pool und am Chine Pool wurden oft Nyalaantilopen und Buschbock gesehen (Mana Pools und Gonarezhou National Park sind die einzigen Parks in Zimbabwe, in denen es Nyala gibt).*

Als Gesamtergebnis wurden folgende Zahlen veröffentlicht:

Tierdichte pro qkm (September 1994)			
Elefant	5,3	Zebra	5,15
Büffel	4,95	Wasserbock	5,10
Elenantilope	3,22		

(Übersetzt aus: Triple Count at Mana Pools, in Zimbabwe Wildlife, April-June 1995)

Weiterreisemöglichkeiten
Über Makuti zurück nach Harare

6.11 MANA POOLS NATIONAL PARK – HARARE

- Besuch der **Chinhoyi Caves**

6.11.1 SEHENSWERTES AUF DER STRECKE MANA POOLS NATIONAL PARK – HARARE

Überblick

Die Strecke von den Mana Pools bzw. von Kariba über Makuti weist keine landschaftlichen Besonderheiten auf. Man kommt an **Karoi** vorbei, einem kleinen Landstädtchen mit 7.000 Einwohnern. Die nächste größere Stadt, die man durchfährt, ist **Chinhoyi**. Hier lohnt die Besichtigung der Chinhoyi Caves. Die Strecke führt durch dichter besiedeltes Gebiet und vermittelt einen Eindruck vom kommerziellen Farmgebiet des Landes.

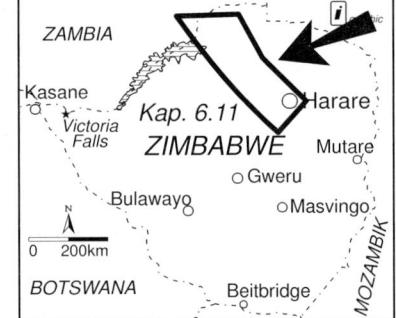

 Streckenbeschreibung
Von Mana Pools aus fährt man zurück auf die Hauptstraße A1 und hier südlich in Richtung Harare. Man überquert die Randstufe, fährt an Marongora vorbei und über Makuti nach Karoi. Etwa 5 km nördlich vor Karoi biegt rechts die Straße nach Binga ab, die u.a. zum Matusadona National Park führt. Dieser Weg ist allerdings nur für Allrad-Fahrzeuge zu empfehlen.

Karoi

Karoi ist ein kleiner Landort mit Versorgungsmöglichkeiten für das Farmgebiet westlich des Ortes. Bei **Lions Den** sieht man die Getreidespeicher des Grain Marketing Board. An der Tankstelle kann man in der Metzgerei (Butchery) gutes Trockenfleisch (Biltong) kaufen. Etwa 80 km von Karoi aus Richtung Mana Pools kommt man nach **Chinhoyi**.

Chinhoyi

In der Stadt leben etwa 30.000 Menschen. Sie ist Mittelpunkt eines kommerziellen Farmgebietes, wo auf Großfarmen Tabak, Mais und Baumwolle angebaut werden. In der Nähe wird auch Kupfer abgebaut (Alaska Mine). Sehens-

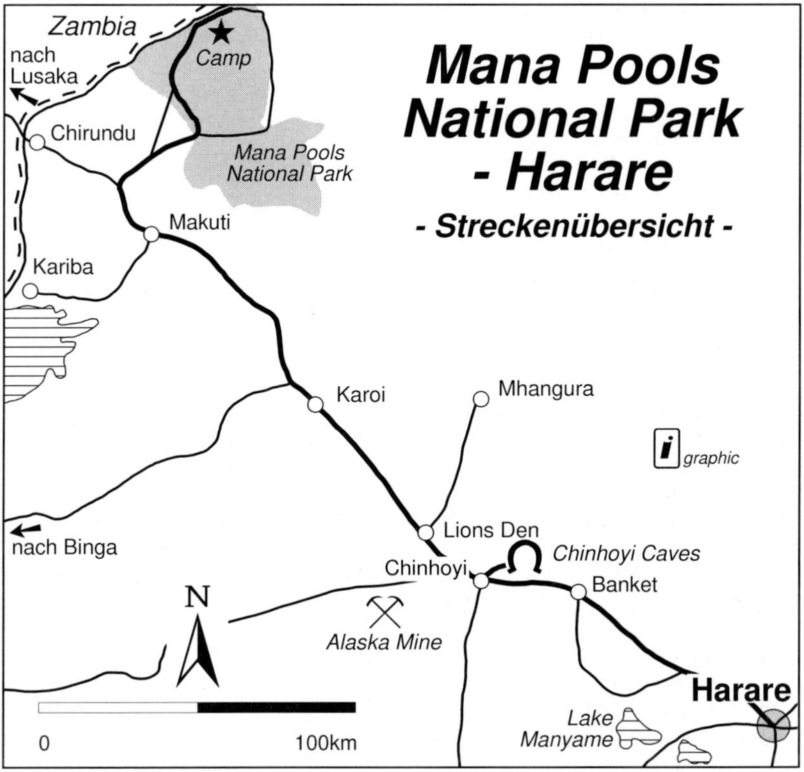

Mana Pools National Park - Harare
- Streckenübersicht -

Zambia
nach Lusaka
Chirundu
Camp
Mana Pools National Park
Makuti
Kariba

Karoi
Mhangura

i graphic

nach Binga
Lions Den
Chinhoyi
Chinhoyi Caves
Banket

N

Alaska Mine

0
100km

Harare
Lake Manyame

wert sind die **Chinhoyi Caves** (Tropfsteinhöhlen). Am Ortsrand von Chinhoyi entsteht das Chinhoyi Provincial Hospital, ein neues Provinzkrankenhaus in Ziegelsteinarchitektur, das von einer chinesischen Firma erbaut wird. Die gleiche Firma errichtete auch schon das neue Stadion in Harare.

Hinter Chinhoyi gelangt man an die Abzweigung zum **Heroe's Acre**, einem Kriegerdenkmal. In dem Ort Banket sieht man ein großes Silo und daneben einen Baumwoll-Lagerplatz. Dahinter liegt die **Country Farm,** eigentlich eine Farmerkooperative, bei der die Farmer beipielsweise Düngemittel kaufen können. Für Besucher gibt es einen kleinen Tea Room und eine Ausstellung von alten Dampflokomotiven.

6.11.2 REISEPRAKTISCHE HINWEISE

Entfernungen
● **Kariba - Harare** 369 km
● **Mana Pools - Harare** ca. 400 km

Flugmöglichkeiten
Von Kariba täglich nach Harare und nach Victoria Falls/Hwange National Park

Übernachtungsmöglichkeiten
● **in Karoi:**
- **Karoi Hotel****, P.O.Box 51, Kariba. Tel.:164- 6317/6282. Einfaches, aber sauberes Landhotel mit Restaurant.
● **in Makuti**
- **Clouds End Hotel**, Makuti, P.O. Box 112, Karoi, Tel. 526
● **in Chinhoyi**
- **The Caves Motel**, P.O. Box 230, Chinhoyi, Tel. 167-2340
Das Motel liegt unmittelbar an den Chinhoyi Caves.
- **Mhondoro Wilderness and Game Lodge**, P.O. Box 495, Chinhoyi, Tel.: 167-269512. Die Abfahrt zur Lodge befindet sich 45 km südlich von Karoi, von der Hauptstraße zur Lodge sind es noch einmal 10 km. Die Lodge hat einen privaten Game Park mit Nashorn, Elefanten, Löwen, Rappenantilopen und Elenantilopen.

6.11.3 CHINHOYI CAVES

Die Tropfsteinhöhlen erreicht man, indem man der ausgeschilderten Abzweigung folgt. In einer der Höhlen, die sich etwa 50 m unter der Erdoberfläche befindet, gibt es den "Sleeping Pool". Dieser Teich ist 85 m tief und mit kristallklarem Wasser gefüllt. Tief im Wasser vermag man Fische und Felsgebilde zu erkennen. Als erster Europäer entdeckte **F.C. Selous** diesen Platz und vermutete, daß es sich hierbei um eine antike Kupfermine handelte. Doch spätere Untersuchungen ergaben, daß diese Stelle eine sogenannte "Einsturzdoline" ist, d.h., die Decke einer riesigen Tropfsteinhöhle ist eingebrochen. In den Zeiten Selous' – er suchte die Stelle zu Beginn dieses Jahrhunderts auf – waren diese Höhlen Besitztum des Shona-Häuptlings Chinhoyi. Damals verbarrikadierte er den Höhlenzugang und versteckte sich hier vor den Matabele. Unterirdische Getreidekammern sicherten ihm das Überleben.

Chinhoyi Caves

Der "Sleeping Pool" besitzt vermutlich Verbindungen zu anderen unterirdischen Wasserteichen. Seine Temperatur beträgt gleichmäßig 22° C.
Und wie alle Höhlen, so waren auch diese hier stets eine Zufluchtsstätte für Menschen der Vorzeit. Man fand in ihr Menschenskelette, die eine Besiedlung dieser Landschaft auf etwa 95 v.Chr. datieren.

INFO

Frederick Selous – der legendäre Jäger

Würde Frederick Courteney Selous in unserer heutigen Zeit leben, wäre er ein bevorzugtes Angriffsziel aller Naturschützer. Und das zu Recht. Alleine in den Jahren 1872 - 1874 tötete er 78 Elefanten!

Selous wurde 1851 in London geboren und besuchte Schulen in England, Deutschland und der Schweiz. Danach wanderte er ins südliche

Afrika aus, um als freier Jäger zu leben. Er galt als äußerst erfolgreich: Am Ende einer Jagdexpedition zwischen Sambesi und Gwaai konnten er und sein Partner 2.300 Kilogramm Elfenbein erbeuten.

Mit seinem Wissen über die Gebiete des heutigen Zimbabwe trat er in die Dienste von Cecil Rhodes. Schon zu Lebzeiten wurde er kritisiert. Der Forscher Henry Morton warf Selous vor, daß er unnötig Löwen und andere Tiere töte. Zu seiner Verteidigung führte Selous an, daß er nur dann töten würde, wenn er während seiner Streifzüge sich angegriffen wähnte.

Selous starb 1917 während der kriegerischen Auseinandersetzungen der Smuts-Invasion im damaligen Deutsch-Ostafrika. Ihn traf, während er die feindlichen Bewegungen beobachtete, ein tödlicher Kopfschuß.

6.12 HARARE/CHIMANIMANI – GONAREZHOU NATIONAL PARK

● **Elefanten, Flußpferde** und
Krokodile im Gonarezhou Nat.
Park beobachten

6.12.1 GONAREZHOU NATIONAL PARK

Überblick

Der Gonarezhou National Park liegt im **südöstlichen Lowveld** und grenzt an Mozambique. Der Nationalpark hat eine Größe von ca. 5.000 qkm und ist in zwei Verwaltungsdistrikte aufgeteilt. Die eine Sektion mit der Rundu- und Save Sub-Region umfaßt ungefähr die Hälfte der Parkfläche und wird von Chipinda Pools aus verwaltet. Die zweite Sektion ist etwa 2.500 qkm groß und wird im Osten durch die Grenze

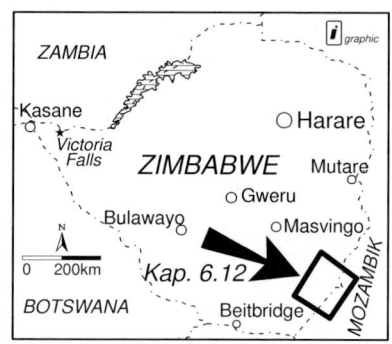

zu Mozambique und im Süden vom Mwenezi River begrenzt. Sein Verwaltungszentrum Mabalauta hat diesem Distrikt den Namen gegeben. Der Nationalpark wurde 1975 gegründet und ist nach dem Hwange National Park flächenmäßig der **zweitgrößte Nationalpark in Zimbabwe**.

Redaktions-Tips

▦ **Chipinda Pools kann noch ohne Allradfahrzeug erreicht werden.** Jedoch muß man unter Umständen mit Schwierigkeiten rechnen, da die Piste recht rauh ist. Game Drives sind hier mit normalem Pkw kaum möglich. Für einen Aufenthalt im Gonarezhou Nationalpark ist demzufolge ein Allradfahrzeug unerläßlich!

▦ Chipinda Pools ist ganzjährig geöffnet, **während der Regenzeit von November bis April muß jedoch mit Beeinträchtigungen** der Pisten gerechnet werden.

▦ **In der Rundu und Save Sub-Region Sektion des Nationalparks gibt es keine Tankstelle**, Werkstatt oder Einkaufsmöglichkeit. Der nächste Ort ist Chiredzi. Achten Sie darauf, genügend Benzin und Lebensmittel mitzuführen!

▦ Alle **Abfälle** entweder verbrennen oder mitnehmen.

▦ Das Gebiet des Gonarezhou National Parks ist **Malariagebiet**.

▦ In allen Flüssen im Lowveld tritt **Bilharziose** auf.

▦ Die üblichen Verhaltensregeln für Nationalparks in Zimbabwe sind einzuhalten. **Aussteigen aus dem Fahrzeug** ist nur an den gekennzeichneten Aussichtspunkten, an Campingplätzen oder an Picknickplätzen erlaubt!

6.12.2 REISE-PRAKTISCHE HINWEISE

Entfernungen
● **Harare - Chiredzi** 490 km
● **Mutare - Chiredzi** 315km
● **Chimanimani - Gonarezhou National Park** ca. 290 km

Übernachtungsmöglichkeiten im **Gonarezhou National Park**

● **Camping**
Nordteil des Nationalparks (Rundu und Save Sub-Region)
- **Chipinda Pools**, Camp Site. Dies ist der Hauptcampingplatz für die Rundu- und Save Sub-Region. Der Campingplatz liegt wild-romantisch direkt am Fluß. (Achtung: Augen auf vor Hippos und Krokodilen!) Es gibt überdachte Schutzhütten und Waschräume mit Duschen (warmes Wasser) und WC. Feuerholz kann man kaufen. Hierzu sollte man am Eingang zum Camp, am besten direkt bei Ankunft, das Feuerholz

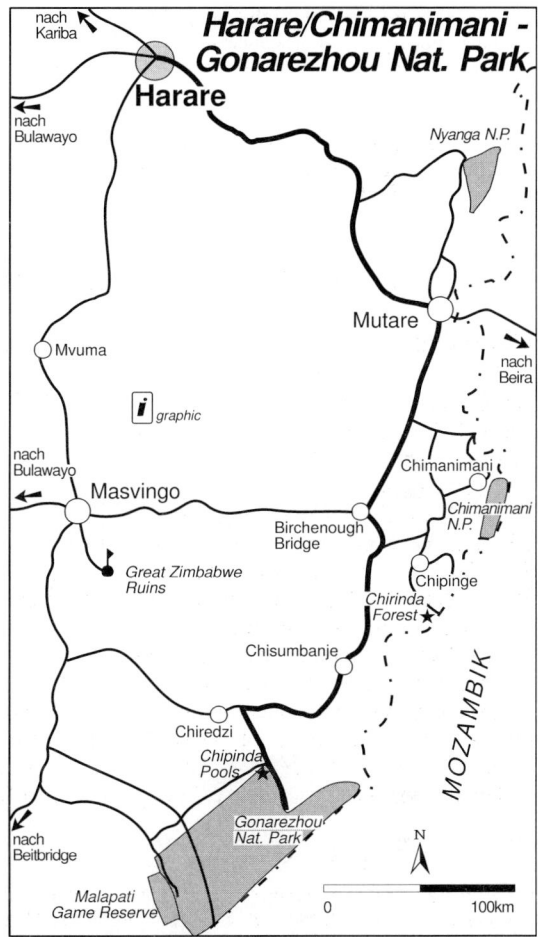

bezahlen und dann am Stellplatz dem Aufseher die Quittung vorlegen. Es gibt Grillplätze. Abfallkörbe sind vorhanden.
- Alternativ kann man auch im **Chinguli Camp** auf der anderen Seite des Rundu River übernachten. Es gibt noch diverse Sub Camps, wegen der Wildheit des Parks wird jedoch auf eine Beschreibung verzichtet und ein Aufenthalt in Chipinda Pools empfohlen.

Bei Chipinda Pools

361

Südteil des Nationalparks (Mabalauta)
- **Mabalauta**, dieses Camp befindet sich etwa 600 Meter entfernt vom Wardens Office, Mabalauta ist das Headquarter für die Mwezeni-Sektion des National Parks. Der Campingplatz bietet Waschmöglichkeit und Toiletten. Die Anfahrt erfolgt über die Masvingo Beitbridge Straße. Die Entfernung von der Masvingo-Beitbridge Straße nach Mabalauta beträgt etwa 100 km. Achtung: Sie benötigen auch hier ein Allradfahrzeug!
- **Swimuwini Rest Camp**. Das Rest Camp ist 8 km vom Wardens Office (Mabalauta) entfernt und bietet Blick auf den Mwenezi River. Das Camp hat riedgedeckte Chalets, die volleingerichtet sind (Geschirr, Bettwäsche etc.)
Buchungsadresse für alle Unterkünfte im Gonarezhou National Park:
National Parks Central Booking Office (CBO), National Botanical Gardens, Borrowdale Rd., Sandringham Drive, Harare, P.O. Box CY 826, Causeway, Tel.: 706077 oder 706078

Übernachtungsmöglichkeiten in der Nähe des Gonarezhou National Parks
Tambuti Lodge, Chiredzi River, P.O. Box 22, Chiredzi, Tel.: 2575. einfache Unterkünfte, jedoch schöne Gartenanlage, die Lodge liegt direkt am Fluß, Restaurant vorhanden.

6.12.3 STRECKENBESCHREIBUNG HARARE – GONAREZHOU NATIONAL PARK

Von Harare aus fährt man über die A3 bis Mutare, danach über die A9 Richtung Birchenough bis kurz vor Birchenough Bridge, dort zweigt die A16 ab, die östlich Richtung Chipinge führt. Man fährt diese Straße bis zur Abzweigung der A10, die rechts ab Richtung Save Valley und später nach Chiredzi und zum Gonarezhou National Park führt.

Rappenantilope im Lowveld

6.12.4 STRECKENBESCHREIBUNG CHIMANIMANI – GONAREZHOU NATIONAL PARK

Die Strecke führt von den Eastern Highlands hinunter ins Lowveld. Von Chimanimani aus gelangt man über die A16 zunächst nach Chipinge. Von hier aus lohnt sich ein Abstecher in den **Chirinda Forest**. Hier befindet sich die Chirinda Forest Botanical Reserve mit einer Forschungsstation. Chirinda Forest hat den einzigen im Lande anzutreffenden Baumbestand, der einem **"subtropischen Urwald"** entspricht. Er besteht überwiegend aus Hartholzbäumen. Insgesamt findet man über 100 verschiedene Baumspezies. Ein berühmter Baum ist der vermutlich 1.000 Jahre alte sogenannte Rote Mahagony Baum, der fast 60 m hoch ist und einen Umfang von 16 m hat.

Übernachtungsmöglichkeiten in Chirinda Forest
● **Camping**
In Chirinda Forest gibt es einen neuen Campingplatz mit 12 Zeltplätzen. Warme Duschen sind vorhanden. Am Campingplatz ist ein Handbuch erhältlich, mit dem man die Bäume identifizieren kann. Telefonische Buchungen: Chipinge: 127-224116 oder Chimanimani 126-24841. Schriftliche Buchungen über: Ngungunyana Research Patrol, P.O. Box 6. Mount Selinda, oder Muguzo Forest Research Station, P.O. Box 59, Chimanimani.

Anschlußstrecke
Von Chipinge aus fährt man zurück auf die A 16 und auf dieser Hauptstraße Richtung Birchenough Bridge. Von der Birchenough Bridge kann man über die A9 übrigens nach Masvingo und zu den Great Zimbabwe Ruins weiterfahren. An der Abzweigung der A 10, man ist fast unten im Tal angekommen, biegt man links ab Richtung Save Valley. Auf den ersten Kilometern hinter der Abzweigung sind schöne große Baobabs zu sehen, man sieht typische Rundhütten, dazwischen auch eckige Hütten. Dann hat man Sicht auf das weite Tal des Save River. Aus dieser weiten Ebene erheben sich einige Tafelberge. Bei direkter Fahrt gelangt man also von Chimanimani aus nach ca. 1,5 Stunden ins sogenannte Lowveld.

Bei der Weiterfahrt sieht man zur linken Seite ein Hügelkette. Etwas oberhalb der Straßen liegen viele Hütten. Etwa 80 km hinter der Abzweigung auf die A 10 fährt man nun am Flußbett des Save River entlang. **Chisumbanje** ist ein größerer Ort mit Steinhäusern. Der Ort ist Versorgungszentrum und Zentrum der **Bewässerungskulturen** im Save-Fluß-Gebiet. Man sieht größere Maisfelder. Hier im Lowfeld überwiegt die Landwirtschaft. Schließlich überquert man den Save River. Etwa 10 km hinter der Brücke erreicht man das Gebiet des Chizvirizvi Resettlement Scheme.

In diesem Teil der Strecke befinden sich auch einige private Unterkünfte: z.B. Induna Lodge, Fairange Estates und die Chipimbi Game Ranch. 21 km vor Chiredzi biegt links die Piste zum Gonarezhou National Park ab. Chipinda Pools und Gonarezhou sind hier ausgeschildert. Man fährt am Malilangwe Conservation Trust vorbei, einer Lodge, die nun zu einer Gästefarm für Ökotourismus umgebaut wird. Nach 34 km auf guter, breit angelegter Piste erreicht man die Einfahrt zum National Park, die zum Campingplatz von Chipinda Pools führt. Chipinda Pools ist der Eingang des Gonarezhou National Parks für die Rundu- und Save Sub-Region. Bis hierher ist die Piste mit einem normalen Pkw gut zu befahren.

6.12.5 IM GONAREZHOU NATIONAL PARK

Information
Parkbüro in Chipinda Pools, Private Bag 7003, Chiredzi, Tel.: Chiredzi 397

Mit über 6.000 Elefanten macht Gonarezhou **"der Platz der Elefanten"** seinem Namen alle Ehre. Trotz größerer Dürre, der Wilderei und den Wirren des Bürgerkrieges auf der mozambiquischen Seite hat eine so große Anzahl von Elefanten im Nationalpark Bestand gezeigt. Offensichtlich fühlen sie sich wohl in dieser rauhen Gegend mit den vielen **Baobabs.** Die Mopanevegetation bietet ausreichend frisches Elefantenfutter.

Elefanten selbst richten an der Vegetation große Schäden an. Man versucht deshalb, ihre **Wanderungen durch Buschfeuer einzudämmen**. Zusätzlich leitet man Wasser zu Bewässerungszwecken ab und versucht dadurch, Elefanten von bestimmten Gebieten fernzuhalten. Nichtsdestotrotz ist der Gonarezhou National Park eines der aufregendsten Wildgebiete in Zimbabwe!

Neben Krokodilen und Flußpferden kann man hier Büffel, Giraffen, Zebras und seltenere Tierarten, wie die Lichtenstein Kuhantilope, die

Blick von den Chilojo Cliffs

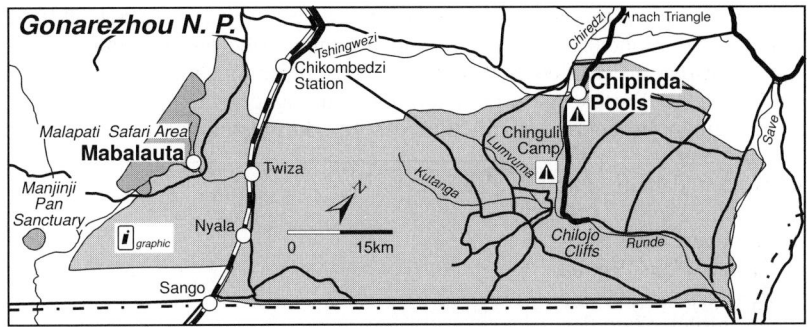

Suni-Antilope und die nur noch im Mana Pools National Park vorkommende Nyala-Antilope, sehen. Natürlich gibt es hier auch Löwen und Leoparden.

Gonarezhou's **Hauptfluß ist der Save-River**. Er ist auch Zimbabwes längster inländischer Fluß und bildet die Nordostgrenze des Nationalparks. Nicht weniger bedeutend ist der Rundu River. Er entspringt im zentralen Hochland und mündet im Nationalpark in den Save-Fluß. Von der Felsformation der **Chilojo Cliffs hat man eine herrliche Sicht auf eine weite Ebene** mit dem mäandrierenden Rundu River.

Das weitleuchtende rote Sandsteinplateau aus dem geologischen Zeitalter des Jura ist Nährboden für die hier auftretende sog. Falsche Mopane Vegetation. Das Sandsteinplateau fällt zum Mwenezi River hinab. Hier stehen nun Basalte aus der erdgeschichtlichen Zeit des Karoo Systems an.

Wasserböcke im Gonarezhou National Park

365

Der Save-Fluß wurde lange von den Chivilila Falls abwärts als **Schiffahrts-weg** genutzt. Handelsgüter waren Gold, Elfenbein und Sklaven, die flußabwärts transportiert wurden. Stromaufwärts verschiffte man im Gegenzug Kleidung, Messer, Werkzeuge und andere Gebrauchsgegenstände. Am Kundani, einer kleinen Erhebung am Südufer des Rundu-Flusses, kam es zu einem Zusammenstoß zwischen den damals dort lebenden Venda und dem kriegerischen Ngoni-Stamm. Die Venda wurden geschlagen und zogen zurück über den Limpopo in ein Gebiet, das heute als Vendaland im Transvaal bekannt ist. Die Ngoni als nomadisierender Stamm blieben jedoch nicht lange hier, und Shangaan-Stämme aus dem südlichen Mozambique zogen hierher.

Chilojo Cliffs

Noch heute leben in diesem Gebiet hauptsächlich die **Nachfahren der Shangaani.**

Chilojo Cliffs

 Streckenbeschreibung
Um von Chipinda Pools aus einen Ausflug zu den Chilojo Cliffs zu unternehmen, fährt man die ca. 5 km vom Camp aus zum Parkeingang zurück. Dort biegt man links ab auf die Hauptpiste und überquert den Rundu River. Direkt hinter der Brücke biegt man wieder links ab und erreicht hier den Parkeingang für die Rundu- und Save Sub-Region. Von hier aus kann man auch das Chinguli Camp erreichen. Bei der Weiterfahrt im Park sieht man nun rechts auf das Sandsteinplateau. Später fährt man auf das Plateau hinauf.

Von dort aus hat man **spektakuläre Aussichten.** Besonders schön ist die Ausicht an den Chilojo Cliffs, von denen man sowohl auf das Sandsteinplateau zurückblicken kann, als auch den Rundu-Fluß und die weite Ebene, die bis nach Mozambique reicht, erblickt. Auf der Rückfahrt kann man einen Abstecher zum Flußbett des Rundu River machen. Fahren Sie von den Chilojo Cliffs zum Fishans Picnic Site, dieser Picknickplatz liegt direkt am Fluß. Von hier aus kann man auf das Sandsteinplateau schauen.

Weitere Ratschläge
Für Rundfahrten in diesem Teil des Parks kann man am Parkeingang eine Karte erhalten, damit kann man sich einfach orientieren. Die Entfernung vom Main Gate zu dem Aussichtspunkt Chilojo Cliffs beträgt ca. 60 km. Für den gesamten Ausflug sollte man mindestens 5-6 Stunden einplanen! Die Strecke ist nur für Allradfahrzeuge geeignet!

6.12.6 STRECKEN-BESCHREIBUNG:
Gonarezhou National Park – Beitbridge für die Rückfahrt des Allradfahrzeugs nach Johannesburg

Von **Chipinda Pools** fährt man über die Piste zurück zur Asphaltstraße A10 und zweigt hier ab Richtung **Chiredzi.** Hinter Chiredzi kommt man durch den Ort **Triangle.** Ein Abstecher hierher lohnt sich beispielsweise auch als Besichtigungstour vom Gonarezhou Nationalpark aus. Hier durchfahren Sie die Zuckerrohrplantagen des Lowveld. Sie folgen der A10, bis diese auf der A4 endet, und fahren schließlich südlich Richtung Beitbridge.

Etwa 20 km vor **Ndungu** beginnt ein landschaftlich sehr reizvoller Teil der Strecke. Granitfelsen formen hier **Dwalas und erinnern an die typische Landschaft des Matobo National Park.** Für die restliche Strecke nach Johannesburg

Gonarezhou Nat. Park - Johannesburg

kann man sich mit den Gedanken an dieses wunderschöne Land dann die Zeit vertreiben. In Ndungu gibt es noch zahlreiche Souvenirs zu erstehen. An der Tankstelle werden Ihnen vermutliche Halbedelsteine aus der nahen Rio Tinto Rinco-Mine angeboten. Selbst wenn diese nicht den üblichen Qualitäten entsprechen, so können sie doch, falls Sie sie günstig erhandeln können, durchaus später einen ideellen Wert für Sie bekommen!

Über Beitbridge beginnt nun die Rückfahrt nach Johannesburg.

INFO

Informationen zur Zuckerrohrpflanze

25 km entfernt von Chiredzi kommt man zum Ort Triangle, gegründet als Verarbeitungszentrum für die Zuckerrohrressourcen des Lowveld. Heutzutage im Besitz eines südafrikanischen Konzerns, baut die Triangle Limited auf ca. 14.000 ha Zuckerrohr an. Der gesamte Besitz der Firma ist etwa sechsmal so groß. Auf dem firmeneigenen Farmbesitz wachsen im Durchschnitt etwa 1,6 Millionen Tonnen Zuckerrohr pro Jahr. Hinzu kommen die Erträge der unabhängigen Farmer, so daß im Jahr ca. 2 Mio Tonnen Zuckerrohr in der Zuckermühle verarbeitet werden. Als Endprodukt erhält man etwa 240.000 Tonnen Rohzucker und 40 Mio Liter Äthanol. Äthanol ist Brennstoff und wird als Lösungsmittel eingesetzt, ebenso als Entgiftungsmittel für Bier oder Wein. Ebenso braucht man ihn für die Herstellung von Äther und Essig. Als Nebenprodukt der Äthanolherstellung fällt Kohlendioxid an, das als Zusatz von Soft Drinks verwendet wird.

Auf der Großfarm wird außerdem Baumwolle angebaut. Eine zum Betrieb gehörende Maismühle ist der Maismehllieferant für die südöstliche Ecke des Landes. Ein Großteil der Bevölkerung ernährt sich auch hier von Sadza, dem aus Maismehl hergestellten Maisbrei.

*Die Zuckerrohrpflanze besteht **zu etwa 70 % aus Wasser**. Die restlichen Komponenten sind Fasern, Sucrose und andere lösliche Substanzen. Zur Herstellung von Zucker aus Zuckerrohr wird die Pflanze unter Zusatz von heißem Wasser gemahlen, wodurch ihr ein Konzentrat entzogen wird, aus dem schließlich der Zucker gewonnen werden kann. Das Konzentrat wird dann gereinigt. Durch die Anwendung von Verdunstungsverfahren und Abkühlung wird der Sirup kristallisiert, und in einem Trennungsverfahren werden die Zuckerkristalle aus der Melasse getrennt.*

Die Raffinierung des Rohzuckers erfolgt dann in Bulawayo oder Harare. "Sunsweet sugar", Rohzucker für den direkten Verzehr, geht von hier aus direkt in die östlichen und südöstlichen Landesteile Zimbabwes.

Das **Murray MacDougall Museum** ist im ehemaligen Wohnhaus des Firmengründers Murray MacDougall untergebracht. Thomas Murray MacDougall, ein Einwanderer schottischer Herkunft, legte den Grundstein für den Bewässerungsanbau von Zuckerrohr in Triangle. MacDougall starb 1964, und seine Asche ruht unter dem Marula Baum im Garten des Museums. Einige Räume des alten Farmhauses, das auf einer Anhöhe liegt und einen Rundblick auf das Lowveld bietet, sind nun als Museum eingerichtet, indem man sich auch über das Leben von Murray MacDougall ("The Mac Story") informieren kann.

Öffnungszeiten
Murray MacDougall Museum, P.O. Box 70, Triangle, geöffnet täglich, außer Montag von 9:00 - 12:00 h und von 14:00 - 16:30 h

LITERATURVERZEICHNIS

Der Umfang der Reiseliteratur über Zimbabwe ist sehr gering. Die touristischen Aussagen der entsprechenden Reiseführer sind nicht immer umfänglich genug, um auf eigene Faust eine Reise unternehmen zu können. Oft wird Zimbabwe gemeinsam mit Botswana oder Malawi dargestellt, entsprechend lückenhaft sind dann die mitgeteilten Informationen.

In Zimbabwe selbst gibt es regionale Schriften zu umgrenzten Themen (z.B. Felskunst). In einigen südafrikanischen Reisebüchern wird Zimbabwe stets nur als ein Teil des südlichen Afrika behandelt.

Kurzum: Es fehlt an hinreichender, ergänzender und leicht zugänglicher Literatur, die dem Touristen nutzen kann. Im folgenden sind Bücher kurz dargestellt, die für Reisende interessant sein können. Die besonders lohnenswerten sind mit einem Sternchen gekennzeichnet.

Berens, Denis *, A Concise Encyclopedia of Zimbabwe, 444 Seiten, Harare 1988. Ein sehr empfehlenswertes Landes-Lexikon, alphabetisch gegliedert, mit einem länderkundlichen Vorspann.

Bornemann, Reiner/Hämel, Wolfgang, Zimbabwe – Nicht nur für Einzelreisende (mit Sonderteil für Botswana, Malawi, Sambia). 191 Seiten, Berlin 1967

Cooke, C. K. *, A Guide to the Rock Art of Rhodesia, 64 Seiten, Salisbury 1974; gute Übersicht über zimbabwische Felskunst, herausgegeben vom ehemaligen Kurator der National Monuments

Cooke, C. K. *, The Matopos Hills. 28 Seiten, Harare 1986. Guter Überblick, herausgegeben von den National Museums and Monuments of Zimbabwe

Elert, H., The Material Culture of Zimbabwe, 134 Seiten, Harare 1986

Else, David, Zimbabwe – Botswana, 94 Seiten, Kiel 1988

Garlake, Peter S. *, Simbabwe – Goldland der Bibel oder Symbol afrikanischer Freiheit? 240 Seiten, Bergisch Gladbach 1975. Sehr gute und verständliche Darstellung der archäologischen Befunde zu Great Zimbabwe.

Garlake, Peter S. *, The Painted Caves, 100 Seiten, Harare 1987. Sehr verständliche und gut gegliederte Einführung in die Felsmalereien Zimbabwes

Igoe, Mark *, Handbook of Zimbabwe. 175 Seiten, Harare 1985. Viele touristische Informationen, allerdings nicht immer auf dem neuesten Stand.

Die Karawane *, Rhodesien, 174 Seiten, Ludwigsburg 1976. Sehr gutes Buch mit hervorragenden Darstellungen zur Archäologie und zur Felskunst.

König, Claus/Ertel, Rainer *, Vögel Afrikas, Band 1 und Band 2, mit Geleitwort von Bernhard Grzimek, je Band ca. 200 Seiten, Stuttgart 1979

Lemon, David, Lake Kariba – Africa's Inland See. 36 Seiten, Harare 1988

Livingstone, David *, Zum Sambesi und quer durchs südliche Afrika 1849 - 1856, 391 Seiten, Tübingen 1980

Lötschert, Wilhelm/Beese, Gerhard *, Pflanzen der Tropen (BLV Bestimmungsbuch), 263 Seiten, München 1984

Mudenge, S. I. G., A Political History of Munhumutapa 1400 - 1902, 420 Seiten, Harare 1988

Mudenge, S. I. G., Christian Education at the Mutapa Court. 32 Seiten, Harare 1986

Murphy, Ian/Wannenburgh, Alf *, Rhodesian Legacy, 187 Seiten, Cape Town/Johannesburg 1978. Guter Bildband.

Newman, M., Victoria Falls, 78 Seiten, Bulawayo 1978

Phillipson, David W. *, Mosi - oa - Tunya: A Handbook to the Victoria Falls Region. 222 Seiten, Harare 1986. Eine umfassende Darstellung der Victoria-Fälle (Geschichte, Geologie, Fauna und Flora).

Pitman, Dick *, National Parks of Zimbabwe, 79 Seiten, Harare 1989. Von der Mineralölfirma Mobil herausgegeben. Gute Beschreibung der einzelnen Nationalparks

Pitman, Dick, The Mighty Zambezi. 56 Seiten, Harare 1985

Reader's Digest Illustrated Guide to the Game Parks and Nature Reserves of Southern Africa *, 448 Seiten, Kapstadt 1983. Ausgezeichneter Bild-Textband mit Schwerpunkt auf der Darstellung der Natur.

Ripken, Peter/Krämer-Klein, Gabriele *, Zimbabwe-Reiseführer mit Landeskunde (Mai's Weltführer). 266 Seiten, Buchschlag 1986. Systematische Landeskunde sowie touristische Informationen

Teede, Jan *, Mana Pools, 216 Seiten, Harare 1988. Gute Darstellung der Mana Pools mit Darstellungen zur Ökologie, Geschichte, Pflanzen- und Tierwelt.

The Bundu Book of Mammals, Reptiles and Bees *, 126 Seiten, Harare 1989. Gutes Tierbestimmungsbuch mit farbigen Fotos und vielen Zeichnungen.

The Bundu Book of Trees, Flowers and Grasses *, 136 Seiten, Harare 1988. Pflanzenführer mit farbigen Fotos und Zeichnungen.

Vieth, Harald *, Pamberi nechiShona. Einführung in die Shona-Sprache. 160 Seiten, Berlin 1986. Ein engagiert erarbeitetes Sprachlehrbuch. Interessant zu lesen – nicht nur für Entwicklungshelfer.

STICHWORTVERZEICHNIS

African National Council 31
African Purchase Areas 50
Aids 82
Alkohol 73
All Africa Games 125
Allergien 82
Allradfahrzeuge 73
Analphabetenrate 12, 62
Anbaufrüchte 51
ANC 28f
Apotheken 73
Asiaten 61
Aufforstung 141, 197
Ausreise 73f
Autofahren 74
Automobilklub 74

Baines, Thomas 22
Banken 75
Baumwolle 51, 55
Behinderte 75
Besiedlung/durch Weiße) 26
Bevölkerung 12
Bevölkerungswachstum ... 12, 61, 62
Bewässerung 363
Bewässerungskulturen 56
Bildhauer-Kunst 129ff
Bilharziose 82
Binga 321
Binga Peak 192
Birchenough Bridge 199, 201f
Bootsverleih 75
Botschaften 75
Bridal Veil Falls 189
Britisches Protektorat 25
British South Africa Company .. 24ff
BSAC 24ff
Bulawayo 26, 48, 232ff
- City Hall and Gardens 238
- Douslin House 240f
- Geschichte 237f
- Hotels 235f
- Mzilikazi Art and Craft
  Centre 241f
- National Gallery Bulawayo . 240
- Natural History Museum 240
- Old Bulawayo 242
- Railway Museum 241
- reisepraktische Hinweise .. 233ff
- Restaurants 236
- Sehenswürdigkeiten 236
- Umgebung 242ff
- Überblick 237f
Bumi Hills Safari Lodge 335f
Bungee Jumping 76
Burma Valley 183
Busse 76f

Camperverleih 76
Camping 77
Cashel Valley Scenic Drive 193
Caton-Thompson, Gertrude 215
Chewore 330f
Chijalile 326
Chikwenya Camp 349
Chilojo Cliffs 365ff
Chimanimani 90, 184, 186ff
- Wandern 193ff
Chimanimani Eland Sanctuary .. 189
Chimanimani National Park ... 190ff
Chinhoyi 356f
Chinhoyi Caves 90, 357ff
Chipinda Pools 360f
Chipingali Wildlife Orphanage
  and Research Centre 257
Chirinda Forest 192, 363
Chishawasha Mission 135
Chisumbanje 363
Chizarira National Park 321ff
- Parkdarstellung 323
- reisepraktische Hinweise 324f
- Überblick 322
Chizerira 90
Chokamella Lodge 267
Cholera 82
Chrom 48
Crake Valley Cheese Farm 180f
Cyrene Mission 247

Daga 222f
Deka Mouth 312
Detema Safari Lodge 267f
Devisen 96
Devisenmangel 49
Dhlo Dhlo Ruins 20, 257f
Diana's Vow 13, 140, 152
Diplomatische Vertretungen 72f
Domboshawa Caves 135
Dürre 45

Eastern Highlands 40
Einreise 77
Eisen 47f
Eisenbahn 60, 24ff, 97ff
Eisenverarbeitung 14
Eisenzeit 14
Elefant 274f
Elenantilopen 189f
Elfenbeinjäger 21
Energie 12, 58f
Enteignungen 36f
Entfernungstabelle 106
Epworth Balancing Rocks 133f
Erdnüsse 51
Erdöl 59
Erzlagerstätten 26
Essen 78f
Essex Valley 179
Ewanrigg Botanical Gardens 134

Fahrradfahren 79
Fahrräder 87
Fährverbindungen 79
Feiertage 79
Felskunst 148ff
Felszeichnungen 13
Fernsehen 80
First Chimurenga 26f
Flagge 12
Fleckenhyäne 275f
Fluß-Systeme 44
Flußpferd 276f
Flüge 80f
Forstwirtschaft 57, 197f
Fort Nyangwe Ruins 162ff
Fothergill Island 337f

Fotografieren 81f
Fremdenverkehrsämter 72
Frog and Fern Cottages 185
Frühling 42
Frühzeit 13

Gache Gache Lodge 339f
Gepard 277f
Geschäfte 81
Geschenke 82
Geschichte 13ff
Geschichte (Zeittafel) 37ff
Gesellschaft 61ff
Gesundheit 82f
Gesundheitswesen 70
Gewinntransfer (ins Ausland) 46
Giraffe 278
Gold 14, 22, 46f
Golf 83
Gonarezhou 90
Gonarezhou National Park 360ff
- Chilojo Cliffs 366
- Parkbeschreibung 364ff
- Redaktionstips 360
- reisepraktische Hinweise 361
- Überblick 360
Great Dyke 41
Great Zimbabwe 15ff, 203ff
- Überblick 203
- Architektur 220
- Entdeckung 209f
- Forschungsergebnisse 215
- Geschichte 205
- Lage 204
- Rundgang 223ff
Grenzübergänge 83
Größe 12
Guerillakampf 31ff
Gumede, Joshua 33
Gway River-Schlucht 312

Hall, Richard Nicklin 215
Handelspartner 12
Harare 48, 108ff
- Anglican Church 121
- Blumenmarkt 120f
- Busverbindungen 113

- Chapungu Sculpture Park ... 128f
- Charter Road 126
- Einkaufstips 117
- Flugverbindungen 112
- Heroe's Acre 132
- Highlights 108f
- Hotels 113ff
- Informationsbüro 121
- Klima 43
- Kopje 126
- Mbare-Markt 127
- Mukuvisi Woodlands 131
- National Archives 127
- National Art Gallery of
  Zimbabwe 124
- National Botanical Gardens 127f
- National Museum 127
- Nightlife 117
- Parlamentsgebäude 121f
- Redaktionstips 110
- reisepraktische Hinweise ... 110ff
- Restaurants 115f
- Robert Mugabe Road 125
- Sehenswertes 120ff
- Sicherheit 118
- Stadtentwicklung 118ff
- The Mall 125
- Tobacco Sales Floor 126f
- Town House 124
- Überblick 108ff
- Zugverbindungen 112f
- Umgebung 133ff
Harleigh Ruins 140, 152f
Harthölzer 57
Herbst 42
Highveld 40
Historische Städte 15
Hochplateau 40
Honde Valley 167ff, 172
Honde View 165
Hot Springs Resort 192
Hotelpreise 84f
Hotels 83f
Hüttensteuer 27
Hwange 59, 90, 290f, 311f
Hwange National Park 261ff
- Beschreibung 268

- geographische Lage 268f
- Geologie 270f
- Geschichte 270
- Highlights 261
- private Safari Camps 266ff
- Redaktionstips 261f
- reisepraktische Hinweise 261f
- Tierwelt 274ff
- Überblick 261f
- Übernachtungsmöglich-
  keiten 263ff
- Vegetation 270ff
Hwange Safari Lodge
Hwange Wild Dog Project 286
Hydroelektrische Energie 59
Hydroenergie 44

Imbabala Safari Camp 294
Impala 279
Impfungen 85
Industrie 48ff
Inflation 12
Inflationsrate 45

Jugendherbergen 85

Kaffee 181ff, 51
Kaguvi 27
Kamativi 312
Kanondo Tree Camp 267
Kanufahren 85
Kapenta 318
Kariba (Ort) 332ff
- Geschichte 340ff
- reisepraktische Hinweise .. 332ff
- Staumauer 342
- Überblick 340
- Übernachtungsmöglich-
  keiten 334ff
Kariba-Damm (Bau) 341
Kariba-Gebiet 310ff
- Autofähre 311
- Redaktionstips 311
Kariba-See 316ff
- Allradstrecken 320ff
- Fauna 317
- Tierwelt 317f

- Überblick 316ff
Kariba-Stausee 44
Kariba Heights 344f
Karoi 331, 356
Karten 93
Katete Safari Lodge 336
Khami 20
Khami-Kultur 15
Khami Ruins 242ff
- Besichtigung 245ff
- Geschichte 242f
Kleidung 85f
Klima 86, 41ff
Kohle 47f
Kohleabbau 311f
Kohlekraftwerke 59
Kolonialzeit 21
Konservative Allianz 35
Konsulate 75
Krankenversicherung 86
Kriminalität 86
Kudu 280
Kulturknigge 68
Kupfer 14
Kyle 228ff

La Rochelle Botanical Gardens 173
Lake Chivero 90
Lake Chivero Recreational Park 137
Lake Manyame Recreational
    Park 138
Lake Mutirikwi 228ff
- reisepraktische Hinweise 229
- Überblick 228
Lancaster-Abkommen 33
Landela Lodge 115
Landreform 46
Landschaften 40ff
Landwirtschaft 12, 49ff
Landwirtschafts-Zonen 51
Larvon Bird Gardens 136
Lebenserwartung 62
Lehrermangel 69
Leopard 280f
Leopard Rock Hotel 171, 178
Leopard's Kopje Culture 15
Limpopo 40, 44

Lions and Cheetah Park 136
Livingstone, David 21f
Lobengula 25f
Lodges 87
Lowveld 40
Löwen 281f
Luftverkehr 60

MacDougall, Thomas Murray .. 369
Mais 51, 53f
Makololo Camp
Makuti 350
Malaria 82
Mana Pools 90
Mana Pools National Park 346ff
- Anfahrtsbeschreibung 350
- Parkbeschreibung 352ff
- Redaktionstips 346
- reisepraktische Hinweise 347
- Tierbestand 355
- Überblick 346
- Übernachtungsmöglich-
    keiten 347f
- Walking Safaris 341f
Manica - Motoryacht 314f
Markwe Caves 140, 146f
Master and Servants Act 27
Masuwe Lodge 293
Masvingo 15, 199ff, 202ff
Maße 87
Matabele Home Movement
    Association 28
Matobo Hills Lodge 248f
Matobo National Park 248ff
- Bambata-Höhle 249ff
- Nswatugi Cave 253f
- Silozwane Cave 255
- Überblick 248
- View of the World 255f
- White Rhino Shelter 256
- Whoi Wild Area game Park . 253
Matopos 90
Matusadona 90
Matusadona National Park 325ff
- reisepraktische Hinweise 327f
- Überblick 325
Mauch, Carl 209ff

Mazowe Citrus Estates 135f
Mermaid Pools 134
Middleveld 40
Mietwagen 87ff
Milchwirtschaft 56
Mindestlöhne 45
Mischlinge 61f
Missionare 22
Missionsschulen 27
Mlibizi 312f
Moffat, John Smith 22
Morensky 209
Moselekatse 25
Mount Inyangani 162f
Mount Nyangani 153
Mountain Bikes 89
Mtarazi Falls 141, 165ff
Mugabe, Dr. Robert
  Gabriel 12, 29, 33f
Mukuyu Winery 140, 143ff
Mutapa-Reich 19
Mutare 169ff, 173ff
- Geschichte 173f
- Hotels 171
- Sehenswertes 174f
Muzorewa 33
Muzorewa, Abel 31f
Mzilikazi 21

Nalatale Ruins 20, 258ff
Nashorn 282, 330f
National Democratic Party 29
Nationalfeiertag 12
Nationalhymne 120
Nationalparks 89f
Ndebele 21, 61, 66ff
Ndungu 367
Nehanda 27
Ngezi 90
Nkomo, Joshua 28, 29, 36
Nord-Rhodesien 27
Nüsse 182
Nyahokwe-Ruinen 159
Nyaminyami 316, 345
Nyamziwa Falls 162
Nyanga 90
Nyanga-Gebiet, Übernachtungen 142

Nyanga National Park 153ff
- Fort Nyangwe Ruins 162ff
- Nyahokwe-Ruinen 159
- Nyamziwa Falls 162
- Pit Structures 160ff
- Rhodes Inyanga Estates 160
- Rundfahrt nördl. Teil 155
- Rundfahrt östl./südl. Teil .. 160ff
- Udu Dam 155
- World's View 160
- Ziwa-Ruinen 156ff
Nyangani 40
Nyangui 40

Off-Road/Routenvorschlag 104f
Operation Noah 342
Öffnungszeiten 90

Paläolithikum 13
Pamuzinda Lodge 139
Pamuzinda Safari Lodge 115
Patriotische Front 32
Penhalonga 173
Perlhuhn 283
Pink Elephants 151f
Pit Structures 160ff
Platin 48
Post 90
Potgieter - Sikaats - Treaty 21
Prähistorie 13
Provinzen 40
Pungwe View 141, 165

Rafting 91
Reformed Industrial and
  Commercial Workers Union .. 28
Regenzeit 42
Religionen 62
Rhodes, Cecil 22ff
Rhodesian Bantu Voters
  Association 28
Rhodesian Front 29
Robins Memorial Museum 265
Rosen 52
Routenvorschläge 102ff
Rozwi-Reich 20
Ruckomechi Camp 349

Rundfunk 91

Sable Valley Lodge 266f
Safaricamps 87
Sambesi 40, 44
Sanktionen 45
Sanyati Lodge 339
Save 40, 44, 365
Save River 202
Säuglingssterblichkeit 62
Schlangen 91
Schulferien 92
Schulpflicht 28, 69
Schulwesen 68f
Schwarz-Weiß-Verhältnis 66ff
Schwimmen 92
Sekuti's Drift Lodge 293
Selous, Frederick 359
Shona 14, 61, 62ff
Shona Sculpture 129ff
Sikumi Tree Lodge 267
Sithole, Ndabaningi 29, 32
Smith, Ian 29, 30f, 35
Snake Park 136
Sojabohnen 51
Solarenergie 59
Sonneneinstrahlung 82
Sorghum 51
Souvenirs 92
Sport 92
Sprache 93
Sprachen 12
Spurwing Island 338
Staudämme 44
Steppenzebra 284
Straßenkarten 93
Straßennetz 60
Strom 93
Strukturanpassungsprogramm 46
Süd-Rhodesien 27

Tabak 51, 53f
Tankstellen 94
Tashinga 326f
Taxi 94
Teeplantagen 50
Telefax 94

Telefonieren 94
Telex 94
Thatcher, Magret 33
Tiger Bay Lodge 338
Tonga 317
Torwa-Reich 19
Totem 64
Tourismus 46, 57f
Trampen 95
Triangle 367
Trinkgelder 95
Trinkwasser 82
Tsetsefliegen 82
Tsetsefliegenkontrolle 331f

UANC (United African
National Council) 33
Udu Dam 155
Ume River 319
Umtali 173f
Unabhängigkeit 33
Unabhängigkeitserklärung
(Ian Smith) 29f
Unabhängigkeitskampf 31ff
Verkehr 12
Verkehrswesen 60

Victoria Falls 288ff
- Geologie 300ff
- Highlights 288
- Ortsbeschreibung 298
- Raftingerlebnis 308f
- Redaktionstips 290ff
- reisepraktische Hinweise 291f
- Restaurants 294
- Rundgang 305
- Überblick 288ff
- Übernachtungsmöglich-
keiten 292ff
- White Water Rafting 306f
Viehwirtschaft 56
Visa 95
Vorkoloniale Zeit 13f
Vumba Botanical Gardens 176f
Vumba National Park 169, 176
Vundu Exclusive Camp 348

Wahlen 35
Wandern 95
Warzenschwein 285f
Wasserscheide 40
Wasserversorgung 44
Water Wilderness 337
Währung 96
Weichhölzer 57
Weinanbau 144ff
Weine 78f
Weiße 61
Weizen 51
White Water Rafting 306ff
Widerstands-Bewegungen 27ff
Wilton-Kultur 13
Wirtschaft 12, 45ff
World's View 141

ZANU (Zimbabwe African
   National Union) 29
ZAPU (Zimbabwe African
   People's Union) 29
Zeit 96
Zeitungen 97
ZIPA (Zimbabwe People's
   Army) 32
Ziwa-Ruinen 156ff
Zoll 97
Zuckerrohr 51, 368
Zulus 21
Züge 97ff